权威·前沿·原创

皮书系列为
"十二五""十三五""十四五"时期国家重点出版物出版专项规划项目

BLUE BOOK

智库成果出版与传播平台

粤港澳大湾区蓝皮书
BLUE BOOK OF GUANGDONG-HONG KONG-MACAO GREATER BAY AREA

粤港澳大湾区建设报告（2023）

ANNUAL REPORT ON GUANGDONG-HONG KONG-MACAO GREATER BAY AREA CONSTRUCTION (2023)

主　　编／郭跃文　王廷惠　李宜航
执行主编／任志宏　符永寿

社会科学文献出版社
SOCIAL SCIENCES ACADEMIC PRESS (CHINA)

图书在版编目（CIP）数据

粤港澳大湾区建设报告.2023/郭跃文，王廷惠，李宜航主编.--北京：社会科学文献出版社，2023.12
（粤港澳大湾区蓝皮书）
ISBN 978-7-5228-2957-9

Ⅰ.①粤… Ⅱ.①郭… ②王… ③李… Ⅲ.①区域经济-经济建设-研究报告-广东、香港、澳门-2023
Ⅳ.①F127.6

中国国家版本馆 CIP 数据核字（2024）第 002199 号

粤港澳大湾区蓝皮书
粤港澳大湾区建设报告（2023）

主　　编 /	郭跃文　王廷惠　李宜航
执行主编 /	任志宏　符永寿
出 版 人 /	冀祥德
组稿编辑 /	邓泳红
责任编辑 /	陈　颖　陈晴钰
责任印制 /	王京美

出　　版 /	社会科学文献出版社·皮书出版分社（010）59367127 地址：北京市北三环中路甲29号院华龙大厦　邮编：100029 网址：www.ssap.com.cn
发　　行 /	社会科学文献出版社（010）59367028
印　　装 /	天津千鹤文化传播有限公司
规　　格 /	开　本：787mm×1092mm　1/16 印　张：24.75　字　数：410千字
版　　次 /	2023年12月第1版　2023年12月第1次印刷
书　　号 /	ISBN 978-7-5228-2957-9
定　　价 /	188.00元

读者服务电话：4008918866

版权所有 翻印必究

蓝皮书编委会

主　　任　郭跃文　王廷惠　李宜航
成　　员　向晓梅　丁晋清　任志宏　刘　伟　周　鑫
　　　　　符永寿

本书编写组

主　　编　郭跃文　王廷惠　李宜航
执行主编　任志宏　符永寿
成　　员　（按所负责篇章顺序）
　　　　　曹佳斌　陈朋亲　龙建辉　郭　楚　李永明
　　　　　陈世栋　李兆颐　姚逸禧　李　娟　杨海深
　　　　　罗慧凌　吴大磊　王丽娟　陈梦桑　朱迪俭
　　　　　韩　颖　郭正林　刘岳磊　刘作珍　肖智星
　　　　　林志鹏　江子晴　左晓安　单闫宇　游霭琼
　　　　　武文霞　肖智星　赵恒煜　邓卓辉　梁嘉豪
　　　　　曾玛莉　李　宏　石　梅　严若谷

主编简介

郭跃文 广东省习近平新时代中国特色社会主义思想研究中心副主任，广东省社会科学院党组书记，研究员，兼任广东省社会科学界联合会副主席。历任中共广东省委办公厅副处长、处长、副主任、省委新闻发言人，省委老干部局局长兼省委组织部副部长，省政协委员、省党代会代表。主要研究方向为公共行政管理、广东改革开放史、粤港澳大湾区建设。代表作有《国家能力支撑下的市场孵化——中国道路与广东实践》（人民出版社，2019），《中国经济特区四十年工业化道路：从比较优势到竞争优势》（社会科学文献出版社，2020），《使命型政党塑造的有效国家》（社会科学文献出版社，2021）《粤港澳大湾区建设报告（2022）》（社会科学文献出版社，2023）《粤港澳大湾区高水平人才高地建设研究》（社会科学文献出版社，2023），《论共同富裕》（广东人民出版社，2023）等。研究成果曾获广东省哲学社会科学优秀成果二等奖、一等奖，全国优秀皮书报告二等奖。

王廷惠 广东省社会科学院党组副书记、院长，经济学博士，教授，博士生导师。曾任广东商学院党委常委、副院长，广东财经大学党委常委、副校长，广东外语外贸大学党委常委、副校长，兼任全国高等财经院校《资本论》研究会副会长。主持国家社会科学基金重大课题等10余项省部级以上课题，出版《微观规制理论研究》等专著4部，在《中国工业经济》《光明日报》等发文80余篇，研究成果获10余项省、市级奖励，本人获授"广东省劳动模范"称号。

李宜航 广东省社会科学院党组副书记、副院长、机关党委书记。曾任羊城晚报报业集团（羊城晚报社）党委委员、副社长、副总编辑，被聘任为教育部"全国普通高校毕业生就业创业指导委员会委员"、省人大常委会社会建设咨询专家。获中国新闻奖、广东新闻奖等省级及以上新闻奖20余次，被授予"全国优秀新闻工作者"、第七届广东新闻"金枪奖"、第九届广州十大杰出青年等荣誉。出版《新闻头条》等专著多部，其中"学习三部曲"（《中央党校学习笔记》《延安笔记 寻找精神密码》《井冈山笔记 解码红色基因》）被多所党校、干部学院列入推荐书目。讲授的课程，被中共审计署党校评为年度精品课程。

序　言

习近平总书记2023年4月视察广东，赋予粤港澳大湾区"一点两地"全新定位，强调要使粤港澳大湾区成为新发展格局的战略支点、高质量发展的示范地、中国式现代化的引领地，肯定大湾区在全国新发展格局中的重要战略地位，为进一步推进大湾区建设指明了前进方向，注入了强大动力。

"一点两地"全新定位放眼第二个百年奋斗战略目标，贯通粤港澳大湾区历史、现在和未来，涵盖改革、开放、创新，协同关键支撑、基础动能、核心目标，蕴含了对大湾区建设成效的充分肯定、对大湾区未来发展的殷切期望。"世界上既不存在定于一尊的现代化模式，也不存在放之四海而皆准的现代化标准"[1]，"一点两地"全新定位及其落实见效的过程，是高质量发展广东探索的集中体现，是中国式现代化湾区实践的精彩华章。我们要深刻领会习近平总书记赋予粤港澳大湾区"一点两地"全新定位的深刻意蕴、丰富内涵和实践指引，持续深化内化转化为粤港澳大湾区建设的思想武器和方法指导。

自2017年正式提出大湾区建设蓝图，2019年全面实施建设规划，粤港澳大湾区建设年年有政策利好，年年有显著进展。2023年，广东省委将粤港澳大湾区建设作为"1310"具体部署之首要工作，携手港澳多措并举推进大湾区建设取得新进展新成效。2022年，在粤港澳大湾区建设历程中是一个重要年份，见证了大湾区建设规划近期目标由"大写意"到"工笔画"再到"实景图"。粤港澳大湾区综合实力显著增强，粤港澳合作更加深入广泛，区域内生发展动力进一步提升，发展活力充沛、创新能力突出、产业结构优化、要素流动顺畅、生态环境优美的国际一流湾区和世界级城市群框架基本形成。

过去四年多的实践进展和成效夯实了大湾区"一点两地"的定位基础。

---

[1] 习近平：《新发展阶段贯彻新发展理念必然要求构建新发展格局》，《求是》2022年第17期。

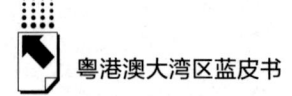

一是综合优势不断凸显，综合实力更加强大。大湾区经济总量超过13万亿元，共有25家企业进入世界500强，以占全国不到1%的国土面积、6%的人口总量创造出全国约11%的经济总量。二是区域发展更加协调。粤港澳大湾区资源要素加速流动、有效整合，内湾、环湾、外湾三大圈层嵌套发展，深港、广佛、珠澳都市圈扩容提质。三是协同创新环境更加优化。50家国家级重点实验室、10所QS世界排名前500高校、逾200位院士在粤港澳大湾区落户、驻扎。广东省区域创新能力连续六年位居全国第一，粤港澳大湾区进入了全球科技创新集群的前十位，"深圳—香港—广州"科技创新集群连续4年位居全球第二，深港"半小时科创圈"日趋成型。四是城市基础设施支撑保障水平和运营能力更加强大。高速公路通车总里程达4500公里，核心区密度每百平方公里达8.7公里，"一小时生活圈"基本形成。同时，粤港澳大湾区开放交流更加扩大、活跃，开放共享程度持续提高，国际竞争力、影响力明显增强。居民生活更加便利，参与度、获得感、幸福感更加明显提升。

粤港澳大湾区建设顺利完成2022年阶段性任务，迈向2035年更高发展目标。要准确把握当前面临的新形势新任务新要求，聚焦重点领域和关键环节，推进创造型引领型改革，构建服务新发展格局，打造高水平对外开放门户枢纽，深化实施粤港澳全方位互联互通，推进粤港澳大湾区建设取得更加丰硕的成果。

广东省社会科学院致力于打造高水平一流新型智库，把研创《粤港澳大湾区建设报告》作为智库建设的一项重要工作。自2018年以来每年均有研创、出版，摆在大家面前的已是蓝皮书的第四本。我们坚信，粤港澳大湾区建设发展目标将逐一实现，世界级的大湾区、发展最好的湾区必将更好地向世界充分展示中国式现代化建设的湾区篇章和"一国两制"伟大实践的美好前景。

广东省社会科学院党组书记、研究员　郭跃文
2023年10月于广州

摘　要

在粤港澳大湾区建设完成2022年阶段性目标任务、以"一点两地"全新定位迈入建设发展新阶段的背景下，广东省社会科学院组织编写《粤港澳大湾区建设报告（2023）》。本书全面梳理呈现2022年至2023年上半年粤港澳大湾区主要领域的建设举措、成效，分析存在的不足和发展趋势，提出对策建议。全书包括总报告、经济贸易、环境与设施、合作平台、专题、案例六篇共18个研究报告，并附有粤港澳大湾区建设大事记。总报告围绕"推动粤港澳大湾区高质量协同发展"主题，全面论述2022-2023年粤港澳大湾区区域的创新环境和水平进一步提升、基础设施更加互联互通、现代产业体系深化构建、优质生活圈全面建设、协同开放更加深入、合作平台效能显现情况，并展望未来，提出对策。经济贸易篇研究了粤港澳大湾区制造业、对外经贸、科技创新发展情况；环境与设施篇重点分析粤港澳大湾区规则衔接与营商环境、综合交通运输体系、生态环境的全面建设；合作平台篇全面总结横琴、前海、南沙等粤港澳重大合作平台和特色合作平台的建设情况；专题篇探讨了粤港澳大湾区的人才高地、休闲湾区、健康湾区、智库合作情况；案例篇选取澳门"1+4"经济适度多元化策略、珠三角城市服务港澳青年的政策、大湾区的文化产品高质量供给进行剖析研究。2022年以来，粤港澳大湾区着力推动基础设施"硬联通"和规则机制"软联通"，现代产业体系更加具有国际竞争力，区域内生发展动力保持强劲，优质生活圈全面建设，国际一流湾区和世界级城市群综合实力显著增强。展望未来，迈入纵深推进建设新阶段，粤港澳大湾区将深化形成极点带动、轴带支撑的网络化空间格局，要素流动加快塑造发展新形态，都市圈竞争力和世界级城市群影响力进一步增强，重大合作平台建设塑造新增长极，产业多元协同发展格局深化形成。要持续增加经济纵深，深化对

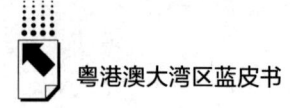

内对外双向开放；着力创新动能，大力打造国际科技创新中心，加快形成新质生产力；加快推进新型工业化，促进制造业高端化、智能化、绿色化；突出青年人才引育集聚，大力促进粤港澳人才一体化发展，建设世界重要人才中心；加速要素高效畅通，推进粤港澳全方位互联互通；聚力宜居宜业宜游环境建设，打造世界级优质生活圈。

关键词："一点两地"　高质量建设　粤港澳大湾区

目 录

Ⅰ 总报告

B.1 推动粤港澳大湾区高质量协同发展
——2022~2023年粤港澳大湾区建设报告
……………………………… 广东省社会科学院课题组 / 001
　一　区域创新环境和水平进一步提升 …………………… / 004
　二　基础设施更加互联互通 ……………………………… / 011
　三　现代化产业体系深化构建 …………………………… / 017
　四　优质生活圈全面建设 ………………………………… / 022
　五　协同开放更加深入 …………………………………… / 028
　六　合作平台效能显现 …………………………………… / 034
　七　展望与建议 …………………………………………… / 038

Ⅱ 经济贸易篇

B.2 粤港澳大湾区制造业发展报告 ……………… 龙建辉 / 048
B.3 粤港澳大湾区外贸发展报告 ………… 郭　楚　李永明 / 063
B.4 粤港澳大湾区科技创新发展报告
　　　　　　　　　　　 …………… 陈世栋　李兆颐　姚逸禧 / 084

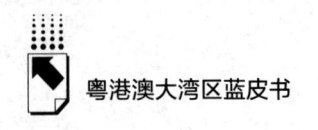

Ⅲ 环境与设施篇

- B.5 粤港澳大湾区规则衔接与营商环境建设报告……………… 李 娟 / 105
- B.6 粤港澳大湾区现代综合交通运输体系建设报告
  …………………………………………… 杨海深 罗慧凌 / 127
- B.7 粤港澳大湾区绿美湾区生态建设报告………… 吴大磊 王丽娟 / 142

Ⅳ 合作平台篇

- B.8 横琴粤澳深度合作区建设报告……………… 符永寿 陈梦桑 / 160
- B.9 深圳前海深港现代服务业合作区发展报告
  …………………… 朱迪俭 韩 颖 郭正林 刘岳磊 / 173
- B.10 广州南沙粤港澳重大合作平台建设报告
  ………………… 广东省社会科学院港澳台研究中心课题组 / 186
- B.11 粤港澳大湾区特色合作发展平台建设报告 …… 左晓安 单闫宇 / 209

Ⅴ 专题篇

- B.12 粤港澳大湾区高水平人才高地建设报告 ……………… 游霭琼 / 227
- B.13 粤港澳大湾区休闲湾区建设报告 ………………………… 武文霞 / 246
- B.14 粤港澳大湾区健康湾区建设报告 ………………………… 肖智星 / 264
- B.15 粤港澳大湾区智库合作报告 ……………………………… 赵恒煜 / 282

Ⅵ 案例篇

- B.16 澳门"1+4"经济适度多元发展报告
  ………………………………… 邓卓辉 梁嘉豪 曾玛莉 / 300

目 录

B.17　广州、深圳、珠海服务港澳青年政策的创新实践
　　　　………………………………………… 李　宏　石　梅 / 321

B.18　粤港澳大湾区文化产品的高质量供给
　　　　——基于新闻出版行业的实证分析 ………… 严若谷 / 333

附　录　2022年至2023年6月粤港澳大湾区大事记
　　　　………………………………………… 陈梦桑　石　梅 / 347

Abstract ……………………………………………………… / 358
Contents ……………………………………………………… / 360

皮书数据库阅读**使用指南**

总报告
General Report

B.1
推动粤港澳大湾区高质量协同发展
——2022~2023年粤港澳大湾区建设报告

广东省社会科学院课题组*

摘　要： 2022年以来，粤港澳大湾区以建设高水平人才高地为牵引，着力推动基础设施"硬联通"和规则机制"软联通"，全面深化粤港澳社会交流和民生融通，国际一流湾区和世界级城市群综合实力显著增强，现代化产业体系更加具有国际竞争力，粤港澳合作更加深入广泛，区域内生发展动力进一步提升，基础设施更加互联互通，优质生活圈全面建设，绿色低碳发展模式创新探索，大湾区建设取得新进展新成效。展望未来，粤港澳大湾区将深化形成极点带动、轴带支撑的网络化空间格局，要素流动不断加快，塑造大湾区发展新形态，都市圈竞争力和影响

---

* 课题组长：郭跃文，广东省社会科学院党组书记、研究员，主要研究方向为公共行政管理、广东改革开放史、粤港澳大湾区建设。组员：符永寿，广东省社会科学院港澳台研究中心副主任、副研究员，主要研究方向为粤港澳合作；曹佳斌，广东省社会科学院经济研究所副研究员，主要研究方向为区域经济、产业发展；陈朋亲，中山大学粤港澳发展研究院博士后，主要研究方向为港澳发展、粤港澳合作。

力将持续增强，战略平台建设塑造新空间增长极，产业多元协同化发展格局深化形成，支撑构建国际一流湾区、世界级城市群。下一步，纵深推进新阶段粤港澳大湾区建设，应持续深化对内对外双向开放，增加经济纵深扩展市场广度与深度；以科技创新引领产业发展，持续打造全过程创新链，加快形成新质生产力；加快推进新型工业化，协同推动产业转型升级；突出青年人才扶持和培植，引育集聚高端人才，协同推进粤港澳大湾区人才高地建设；瞄准全方位互联互通，进一步提升"软""硬"联通度，加速要素高效畅通融合；聚力宜居生活环境优化和绿色转型，共绘人文湾区，打造世界级优质生活圈。

关键词： 高质量建设　协同发展　一点两地　粤港澳大湾区

粤港澳大湾区建设，是习近平总书记亲自谋划、亲自部署、亲自推动的重大国家战略。2017年7月1日，习近平总书记在香港亲自见证《深化粤港澳合作　推进大湾区建设框架协议》的签署，标志着粤港澳大湾区建设正式启动。中共中央和国务院于2018年出台《粤港澳大湾区发展规划纲要》，2021年出台建设横琴、前海两个合作区的方案，2022年出台"南沙方案"，2023年8月8日出台"河套方案"。习近平总书记2018年3月参加全国人大会议广东代表团审议，2018年10月、2020年10月、2023年4月三次亲临广东视察，都对大湾区建设作出重要指示、提出明确要求，为大湾区建设工作领航掌舵、把脉定向，赋予粤港澳大湾区"一点两地"全新定位①，为新时代新征程推进粤港澳大湾区建设进一步指明了前进方向、注入了强劲动力。

把粤港澳大湾区建设成为富有活力和国际竞争力的一流湾区和世界级城市群，打造高质量发展的典范，2022年是重要时间节点。综合分析，当前

---

① 习近平总书记2023年4月亲临广东视察，强调要使粤港澳大湾区成为新发展格局的战略支点、高质量发展的示范地、中国式现代化的引领地。

粤港澳大湾区综合实力显著增强，高质量达成阶段性规划目标[①]。2022年以来，广东携手港澳，坚持以粤港澳大湾区建设为"纲"，全力推进重大平台建设，推动横琴合作区起步成势，加快释放前海"扩区"和"改革开放"红利，精心谋划建设一批特色合作平台，增创粤港澳大湾区改革开放新优势。着力建设大湾区高水平人才高地，抓好重大创新平台建设，加强基础研究能力建设，强化与港澳产业协同，加快建设国际科技创新中心。着力推动基础设施"硬联通"和规则机制"软联通"，加快建设"轨道上的大湾区"，深化拓展实施"湾区通"工程，对标国际最高标准拓展制度型开放，加快构建开放型经济新体制。全面深化粤港澳社会交流和民生融通，强化与港澳疫情联防联控，提升港澳青年来粤创业就业的服务水平，积极为港澳同胞发展提供更多便利，携手打造宜居宜业宜游的优质生活圈。《粤港澳大湾区发展规划纲要》发布实施近五年来，粤港澳大湾区建设不断取得新进展新成效，区域经济实力、竞争力显著增强，已经成为我国开放程度最高、经济活力最强的区域之一，也是新时代推动形成全面开放新格局、推进"一国两制"事业新发展的生动实践[②]。

2022年，粤港澳大湾区经济总量超13万亿元，相比2017年增长2.8万亿元，经济实力大为提升。2014~2023年，粤港澳大湾区入选世界500强的企业数量从10家变成25家（比2017年增加8家），增加了1.5倍（见图1、表1），上榜数量2021年就超越纽约湾区，在世界四大湾区中，仅次于东京湾区。广东省现有高新技术企业超6万家，比2017年净增加2万多家。启动建设5年来，粤港澳大湾区综合实力显著增强，粤港澳合作更加深入，三地民众获得感更加充实，正朝着建成国际一流湾区和世界级城市群的既定目标前进。

---

① 中共中央、国务院印发的《粤港澳大湾区发展规划纲要》明确了粤港澳大湾区建设2022年、2035年两个阶段的发展目标。其中，到2022年，综合实力显著增强；到2035年，宜居宜业宜游的国际一流湾区全面建成。
② 郭跃文、刘佳宁、李霞：《粤港澳大湾区国际金融枢纽建设的理论逻辑、国际借鉴与实践路径探究》，《学术研究》2023年第2期。

图1　2014~2023年粤港澳大湾区世界500强企业数

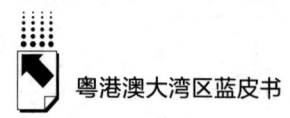

资料来源：课题组根据财富中文网信息和媒体报道综合整理。

表1　2023年粤港澳大湾区世界500强企业名录

总部城市 （共25家）	香港 （6家）	深圳 （10家）	广州 （6家）	佛山 （2家）	东莞 （1家）
企业名称	中国华润、招商局集团、联想集团、中国太平保险、怡和集团、长江和记实业	中国平安保险、华为投资控股、正威国际、腾讯控股、万科企业、招商银行、比亚迪、中国电子信息产业、顺丰控股、深圳市投资控股	中国南方电网、广州汽车工业、广州市建筑集团、广州工业控股、广州医药、广东省广新控股	碧桂园控股、美的集团	立讯精密工业

资料来源：课题组根据财富中文网信息综合整理。

一　区域创新环境和水平进一步提升

"教育、科技、人才是全面建设社会主义现代化国家的基础性、战略性支撑。必须坚持科技是第一生产力、人才是第一资源、创新是第一动力。"[①] 提

---

① 习近平：《高举中国特色社会主义伟大旗帜　为全面建设社会主义现代化国家而团结奋斗——在中国共产党第二十次全国代表大会上的报告》，2022年10月16日。

升内生发展动力、发展活力、创新能力是增强粤港澳大湾区综合实力的内在要求。2022年以来，粤港澳大湾区创新环境更加优化，创新要素加快集聚，新兴技术原始创新、科技成果转化能力双双提升，区域协同创新共同体特色更加鲜明，国际科技创新中心建设蹄疾步稳。

（一）区域创新指数位居世界前列

粤港澳大湾区高校协同政府、企业研发机构，塑造了体系完善、要素充沛、制度融合、水平拔尖的开放型区域协同创新共同体。50家国家级重点实验室在粤港澳大湾区落地生根，为增强大湾区基础研究和原始创新能力全面赋能。

围绕综合性国家科学中心建设，大湾区已建成34家国家级、71家省级国际科技合作基地，27家高水平创新研究院、277家新型研发机构以及一批省级技术创新中心、工程技术中心。高水平多层次实验室体系基本建成，拥有鹏城、广州2家国家重点实验室、10家广东省实验室、31家全国重点实验室/国家重点实验室、430家省重点实验室、20家粤港澳联合实验室、4家共建"一带一路"联合实验室以及高级别生物安全实验室等①。建有989家科技企业孵化器、986家众创空间。

粤港澳大湾区分布着25家世界500强企业、超过6万家高新技术企业、750家A股上市公司。逾200位院士定居大湾区开展世界科技前沿领域重大问题研究，诸多创新实体呈现大湾区强大的创新能级。2020年以来，我国《专利合作条约》（PCT）国际专利申请量连续三年稳居世界第一，而大湾区的PCT国际专利申请数量占全国一半。以广深港、广珠澳科技创新走廊为主骨架的区域创新格局初步形成。世界知识产权组织发布的全球创新指数报告显示，"深圳—香港—广州"科技创新集群连续四年居全球第二，超过美国硅谷所在的圣何塞—旧金山地区②，2017~2022年，广东省区域创新能力连续6年位居全国第一③。

---

① 龚国平：《发挥三地优势，围绕战略定位持续发力》，《科技日报》2022年11月15日。
② 根据世界知识产权组织（WIPO）发布的《全球创新指数报告》（2020~2023）。
③ 中国科技发展战略研究小组、中国科学院大学中国创新创业研究中心：《中国区域创新能力评价报告2022》，科学技术文献出版社，2022。

（二）教育和人才高地效应日益凸显

区域创新环境和水平有赖于人口、资金、技术等要素高水平集聚融合。年轻化、规模化高素质人力资源奠定了粤港澳大湾区的人才基础，15~59岁年龄人口比例为73%，接受高等教育人口比例约占20%。与此同时，粤港澳大湾区将打造教育和人才高地作为优质生活圈建设的重要内容，大湾区人才重磅利好政策密集出台，人才发展制度环境不断优化，更具国际竞争力的人才政策体系逐渐形成。

粤港澳大湾区教育国际化水平、教育开放性、教育体系完备程度达到新高度。香港亚洲教育枢纽的地位渐趋稳定，高等教育国际化水平位居世界前列。粤港澳大湾区拥有众多世界知名高校，"龙头"带动作用明显。有14所高校入选2023年QS世界大学排名榜，有8所跻身榜单前300位，其中，香港有5所高校位列QS世界大学排名前100位（见表2)①。

表2 2023年QS世界大学排名上榜粤港澳大湾区高校

广东 （5所）	南方科技大学(226位)、中山大学(267位)、华南理工大学(406位)、深圳大学(581~590位)、暨南大学(701~750位)
香港 （7所）	香港大学(21位)、香港中文大学(38位)、香港科技大学(40位)、香港城市大学(54位)、香港理工大学(65)、香港浸会大学(281位)、岭南大学(601~650位)
澳门 （2所）	澳门大学(304位)、澳门科技大学(581~590位)

资料来源：课题组根据QS中文官网发布信息综合整理。

近年来，粤港澳高校合作办学及联合共建优势学科、实验室和研究中心力度增强，跨城市联合办学成为大湾区一大特色。近三年，香港大学、香港中文大学、香港都会大学、香港科技大学、香港理工大学、香港城市大学等逾40所高校或其分校如雨后春笋般涌现在大湾区（见表3）。

---

① 2023年世界高等教育研究机构（Quacquarelli Symonds，简称QS）世界大学排名共有100个地区1418所院校参与。评价指标包括学术声誉、雇主声誉、单位教员论文引文数、师生比例、国际教师比例、国际学生比例、就业成果、国际研究网络。

表3 近年来在粤港澳大湾区新创办的部分高校

高校名称	建设进度
香港科技大学（广州）	《粤港澳大湾区发展规划纲要》发布以来获批的首个具有独立法人资格的内地与香港合作办学机构。2018年宣布选址广州开设新校区，2022年正式启用招收硕博生，2023年首次招收本科生。目前正在推进二期建设工程。
香港大学（深圳）	2021年深圳市副市长郑红波与香港大学副校长宫鹏签署《深圳市人民政府香港大学关于在深合作办学备忘录》。
香港中文大学（深圳）	2012年正式筹建，2014年成立。2019年1月签订协议建设香港中文大学（深圳）医学院及其附属医院，2021年8月，香港中文大学（深圳）医学院正式成立。
澳门科技大学珠海校区	2020年11月，《珠海市人民政府与澳门科技大学合作办学协议》签定，预计2025年启用。
大湾区大学	东莞松山湖校区2023年启用。2023年9月滨海湾校区一期场地平整及软基处理工程发布招标公告。
香港城市大学（东莞）	2020年，东莞市人民政府、东莞理工学院和香港城市大学签署合作协议。一期校园建设于2021年动工，2022年9月全面封顶。
香港都会大学（肇庆）	2020年4月，肇庆市与香港都会大学签署香港都会大学（肇庆）合作办学协议，是由香港都会大学与肇庆学院联合创办的具有独立法人资格的教学研究型大学。
香港理工大学（佛山）	香港理工大学2020年确定选址佛山办学，三个校区分别选址在佛山中欧中心世纪莲、广佛荟、博智林机器人谷。

资料来源：课题组根据媒体公开报道信息综合整理。

人才集聚保持强劲态势。高水平科学家团队加速汇聚，超过200位两院院士常驻大湾区。其中，全职在粤院士约130人。科技人才规模持续扩大，近十年来大湾区科技研发人员年均保持12.87%的增长率，位居我国各城市群之首[1]。2019~2022年广东全省研发人数年均增长8.55%，截至2022年底达到

---

[1] 单菁菁、武占云、张卓群主编《城市蓝皮书：中国城市发展报告（No.15）——大国治城之城市群高质量发展：迈向人与自然和谐共生的现代化》，社会科学文献出版社，2022。

130万人，占全国总量的21.67%。大湾区内地九市持"外国人工作许可"的外国人才约4.2万人，其中A类高端人才过万人。广深港人才吸引力强劲，深圳、广州分别位居"中国最具人才吸引力城市100强"第3、4位①。在全球20个科技创新中心城市中，香港、深圳的"Top 2000"顶尖科学家人数较多。其中，深圳是近十年来高水平科学家人数增加最多的城市之一②。香港推行"优化人才入境计划""高端人才通行证计划"成效明显，截至2023年6月底，共收到超过10万宗申请，获批6.1万宗。其中，"高才通"为2.6万宗。

人才交融提速。探索推行"一试双证""一证通认"等人才政策，强化粤港澳人才"软联通"，支持港澳人士内地就业创业，大湾区人才跨地区、跨行业、跨体制流动更加普遍、便利，"居住在港澳、工作在内地"日趋常态化。在粤工作港澳居民已突破20万人，获得内地执业资格港澳专业人士有3232人，报考大湾区内地城市事业单位港澳居民达1500多人次③，在粤参加养老、失业、工伤保险30.62万人次。其中，3.55万人享受在粤社保待遇④。

（三）创新驱动发展动能充沛

创新驱动发展战略在粤港澳大湾区深入实施，创新要素不断集聚，科技成果转化能力显著提升，众多创新型载体、产业、企业孵化形成。2022年，广东共有国家级高新区14个，大湾区（珠三角）9个。截至2023年5月，大湾区已建成184家国家级孵化器、272家国家备案众创空间；22家省级以上大学科技园（其中国家大学科技园6家）。孵化培育企业成效显著，累计孵化6.11万家企业，培育毕业2.56万家企业。2023年，在全国先进制造业百强园区评

---

① "中国最具人才吸引力城市100强"由任泽平团队和智联招聘联合发布。
② 参见："2022浦江创新论坛"发布的《2022"理想之城全球高水平科学家分析报告"》，2022年8月。
③ 《首届粤港澳大湾区人才服务高质量发展大会在广州召开》，大洋网，2023年2月20日，https://news.dayoo.com/gzrbrmt/202302/20/158562_54428306.htm。
④ 李晓旭、钱瑜、朱嘉乐：《湾区风劲潮涌 向新而进》，金羊网，2023年4月11日，https://news.ycwb.com/2023-04/11/content_51875766.htm。

选中，广东有 10 个园区入选，数量居全国前列（见表 4）①。2022 年大湾区创新型企业保持明显增长，广州高新技术企业、科技型中小企业数量分别突破了 1.23 万家和 1.67 万家，增量创下历史新高；深圳国家级高新技术企业总量超过 2.3 万家，仅 2022 年就新增 2043 家。2022 年 5 月"InnoHK 创新香港研发平台"启动，标志着香港特区政府进一步推动创新科技发展迈向新征程（见表 5）。2022 年底，《香港创新科技发展蓝图》发布，引导香港社会聚焦实现国际科创中心的目标愿景。创新赋能粤港澳大湾区企业品牌价值，2022 年品牌价值靠前的 3000 家中国上市公司中，大湾区上榜企业品牌总价值为 58045.27 亿元，上榜企业 473 家②。深圳、香港、广州、佛山上榜企业和品牌价值总和最为突出，电子、房地产和装备行业上榜数量位居前三，互联网、先进制造业实力凸显。

表 4　2023 年全国先进制造业百强园区广东园区名录

名称	排名	所属城市
广州经济技术开发区	2	广州
广州高新技术产业开发区	10	
广州南沙经济技术开发区	25	
深圳市高新技术产业园区	5	深圳
佛山高新技术产业开发区	21	佛山
东莞松山湖高新技术产业开发区	26	东莞
惠州仲恺高新技术产业开发区	33	惠州
惠州大亚湾经济技术开发区	85	
珠海高新技术产业开发区	42	珠海
中山火炬高新技术产业开发区	67	中山

资料来源：课题组根据赛迪顾问先进制造业研究中心发布的"2023 年先进制造业百强园区榜单"整理。

---

① 昌道励、许宁宁：《广东 10 个园区入选全国百强》，《南方日报》2023 年 7 月 10 日。
② 赵平、刘学东主编《2022 中国上市公司品牌价值蓝皮书》，清华大学出版社，2022。

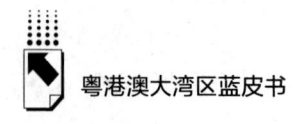

表5 "InnoHK创新香港研发平台"主要进驻机构

研发平台	序号	研发中心
Health@ InnoHK 聚焦医疗科技及应对全球挑战,如疫症和人口老龄化	1	香港神经退行性疾病中心
	2	合成化学暨分子生物学实验室
	3	创新诊断科技中心
	4	香港微生物菌群创新中心
	5	先进生物医学仪器中心
	6	免疫与感染研究中心
	7	病毒与疫苗研究中心
	8	眼视觉研究中心
	9	香港心脑血管健康工程研究中心
	10	中药创新研发中心
	11	中国科学院香港创新研究院再生医学与健康创新中心
	12	肿瘤及免疫学研究中心
	13	干细胞转化研究中心
	14	神经肌肉骨骼再生医学中心
AIR@ InnoHK 专注人工智能及机械人科技,涵盖金融及先进制造业,促进智能城市发展	15	香港物流机械人研究中心
	16	医疗机械人创新技术中心
	17	博智感知交互研究中心
	18	人工智能设计研究所
	19	香港智能建造研发中心
	20	智能多维数据分析研究中心
	21	人工智能金融科技实验室
	22	产品可靠性暨系统安全研发中心
	23	香港量子人工智能实验室
	24	创新制衣技术研发中心
	25	医卫大数据深析实验室
	26	智能芯片与系统研发中心
	27	香港工业人工智能及机械人研发中心
	28	中国社会科学院香港创新研究院人工智能与机器人创新中心

科技成果转化持续活跃。2022年广东技术合同成交4525.42亿元,排名全国第二。粤港澳大湾区科技成果流向聚集明显,超三成转化至制造业领域,转化合同金额为34364.3万元。大湾区知识产权服务机构发展快速,2022年,

全国新生知识产权服务机构2.1万家①，长三角占28.2%，粤港澳地区占17.5%，京津冀地区占12.4%，成渝地区占6.3%（见图2）②。

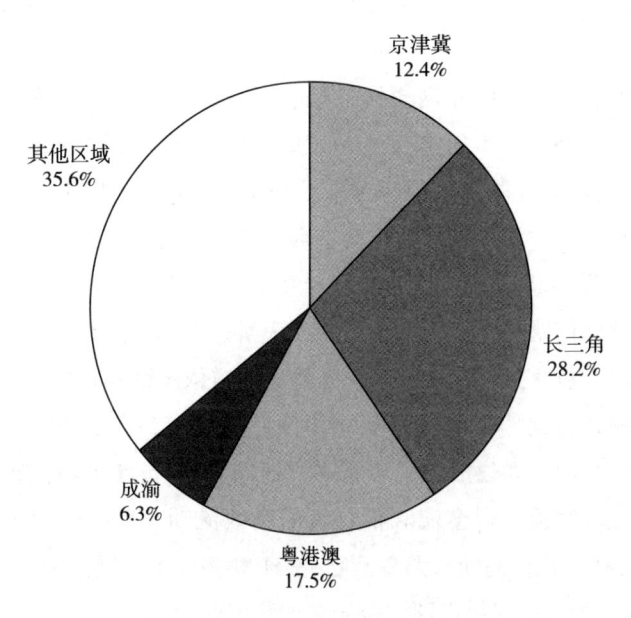

图2 2022年新生知识产权服务机构地区分布

二 基础设施更加互联互通

粤港澳大湾区城市间基础设施布局、功能、运行水平显著提高，交通、能源、信息、水利基础设施支撑保障能力明显增强，"一小时生活圈"基本形成，智慧能源网络初步构建，多层次水安全体系已经形成，信息基础设施互联互通进入2.0时代。

（一）"一小时生活圈"交通体系形成

近年来，随着一批重大跨境交通基础设施不断建成，粤港澳大湾区成为全

---

① 新生知识产权服务机构指成立时间1~2年的知识产权服务机构。
② 国家知识产权局。

国高速公路网密度最高、世界上铁路网络及沿海港口最为密集的地区之一，已经基本形成湾区综合立体交通网络，大湾区交通联系呈现总量规模快速增长、需求网络化分布、关键走廊内多元需求高度叠加等发展特征，许多领域已达世界一流水平。

陆路方面：高速湾区路网成形。粤港澳大湾区内轨道交通逐渐形成"国铁干线、城际铁路、城市轨道交通"三级网络，运营和在建的轨道交通里程超5400公里，远期规划总里程超过1万公里[1]。2023年以来，广深港高铁恢复通车，广汕铁路、深茂铁路、佛莞城际铁路等一批项目先后开工，"轨道上的大湾区"建设不断提速，预计2035年主要城市间将实现1小时通达。另外，从珠江口由北向南眺望，黄埔大桥、南沙大桥、广深港高铁狮子洋隧道、虎门大桥、港珠澳大桥4条公路通道和1条铁路通道依次铺陈开来，大大缩短了珠江口两岸居民过江跨海的时间。深中主线正式贯通，有望2024年建成通车。届时，深圳、中山将融通成为"半小时交通圈"。粤港澳大湾区跨江跨海通道有力促进人流、物流、资金流和信息流的高效流动。粤港澳大湾区高速公路"一张网"正在形成，高速公路里程已达5100多公里，路网密度9.3公里/百公里^2，超过纽约、东京都市圈，位居全球湾区前列。

航运方面：世界级港口群正加速形成。粤港澳大湾区港口群由9个沿海港口和2个内河港口组成[2]。近年来，粤港澳大湾区港口合作不断深化，创新"湾区一港通"等运营模式，港口联动初见成效。广州、深圳、珠海、香港等港口间开通了水上客运航线，航运互通水平和港口吞吐能力全国领先[3]。此外，大湾区港口发展各具特色，差异化特征明显（见表6）。香港现代航运服务业发达，是世界著名的国际航运中心；广州港是国家综合运输体系的重要枢纽，也是最大的内贸集装箱枢纽港；深圳港集装箱以外贸运输为主，是沿海主要港口。当前，广东正推进广州港南沙港区国际通用码头、深圳港盐田港区东作业区集装箱码头一期工程等建设，港口吞吐能力将实现跨越式发展。截至2023年7月，大湾区组合港自2019年实施以来已累计开通线路21条，进出口

---

[1] 蔡昌俊：《轨道交通助力粤港澳大湾区发展——多网融合研究与实践》，《城市轨道交通》2023年第5期。

[2] 中国港口网，http://www.port.org.cn。

[3] 谢宝剑：《粤港澳大湾区高质量发展加速推进》，《光明日报》2023年7月18日。

吞吐量超24万标箱。2022年新华·波罗的海国际航运中心发展指数中，香港排名全球第4位，广州排在第13位，深圳排在第17位。在中国经济信息社发布的国际都市游船活力指数中，广州排名全国第一、全球第二。随着粤港澳大湾区建设的快速推进和环珠江口100公里"黄金内湾"加快发展，粤港澳大湾区世界级港口群迎来新的发展机遇。

表6 粤港澳大湾区港口群协同分工组织

港口	功能定位
深圳港	世界级集装箱枢纽港
香港港	全球供应链主要枢纽港
广州港	集装箱枢纽干线港、现代综合性主枢纽港
珠海港	华南沿海主枢纽港、中国沿海主要港口
东莞港	大湾区支线港
惠州港	大湾区支线港
中山港	内河港
江门港	内河港
肇庆港	内河港
佛山港	内河港
澳门港	客运港

资料来源：课题组根据公开信息整理。

航空方面：世界级机场群正迅速崛起。粤港澳大湾区是我国大型机场的"密集区域"，有7座运输机场、11条跑道。2023年以来，新建珠三角枢纽（广州新）机场前期工作加快推进，广州机场第四、第五跑道及T3航站楼，深圳机场第三跑道及航站区，澳门、珠海、惠州等机场改扩建项目逐步实施，大湾区机场群硬件设施建设水平将更上一层楼。2022年，粤港澳大湾区机场群珠三角九市完成旅客吞吐量5308.1万人次。其中，白云国际机场2022年旅客吞吐量达2610万人次，客流量继续保持全国首位，连续三年获评"全球机场服务质量满意度第一""中国最佳机场"；深圳宝安机场国际航空枢纽能级实现新提升，机场旅客吞吐量、货邮吞吐量分别达2156.3万人次、150.7万

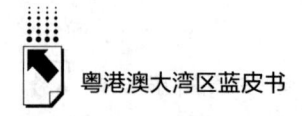

吨，均排名全国第三。到2023年，白云国际机场、深圳宝安机场全年累计旅客吞吐量分别达到6317.35万人次、5273万人次。预计到2035年，粤港澳大湾区将成为引领全球、高质量发展的世界级机场群。

口岸方面：实施"一站式通关"合作查验，即一次放行的通关模式。以珠澳拱北跨境口岸为例，每条线路将珠澳连接起来形成交通走廊，众多跨境线路交叠聚集，在口岸辐射范围内形成一个网络①。广深港高铁、港珠澳大桥等大型跨境基础设施相继开通，粤港澳跨境通关更加便捷，香港有跨境口岸12个（7个陆路口岸、1个航空口岸、4个港口口岸），澳门有跨境口岸9个（5个陆路口岸、1个航空口岸、3个港口口岸）。粤港澳三地积极创新口岸通关方式，2/3出入境旅客通过自助方式通关、"一站式通关"模式，通关时间大幅压缩，大湾区城市间联系更加紧密。

大湾区客运服务具有跨境量大、联程服务水平高、日常通勤强度大的特点。2023年以来，随着"澳车北上"和"港车北上"政策的正式实施，大湾区跨境通关需求不断增大，人员往来更加高效便捷。大湾区内部联通水平和对外联系通道不断优化和提升，逐步形成功能完善与运作高效的交通基础设施网络，大湾区交通基础设施互联互通和各类运输方式综合衔接，便捷顺畅、经济高效、绿色集约、智能先进、安全可靠的现代化综合交通运输体系正在形成。

粤港澳基础设施合作还存在明显短板，如港珠澳大桥管理运行、机场群空管运行模式和航空资源使用效率提升的共建共享机制有待进一步优化，出现"断头路"现象，湾区内各交通方式直联互通缺乏综合规划，城市和部门间缺乏综合利益补偿机制、衔接机制、协调机制和分配机制，基础设施一体化效益有待进一步释放。

（二）能源安全保障体系逐步构筑

粤港澳大湾区能源基础设施在与现有成品油管道网络相连的基础上，实现输油输气管网相连，建立珠三角成品油运输线，将炼油中心、主要消费城市和成品油储备基地联系起来，并向粤东粤西粤北方向延伸。西气东输二线

---

① 李艳、孙阳、姚士谋：《一国两制背景下跨境口岸与中国全球城市区域空间联系——以粤港澳大湾区为例》，《地理研究》2020年第9期。

深圳液化气调峰站工程和广深港支线项目完成建设，广东大鹏液化气增建1座16万立方米储罐，多渠道、安全稳定地保障香港用气需求。同时，粤港澳电网互联互通完成500千伏电力线路改造，粤澳新建连接珠海烟墩站至澳门北安站220千伏输电第三通道。粤澳电力联网通道已形成"北、中、南"三条通道共8回220千伏主供线路加4回110千伏备用线路的网架格局。粤港澳跨界电网、天然气管网的相互连接，保障了港澳电力、能源供应稳定。

粤港澳大湾区是国家新一轮对外开放先行地，能源需求增量不断扩大，推动油、气、电输送网络的一体化建设，是未来趋势。当前，粤港澳大湾区能源供应安全保障能力有待提升，尤其是能源对外依存度偏高，清洁能源供给和能源互联互通合作机制不足，这些都对大湾区经济融合发展和人口聚集的巨大需求构成现实挑战。

（三）防洪与水资源配置体系加强

粤港澳大湾区水资源丰富，河涌交错，水网相连，河网密度居世界四大湾区之首。但水资源时空分布不均，降水强、台风多，防洪形势严峻。东江、西江、北江是大湾区三大供水水源，东深供水工程对香港的供水量占香港用水总量的80%，西江供水对澳门的供水量占澳门地区用水总量的98%。粤港澳大湾区已经建成了一批具有一定规模和较高防洪标准的供水基础设施，如东深石马河节制闸、小海河调污工程、西江珠中澳供水管网道一体化工程、珠三角水资源配置工程等，进一步完善了粤港澳供水体系，保障了粤港澳供水安全。另外，建成乐昌峡、湾头等水利枢纽工程以及景风联围、江新联围、中顺联围、樵桑联围等堤围工程，珠三角防洪治涝与水资源配置体系基本构筑完成。粤港、粤澳建立联合联席会议协作机制，并签订《粤港应急管理合作协议》和《粤澳应急管理合作协议》，推进水务一体化，应对跨境水污染等突发事件。

目前，大湾区水资源安全保障能力仍显不足，与大湾区高质量发展的水安全保障体系目标不相适应。如防洪防潮标准不高，深港界河虽于2017年完成防洪治理工程，但未达到世界高标准；内涝一直是影响澳门经济社会秩序的大问题，因缺乏合作无法得到有效改善。大湾区供水管理制度和治理能力仍有不

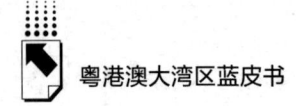

足，如珠江水量调度缺乏法治保障、粤港澳三地协同机制还需要进一步优化、流域上下游与湾区内地9市和相关部门间协同仍需要加强等。另外，水体污染问题仍然存在，部分内河涌水质污染严重，水库水体富氧化加剧①。

（四）"数字湾区"基础全面夯实

以大数据、物联网、人工智能等为核心的新一轮科技革命，正从导入期转向拓展期②，粤港澳大湾区融合发展进入2.0时代，以区块链等信息技术为核心的数字化基础设施平台，正成为粤港澳大湾区制度融合的关键。近年来，粤港澳大湾区基本建成以光纤网络、移动通信基站、公共区域无线局域网为重点的信息基础设施网络，正积极推动以信息网络为基础，支撑数字转型、智能升级、融合创新的新型基础设施体系建设。布局了大数据中心、5G通信、IPV6网络与高速光网建设，建成了国家超级计算中心、国家基因库等8个重大科技基础设施。推动广深港澳科技走廊建设，在广州南沙粤港澳全面合作示范区、深圳前海深港现代服务业合作区、横琴粤澳深度合作区建设跨境数据实验平台，对跨区域、跨制度数据传输模式进行了实践探索。这些都为粤港澳大湾区信息基础一体化发展打下坚实基础。

粤港澳大湾区数字基础设施建设仍面临跨区域、跨制度协作机制障碍。一是港澳拥有独立的数据安全制度，同时国家网络安全法将港澳视为境外，导致粤港澳三地跨境数据传输的要求和标准难以协同，形成政策壁垒。二是粤港澳大湾区缺少数字信息基础设施建设的总体规划。对粤港澳大湾区数字经济、新型基础设施等发展战略、技术突破等缺乏前瞻性规划设计，造成技术冲突，而围绕大数据、人工智能和算法展开的人才竞争将加剧大湾区的资源稀缺度。

综合来看，粤港澳大湾区交通基础设施已基本形成干支结合、四通八达的综合交通网络，"一小时生活圈"基本形成；大湾区的内外部环形及地区内供应系统基本完成，各大重点城市启动智慧能源网络；水资源基础设施方面已经形成多层次供水网络，构筑了粤港澳用水安全保障体系，防洪排涝基本达到国

---

① 李娟、李兴拼、李杰：《粤港澳大湾区水资源管理形势及对策》，《水利发展研究》2022年第10期。
② 谢伏瞻：《论新工业革命加速拓展与全球治理变革方向》，《经济研究》2019年第7期。

家标准；信息基础设施互联互通进入2.0时代，"数字湾区"正加速形成，人员、信息、资本、技术流动更加便捷。但跨区域政策、市场、管理、信息等协调和互联互通方面还存在问题，致使某些基础设施协调合作效率低、通行成本高。因此，提前谋划布局基础设施互联互通，是未来粤港澳大湾区实现高质量发展的关键之一。

三 现代化产业体系深化构建

当今世界政治经济格局分化动荡，大国竞争成为常态，大国竞争集中体现在现代化产业体系竞争。作为中国式现代化建设的引领地，粤港澳大湾区集中粤港澳三地优势资源及产业人才集聚和政策支持，打造具有国际竞争力的现代产业体系事关重大。

（一）现代化产业集群竞争力凸显

大湾区建设五年来，已初步形成有国际竞争力的现代化产业体系。从制造业来看，先进制造业快速发展，有国际影响力的珠江口东岸电子信息产业带已初具规模，珠江口西岸的高端装备制造带正抓紧构建。2021年，继广州、深圳之后，佛山、东莞靠创新驱动、深耕制造业，跻身万亿元级城市行列；2022年初，大湾区西岸工业重镇佛山市顺德区工业总产值首破万亿元大关，成为全国首个工业超万亿元的市辖区。战略性新兴产业不断壮大，集成电路、生物医药、新能源新材料等产业快速崛起，其中，通信电子信息、新能源汽车、无人机、机器人等产业集群，是粤港澳大湾区建设世界级城市群和参与全球竞争的重要空间载体。从服务业来看，现代服务业加快发展，区域生产性服务业正向专业化和价值链高端延伸发展。此外，湾区海洋经济快速崛起，海洋运输业、海工装备制造业发展迅速。

广东省"全省一盘棋"持续推进20个战略性产业集群，十大战略性支柱产业集群和十大战略性新兴产业集群2022年产业增加值合计达5.2万亿元。2023年上半年，战略性新兴产业集群实现营收达1.3万亿元，增加值达0.3万亿元，同比增长9.8%，增速超过规模以上工业增加值7.3个百分点

（见表7）①。香港注重扶持生物科技、人工智能、智慧城市及金融科技做优做强，同时部署了创新科技产业、文化及创意产业等战略性新兴产业。截至2022年，香港已经拥有超过800家金融科技公司，超过3700家初创企业，超过10家"独角兽"企业全球总部。澳门推进以中医药研发制造为切入点的大健康产业、现代金融、高新技术、会展商贸和文化体育等产业。当前，粤港澳大湾区形成了高度成熟的风投市场。可以预见，到2030年，粤港澳大湾区将全面实现区域、国家和全球三级创新网络的贯通融合，战略性新兴产业规模将达到万亿美元级，"独角兽"企业将超过100家。粤港澳大湾区现代化产业实力将进一步凸显，竞争力和影响力将进一步增强。

表7 广东省二十大战略性产业集群名录

十大战略性支柱产业集群	新一代电子信息、绿色石化、智能家电、汽车产业、先进材料、现代轻工纺织、软件与信息服务、超高清视频显示、生物医药与健康、现代农业与食品
十大战略性新兴产业集群	半导体与集成电路、高端装备制造、智能机器人、区块链与量子信息、前沿新材料、新能源、激光与增材制造、数字创意、安全应急与环保、精密仪器设备

资料来源：《广东省人民政府关于培育发展战略性支柱产业集群和战略性新兴产业集群的意见》（粤府函〔2020〕82号）。

（二）链条完整的现代化产业体系

从区域协同看，香港主要产业为金融服务、贸易及物流业、专业服务及其他生产性服务业、旅游业，澳门以综合旅游休闲业为龙头，带动发展中医药大健康、现代金融、高新技术、会展商贸和文化体育等重点产业，珠三角则以制造业发展为主导，三地形成了鲜明的产业互补，产业合作潜力巨大。

粤港澳大湾区先进制造业具有规模体量大、配套体系全、发展空间广等优势。广东目前已形成新一代电子信息、绿色石化、智能家电、先进材料、现代轻工纺织、软件与信息服务、现代农业与食品、汽车产业等8个产值超万亿元

---

① 莫谨榕：《万亿产业集群"挑大梁"，广东制造争当"尖子生"》，《羊城晚报》2023年10月27日。

的产业集群（见表8）①，产业体系齐全，优势突出，大中小企业协同配套能力强。大湾区正在充分整合现有各类优势创新资源，加大协作力度，联合打造一条辐射带动能力强、具有国际竞争力的完善的战略性新兴产业链，推动新一代信息技术、生物技术、高端装备制造、新材料等产业发展壮大为新支柱产业，增强经济发展新动能，培养和完善链条完整、具有国际竞争力的现代化产业体系。

表8 产值超万亿元的广东产业集群发展概况

产业集群	发展状况
新一代电子信息	产业规模连续32年位居全国第一。2022年全省实现营业收入4.66万亿元，占全省工业营业收入的25.95%。2017~2022年税收收入规模连续多年占全国电子信息产业税收收入比重近三成。计划到2025年，建成新一代信息通信（5G）园区5个、智能终端产业基地5个、半导体元器件及智能传感器产业基地5个，营业收入6.6万亿元，工业增加值约1.4万亿元
绿色石化	2019年，产业规模约为1.5万亿元，居全国第三位。目前，处于正常经营的绿色石化产业链企业数量超8万家。计划到2025年，形成炼油9000万吨/年、乙烯900万吨/年、芳烃500万吨/年以上的生产能力，产值规模超2万亿元
智能家电	广东是中国家电产业第一大省，是全球规模最大、品类最齐全的家电制造业中心，家电制造业营收规模占全国的比重超40%。2022年，产值超1.6万亿元、利润达1100多亿元。计划到2025年，年营业收入突破1.9万亿元，工业增加值超过3700亿元
先进材料	2019年，全省先进材料产业主营业务收入达21540亿元，工业增加值5089亿元，占全省工业主营业务的15%，2021年先进材料产业集群实现工业总产值近2万亿元。计划到2025年，形成1个年主营业务收入达2.8万亿元以上、工业增加值达6475亿元的先进材料产业集群，迈入世界级先进材料产业集群行列
现代轻工纺织	2019年，全省轻工纺织产业规模以上企业实现工业增加值6383.5亿元，完成主营业务收入26775.2亿元，约占全省制造业营业收入的20%，占全国轻工纺织产业营业收入的20%。2022年，广东服装行业规模以上企业累计完成服装产量35.2亿件，占全国15.14%。计划到2025年，现代轻工纺织产业工业增加值超7200亿元，主营业务收入超3万亿元

---

① 王伟中：《政府工作报告——2023年1月12日在广东省第十四届人民代表大会第一次会议上》，2023年1月。

续表

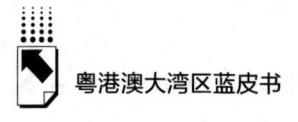

产业集群	发展状况
软件与信息服务	2019年，全省软件业务收入11875亿元，2022年，广东软件业务收入突破1.7万亿元、同比增长11.1%，增速高于全省GDP 9.2个百分点。广东软件与信息服务产业综合实力和发展规模连续多年位居全国前列。计划到2025年，软件业务收入达到2万亿元，保持全国领先地位，培育4个千亿元级软件企业
现代农业与食品	2019年，全省农林牧渔业总产值、增加值分别达7175.9亿元、4477.17亿元，均居全国第5位。2022年，广东食品工业规模以上企业工业增加值2190.34亿元，同比增长9.4%；营业收入8994.70亿元，占全国规上食品工业营收的8.1%，位列全国第二。截至2022年底，全省获证食品工业企业16681家，数量居全国第二。计划到2025年，集群规模（总产值）接近2万亿元，现代农业与食品产业产值分别接近1万亿元
汽车产业	2019年，全省汽车制造业营业收入8404.78亿元，实现工业增加值1768.35亿元；全省汽车产量311.97万辆，占全国汽车总产量的12.2%。2022年，汽车产量超410万辆，连续第六年位居全国第一，其中，广州汽车产量突破300万辆、稳居全国城市第一。汽车制造业产值超过万亿元，同比增长超过20%。计划到2025年，全省汽车制造业营业收入超过1.1万亿元，其中汽车零部件制造业营业收入突破4500亿元

资料来源：课题组根据《广东省人民政府关于培育发展战略性支柱产业集群和战略性新兴产业集群的意见》以及相关支柱产业集群行动计划、新闻媒体公开报道等综合整理。

（三）协同创新的现代化产业体系

大国竞争背景下，粤港澳大湾区的现代化产业体系作为协同开放的体系，正在释放更大开放性，并以开放方式实现区域内外协同，形成具有国际竞争力的跨地区产业链[①]。大湾区现代化产业体系是区域内外生产要素、创新技术不断交汇、集聚、融合，形成各个产业间、区域间互相促进、协调发展的开放系统，正在探索形成"基础研究+应用开发+成果转化+科技金融+人才支撑"的全过程创新生态链，追求在更高层次上参与区域与国际产业的分工协作，以开放协同达到资源高效利用和合理配置，实现产业整体核心竞争优势的塑造，最

---

① 李青、马晶：《大国竞争背景下粤港澳大湾区构建具有国际竞争力的现代化产业体系研究》，《国际经贸探索》2023年第3期。

终带动区域经济高质量发展。

大湾区现代化产业链"以我为主",立足自身制造业强势,固链、强链,推动全产业链优化升级。在区域内延链,与港澳现代金融等专业服务优势互补,推动产业在区域内有序转移。依托国内外市场,实现产业链、供应链多元化,形成共聚创新力、共聚附加值的产业链条。截至2022年,珠三角地区三次产业比重调整为4.2∶41.1∶54.7,先进制造业和高技术制造业增加值占规模以上工业比重分别提高到55%、29.5%,金融业增加值达1.15万亿元,现代服务业增加值占服务业比重达65.9%。截至2023年7月,广东省累计培育创新型中小企业超4万家,专精特新中小企业超1.8万家①。

粤港澳大湾区正以战略性新兴产业集群和未来产业为核心布局,开创引领创新的现代化产业体系,通过巩固提升网络与通信、智能终端等产业集群领先优势,生物医药、工业母机、新材料等产业集群,抢抓新能源汽车、新型储能产业发展风口,积极培育合成生物等未来产业新增长点。2022年,广州数据交易所、深圳数据交易所相继挂牌,当年累计交易额超过17亿元②。大湾区内拥有日益完善的数字基础设施、快速创新的网络平台和全球最大的制造业产业链,推进数字经济和实体经济融合发展具有得天独厚优势。目前,广州海珠区、深圳南山区已经获批开展数据生产要素统计核算试点。广州提出在海珠区试点基础上,推动数据要素纳入国民经济和社会发展的统计核算体系,进一步培育数据交易市场、激发数字经济内生动力。

加快建设具有国际竞争力的现代化产业体系是一项复杂的系统工程,具体推进过程有诸多需要高度关注的因素,其中最为关键的是聚焦现代化产业体系的稳定安全、体系完整、协同开放、引领创新性。针对原始创新要素不足、绿色发展能力不强、协调发展程度不高等关键性问题,粤港澳大湾区遵循新发展理念要求,探索新时代现代化产业体系高质量发展的新路径,加快实现大湾区产业体系向"大而强""大而优"转型跨越,不断深化在经济高质量发展中的引领和示范作用。

---

① 莫谨榕:《万亿产业集群"挑大梁",广东制造争当"尖子生"》,《羊城晚报》2023年10月27日。
② 数据来源:广东省政务服务和数据管理局局长杨鹏飞在"2023数字经济峰会"(香港,2023年4月13日)上的主题演讲《"数字湾区"的广阔图景》。

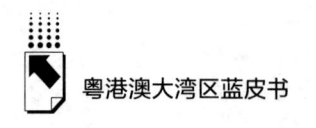

四 优质生活圈全面建设

粤港澳大湾区注重发展民生工程，提高大湾区群众生活舒适度，为港澳居民在内地学习、工作、创业、生活创造更好的环境，打造生态安全、环境优美、社会稳定、文化繁荣的美丽湾区，建设宜居宜业宜游的优质生活圈。

（一）绿色低碳发展模式创新探索

由二氧化碳等温室气体排放引起的气候变化已经成为21世纪人类面临的最大挑战之一，绿色低碳是全球经济社会发展的新趋势。粤港澳三地一衣带水，生态系统的整体性、地理位置的邻近性、内部要素的高流动性决定了大湾区城市群属于生态环境共同体。根据2021年发布的《中共中央 国务院关于完整准确全面贯彻新发展理念做好碳达峰碳中和工作的意见》和《2030年前碳达峰行动方案》，粤港澳大湾区建设要强化绿色低碳发展导向和任务要求，率先推动经济社会发展全面绿色转型。2021年颁布的《中共中央 国务院关于深入打好污染防治攻坚战的意见》，再次强调"聚焦国家重大战略打造绿色发展高地"和"加快建设美丽粤港澳大湾区"。国家赋予粤港澳大湾区打造绿色发展高地的重要使命，"双碳"目标下大湾区绿色低碳协同发展意义重大。

近年来，大湾区各城市培育经济增长新动能，形成了电子信息、汽车、机器人等产业集群，积极推进制造业智能化、绿色化发展。以新能源汽车为例，大湾区的新能源汽车产业发展走在全国前列，除广州、深圳等新能源汽车核心集聚区外，惠州、东莞等地关键零部件及新材料配套项目发展也节节开花。未来，大湾区的新能源汽车产业将继续依托重大项目，带动配套项目对接落地，推动产业提档升级，朝着世界级产业集群方向迈进。

为推动大湾区传统产业的绿色转型，广东先后出台了《广东省制造业数字化转型实施方案及若干政策措施》《广东省数字经济促进条例》等多项政策。这为能源、生产、交通等领域的绿色产业发展指明了方向。大湾区注重发挥龙头企业示范引领作用。例如，华为在东莞松山湖光大We谷建成广东省首个"华为云工业互联网创新中心"，截至2022年10月，该中心已扶持

113家企业"上云用云",涵盖制造业、软件、电子信息、生物医药等行业,使企业人力成本降低40%,研发效率提升30%,产品直通率提升6%,生产效率提升11%,有力助推了企业绿色数字化转型。目前,大湾区正利用云计算、区块链、大数据等新一代信息技术,完善新型制造业体系建设,实现数字化生产。

(二)"一小时生活圈"基本形成

鸟瞰南粤大地,综合立体交通网络蜿蜒交织、连绵不绝、日益密集,粤港澳大湾区基础设施加快互联互通,三地往来更加快捷,大湾区"一小时生活圈"基本形成①。

从北到南,黄埔大桥、南沙大桥、广深港高铁、虎门大桥、港珠澳大桥四条已建成的跨境公路通道和一条铁路通道齐头并进,建设了佛莞城际铁路、狮海通道、深江铁路、深中通道等。粤港澳大湾区铁路网近2500公里,"轨道上的湾区"加速形成;白云机场三期、深圳机场三跑道、香港机场扩建等项目加快推进,粤港澳大湾区世界级机场群初具规模。粤港澳大湾区五大机场旅客年吞吐量超过2亿人次,港口集装箱年吞吐量超过8000万标准箱。

广东正与港澳地区一道,大力推进城际客运,支持"一票通""一卡通"联运,逐步实现一张车票、快速换乘的湾区轨道"一小时交通圈"。按照规划,到2035年,广东将全面建成发达的快速骨干网、完善的普通干线网、广泛的通达基础网,综合运输通道枢纽体系更加高效可靠,运输服务更加优质便捷,"12312"出行交通圈和"123"快货物流圈②全面实施,实质性建成交通强省。交通基础设施网络、综合运输服务水平、交通运输体系高质量发展走在全国前列,粤港澳大湾区综合交通运输发展水平跻身世界先进行列。

---

① 孙飞、陆芸、刘刚:《"相互奔赴"暖消费 共绘优质生活圈》,《经济参考报》2023年8月22日。
② "12312"现代交通体系:以香港深圳、广州佛山、澳门珠海为核心的1小时交通圈,珠三角地区与粤东粤西粤北地区2小时通达,与国内及东南亚主要城市3小时通达,与全球主要城市12小时左右通达;"123"快货物流圈:国内1天送达,东南亚主要城市2天送达,全球主要城市3天送达。

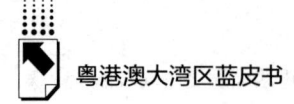

"港车北上""澳车北上"有助于加强港澳与内地的交流。"港车北上"于2023年7月1日零时起正式实施，符合条件的香港机动车车主在香港办理预约通关手续后，可享受粤港澳大湾区通行便利。据统计，香港单牌车经港珠澳大桥通关总量呈阶梯式增长，截至2023年7月31日17时，"港车北上"经港珠澳大桥通关车辆超过6800辆次。"澳车北上"2023年初实施以来，截至2023年8月6日，已有超过55万辆来自香港和澳门的单一牌照车辆在港珠澳大桥边检站接受检查，其中7月接受检查的车辆超过12.3万辆。据统计，澳门有1/4的私家车"北上"。得益于快捷的交通工具和高效的通关手续，越来越多的港澳市民利用港珠澳大桥往返，进行短期商务旅行、家庭度假和观光旅游。粤港澳大湾区区域内互动日益频繁，空间联系强度不断增强，"一小时生活圈"加速形成。

（三）软联通促进"心连通"

粤港澳三地规则机制的软联通持续推进。教育方面，港澳居民与内地居民同等享受学前教育、义务教育、高中阶段教育等政策。住房方面，港澳居民在粤港澳大湾区内地购买保障性住房，无须提供相关证明，可按规定使用港澳跨境按揭银行购房贷款。在医疗卫生领域，2021年8月27日起"港澳药械通"政策在大湾区内地正式扩展实施[①]，2023年2月22日，中山大学附属第一医院、广东省人民医院等14家综合性和专科医院获批为第二批指定医疗机构。"港澳药械通"政策落地以来，累计批准19家指定医疗机构（见表9），急需进口药品23项（共46个批次），医疗器械13项（共15个批次），共惠及2237人次，满足人民群众多种医疗需求。社会保障方面，湾区社保通政策落地，实现了四个"首创"：首创粤澳社保在内地"融合办"、首创通过政务共享实现社保"离岸办"、首创智能柜台在澳"自助办"、首创琴澳社会保障规则衔接。截至2023年2月底，港澳居民在粤参加养老、工伤、失业保险共30.62万人次。其中，享受社保待遇3.55万人。金融服务方面，"跨境理财

---

① 2020年9月29日，国家有关部门联合印发《粤港澳大湾区药品医疗器械监管创新发展工作方案》，明确在粤港澳大湾区内地九市开业的指定医疗机构使用临床急需、已在港澳上市的药品，以及临床急需、港澳公立医院已采购使用、具有临床应用先进性的医疗器械，均由广东省实施审批。此监管创新发展举措被称为"港澳药械通"政策。

通"推动了金融市场双向开放。"跨境理财通"首次打通了境内外银行理财产品市场，是大湾区金融领域在整合三地规则、系统、产品和服务优势方面的成功尝试。政策落地以来，截至2022年末，粤港澳三地有64家银行4.1万名投资者办理业务，涉及跨境资金22.2亿元。税收优惠方面，广东省出台了粤港澳大湾区个人所得税优惠政策，目前已提交申请超过2万份，争取补贴超过55亿元人民币。

中共中央、国务院印发《横琴粤澳深度合作区建设总体方案》《全面深化前海深港现代服务业合作区改革开放方案》，有利于打破行政壁垒，促进大湾区融合发展。2022年5月，广东省人力资源和社会保障厅、广东省财政厅等四部门联合印发《支持港澳青年在粤港澳大湾区就业创业的实施细则》，为港澳青年在大湾区发展提供更加细化、明确的服务保障和政策支持。通过规则衔接、优势互补、促进要素跨境跨市流动和粤港澳三地科技创新协同，实现大湾区"心连通"。

表9 "港澳药械通"指定医疗机构

第一批 （5家）	香港大学深圳医院、广州现代医院、广州和睦家医院、珠海希玛林顺潮眼科医院、中山陈星海医院
第二批 （14家）	中山大学附属第一医院、中山大学孙逸仙纪念医院、南方医科大学南方医院、广东省人民医院、广州市第一人民医院南沙医院、广东祈福医院、广州希玛林顺潮眼科医院、深圳市前海蛇口自贸区医院、深圳禾正医院、深圳希玛林顺潮眼科医院、珠海市人民医院（横琴院区）、佛山复星禅诚医院、东莞松山湖东华医院、东莞光明眼科医院

资料来源：课题组根据广东省卫健委对外公布信息和媒体报道整理。

（四）人文、休闲、健康湾区迈向新阶段

2022年以来，粤港澳三地文化、艺术、教育等领域交流合作紧密，公共文化发展取得新成就，大湾区各城市公共文化空间互通互联不断加强，文化设施以及物质文化遗产、非物质文化遗产、历史文化名城名镇名村、红色资源、4A级及以上景区等文化要素形成圈层结构体系。文旅融合示范地发展取得新

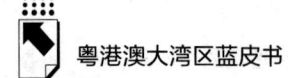

突破，打造了高品质人文旅游产品体系，构建了岭南风格的全域旅游格局，全方位培育了文旅融合产业生态。湾区人文精神培育不断深化，文化展会平台建设提速，品牌化趋势明显。电视剧《狂飙》为岭南文化"吸粉"无数，猪脚饭、潮州工夫茶等岭南文化IP爆火，新加坡总理李显龙点赞"广州最美骑楼街"永庆坊，广州、深圳跻身"五一""十一"国内热门旅游目的地榜单前十，粤港澳大湾区人文魅力得到不断释放。

积极推动城市文化产业创新发展，提升文化产品供给能力。《2022年中国城市文化创意指数》根据城市创意生态、赋能能力、审美驱动力、创新驱动力等关键指标评选出我国城市文化创意指数十强，分别为：北京、上海、深圳、广州、杭州、香港、成都、重庆、苏州、南京。2022粤港澳大湾区城市文化创意指数报告及排行榜显示：深圳、广州、东莞位列前三，其后依次是佛山、珠海、中山、江门、惠州、香港、肇庆、澳门。2022年中国城市文化创意指数的城市平均值约为17.53，粤港澳大湾区城市文化创意指数平均值约为25.72①。

休闲湾区建设成效显著。粤港澳三地不断强化合作机制，逐步提升大湾区文旅协作水平。文旅市场供给更优化，市场规模不断扩大。大湾区内地九市A级景区数量呈现增长态势（见图3），文旅业态日益丰富，丰富多彩的文娱活动轮番登台。粤港澳旅游市场推广更统一，三地在开发特色旅游项目、开拓文旅市场、创新休闲旅游业态等层面深化区域合作，加快湾区文化和旅游业深度融合，塑造了优良的市场环境，不断擦亮粤港澳大湾区文旅市场品牌。

健康湾区优化塑造。持续推进粤港澳大湾区卫生健康协调发展，创新粤港澳传染病联防联控机制，探索打通卫生健康方面的机制性障碍，实现三地卫生健康事业硬联通、软联通、心联通，健康湾区建设取得阶段性显著成效，粤港澳大湾区健康共同体和医疗高地加快打造。截至2022年底，港澳人士在广东

---

① 2022粤港澳大湾区城市文化创意指数报告由北京大学文化产业研究院教授王齐国主持研究编制，指数主要包含创意生态、赋能能力、审美驱动力、创新驱动力四大指标。

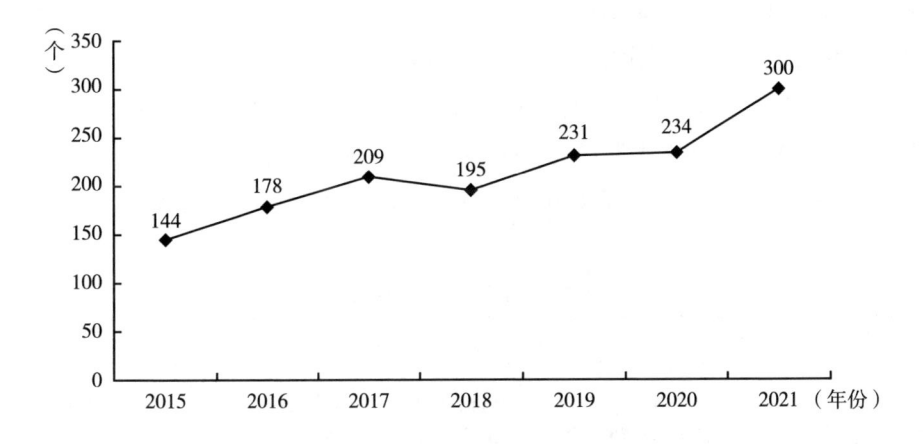

图 3　2015~2021 年大湾区内地九市 A 级景区数量变动

资料来源：历年《广东统计年鉴》。

开办了 37 家医疗机构，有 241 名港澳医师在粤短期行医①。目前，广东省已建成 120 多家港式家庭医生工作室、3 家港澳居民健康服务中心与港式金牌全科门诊部，为在粤港澳居民、海外人士提供优质港式医疗服务。

粤港澳大湾区卫生与健康合作大会、粤港澳大湾区中医药传承创新发展大会影响力逐步显现，受到粤港澳三地业界的高度关注与积极响应，有力促进了三地卫生健康事业融合发展（见表 10）。"港澳药械通" 2021 年 8 月 27 日完成试点，正式推行，截至 2023 年 4 月 17 日，内地指定医疗机构累计获批引进急需进口药品 23 项、医疗器械 13 项，共惠及 2237 人次②。截至 2023 年 7 月，"港澳药械通"指定医疗机构数量再增 14 家，累计 19 家③。"港澳药械通"政

---

① 《建立"三个一"机制　实施"四全"计划高质量打造健康中国行动"广东样本"》，广东省卫生健康委员会官方网站，2023 年 6 月 19 日，http://wsjkw.gd.gov.cn/xsdzgtsshzy/gzlgjz/content/post_ 4203882.html。
② 《"港澳药械通"目录再"+4"!》，南方网，2023 年 4 月 25 日，https://news.southcn.com/node_ 54a44f01a2/c65e93b15f.shtml。
③ 《新增 14 家！"港澳药械通"第二批指定医疗机构名单发布》，南方网，2023 年 2 月 22 日，https://xapp.southcn.com/node_ 27c664f088/f7c180e480.shtml。

策被广东省列为助力健康湾区建设具有先进性、创新性、示范性的典型案例之一①。粤港澳医疗人才互访交流紧密，2023年3月，香港特区政府医疗卫生代表团访问广东省卫生健康委，推进粤港医疗人才交流计划。2023年4月，粤港医疗人才交流计划在香港正式启动，参与第一期交流计划的广东省医护人员共83人②。2023年5月，香港中文大学（深圳）医学院项目奠基。

表10　两个大会召开情况

大会名称	大会内容
粤港澳大湾区卫生与健康合作大会	第一届（2018年1月，惠州）签署《粤港澳大湾区卫生与健康合作框架协议》，26个合作项目签约。第二届（2019年2月，深圳）签订《粤港澳大湾区卫生与健康合作共识》，62个合作项目签约。第三届（2023年11月，广州）开设主论坛、圆桌会议、4个平行分论坛和12个学术论坛，集中展示一批粤港澳大湾区卫生健康合作典型案例和合作项目
粤港澳大湾区中医药传承创新发展大会	2018年以来，已召开五届大会，主会场分别设在深圳、珠海、惠州、中山、佛山。共签署85个合作项目。第五届于2023年9月在佛山举行，有27个合作项目现场签约，其中8个项目现场签署合作协议，19个项目进行文本交换

资料来源：课题组根据新闻媒体报道综合整理。

五　协同开放更加深入

粤港澳大湾区定位于打造成为新发展格局的战略支点、"一带一路"倡议落实的重要支撑区，着力优化国际化营商环境，提升大湾区市场一体化水平，全面对接国际高标准市场规则体系。

---

① 2023年4月6日，广东省人民政府新闻办公室举行粤港澳大湾区规则衔接机制对接典型案例（第一批）新闻发布会新闻报道。
② 粤港医疗人才交流计划是广东省卫生健康委与香港医管局在《粤港医疗交流合作备忘录》框架下，围绕健康湾区建设、推动粤港医疗人才交流的一项计划，涵盖医疗、护理、中医等多个领域，让医生、中医专家、护士等各类医护人员开展深度交流，互相学习。

（一）打造具有国际竞争力的营商环境

推进粤港澳大湾区建设，进一步优化营商环境的制度体系；探索深圳先行示范区标准，打造法治化国际化营商环境；推进重大合作平台建设，打造引领国际规则衔接的营商环境。全面实现政务服务事项"跨省通办、湾区通办、多地联办"，推进粤港澳三地企业登记信息共享、资质互认。探索市场准入"承诺即入制"和"极简审批"改革。持续推进海关口岸营商环境制度创新，创新贸易监管模式，实施"两步申报""两段准入"通关便利措施。全国首个地方版外商投资权益保护条例《广东省外商投资权益保护条例》2022年3月1日起施行。全国首个经国际医疗质量协会权威认证的《医院质量国际认证标准（2021版）》在前海发布，在全国推广应用。

2022年以来，一批优化营商环境建设的政策措施落地实施（见表11）。2020年10月，中共中央办公厅、国务院办公厅印发了《深圳建设中国特色社会主义先行示范区综合改革试点实施方案（2020~2025年）》，提出三个阶段的目标要求[1]。三年来，深圳56项重点任务中14项已经完成、42项取得重大进展，深圳综合改革试点首批40条授权事项落地见效，试点取得重要阶段性成果，重点领域改革成绩显著[2]。一些改革事项填补了国际国内相关领域的立法空白，营商环境方面的规则衔接取得成效。全国工商联发布的《2022年万家民营企业评营商环境报告》显示，广东、深圳连续三年被全国民营企业评为营商环境最佳口碑省份和最佳口碑城市，营商环境评价排名位居全国前列[3]。根据加拿大菲沙研究所发布的《世界经济自由度2022年度报告》，香港在164个经济体中，经济自由度排名第一，尤其是在国际贸易自由和监管方面表现非常优秀。香港较低的税率、便捷的国际交通、先进的医疗水平、国际化的营商环境、高度市场化的资本市场等优势对国际资本和优秀人才具有强大吸引力。

---

[1] 实施方案阶段目标要求分别是：2020年制定实施首批综合授权事项清单；2022年形成一批可复制可推广的重大制度成果；2025年重要领域和关键环节改革取得标志性成果，基本完成试点改革任务。

[2] 《深圳先行示范区建设部署的56项重点任务取得突破47条经验全国推广》，广东省人民政府网，2022年8月18日，http://www.gd.gov.cn/gdywdt/dsdt/content/post_3996462.html。

[3] 陈行：《2022年广东省营商环境评价报告发布　深圳广州入选首批营商环境创新试点城市》，《深圳特区报》2022年12月30日。

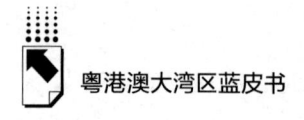

表11　2022年以来粤港澳大湾区部分营商环境优化政策名录

政策名称	出台时间和部门
《广东省外商投资权益保护条例》	2022年1月16日，广东省人民代表大会常务委员会
《关于深圳建设中国特色社会主义先行示范区放宽市场准入若干特别措施》	2022年1月26日，国家发展改革委、商务部
《广东省全面深化商事制度改革三年行动计划》	2022年1月，广东省人民政府办公厅
《广东省外商投资权益保护条例》	2022年1月，广东省人大常委会
《关于推进广东自贸试验区贸易投资便利化改革创新若干措施》	2022年2月，广东省人民政府
《降低横琴粤澳深度合作区企业综合成本的十条措施》	2022年3月2日，横琴粤澳深度合作区执行委员会
《广东省知识产权保护和运用"十四五"规划》	2022年3月31日，广东省人民政府
《深圳市前海深港现代服务合作区管理局关于支持前海深港国际法务区高端法律服务业集聚的实施办法（试行）》	2022年5月23日，深圳市前海深港现代服务业合作区管理局
《深圳市建设营商环境创新试点城市实施方案》	2022年5月，深圳市政府
《广州市促进综合保税区高质量发展的实施意见》	2022年8月，广州市商务局
《粤港澳大湾区跨境争议调解示范规则》	2022年12月，广东省司法厅、香港特区政府律政司、澳门特区政府行政法务司
《广东省加快推进政务服务标准化规范化便利化工作实施方案》	2022年12月，广东省人民政府
《关于深入推进跨境商事诉讼规则衔接工作指引》《跨境商事法律规则衔接系列白皮书》	2022年12月，前海法院

资料来源：课题组根据广东省人民政府官网和新闻媒体公开报道整理。

（二）提升市场一体化、投资便利化水平

粤港澳三地经济运行的规则衔接、机制深入对接，城际铁路加快建设，促进人员、货物等各类要素高效便捷流动，市场一体化水平提升。2022年，粤港澳大湾区在促进粤港澳贸易投资双向便利化方面出台了税收优惠及投融资、

跨境仲裁便利化等政策，以持续推进大湾区内市场高水平互联互通，促进各类资源要素高效便捷流动。

税收优惠政策为大湾区内政策实施区域集聚创新资源、培育发展高新技术产业提供强大动力，推动粤港澳全面深化合作。2022年6月，国务院印发《广州南沙深化面向世界的粤港澳全面合作总体方案》，明确对南沙先行启动区鼓励类产业企业减按15%的税率征收企业所得税；支持符合条件的一站式创新创业平台按规定享受科技企业孵化器税收优惠；落实支持科技创新的进口税收政策等规定①。

跨境投资便利化措施促进境内外金融市场的互联互通，为大湾区吸引外资创造有利条件。2022年9月，深圳市前海深港现代服务业合作区管理局、香港特别行政区政府财经事务及库务局联合发布《关于支持前海深港风投创投联动发展的十八条措施》（见表12），允许香港创投机构等境外主体在前海开立自由贸易账户（FT账户），在"一线放开、二线管住"原则下，允许境外资金自由进出FT账户，并支持前海的科创企业通过FT账户自主选择离岸、在岸汇率办理资金结售汇②。2022年11月，中山市政府出台"金融14条"，重点招引港澳资本在翠亨新区设立QFLP，进一步提升翠亨新区跨境投融资便利化水平，利用境外低成本资金支持本地产业发展，拓宽境内资本对外投资渠道。

表12　《关于支持前海深港风投创投联动发展的十八条措施》

便利深港跨境投资双向合作	（1）优化前海QFLP、QDIE和WFOE PFM试点 （2）支持香港创新科技发展 （3）拓宽香港资本市场融资渠道 （4）联动香港有限合伙基金（LPF）发展 （5）促进跨境双向投融资便利化

---

① 唐子湉、柳时强、田昀澍：《推动横琴前海南沙三大平台各展所长、相得益彰》，《南方日报》2022年6月29日。

② 辛继召：《湾区金融互联互通稳步推进：跨境理财通、ETF通后，风投创投联动发展将至》，《21世纪经济报道》2022年9月5日。

续表

支持做大规模集聚发展	(6)积极引进大型基金落户 (7)大力吸引国际资管机构落户 (8)培育风投创投和私募证券投资机构 (9)强化机构集聚扶持 (10)给予办公用房补贴 (11)强化经营团队扶持 (12)鼓励投早投小投科技 (13)丰富投资退出渠道 (14)推进契约型基金商事登记试点
打造深港联动发展良好生态环境	(15)鼓励产业引导基金让利 (16)提升综合服务水平 (17)提升行业组织影响力 (18)创新行业自律模式

资料来源：根据深圳市前海深港现代服务业合作区管理局、香港特别行政区政府财经事务及库务局联合发布的《关于支持前海深港风投创投联动发展的十八条措施》整理。

出台一系列政策，促进探索粤港澳大湾区共商共建共管共享贸易投资双向便利化的新模式，构建粤港澳大湾区合作新机制，打造粤港澳深度合作新高地，政策红利初显成效。以珠海市为例，2022年新增港澳资企业1775家。2022年4月，珠海国际仲裁院与澳门律师公会仲裁中心等澳门机构联合开通并启用珠澳跨境仲裁合作平台在线办案系统，整合两地仲裁资源，加速深化珠三角地区与港澳规则衔接，提升粤港澳贸易投资双向便利化水平。

（三）共促高水平对外开放

2022年10月，国家发展改革委发布《关于推广借鉴深圳综合改革试点首批授权事项典型经验和创新举措的通知》，推广深圳综合改革试点的4方面18条典型经验和创新举措（见表13），证实深圳在建立跨境仲裁协作和国际仲裁合作新机制、创新口岸国际中转便捷通关模式、推动国际船舶登记入级管理集成创新等对外开放方面取得较为显著的成效。与此同时，珠海市加快建设对外开放平台，获批设立广东自贸试验区联动发展区，高栏港综合保税区4个月内完成419万立方米填土任务，顺利封关预验收，与香港机场管理局签署合作谅解备忘录，并成功举办粤港澳大湾区服务贸易大会①。

表13 深圳综合改革试点18条典型经验和创新举措

要素市场化方面(5条)	(1)建立土地联动高效审批机制 (2)实施私募基金商事登记服务创新和全流程一体化监管 (3)推出创业板注册制改革 (4)建立境内外双向投资新机制 (5)推动基础设施领域不动产投资信托基金(REITs)畅通资金循环
科技创新方面(6条)	(6)建立新兴领域知识产权保护新机制 (7)创新基层编制资源统筹管理 (8)实行大科学计划全链条综合管理机制 (9)建立金融支持绿色发展和科技创新模式 (10)推出外籍人才认定机制创新和工作居留一站式服务 (11)构建高度便利化的境外专业人才执业制度
对外开放方面(4条)	(12)建立跨境仲裁协作和国际仲裁合作新机制 (13)创新口岸国际中转便捷通关模式 (14)推动国际船舶登记入级管理集成创新 (15)实施国际航行船舶保税加油全链条服务和并联审批新模式
公共服务和生态环境治理方面(3条)	(16)建立与国际标准衔接的医院评审认证体系 (17)建立急需药械准入和全流程监管新机制 (18)打造气候项目市场化投融资服务新模式

资料来源：根据国家发展改革委发布的《关于推广借鉴深圳综合改革试点首批授权事项典型经验和创新举措的通知》整理。

大湾区对标高标准的国际贸易和投资通行规则，稳步推进制度规则、技术标准制定，在加快构建开放型经济新体制的进程中不断增强国际经贸主动权②。一是充分发挥港澳在国家对外开放中的功能和独特作用以及珠三角九市经贸联系紧密、外向型经济支撑明显等优势，建成诸多具有重要影响力的国际

---

① 李晓莉、申明浩：《新一轮对外开放背景下粤港澳大湾区发展战略和建设路径探讨》，《国际经贸探索》2017年第9期。
② 蔡赤萌：《粤港澳大湾区城市群建设的战略意义和现实挑战》《广东社会科学》2017年第4期。

交通物流枢纽，从而形成高水平的对外开放区域联合体；二是多项举措并行推动国际商业网络更加密集化，扩大大湾区贸易投资一体化市场的规模，有力促进国际与国内两个市场资源的有效对接，使其更高层次地参与国际经贸合作和竞争发展；三是依托广交会、高交会、文博会、海丝博览会等对外开放平台，不断推出类似跨境就业"小切口、大开放"的创新开放举措，持续提升大湾区的对外开放水平。

六 合作平台效能显现

横琴、前海、南沙、河套是粤港澳合作发展的四个重大平台①。从2021年9月到2022年6月，《横琴粤澳深度合作区建设总体方案》《全面深化前海深港现代服务业合作区改革开放方案》《广州南沙深化面向世界的粤港澳全面合作总体方案》先后发布，为横琴、前海、南沙三个重大合作发展平台建设提供了框架思路和政策指引，合作平台加快建设，示范引领粤港澳大湾区建设，辐射带动周边区域创新发展（见表14）。

表14 粤港澳重大合作平台基本情况

平台	方案及出台时间	发展定位和目标愿景
横琴	《横琴粤澳深度合作区建设总体方案》（2021年9月）	• 促进澳门经济适度多元发展的新平台 • 便利澳门居民生活就业的新空间 • 丰富"一国两制"实践的新示范 • 推动粤港澳大湾区建设的新高地
前海	《全面深化前海深港现代服务业合作区改革开放方案》（2021年9月）	• 粤港澳大湾区全面深化改革创新试验平台 • 高水平对外开放门户枢纽
南沙	《广州南沙深化面向世界的粤港澳全面合作总体方案》（2022年6月）	• 科技创新产业合作基地 • 青年创业就业合作平台 • 高水平对外开放门户、规则衔接机制对接高地 • 高质量城市发展标杆 • 立足湾区、协同港澳、面向世界的重大战略性平台

---

① 本报告主要反映2022年至2023年上半年粤港澳合作平台情况，河套合作平台在特色合作平台中反映。

续表

平台	方案及出台时间	发展定位和目标愿景
河套	《河套深港科技创新合作区深圳园区发展规划》(2023年8月)	• 深港科技创新开放合作先导区、国际先进科技创新规则试验区、粤港澳大湾区中试转化集聚区 • 粤港澳大湾区国际科技创新中心重要极点、世界级的科研枢纽、粤港澳大湾区高质量发展的重要引擎

资料来源：课题组根据各合作平台规划方案等综合整理。

（一）横琴合作区基础夯实

2022年以来，《横琴粤澳深度合作区建设总体方案》《横琴粤澳深度合作区发展促进条例》相继出台，推动合作区建设提档增速，各项工作全面推进。发展促进澳门经济适度多元的新产业，科技研发和高端制造、中医药、文旅会展商贸、现代金融等产业成长势头亮眼，2022年地区生产总值达到461.79亿元，工业增速达18.8%。2023年上半年实现地区生产总值236.34亿元，经济稳步持续增长，实体经济基础不断夯实。建设便利澳门居民生活就业的新家园，合作区社会民生不断进步改善，教育、医疗、社保、文化、体育等公共服务体系持续提质升级，澳门居民生活就业新家园的吸引力、便利度进一步增强。构建与澳门一体化高水平开放新体系全面推进，货物、人员的高效便利出入境措施不断落实，跨境金融管理不断创新，高度便利化的市场准入和国际化营商环境逐步建立。

（二）前海合作区创新引领

2022年是习近平总书记首次视察前海十周年，也是中共中央、国务院正式印发《全面深化前海深港现代服务业合作区改革开放方案》的一周年。一年来，推动《全面深化前海深港现代服务业合作区改革开放方案》72项重点任务落地，取得重要进展；中央湾区办38项、省147项、市203项任务均已取得重要进展，粤港澳大湾区全面深化改革创新试验平台、高水平对外开放门户枢纽建设进程加快，规模效应、乘数效应逐步释放，生机勃勃发展态势更加凸显。2022年，前海实现地区生产总值1948.7亿元，同比增长5.2%。前海综合保税区进出口总额2352.2亿元，同比增长48.8%，单位面积产值位列全国第

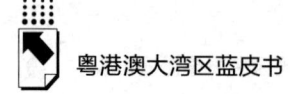

一。招才引智成效显著，前海高层次人才数量同比增加103%。"前海港澳青年招聘计划"累计推动406名港澳青年就业，同比增长206%；工程建设、税务、旅游等领域18类港澳专业人士经备案（登记）后可在前海执业，累计618名港澳专业人士跨境执业①。2022年，前海实际使用港资56.1亿美元，同比增长3.4%，拥有港资企业近万家。

（三）南沙合作平台全力启动

南沙围绕方案建设目标任务，全力推动各项工作取得新进展新成效。一是推动经济和产业创新发展。2022年南沙各项经济指标保持稳步增长态势。地区生产总值达2252.58亿元，比上年增长4.2%，增速居广州市首位；规模以上工业产值3805.49亿元，居广州市第二。方案落地一年以来，南沙新增上市企业4家（累计14家），新签约项目299个，投资总额达6882亿元，创历史新高②。新引进世界500强企业投资项目18个（累计241个），新增市场主体2.5万多家，其中企业1.93万家③。2022年南沙新增国家级高新技术企业345家（累计超900家），新增省级以上"专精特新"企业235家，25家企业入选2022年"独角兽"创新企业榜单④。二是创建港澳青年安居乐业新家园。集聚各具特色的港澳台侨青创基地13家，累积孵化港澳（台侨）青创项目团队（企业）超500个，来南沙创业就业的粤港澳三地青年超4000人⑤。截至2023年7月，南沙的港澳青年实习就业基地超200个，累计吸纳近2100名港澳青年学生完成实习⑥。有超5.2万名港澳青少年前来南沙进行研学旅行及文化交

---

① 《一起来探！前海高质量发展建设"动力源"》，深圳人才工作网，2023年7月5日，http：//www.sztalent.org/content/2023-07/05/content_ 30317281.htm。
② 管玉慧、刘婕：《高质量发展看南沙》，《南方都市报》2023年6月14日。
③ 《广州市南沙区2022年国民经济和社会发展计划执行情况与2023年计划草案的报告》，广州南沙人民政府网站，2023年2月22日，http：//www.gzns.gov.cn/zwgk/ghjh/wngh/ssw/content/post_ 8814828.html。
④ 唐一歌、吴春燕：《为大湾区建设注入强劲动能——广州南沙加速打造粤港澳全面合作平台》，《光明日报》2023年6月13日。
⑤ 程龙：《拓展发展空间 注入澎湃动能》，《人民日报》2023年10月22日。
⑥ 吴婷婷：《近2100名港澳青年参与广州南沙"百企千人"计划》，《中国青年报》2023年7月24日。

流活动①。三是建设南沙高水平对外开放的门户。2022年，南沙港完成集装箱吞吐量1838.85万标箱，商品车吞吐量106.3万辆。截至2022年底，南沙国际班轮航线累计开通182条，不断扩大链接全球市场的国际班轮航线网络布局②。2022年5月，南沙港铁路中欧班列首次开行，标志着一条高效便捷的亚欧国际物流新通道的建立。经国家外汇管理局批准，自2022年1月始，广州南沙自贸区围绕放宽资本项目汇兑限制、"放管服"改革、推进跨境投融资体制改革创新等方面，正式开展跨境贸易投资高水平开放试点，推出13项便利化措施。四是打造规则衔接机制对接高地。以广州南沙粤港合作咨询委员会为依托，南沙采取接近香港行之有效的咨委会运作模式，推动穗港更紧密合作。2022年7月在香港成立南沙新区香港服务中心，进一步畅通南沙与香港联络沟通渠道。南沙民心港人子弟学校2022年秋季迎来第一届学生，引进香港名校办学特色和管理模式，为在大湾区内地城市工作及生活的港人子女提供高质量的就读保障。

（四）特色合作平台活力充沛

粤港澳特色合作平台是大湾区建设的重要抓手。东莞滨海湾新区、东莞松山湖高新区、中山翠亨新区、江门大广海湾开发区（包括广海湾开发区和银湖湾滨海新区）、佛山三龙湾高端创新集聚区、肇庆新区、惠州仲恺高新区、河套深港科技创新合作区的建设进展与成效显著③，各特色合作平台在探索中创新，在创新中不断向高质量发展模式转型，成为带动各市建设大湾区的主力军、高质量发展的开路先锋。虽然起点高低不同，要素禀赋有所差异，但8大平台都发展成为各市高端要素集聚的主要平台，在年产值、规模以上工业产值增量贡献、研发投入、高新技术产业产出贡献上成为各市的支柱和主要平台。在探索国内大循环与国际大循环最优结合、境内资源产业要素与境外产业要素

---

① 唐一歌、吴春燕：《为大湾区建设注入强劲动能——广州南沙加速打造粤港澳全面合作平台》，《光明日报》2023年6月13日。
② 《南沙：奋力跑出高质量发展的"加速度"》，广州市南沙区人民政府官网，2023年3月8日，http://www.gzns.gov.cn/zwgk/rdzt/nanshafangan/nszxd/content/post_8838898.html。
③ 河套合作平台于2023年4月被正式确定为重大合作平台，此报告反映的主要是2022年的情况，因此将河套作为特色合作平台加以论述。

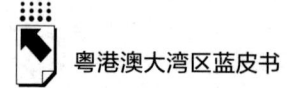

优化配置方面，8大特色平台结合各自优势和产业基础，在招商引资中成为境内外投资的主要承接地、企业科技研发的主要发起地和科技成果产业化的主要平台。2022年，滨海湾新区全年重大项目建设完成投资约60亿元，位居东莞全市第二。东莞松山湖实现生产总值771.18亿元，位居东莞市第二，增速位居全市第一，工业经济持续发挥稳经济"压舱石"作用。新能源汽车、生物医药、新材料等战略性新兴产业稳步起势。

七 展望与建议

粤港澳大湾区是新时代推动形成全面开放新格局的新尝试，也是推动"一国两制"事业发展的新实践。"9+2"11城攥指成拳①，以更大气魄深化改革、扩大开放，高质量建设粤港澳大湾区，这片5.6万平方公里、有8000多万人口的热土呈现勃勃生机。未来，粤港澳大湾区综合实力将显著增强，粤港澳合作更加深入广泛，区域内生发展动力进一步提升，发展活力充沛、创新能力突出、产业结构优化、要素流动顺畅、生态环境优美的国际科技创新中心将加快形成。

（一）展望

目前，粤港澳大湾区推动空间结构持续调整优化，极点带动、轴带支撑的网络化空间格局基本形成。香港—深圳、广州—佛山、澳门—珠海强强联合的引领带动作用逐步发挥，通过产业发展、经济增长、技术外溢等方式，带动周边城市发展。这些城市在经济、科技、文化等方面互补和协同，共同推动整个区域发展。初步形成了以广深、港珠澳等城市为轴心，依托以高速铁路、城际铁路和高等级公路为主体的快速交通网络与港口群和机场群，构建区域经济发展轴带，形成紧密联系和互动。

下一步，粤港澳大湾区将深化形成极点带动、轴带支撑的网络化空间格局，支撑构建国际一流湾区、世界级城市群。轴带式发展将更加有效串联极点

---

① 11城指粤港澳大湾区范围内的香港特别行政区、澳门特别行政区和广东省广州市、深圳市、珠海市、佛山市、惠州市、东莞市、中山市、江门市、肇庆市（即珠三角九市）。

间的重要节点城市，并促成外环的形成，即广深科技创新走廊（东环）和珠西先进装备制造产业带（西环）；以及围绕广州南沙、深圳前海、珠海横琴、东莞滨海湾新区和中山翠亨新区这五个关键的现代制造业节点，沿地理走向连接成一条半环形的内环发展轴带。东环将广州和深圳两大创新中心，以及"世界工厂"东莞连接起来，将促进以创新为主要引领和支撑的经济体系与发展模式的形成。而位于珠江口西岸的西环加速崛起，特色产业集群特征愈发明显。依托佛山的强大制造能力，大湾区进一步落实东西环要素对接，推动创新成果在西环转化生产。

1. 要素流动不断加快塑造大湾区发展新形态

根据粤港澳大湾区内部的经济集聚和辐射方向，大湾区以珠江口为内核，将自内向外形成空间层次相对清晰的"内湾—环湾—外湾"三大圈层结构。内湾圈层也可称为内湾发展带，主要是沿珠江口区域，集中了粤港澳大湾区绝大部分的上市公司、世界500强企业、高新技术企业和高端服务企业，如平安保险、华为、腾讯、招商银行、比亚迪、顺丰、万科、格力等，这些龙头企业地处大湾区高端要素最集聚、经济发展最繁华的地区，已然成为整个湾区高质量发展的引领者和示范者。随着港珠澳大桥和广深港高铁等交通基础设施的建设与不断完善，粤港澳大湾区内部要素流动不断加快。自2018年10月港珠澳大桥开通以来，出入境旅客近2400万人次；出入境车辆超473万辆次；经港珠澳大桥进出口货值逾4700亿元；经大桥进出口的货物，其市场涉及的国家（地区）由2018年的105个增加到2022年底的225个。港珠澳大桥是促进跨界交通和要素流动的重要基础设施，制定更加灵活便捷的政策框架，是未来实现粤港澳大湾区从"硬联通"到"软联通"跨越的关键。

2. 都市圈竞争力和影响力将持续增强

都市圈是城市与城市群有机联系的纽带。《粤港澳大湾区发展规划纲要》明确提出，构建"香港—深圳""广州—佛山"和"澳门—珠海"三大极点，增强对周边区域发展的辐射带动作用；支持珠海、佛山、惠州、东莞、中山、江门、肇庆等城市充分发挥自身优势。通过极点辐射带动作用，引领城市群发展和城镇体系建设，实现全域协同发展。得益于道路网和地铁网密度的大幅提升，城市经济边界不断外拓，粤港澳大湾区核心城市的多中心发展格局逐步形成。例如，随着琶洲和金融城的落成，广州CBD边界将在珠江新城的基础上

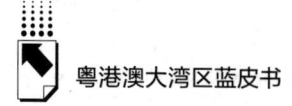

进一步向外拓展。另外，周边多个副中心，像白鹅潭、广州南站这些地方，也正在部署或规划大型综合交通转运枢纽，未来产业发展将得到更好的保障；而深圳也正围绕福田 CBD 和科技园-后海两个城市主中心发展，加快地铁 5 号线周边新型商务区的建设，包括前海以及西丽留仙洞等片区。未来，在建设世界级城市群总体目标框架下，通过发挥三大极点的引领作用，粤港澳大湾区将形成具有世界影响力的深港大都市圈、广佛大都市圈和珠澳大都市圈，进一步实现对资源的合理配置，带动片区整体发展。

3. 战略平台建设塑造新空间增长极

粤港澳大湾区正在涌现一批不同规模、不同定位、不同层次、不同优势的发展平台和载体。围绕粤港澳大湾区世界级机场群、港口群、高铁站等重大交通枢纽形成的经济发展区也正在加快发展，围绕重大科学装置、科技创新园区形成的科技创新发展示范区持续培育和成长壮大。随着重大平台的建设和发展，粤港澳大湾区在空间上形成人口、经济、公共服务集聚的新节点，区域交通网络布局也将同步发生新变化，推动粤港澳大湾区空间结构朝着多极化、均衡化、网络化方向发展，为实现区域更加均衡协调发展和共同富裕提供支撑。

4. 产业多元协同化发展格局深化形成

粤港澳大湾区作为全球重要的制造中心，产业基础雄厚，产业链条完整。香港、澳门的服务业优势突出，三产占比均在 90% 以上。广州、深圳呈现典型的"三二一"格局，第三产业占比最大。广州通过新兴技术与传统优势产业融合，金融、批发零售、商务服务等行业保持稳定增长。深圳四大支柱产业始终扮演驱动城市经济发展的重要角色，其中金融业和高新技术产业发展尤为突出，2022 年增加值分别为 5137 亿元、1.3 万亿元。值得注意的是，当前粤港澳大湾区的金融发展已展现显著的比较优势，有望通过金融要素的不断协调、配置、组合，形成集聚辐射效应，有力地黏合区域相互依存关系，助力形成金融和产业一体化格局[1]。

在制造业建设方面，深圳近年瞄准高端前端顶端，实施产业质量提升行动。坚持制造业立市之本，2022 年，全市规模以上工业增加值同比增长

---

[1] 郭跃文、刘佳宁、李霞：《粤港澳大湾区国际金融枢纽建设的理论逻辑、国际借鉴与实践路径探究》，《学术研究》2023 年第 2 期。

4.8%。从制造业来看，规模以上制造业增加值增长14.7%。主要行业大类中，规模以上汽车制造业增加值增长104.5%，专用设备制造业增长4.8%，计算机、通信和其他电子设备制造业增长1.8%。主要高技术产品产量持续快速增长，其中，新能源汽车、充电桩、民用无人机、5G智能手机产量分别增长183.4%、113.8%、34.7%、22.3%。专精特新企业发挥强力支撑作用，全年增加值合计增长8.3%，对全市规上工业增加值的贡献率达22.1%。除此之外，为发挥深圳高新技术产业对于大湾区的辐射引领作用，深圳着手做大做强"20+8"战略性新兴产业集群和未来产业，巩固提升网络与通信、智能终端、超高清视频显示、软件与信息服务业、高端医疗器械等产业集群领先优势，推动生物医药、工业母机、新材料、智能传感器、精密仪器设备、激光与增材制造等产业集群取得更大进展，抢抓新能源汽车、新型储能产业发展风口，积极培育合成生物、细胞与基因、量子信息等未来产业新增长点，突出集聚集群集约，实施产业平台提效行动。高水平打造宝安燕罗、龙岗宝龙、龙华九龙山、坪山高新南、光明凤凰、深汕智造城等20个先进制造业园区，整备工业用地4平方公里以上。

广州实施先进制造业强市战略，建设"两城两都两高地"，着力构建"3+5+X"战略性新兴产业体系①，加快汽车及核心零部件产业近地化园区布局建设，支持互联网龙头企业扩大产业布局，全力打造智能网联与新能源汽车、软件和信创、时尚产业、文化创意等8个万亿元级产业链群，建设一批典型场景和示范园区，推动3170家规模以上工业企业数字化转型。

东莞、惠州等重要节点城市分别出台《关于坚持以制造业当家推动实体经济高质量发展的若干措施》《惠州市制造业高质量发展三年行动方案》等措施；珠海加快搭建"4+3"产业体系的"四梁八柱"，在新能源、新型储能、集成电路、电子信息、生物医药等重点领域，加快引进具有龙头企业影响力的重大项目，构建珠海万亿元级现代产业体系的战略支点。顺应广东省正在打造中国集成电路第三极战略部署，推动珠海芯片特别是芯片设计产业发展，同时

---

① "3"指新一代信息技术、智能与新能源汽车、生物医药与健康产业三大新兴支柱产业，"5"指智能装备与机器人、轨道交通、新能源与节能环保、新材料与精细化工、数字创意五大新兴优势产业，"X"指量子科技、区块链、太赫兹、天然气水合物、纳米科技等一批面向未来的前沿产业。

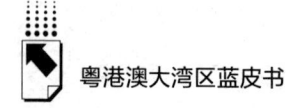

大力发展海洋经济。佛山、江门、肇庆等城市也分别着手推动现代服务业与先进制造业深度融合、加快现代主题产业园建设、打造世界水平数字产业基地。

（二）建议

粤港澳大湾区地处内外循环交汇点、衔接处和联通带，要始终着眼于全面准确贯彻"一国两制"推进大湾区建设，切实把高质量发展要求贯穿大湾区建设全过程各方面，瞄准在畅通国内大循环和联通国内国际双循环中的位置和比较优势，将服务构建新发展格局同推进大湾区建设紧密衔接起来，持续强化在新发展格局中的战略支撑和链接服务功能，纵深推进新阶段粤港澳大湾区建设。

1. 持续深化对内对外双向开放，增加经济纵深，扩展市场广度与深度，再造大湾区开放新优势

首先，强化极点辐射带动功能，持续推进空间圈层协同联动。优化广深港澳四大中心城市和增长极辐射带动作用，积极对接香港北部都会区发展策略和澳门"1+4"多元化发展策略①，持续推动港深、广佛、澳珠三组城市强强联合、深化合作，深化空间圈层联动互促，通过市场联系外溢到经济辐射区带，增强大湾区带动能级，扩大辐射范围。要厘清当前所面临的空间"边界效应"凸显导致的产业分工协同不足、制度差异挑战导致的制度创新不足、规则衔接与机制对接不畅等多重挑战，加快推进粤港澳大湾区市场一体化建设②。

其次，紧密对内经济联系，不断扩展经济纵深空间。持续优化珠三角内地9市与粤东粤西粤北地区生产力布局，有序发展双向"飞地经济"，加快区域经济协调发展。在泛珠三角区域合作发展的基础上，拓展有效投资空间，适度超前部署新型基础设施建设，加快现代化交通基础设施、现代流通体系建设，完善内外互通的公共基础设施网络，推进泛珠三角区域生产力要素顺畅流动和产业有序转移。加强区域重大战略纵深联动发展，强化与海南自由贸易港、西

---

① 澳门特区政府在《2023年财政年度施政报告》中首次提出"1+4"经济适度多元发展策略。"1"就是按照建设世界旅游休闲中心的目标要求，促进旅游休闲多元发展，做优做精做强综合旅游休闲业；"4"就是持续推动中医药大健康、现代金融、高新技术、会展商贸和文化体育等四大重点产业版块发展。

② 王廷惠、李娜：《湾区市场一体化：现实逻辑与实施路径》，《开放导报》2023年第3期。

部陆海新通道、成渝地区双城经济圈、长三角等国家重大区域发展战略协作，深化与海峡西岸城市群和北部湾城市群联动发展，扩大与中南地区和长江中游地区合作发展，全面助推全国统一大市场建设。

再次，积极拓展国际经济联系，提升国际大循环质量。深化与"一带一路"沿线国家和地区的务实合作，推动合作共赢迈上新台阶。深耕欧美市场，创新开拓新市场。继续扩大商品和要素流动型开放，深度参与全球产业分工和合作，提升对外整合产业链供应链能力。

最后，高水平推动重大开放平台建设。紧抓制度型开放，释放自贸试验区改革"试验田"效应，对接用好 RCEP 等国际经贸规则，携手港澳共拓全球市场。聚焦重大规划、重大政策、重大改革、重大项目落实落地，发挥横琴、前海、南沙、河套等重大合作平台先行示范功能，对标高标准经贸协议的规则、规制、管理、标准，在积极参与国际大循环中提高市场竞争力。具体而言，支持横琴紧紧围绕促进澳门经济适度多元发展这条主线，聚焦"四新"战略定位和"四新"重大任务，健全粤澳共商共建共管共享的新体制；支持前海以出台实施新一轮总体发展规划为抓手，联动香港构建更具国际竞争力的现代服务业体系；支持南沙做深总体规划和城市设计，打造大湾区国际航运、金融和科技创新功能承载区，加快打造高质量城市发展标杆；聚焦制度创新和科技创新，高标准高水平推进河套深港科技创新合作区建设。

2. 以科技创新引领产业发展，持续打造全过程创新链，加快形成新质生产力，建设具有全球引领力的开放创新中心

首先，提升创新双策源能力。拓展大湾区科创优势互联，完善科创集群创新生态，加快构建全过程创新生态链。一方面，进一步优化产业和技术创新中心功能，围绕新一代信息技术、生物医药、新能源汽车、人工智能与数字经济等前沿领域，发挥市场导向、企业主体、产学研深度融合优势，加快建设具有国际竞争力的产业中试转化基地和成果转化体系，着力推动支持新技术、新产品发展的应用场景建设。另一方面，跨越式提升科学创新中心功能。充分释放鹏城实验室、广州实验室、粤港澳大湾区国家技术创新中心等重大平台集聚效应，推动重大科技基础设施等战略科技力量开放共享。加快布局世界一流的重大科技基础设施集群，鼓励现有科研机构申建国家实验室、国家重点实验室，新建、共建一批国际顶级科研院所，集聚更多全球顶尖科研机构和国际一流人

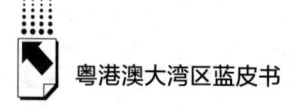

才，着眼全球配置一流科创资源，以源头科研创新引领地区经济发展，并将影响力辐射全国乃至全球。

其次，推动科技创新平台开放共享。加快布局世界一流的重大科技基础设施集群，合力打造汇聚全球智慧的综合性科技合作平台。一方面，提升重大科创平台共建共享水平。协同构建"创新链—产业链—供应链—金融链—人才链"网络，科学谋划广深港、广珠澳两大创新走廊轴线中的高科技产业发展，加快完善营商环境，提升对人才、企业和投资者的吸引力，放大"深圳—香港—广州"创新集群效应和辐射效应。另一方面，粤港澳三地共同组建合作班子，协同推进大科学工程、高新技术研发机构、专业化产业园区、成果转化基地和公共研发平台建设，共同制订优惠政策措施，共同培育发展环境，共同组建专业学会、协会，定期交流切磋，增进相互了解。

最后，强化跨境科技创新体制机制创新。加快构建开放联动的协同创新体系，对接港澳及国际先进科研规则，实行同行评议制、项目经理制、经费包干制等国际先进科研管理机制，对重大科技问题实行全球"揭榜"，推动"分线管理""白名单"等政策落地落实，实现跨境科技创新体制机制灵活高效、风险可控。

3.加快推进新型工业化，协同推动产业转型升级，着力构建以实体经济为支撑、具有韧性和竞争力的现代化产业体系

首先，构建具有国际竞争力的现代化产业体系。一方面，聚力构建先进制造业集群体系。大力改造升级传统特色产业，培育壮大智能网联与新能源汽车、集成电路、生物医药、新型储能等新兴产业。扎实做好"海洋经济"大文章。突出发展绿色石化、海工装备、海上风电、海洋牧场、海洋文旅、涉海金融等产业，稳步推进海洋资源开发，加强港口物流园区、集疏运系统等涉海基础设施建设。另一方面，聚力打造金融等现代服务业。注重发挥香港国际金融中心作用，不断提升大湾区全方位、多层次的金融服务实体经济能力。积极争取中央支持，稳步推动大湾区金融市场国际化发展。大力发展信息服务、工业设计、检验检测等生产性服务业，推动现代服务业与先进制造业、都市农业深度融合发展。

其次，协同推进产业空间优化布局。把港澳现代金融、专业服务等优势与广东庞大的市场需求和雄厚的产业化实力等结合起来，依据产业链供应链一体

化要求，合作打造先进产业集群，协同谋划未来产业发展，优化大湾区地区间产业布局，打造链条相扣、具有韧性和竞争力的世界级产业链供应链枢纽。聚力打造重大平台，做大做强国家及区域重大平台，拓展经济纵深，进一步强化城市、周边省市协同创新、产业协作，打通研发设计、生产制造、集成服务等产业链，保障产业链供应链安全稳定，形成更稳固更紧密的经济纵深。

最后，打造全国数字化智能化绿色化转型标杆。持续推动数字经济和实体经济深度融合，引导传统产业集群数字化转型，打造更加完善的产业数字化生态系统。加快推动香港建成联通内地，辐射东亚、东南亚乃至全球的数据资讯中心，带动本地经济实现第三次转型。发挥大湾区在政策、市场机制和绿色基础设施方面的优势，设立政府绿色产业基金，以示范项目引领带动企业脱碳化、绿色产业集聚化。依托香港国际金融中心、广州建设绿色金融改革创新试验区等优势，以及内地城市绿色产业融资需求，加快建设大湾区绿色金融中心。借助数字技术开启零碳转型，突破碳核算瓶颈。

4. 突出青年人才扶持和培植，引育集聚高端人才，协同推进粤港澳大湾区人才高地建设

首先，加大对港澳青年精准扶持力度。持续优化港澳青年在粤创新创业政策环境。围绕个人所得税、就业创业扶持、就医、交通、居住、社保等就业创业学习和生活等，优化扶持政策精准度。深入开展港澳青年到内地实习、就业计划和青年专业人才合作项目，加快创建青年创业就业合作平台。扩大青少年人文交流，合作打造国际一流的青少年科普教育中心。

其次，培植高端青年科创人才成长沃土。顺应经济全球化、科技智能化、人才国际化的新趋势，实行更积极、更开放、更有效的人才引培政策，以制度创新和一流环境引领粤港澳大湾区人才高地建设。建立与国际接轨的人才供需机制、竞争机制、培养机制、激励机制和评价机制，提供在国际上有竞争力的薪酬福利；建设适宜居住、充满活力、和谐幸福的人才环境，营造争先创优的粤港澳大湾区文化，激发高端青年科创人才的创新创造活力，催生更多先进成果。

最后，推动教育供给侧改革。围绕强化科技创新的教育和人才支撑，深化职普融通、产教融合、科教融汇，实施新一轮高等教育"冲一流、补短板、强特色"提升计划，构建多层次多渠道链式人才发展机制，壮大战略人才力

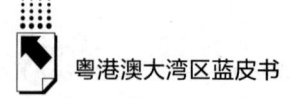

量。倾斜科研资源，设立战略前沿科技领域资助专项，实施"高端青年科创人才培养计划"等人才项目，精准培育一批急需紧缺专业的高端青年科创人才，拓展粤港澳大湾区人才高地的广阔空间。

5. 瞄准全方位互联互通，进一步提升"软""硬"联通度，加速要素高效畅通融合，共同推动湾区公共服务高质量发展

首先，持续更大力度推进粤港澳大湾区基础设施"硬联通"。贯彻落实《粤港澳大湾区发展规划纲要》，推进共建粤港澳合作发展平台，引领带动深中通道等多座连接珠江口东西岸跨江跨海大桥加快规划建设，构建完善内联外通、连接全球、高效便捷的现代化综合交通运输体系。总结"车辆北上及南下"经验，适度放宽湾区内部车辆配额，有序促进大湾区私家车便利出行，进一步扩大"职住平衡"空间范围。全力打造粤港澳大湾区城市群"一小时"优质生活圈。

其次，加强制度协调，稳步推进规则机制的"软联通"。营造与港澳趋同的就业和营商环境、衔接港澳规划建设和公共服务标准，有序推动三地的资金通、信息通、规则通。一是有序推进金融市场互联互通。稳步有序推进金融开放创新，深化内陆与港澳金融合作。争取中央支持，优化粤港澳大湾区"跨境理财通"业务试点，研究"新股通"推进内地与香港市场互联互通，推动加快设立粤港澳大湾区保险服务中心、粤港澳大湾区国际商业银行、人民币海外投贷基金等重大平台。二是扩大民生领域共建共享，切实解决湾区群众急难愁盼问题。加快推进区域生态补偿机制、大气污染联防联控机制、突发事件应急处置机制和紧急医疗救援联动机制建设。拓宽试点政策受惠面，参考国际标准，围绕粤港澳三地产业需求特别是港澳所需，创新技能人才互通互认合作。继续落实粤港澳三地居民个税差额补贴办法。支持港澳居民在珠三角内地 9 市开办社会福利机构，支持港澳医疗卫生服务提供主体按规定以独资、合资方式设立医疗机构。借鉴香港大学深圳医院投资运营管理模式，引进港澳现代化管理模式的大型综合性公办医院。三是进一步打通粤港澳三地投资贸易、资质标准、市场准入等方面的堵点瘀点，实现各类资源要素更加便捷高效流动。逐步建立以资本项目可兑换、扩大跨境人民币使用为重点，探索大湾区企业居民资金往来同城结算。深入推进标准协同，有序构建标准互认的"湾区版本"，打造"湾区标准"。争取设立大湾区专门法院，便捷解决大湾区经贸活动法律纠

纷，为大湾区经济社会协同发展提供司法保障。

最后，持续推进规则衔接的体制机制创新。发挥重大合作平台制度创新优势，总结大湾区尤其是横琴、前海、南沙三大合作平台在要素跨境流动、民生融合与营商环境提升等方面的实践经验与路径。主动探索延伸三大合作区改革创新边界和权限，用足用好深圳经济特区立法权、珠海经济特区立法权，围绕社会民生、产业发展等难度较小的领域，探索建立适应合作区发展需求的法律法规体系。在于法有据的前提下，为南沙争取更多立法和政策支持。

6. 聚力宜居生活环境优化和绿色转型，共绘人文湾区，打造世界级优质生活圈，协同建设世界级人文湾区和休闲湾区

首先，高标准推动大湾区宜居环境的整体提升。进一步建立健全粤港澳大湾区合作交流机制，有序促进湾区内部人口、资源有效流动，降低住房、教育、医疗等宜居成本。深入实施城市更新行动，加快历史街区与建筑遗存的传承和活化，推动工业区及工业遗存的保护和利用，促进老旧小区改造提升，建设智慧社区，推进城市空间优化和高质量发展。

其次，推动大湾区生产生活方式转型。贯彻生态文明和绿色发展理念，推行生产、流通、消费全过程的资源节约，加强治污建设，推进低碳城市、城镇、园区、社区建设及近零碳试点示范。有序推进绿色产品政府采购制度，扩大节能环保产品市场消费份额。支持沿海城市开展美丽海湾建设和保护工作，打造一流美丽海湾。积极探索粤港澳大湾区"无废城市"共建模式，打造具有湾区特色的"无废试验区"。深化粤港澳大湾区碳市场研究，推动共建大湾区碳交易市场和自愿减排市场，建立大湾区碳普惠共同机制。

最后，共同打造具有国际影响力的人文湾区和休闲湾区。坚持以促进民心相通、培育文化认同为重点，共同塑造更加包容开放、兼收并蓄的湾区人文符号和文化品牌。深入推进文化旅游融合发展，加快完善粤港澳大湾区旅游公共服务合作机制，全面推进旅游大数据平台合作共建、旅游资源和旅游产品互补共享、精品旅游线路联合打造、文化旅游人才共同培养。完善国际文化交流合作网络，共同开拓国际客源市场，统筹建设粤港澳大湾区全球旅游推广平台和多元化国际传播平台。

经济贸易篇

Economy and Trade

B.2
粤港澳大湾区制造业发展报告

龙建辉*

摘　要： 粤港澳大湾区制造业在产业规模、产业布局、国际影响、生态系统等方面取得显著发展成效，制造业规模效应持续彰显、结构进一步优化，国际市场影响力增强，形成了较为完善的生态系统。与此同时，尚存在高素质人才短缺、产业结构不合理、跨区域合作力度不够等问题。针对这些问题，粤港澳大湾区亟待提升对高素质人才的吸引力，提升自主创新能力，推动产业结构能级高端化，以制度创新突破自主创新瓶颈，多措并举推动制造业高质量发展。

关键词： 制造业　高质量发展　粤港澳大湾区

随着"一带一路"建设、创新驱动发展、供给侧结构性改革等国家发展

---

* 龙建辉，博士，广东省社会科学院企业研究所研究员，主要研究方向为技术创新、公司治理、港澳经济。

战略的深入推进,粤港澳大湾区作为我国制造业重要的发展区域,迎来了高质量发展的新阶段。

一 粤港澳大湾区制造业发展成绩

近年来,粤港澳大湾区制造业发展取得了一系列成绩,制造业规模、结构、市场竞争力持续提升,制造业生态系统进一步完善。

(一)制造业规模效应持续彰显

粤港澳大湾区的制造业规模不断扩大,成为中国乃至全球重要的制造业基地之一。拥有多个产业集群和领域的制造企业,涉及电子信息、汽车制造、家电制造、生物医药等众多领域,形成了较为完善的制造业体系。

粤港澳大湾区的制造业主要集中在珠三角九市,虽然2020~2022年受新冠疫情影响较大,但是珠三角制造业规模持续增长。2019年,珠三角九市规模以上工业增加值为27962.44亿元,占广东省规模以上工业增加值的71.44%;2022年珠三角九市规模以上工业增加值为33438.61亿元,占广东省规模以上工业增加值的72.34%。相比2019年,三年时间珠三角九市规模以上工业增加值整体增长了19.58%。三年以来,珠三角九市规模以上工业增加值都实现了绝对增长,珠三角三个外围城市的增速表现抢眼。其中,惠州以42.39%的增速排名第一,江门以34.78%的增速排名第二,肇庆以25.04%的增速排名第三(见表1)。

表1 珠三角地区规模以上工业增加值

单位:亿元,%

区域	2019年	2020年	2021年	2022年	2022年较2019年增长
广州	4324.08	4544.60	4963.72	5144.53	18.97
深圳	8893.21	8565.79	9578.00	10037.74	12.87
珠海	1206.38	1190.66	1329.49	1480.82	22.75
佛山	4874.23	4650.46	5432.94	5761.84	18.21

续表

区域	2019年	2020年	2021年	2022年	2022年较2019年增长
惠 州	1654.17	1689.86	2215.85	2355.45	42.39
东 莞	4192.78	4477.91	5187.03	5119.60	22.11
中 山	1140.09	1172.11	1361.97	1342.90	17.79
江 门	1008.60	1027.95	1201.92	1359.35	34.78
肇 庆	668.90	653.82	765.69	836.38	25.04
珠三角	27962.44	27973.16	32036.61	33438.61	19.58
广东省	39141.79	38903.90	45142.95	46226.38	18.10
占 比	71.44	71.90	70.97	72.34	—

资料来源：广东统计信息网、珠三角九市统计局网站。

（二）制造业结构进一步优化

珠三角地区是中国乃至全球最重要的制造业基地之一，制造业结构进一步优化对推动地区经济发展和提高产业竞争力至关重要。众多企业通过自主研发和引进国际先进技术，实现了关键领域创新。例如，电子制造领域的研发技术、新能源汽车的关键零部件技术等方面取得了显著成绩。高附加值产品增加，粤港澳大湾区的制造业逐渐向高附加值产品转型升级。通过技术创新、品牌建设和市场拓展，制造企业生产出更多高质量、高性能和创新型产品，提高了产品附加值和竞争力。

相对于纺织、服装、食品饮料等传统制造业，高端制造业更能使地区经济不易受国际市场波动的影响。为了应对全球市场变化，珠三角地区的高附加值、技术密集型产业在制造业中的比例正在增加，这一方面意味着粤港澳大湾区对传统产业的依赖度在降低，另一方面标志着粤港澳大湾区的产业结构多元化和稳定性在提升。计算机、通信和其他电子设备制造业，电气机械和器材制造业，汽车制造业，专用设备制造业，通用设备制造业等5个子行业代表高附加值和技术密集型的高端制造业，2022年，这5个子行业的工业增加值合计为18967.96亿元，占珠三角全年工业增加值的55.79%，比2021年提升0.56个百分点（见表2）。

（三）国际化市场影响力增强

粤港澳大湾区的制造业企业在国际市场的影响力不断增强。许多企业通过国际化运营、市场拓展和技术合作，将产品销往全球市场，积极参与国际贸易和跨国合作，构筑在全球产业链中的优势地位。

表2　2020~2022年珠三角地区工业增加值分行业情况

单位：亿元，%

分类	2020年 工业增加值	占比	2021年 工业增加值	占比	2022年 工业增加值	占比
计算机、通信和其他电子设备制造业	8311.55	29.71	9203.31	28.73	9988.86	29.38
电气机械和器材制造业	3390.15	12.12	4005.56	12.50	4185.26	12.31
汽车制造业	1812.67	6.48	1953.02	6.10	2138.53	6.29
专用设备制造业	1191.05	4.26	1384.97	4.32	1458.55	4.29
通用设备制造业	965.17	3.45	1147.45	3.58	1196.76	3.52
其他行业	12302.56	43.97	14342.30	44.77	15030.88	44.21
总计	27973.15	100.00	32036.61	100.00	33998.84	100.00

资料来源：历年《广东统计年鉴》。

首先，出口竞争优势显著。大湾区制造的电子产品、纺织品、玩具、家具等产品在国际市场上具有很强的竞争力。其次，世界级制造企业云集。粤港澳大湾区拥有许多世界级的制造企业。这些企业不仅在国内市场占有重要地位，还在全球市场上发挥着重要作用，推动了大湾区制造业在国际市场的影响力提升。再次，技术创新能力强。粤港澳大湾区在制造业领域的技术创新持续不断。企业积极采用先进的制造技术，如智能制造、物联网和人工智能，这些技术的应用使得其产品在国际市场上更具竞争力。最后，擅长国际合作与交流。粤港澳大湾区的制造业企业积极参与国际合作与交流活动，与其他国家和地区的企业建立了合作关系。这有助于促进技术创新、市场开拓以及品牌推广，提升了其在国际市场上的影响力。

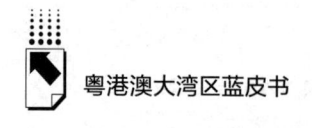

（四）制造业生态系统基本形成

粤港澳大湾区的制造业逐渐形成了完善的生态系统。各类企业、研发机构、高校和创新平台之间建立了紧密的合作关系，形成了创新链和产业链的良性互动，提升了整体创新能力和市场竞争力。粤港澳大湾区已经形成了较为完善的制造业生态系统。

一是制造业产业分工合理。湾区内的各城市和经济体互补性强，形成了完整的产业链和供应链，各个环节之间形成了紧密的合作关系。例如，深圳作为中国的科技创新中心，主要集中在高新技术产业和电子制造业，拥有众多知名的高科技企业；广州在汽车制造和装备制造等传统制造业方面具有优势；珠海则以精密机械制造和航空航天产业为主要特色。

二是制造业产业链相互衔接。各城市在制造业领域的产业链相互衔接，形成了相对完整的产业体系。例如，深圳的高科技制造业需要大量的零部件和原材料供应，而这些供应链上的需求可以由其他城市提供。广州的汽车制造业需要各类零部件，而珠海和东莞等城市在汽车零部件制造方面具有一定优势，这种协同发展使得企业可以更好地利用资源、优势互补，提高整体竞争力，实现共赢发展。

三是协同技术创新体系基本形成。区域内拥有众多高等教育机构和研发中心，为制造业提供了丰富的科研人才。同时，大湾区企业也积极采用先进的数字化、自动化和智能化技术，提高生产效率和产品质量。例如，深圳作为科技创新中心，可以为其他城市提供先进的研发技术和支持；而其他城市则可以为深圳提供实验场地和生产基地，促进科技成果的转化应用。这种技术协同创新有助于推动整个区域制造业的升级和发展。

四是产业集群优势突出。粤港澳大湾区形成了一系列产业集群，如深圳的电子信息产业、广州的汽车制造业等。这些产业集群不仅有助于提高整体产业竞争力，还形成了创新生态，吸引了大量创新企业和创业者入驻。区域内的创新生态为产业发展注入新的动力。

五是开放包容的文化基因。开放包容是粤港澳大湾区的文化基因。首先，开放包容文化促进了不同城市之间的文化交流和融合。不同地区的文化交流有助于拓宽企业的视野和思维，激发创新意识。企业可以从不同文化中吸取灵感,将跨文化元素融入产品设计和营销中,从而提升产品的竞争力。其次,粤港澳大湾区制造业生态系统积极对外开放,吸引了大量国际企业和投资者。该区域与国际市场保持着紧密的联系,积极参与全球价值链,推动了制造业的国际化发展。

二 粤港澳大湾区制造业发展主要趋势和要求

粤港澳大湾区制造业高质量发展有多方面的背景和原因。第一,区域协同发展的迫切需要。粤港澳大湾区是一个拥有5.6万平方公里面积、8662万人口的超大型城市群,区域内各城市之间制造业发展不平衡,缺乏协同发展机制,需要加强城市之间的协作和配合,实现协同发展。第二,制造业转型升级的迫切需要。随着全球科技和产业变革的加速推进,粤港澳大湾区制造业面临着转型升级的巨大压力,需要加快技术创新、提高产品品质、降低成本、提高生产效率等,实现高质量发展。第三,环保要求的不断提高。随着环保意识的提高和环保法规的日益完善,粤港澳大湾区制造业面临着越来越严格的环保要求,需要加强环保投入和技术创新,实现绿色发展和可持续发展。

在这样的背景下,粤港澳大湾区制造业当前和未来主要呈现三大发展趋势。

(一)制造业技术创新融合化趋势

粤港澳大湾区正在推进国际科技创新中心建设,新一代信息技术创新和发展正在推动湾区制造业的转型和升级。随着技术的不断进步和应用,制造企业将能够实现更高效、灵活和可持续的生产方式,以应对日益变化的市场需求。

AI和机器学习技术在制造业中的应用越来越广泛,包括生产流程优化、预测性维护、质量控制和自动化等方面。通过利用大数据和智能算法,制造企业能够提高效率、降低成本并提高产品质量。物联网技术使得制造设备和系统能够相互连接并实现数据共享。这使得企业能够实时监测和控制生产过程,提高生产效率和灵活性。工业互联网则进一步整合了物联网、云计算和大数据分析等技术,实现更深层次的智能化生产。3D打印技术在制造业中的应用越来越广泛。它可以快速制造复杂零部件和定制化产品,并且可以减少材料浪费。

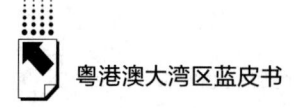

随着3D打印技术的不断发展，预计将出现更多材料和应用领域的突破。自动化和机器人技术在制造业中扮演着越来越重要的角色。通过引入自动化系统和机器人，可以提高生产线的灵活性、精度和效率。机器人还可以被应用于危险环境和高风险任务，提高工作场所的安全性。制造业生成大量的数据，包括传感器数据、生产数据和供应链数据等。利用大数据和高级分析技术，制造企业可以实时监测和优化生产过程，提高生产效率和质量，并做出更准确的预测和决策。虚拟现实（VR）和增强现实（AR）技术在制造业中的应用也越来越广泛。它们可以用于培训和模拟，提供更直观的操作界面和可视化信息，帮助工人更好地理解和执行任务。环保和可持续发展已经成为全球关注的重要议题。制造业趋向于采用更环保的生产过程和材料，并优化资源利用效率。可再生能源、循环经济和废物回收等技术在制造业中的应用将得到进一步推广。

（二）制造业市场需求高能级趋势

粤港澳大湾区作为中国重要的经济发展引擎之一，制造业市场需求高能级趋势特点突出。制造企业在粤港澳大湾区市场中应密切关注政策导向和市场需求，不断提升技术能力，加快产品创新，以满足市场的不断变化和多样化需求。粤港澳大湾区制造业市场需求趋势呈现以下特征。

一是创新驱动。粤港澳大湾区致力于建设创新型经济体系，鼓励制造企业进行技术创新和产品创新。市场对高科技、高附加值产品的需求逐渐增加，制造业需要不断提升研发能力和创新能力，推动产业升级和转型。二是智能制造和工业互联网。大湾区推动智能制造和工业互联网的发展，通过引入人工智能、物联网、大数据和云计算等技术，实现生产过程的数字化、智能化和自动化。市场对智能制造设备、智能工厂解决方案和数据分析服务的需求将持续增长。三是高端装备制造。粤港澳大湾区鼓励发展高端装备制造业，满足国内和国际市场对高质量、高性能装备的需求。制造业需要加强研发和制造能力，生产高精度、高稳定性的机械、电子、航空航天和新能源等领域的装备。四是新能源和清洁技术。环保和可持续发展是粤港澳大湾区的重要发展目标。市场对新能源技术、清洁能源设备和环保技术的需求将增加。制造业可以关注太阳能、风能、储能技术、智能电网和环保设备等领域的发展机会。五是生物医药和健康产业。粤港澳大湾区在生物医药和健康产业方面具有优势。市场对创新药物、生物技术产品、医疗设备和健康管理服务的需求将持续增长。制造业可以关注生物制药、医疗器械、健康监测和远程医疗等领域的发展机会。六是人工智能应用。粤港澳大湾区鼓励人工智能技术的应用，涵盖了智能制造、智慧城市、交通物流和金融等领域。制造业可以关注人工智能相关的自动化设备、智能机器人、无人驾驶技术和智能物流解决方案等领域的需求。

（三）制造业竞争优势整体性趋势

粤港澳大湾区作为重要的制造业中心，其未来的竞争格局将受到多种因素的影响，良好的制造业竞争生态需要政府、企业和研发机构的共同努力与合作。粤港澳大湾区制造业的未来竞争格局将不断演变，制造企业需要紧密关注市场变化和技术发展趋势，灵活调整战略，提升创新能力和竞争力，以在竞争中取得优势。粤港澳大湾区制造业竞争力在未来将形成有六个维度的整体性发展趋势。

一是高端化。粤港澳大湾区将进一步成为高科技制造业的引领者。通过投资研发、创新技术和人才培养等方面的努力，区内企业将在高技术制造领域获得竞争优势，涉及人工智能、生物医药、新能源、智能交通等领域。二是生态化。未来，粤港澳大湾区将形成更加完善的制造业生态系统，包括原材料供应商、制造企业、技术服务提供商、研发机构和市场销售渠道等。各方将通过协同合作、资源共享和创新合作，形成更加强大的产业链，提高整体竞争力。三是集群化。粤港澳大湾区将进一步形成各类产业集群，以促进产业的协同发展和集聚效应的形成。不同的地区和城市将专注于不同的制造领域，形成具有独特优势和协同效应的产业集群，如深圳的电子制造、广州的汽车制造、香港的创意设计等。四是跨界化。粤港澳大湾区将鼓励跨界融合和创新。在制造业中，不同行业和领域的企业将积极进行合作和创新，推动技术和业务的跨界应用，如智能制造与互联网、人工智能与生物医药等的融合。五是国际化。随着粤港澳大湾区的国际化发展，制造业将面临来自全球范围内的竞争压力。制造企业需要提高国际化运营能力、拓展海外市场，并与国外的企业进行合作，以获得更大的市场份额和竞争优势。六是绿色化。粤港澳大湾区将进一步强调绿色和可持续发展。企业将积极采用环保和节能技术，推动绿色制造和循环经济的发展，以适应市场和社会对可持续性的需求。

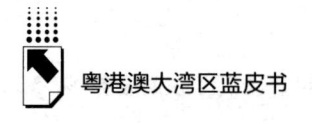

三 粤港澳大湾区制造业发展面临的问题及原因

从过去3年多取得的发展成绩和未来的发展趋势可以看出，粤港澳大湾区制造业虽然正在向高质量发展转型，但仍面临高素质人才、产业结构、跨区域合作等方面的问题和挑战。

（一）高素质人才短缺

制造业需要高素质的人才支持技术创新和产业升级，目前存在高素质人才整体短缺的问题。缺乏技术研发人员、高级工程师和熟练工人等专业人才，制约了大湾区制造业的发展和创新能力的提升。高素质人才短缺的原因可以归结为以下几个方面。其一，人才培养不足。尽管粤港澳大湾区拥有多所高等教育机构和研究机构，但在高素质人才培养方面仍存在一定不足。教育体制、课程设置和教育方法等方面需要与市场需求更加紧密地对接，以培养出更符合现代制造业需求的人才。其二，制造业人才流失。粤港澳大湾区是一个高度活跃的经济区域，人才的流动性较高。一些高素质人才往往更容易流失到其他地区或国家，或者选择进入其他行业。其三，行业吸引力不足。相比于互联网、金融和创新科技等行业，制造业在一定程度上可能缺乏吸引力，尤其是对年轻人才而言。制造业的传统形象和较低待遇，以及劳动强度相对较高，可能会影响人才从事制造业的意愿。其四，技术更新和转型速度快。制造业正处于技术更新和转型的快速发展阶段，需要人才具备不断学习和适应新技术的能力。然而，一些现有的人才可能面临技能过时或无法适应新技术要求的问题，导致高素质人才短缺。其五，高成本和缺乏发展机会。粤港澳大湾区的生活成本相对较高，尤其是在大城市，如深圳和香港。这对于一些高素质人才而言可能是一种负担，导致他们选择离开或寻找其他机会。另外，制造业中的晋升机会和职业发展路径相对较少，也可能导致人才流失和短缺。

（二）产业结构亟待优化

粤港澳大湾区的制造业结构存在一定问题。一些传统制造业仍然占据较大比重，资源和环境消耗较高，需要进行结构调整和转型升级，向高端化、绿色化和智能化制造方向发展。粤港澳大湾区制造业产业结构失衡的原因可以归结为以下几点。

一是历史遗留和传统优势产业的影响。粤港澳大湾区的制造业在历史上以传统产业为主，如纺织、服装、玩具等行业。这些传统产业在全球竞争中面临压力，发展相对滞后，导致制造业的产业结构相对失衡。二是技术创新和转型升级的不足。制造业技术创新和转型升级的速度相对较慢。部分制造企业在技术更新和转型方面缺乏动力和能力，无法快速适应市场需求的变化，从而导致产业结构的失衡。三是人力资源和人才配置问题。制造业对高素质人才的需求逐渐增加，但供给不足。在人力资源和人才配置方面存在不均衡的问题，即一方面出现了高技能人才短缺的情况，另一方面又出现了劳动力过剩的情况，导致产业结构的失衡。四是市场需求变化和产业转型困难。市场需求的变化对制造业产业结构产生了影响。例如，随着电子商务的兴起和消费结构的变化，一些传统制造业的需求减少，而高科技、智能制造等领域需求增加。然而，产业转型困难导致一些企业无法迅速调整产业结构，导致结构失衡。五是缺乏跨界融合和协同发展。粤港澳大湾区缺乏跨界融合和协同发展的机制与平台。不同领域、不同产业之间的合作和协同发展有限，导致产业结构的优化和协调存在困难。

（三）跨区域合作仍需加强

粤港澳大湾区涉及多个地区和行政管理体系，跨区域合作仍需在制度层面突破。不同地区的政策、法规和标准存在差异，跨区域合作需要克服行政壁垒，加强协调和沟通，以推动制造业的协同发展。粤港澳大湾区跨区域合作仍需在以下方面加强。

第一，协调制度和政策差异。粤港澳大湾区由不同的行政区域组成，每个区域都有自己的制度和政策。这些差异可能导致在合作过程中出现行政程序、法律法规、税收政策、人员流动等方面的障碍。需要各地区加强沟通和协调，推动制度和政策的统一或协调，促进跨区域合作。

第二，资源配置和利益分配。粤港澳大湾区内的各个区域在经济发展、产业结构和资源分配上存在差异。这可能导致在跨区域合作中存在资源争夺和利益分配问题。不同区域之间需要共同制定合作机制和政策，确保资源的合理配

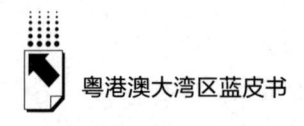

置和利益的公平分享，形成共赢发展格局。

第三，加强文化和语言交流。粤港澳大湾区涵盖不同的地区和社会群体，存在文化和语言上的差异。这可能导致在合作中的沟通和理解存在困难，影响合作的顺利进行。加强文化交流和建立跨区域的交流平台，有助于解决文化和语言差异带来的问题，增进合作的互信和理解。

第四，竞争与合作的平衡。粤港澳大湾区内的各个区域在经济和产业发展上都存在竞争关系。在跨区域合作中，如何平衡竞争与合作的关系是一个挑战。各个区域需要明确合作的共同目标和利益，通过建立合作机制和共享平台，实现优势互补和互利共赢。

第五，完善沟通和协调机制。粤港澳大湾区的跨区域合作需要各个区域之间密切沟通和有效协调。然而，目前在沟通和协调机制方面还存在不足。建立健全合作机制、交流平台和协调机构，促进各方之间的信息共享和合作协调，是解决问题的关键。

四 粤港澳大湾区制造业发展建议

解决以上问题需要政府、企业、研发机构等各方面的共同努力和密切合作。政府需要出台支持政策，加强人才培养和技术创新的支持。企业需要加强内部创新和管理能力建设，提高技术水平和竞争力。同时，各方应加强合作交流，共同推动大湾区制造业的可持续发展。

（一）提升对高素质人才的吸引力

解决高素质人才短缺的问题需要政府、教育机构和企业的共同努力。政府可以加大对教育和人才培养的支持力度，提供更好的教育资源和培训机会。企业可以提供有吸引力的薪酬福利和良好的职业发展机会，同时加强与教育机构的合作，进行人才培养和科研合作。具体来说，可从以下方面协同发力，提升大湾区对高素质人才的吸引力。

1. 打造人才聚集高地

通过绘制人才地图，聚集大湾区各城市国民经济和社会发展规划重点产业、行业、领域，结合各类企业人才需求、人才现状、人才服务诉求等内容，编制人才引进指导目录，梳理各产业人才紧缺情况，联合开展招才引智，并针对性制定人才引进、人才发展等相关政策，搭建更为广阔的引才平台，精准引进"高精尖缺"人才，提升引才效果。

2. 提升区域竞争力

大湾区 11 个城市需要打造独特的城市名片，提升区域竞争力，包括加强创业扶持、提供创业孵化，以及完善创业保障，比如为符合条件的港澳创业者提供创业担保贷款。

3. 产业引才与合作引才

通过制定和实施产业政策，吸引重点产业、重点领域企业进驻，提供更多的就业机会。促进内地与港澳之间的引才合作，例如香港的"大湾区青年就业计划"，推动人才流动，增强人才的吸引力。

4. 优化人才环境

通过提升服务水平，尤其是对人才的服务，包括为其提供周到的生活服务、良好的工作环境以及职业发展机会，留住高素质人才。鼓励和支持创新创业，提供良好的创新环境和氛围，吸引和培养创新人才。制定和实施更具吸引力的人才政策，如提供更好的职业发展机会、更高的薪酬、更多的福利等。

（二）提升自主创新能力

粤港澳大湾区制造业在关键核心技术上仍然依赖进口，自主创新能力有待提高。企业需要增加研发投入，加强技术创新，提高自主研发能力，以降低对外依赖性，提升竞争力。此外，制造业发展可能会带来环境污染和资源浪费的问题，粤港澳大湾区需要更加注重绿色制造和可持续发展，以自主创新能力的提升促进生态环境保护和可持续发展。

1. 教育体系和人才培养

长期以来，粤港澳大湾区的教育体系在创新教育和培养创新人才方面存在一定的不足。传统教育模式偏向于和注重学生的应试能力，而缺乏培养学生创新思维、实践能力和团队合作的有机协同能力。这在很大程度上限制了学生创新潜力的发挥，在面对实际问题时缺乏自主思考和解决问题的能力。要加强教育、人才培养领域的改革创新，为制造业高质量发展提供创新人才支撑。

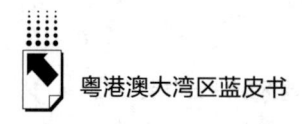

2. 科研投入和创新环境

相较于其他发达地区，粤港澳大湾区在科研投入和创新环境上仍存在差距。虽然大湾区拥有一些优秀的高等院校和科研机构，但在科研经费、科研设施、科研人员队伍建设等方面，还需要进一步加大制度型开放的力度。此外，创新环境的建设也需要加强，包括知识产权保护、创业支持和风险投资等方面的改进，以鼓励创新和创业活动。

3. 企业创新意识和研发投入

一些企业在粤港澳大湾区创新意识不足、研发投入不足。部分企业更加注重短期利益和模仿其他企业的成功模式，缺乏长远的战略眼光和持续的创新投入，导致了缺乏自主知识产权和核心技术，无法在市场竞争中获得优势。

4. 制度体系和政策支持

制度体系和政策对创新的支持也对粤港澳大湾区的自主创新能力产生影响。一些创新政策和法规的制定、执行和落地还需要更加完善和灵活，以适应创新的需求和变化。此外，知识产权保护、市场准入、人才流动等方面的制度和政策也需要进一步完善，以创造更有利于创新的环境。

（三）推动产业结构的能级高端化

解决制造业产业结构失衡的问题，是推动制造业高质量发展的重要内容，需要政府、企业和研发机构的共同努力推动产业结构能级高端化。具体可从以下几方面发力。

1. 推动产业梯度转移

针对不同城市和地区的产业特点，优化要素配置，提高供给体系质量，构建具有国际竞争力的现代产业体系。针对珠三角部分城市支柱性产业高度重叠的现象，引导一些低附加值和劳动密集型产业有序退出和转移，同时鼓励企业将生产制造和仓储物流等环节移至粤西、粤北等地区。

2. 探索建立产业耦合机制

改善湾区重复建设和同质竞争的产业结构，建立多元化的城市功能协同体系，构建高端产业集聚于大湾区城市群的核心地带，其生产基地集聚于各个外围节点城市，不断拓展城市群内产业的协同发展空间。

3. 强化粤港澳产业合作

围绕服务业发展目标，制定精细化的服务管理措施，并形成对实体经济的有效带动，为粤港澳大湾区的持续健康发展提供发展模式支持。促进内地与港澳之间的产业合作，推动产业融合发展，打造具有国际竞争力的产业体系。

（四）以制度创新突破自主创新瓶颈

需要注意的是，粤港澳大湾区虽然存在缺乏自主创新能力的问题，但近年来政府和各方积极采取措施改善这种状况。例如，推动教育改革、加大科研投入、出台支持创新创业的政策等。但是，要突破制造业自主创新能力瓶颈仍然需要在以下几个方面发力。

1. 构建开放型经济新体制

要在粤港澳大湾区建立开放型经济新体制，推动规则相互衔接，实现要素便捷流通，促进资源优化配置，打造具有全球竞争力的开放区域。推进贸易和投资自由化便利化，建立更加自由、便利的贸易和投资制度，推动商品和要素的自由流动，促进区内产业转移和优化升级。

2. 打造制造业创新中心

建立制造业创新中心，加强产学研合作，推动制造业向高端、智能、绿色方向发展，提高制造业自主创新能力。同时要继续构建和完善协同创新机制，推动粤港澳大湾区内的企业、高校、科研机构等创新主体之间的协同创新，实现资源共享和优势互补，提高整体创新能力。

3. 推动产业转型升级

鼓励传统制造业企业进行技术升级和产品创新，推动制造业向高端、智能、绿色方向转型升级，提高制造业的附加值和竞争力。同时要优化产业政策环境，例如制定和实施更加优惠的产业政策，鼓励企业加大技术创新和研发投入，提高制造业的技术水平和自主创新能力。

（五）以共同体意识推动协同发展

为了促进粤港澳大湾区的跨区域合作，各方需要共同努力，加强合作意识和共识，推动制度和政策协调，加强资源的整合和共享，提升沟通和协调能力，以实现区域内的协同发展和共同繁荣。以共同体意识推动大湾区制造业协

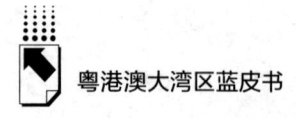

同发展路径主要包括以下几个方面。

1. 深化产业分工合作

根据大湾区内各城市的资源优势和功能定位，整合各方资源禀赋与产业优势，构建多层次、多元化的城市分工协作体制，打造产业有效衔接、有序协调的产业网络组织体系，推动区域联动发展。

2. 强化核心城市集聚效应

强化核心城市的集聚效应与辐射效应，可考虑将一部分大城市产业向中小城市转移，带动周边地区形成专业化产业集群，打造体系完备、合作有序的城市群产业链、技术扩散链和市场分工链。

3. 优化自由配置，推动产业融合发展

推动要素的高效流动，实现资源的优化配置，打造具有全球竞争力的开放区域，促进湾区内各城市之间的协同发展。促进内地与港澳之间的产业合作，打造具有国际竞争力的现代产业体系，推动高端制造业和现代服务业的深度融合，实现产业转型升级。

4. 营造良好的政策环境，加强交流与合作

制定和实施更有针对性和更加优惠的产业政策，鼓励企业加大技术创新和研发投入，提高制造业的技术水平和核心竞争力。促进大湾区内各城市之间的交流与合作，推动产业协同发展，实现资源共享和优势互补。

B.3
粤港澳大湾区外贸发展报告

郭 楚 李永明*

摘 要： 2022年，面对全球经济疲软和复杂多变的国际形势，粤港澳大湾区保持外贸发展的强大韧劲和竞争力，珠三角九市外贸进出口规模占广东外贸进出口总额的95%以上；引进外资大项目数量和实际利用外资金额均居全国前列，对外投资继续争当排头兵、先行者。大湾区外经贸高质量发展为构建双循环新发展格局打下坚实基础。粤港澳大湾区将着力发挥广东外贸在全国稳外贸大局中的"顶梁柱""压舱石"作用，积极把握《区域全面经济伙伴关系协定》实施机遇，加快建设大湾区全球贸易数字化领航区，努力打造一批具有全球竞争力的外贸企业集群，做优做强供应链产业链，提升全球资源配置能力，奋力构建新时代粤港澳大湾区外经贸发展新格局。

关键词： 对外经贸 高质量发展 资源优化配置 粤港澳大湾区

粤港澳大湾区全力推动外经贸高质量发展，千方百计稳住外贸基本盘，外经贸发展展现出强大韧劲和核心竞争力，主体稳、结构优、市场拓、动能新、内需强。展望未来，百年未有之大变局加速演进，全球进入新的动荡变革期，外经贸发展面临前所未有的风险和挑战。粤港澳大湾区需积极探索数字贸易、绿色贸易、自贸试验区创新发展新路，抢抓《区域全面经济伙伴关系协定》

---

* 郭楚，广东省社会科学院港澳台研究中心研究员，主要研究方向为港澳经济、国际经济与贸易；李永明，广东省社会科学院港澳台研究中心助理研究员，主要研究方向为港澳经济、特区经济。

（RCEP）实施机遇，加快建设全球贸易数字化领航区，努力打造一批具有全球竞争力的外贸产业集群，做优做强产业链供应链，提升配置全球资源的能力，以新的担当构建新时代大湾区外经贸发展新格局。

一 大湾区外贸展现强大韧劲和核心竞争力

2022年，是极不平凡的一年，面对新冠疫情影响、成本上涨、复杂严峻国内外形势挑战，广东始终坚持以习近平新时代中国特色社会主义思想为指导，统筹推进疫情防控和经济社会发展，顶住国内外多重超预期因素的冲击，全力推动外贸进出口高质量发展，交出亮点纷呈的外贸成绩单，进出口规模连续37年位居全国第一。总体来看，主要经济指标全面恢复增长，外贸进出口表现以下几方面特征。

（一）外贸进出口再创历史新高

《粤港澳大湾区发展规划纲要》发布以来，广东全力推进大湾区建设有关任务落地实施，服务大湾区高水平开放高质量发展，外贸进出口规模和结构取得新突破。2022年，粤港澳大湾区内地九市外贸总额为7.94万亿元，占广东省外贸总额的95.55%。其中，深圳外贸总额达到3.67万亿元，占广东省外贸总额约五成，外贸出口规模连续第30年稳居内地外贸城市首位（见表1、图1）。

表1 2019~2022年粤九市外贸总额及其占广东省外贸总额的比重

单位：万亿元，%

类别	2019年	2020年	2021年	2022年
粤九市外贸总额	6.82	6.75	7.89	7.94
占广东省外贸总额比重	95.52	95.34	95.41	95.55

（二）一般贸易占比继续提升

一般贸易占比不断上升，表明广东外贸进出口内生动能显著增强，全球竞

```
（万
亿
元）
```

图例：□ 广东省外贸总额　■ 粤九市外贸总额

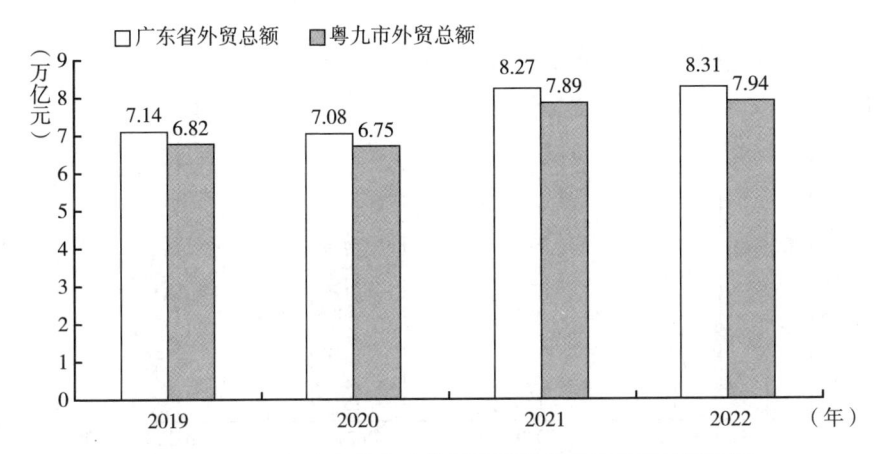

年份	广东省外贸总额	粤九市外贸总额
2019	7.14	6.82
2020	7.08	6.75
2021	8.27	7.89
2022	8.31	7.94

图1　2019~2022年粤九市外贸总额与广东省外贸总额比较

资料来源：2020~2023年《广东统计年鉴》。

争力稳步升级[①]。2022年，广东一般贸易方式进出口额为4.54万亿元，同比上升5%，占广东外贸进出口总额的54.6%，比2021年提升2.3个百分点。加工贸易进出口额为2.15万亿元，同比减少4.9%，占比为25.9%（见图2、图3）；保税物流进出口额为1.37万亿元，同比上升5%，占比为16.5%。

（三）"新三样"出口动能更加充足

2022年，广东电工器材出口3705.3亿元，同比上升19%；自动数据处理设备及其零部件出口3563.1亿元，同比上升6.2%；手机出口2636亿元，同比上升3%；集成电路出口2067.5亿元，同比上升8.8%。同期，劳动密集型产品出口8751.8亿元，同比上升5.7%。此外，新能源产品出口增速尤其迅猛，如电动载人汽车、太阳能电池、锂电池，分别上升4.7倍、45.3%、42.6%。

（四）大宗商品、消费品进口大幅上升

2022年，广东农产品进口2143.6亿元，同比上升13.3%。其中，水产品进

---

① 《2022年广东外贸进出口总值稳居全国第一》，阿里巴巴国际站，2023年1月28日，https://supplier.alibaba.com/trade/domestic/PX00255UZ.htm，最后检索时间，2023年11月2日。

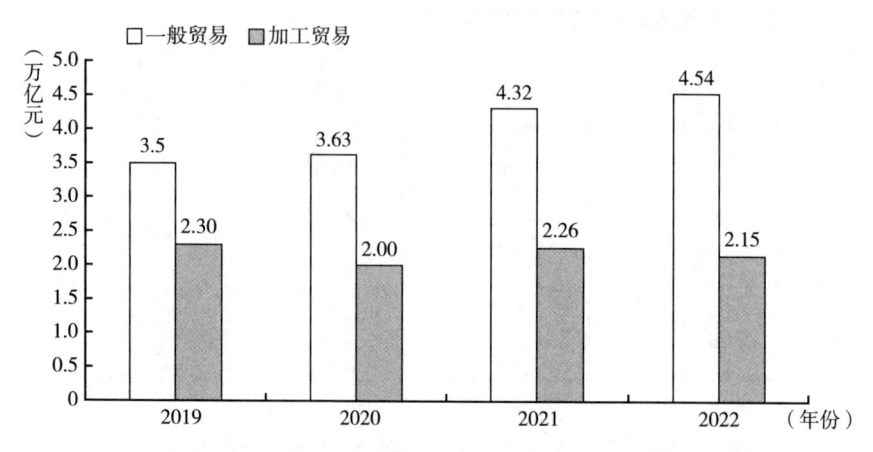

图 2　2019~2022 年广东一般贸易与加工贸易进出口额

资料来源：2020~2023 年《广东统计年鉴》。

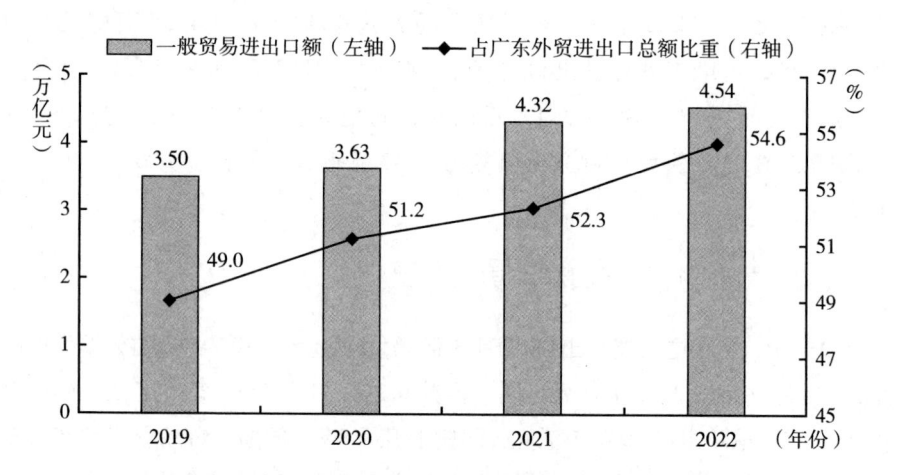

图 3　2019~2022 年广东一般贸易进出口额所占比重

资料来源：2020~2023 年《广东统计年鉴》。

口上升41.5%、粮食进口上升25.9%；原油进口319.9亿元，同比上升56.6%。同期，集成电路进口1.05万亿元，同比下降3.6%，占广东外贸进口总值的35.3%。此外，部分商品进口大幅上升，如半导体制造设备同比增长30.1%、珠宝同比增长53.7%。

（五）民营企业占比超过五成

近年来，民营企业有效应对外部环境变化与不确定性，稳步开拓海外业务，外贸出口总额和对全国出口总额的贡献率持续上升①。2022年，民营企业不断扩大外贸进出口规模。广东民营企业外贸进出口额达到4.78万亿元，同比上升2.5%，占广东外贸进出口总额的57.6%，比2021年上升1.1个百分点。国有企业外贸进出口额达到4817.6亿元，同比增长13.3%，比广东总体外贸增速高12.8个百分点；外商投资企业进出口额为3.03万亿元，同比减少3.9%。

（六）对"一带一路"沿线国家和地区贸易保持较快增速

广东是海上丝绸之路的发源地之一，也是开放型经济强省，近年持续推进与"一带一路"沿线国家和地区经贸合作高质量发展。通信、计算机、器材制造、电子设备、电气机械等领域，依然是广东参与"一带一路"合作的主要投资领域。

2022年，广东前五大贸易伙伴分别是东盟、中国香港、美国、欧盟和中国台湾，除对中国香港贸易减少9.7%外，其余分别增长9.1%、5.4%、4.6%和1.6%（见图4）。对共建"一带一路"国家的贸易稳步向前，上升10.3%，对拉丁美洲上升9.5%，对其他金砖四国上升9.3%。

2022年，RCEP带来的税收优惠、贸易便利化红利持续释放。2022年，经广东省内海关进出口260亿元的货物享受了税收优惠政策，省内海关共签发RCEP的出口原产地证书6.4万份，累计139.4亿元货物将获得其他成员国的关税减让优惠，累计121.1亿元的进口货物享受RCEP进口税收减免优惠，减少外贸企业成本约3亿元。

（七）服务贸易发展取得更大突破

广东既是货物贸易大省，也是服务贸易大省，广东围绕货物贸易发展，加

---

① 《"撑腰"更"撑伞"看经济大省广东如何硬核"振企"》，新浪财经网，2023年8月7日，https://finance.sina.com.cn/jjxw/2023-08-07/doc-imzfkitr5647549.shtml，最后检索时间，2023年11月2日。

```
（左轴） ── 同比增长率（右轴）
```

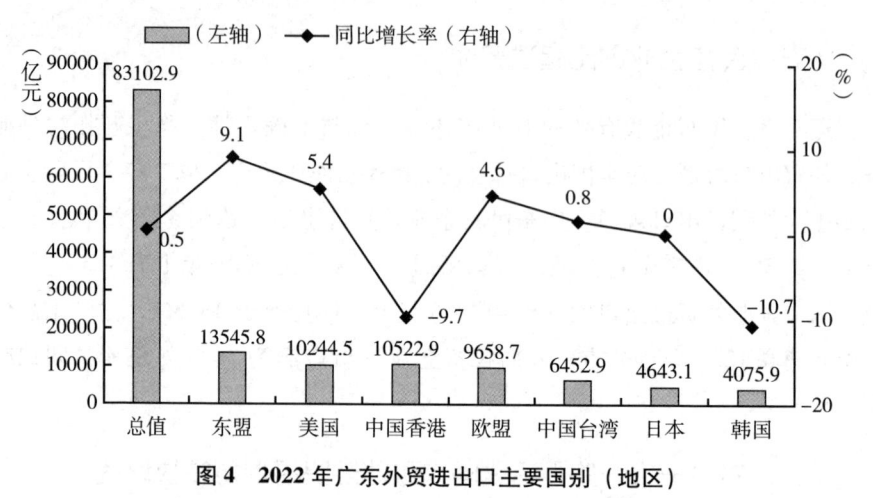

图中数据：
- 总值：83102.9，0.5
- 东盟：13545.8，9.1
- 美国：10244.5，5.4
- 中国香港：10522.9，-9.7
- 欧盟：9658.7，4.6
- 中国台湾：6452.9，0.8
- 日本：4643.1，0
- 韩国：4075.9，-10.7

图4 2022年广东外贸进出口主要国别（地区）

资料来源：《广东统计年鉴（2023）》。

快推进生产性服务业迈向高端，积极发展外贸新业态、新模式。

2022年，广东服务贸易总额为1585亿美元，同比上升8.3%，占全国服务贸易总额的17.8%。在货物进出口全球需求放缓的背景下，服务贸易对广东外贸增长贡献度逐步提高，成为广东外贸转型升级的重要支撑[①]。

粤港澳大湾区服务贸易取得更大突破。广州、深圳争创国家服务贸易创新发展示范区。广州、深圳、佛山高质量建设国家级服务外包示范城市。

在数字贸易中，信息技术和文化创意产业已构成较大规模的数字产业集群。华为、腾讯、中兴、汇丰、广电运通等一批数字贸易龙头企业不断发展壮大，引领全省数字贸易纵深发展。

二 大湾区外贸呈现稳中提质的良好态势

2022年，广东推出一系列稳外贸市场主体、拓展多元化市场、保障外贸产业链供应链稳定畅通、帮助外贸企业纾困解难的政策举措。稳定外贸发展的

---

① 《从服贸大省迈向服贸强省！广东服务贸易总额占全国近2成》，北青网百家号，2023年9月4日，https://baijiahao.baidu.com/s?id=1776068991038111843&wfr=spider&for=pc，最后检索时间，2023年11月2日。

政策措施效果持续显现,有效激发外贸主体活力,推动大湾区内地九市外贸进出口规模再创新高,同时,外贸结构和发展方式进一步优化,"精专特新"产品出口不断增加,一般贸易进出口主导地位持续强化,民营企业外贸进出口更具活力,全球贸易伙伴更加多元。

(一)大湾区内地九市外贸呈现提质增效良好态势

2022年,珠三角九市面对复杂多变的国际形势,积极落实"一带一路"倡议、RCEP协定等国家倡议,加强与共建"一带一路"国家和地区的贸易交往,激发民营企业旺盛活力,增强外贸抗风险能力,充分展现大湾区外贸的灵活性、韧性、创造力,进出口规模继续保持全国领先地位,呈现逆势而上、提质增效的良好发展态势①(见图5)。

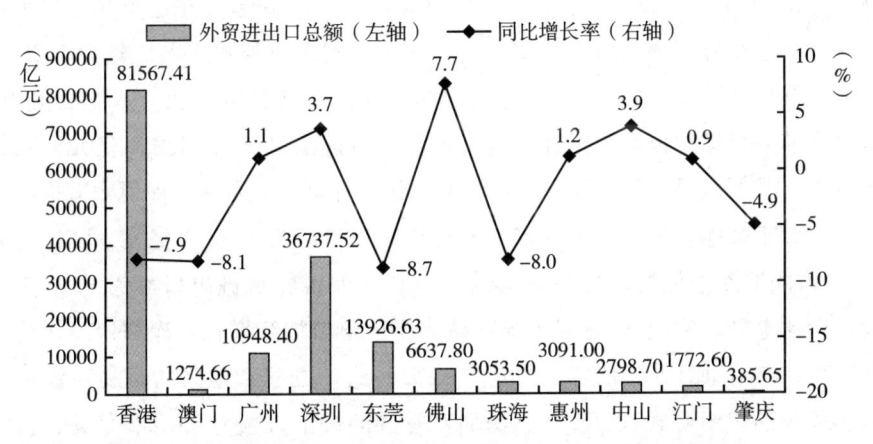

图5 2022年粤港澳大湾区各地外贸进出口总额与同比增长率

资料来源:《广东统计年鉴》和《中国统计年鉴》。

1. 深莞穗稳居前列

2022年,深圳外贸进出口受多重不利因素影响,面临供应链成本上升、物流运输滞后、疫情带来不确定性等挑战。外贸进出口规模和质量再上新台

---

① 《近8万亿元,占全国18.9%!2022年大湾区内地9市进出口量大质高》,读创,2023年2月17日,https://baijiahao.baidu.com/s?id=1758060141139332398&wfr=spider&for=pc,最后检索时间,2023年11月2日。

阶。全年，深圳外贸进出口总值为3.67万亿元，在2021年高基数的基础上实现3.7%的增长，进出口规模再创历史新高，占同期广东外贸进出口总额的44.2%，稳居外贸强市的前列。其中，外贸出口2.19万亿元，出口规模连续第30年位居内地外贸城市首位，同比上升13.9%；外贸进口1.48万亿元，位居全国第三。深圳外贸进出口总额占粤港澳大湾区内地九市外贸进出口总额的46.3%，拉动大湾区内地九市总体外贸进出口增长1.6个百分点；外贸出口占大湾区内地九市外贸出口总额的43.1%，拉动大湾区内地九市总体出口增长5.6个百分点①。

深圳外贸发展呈现如下亮点：一是"智造"机电产品出口受青睐。2022年，深圳出口机电产品1.68万亿元，同比上升8.7%，占同期深圳外贸出口总额的76.5%。其中，电工器材、手机和自动数据处理设备分别上升32.6%、28.6%和24.3%。劳动密集型产品玩具和箱包出口上涨幅度超过50%。二是民营企业成为稳外贸的主力军。2022年，深圳民营企业外贸进出口额为2.28万亿元，同比上升5.9%，占外贸总额的62.1%，比2021年上升1.3个百分点；国有企业外贸进出口增长迅速。国有企业外贸进出口额为2450.1亿元，同比上升17.3%。三是一般贸易进出口增速较快。深圳一般贸易和保税物流进出口增速均高于整体。2022年，深圳一般贸易进出口额为1.82万亿元，同比上升4%，占同期深圳外贸进出口总额的49.6%；保税物流进出口额为8810.3亿元，同比上升7.7%。四是对主要贸易伙伴进出口持续增长。深圳持续优化外贸结构，与RCEP外贸伙伴、共建"一带一路"国家和地区的贸易对深圳外贸整体拉动作用明显。2022年，深圳对香港的进出口额为6509.2亿元，占深圳外贸进出口总额的17.7%，香港仍然是深圳第一大贸易伙伴。同期，深圳对美国、欧盟、印度和英国进出口均出现较快增长，分别为18.8%、18.5%、55%和26.5%。同时，对RCEP外贸伙伴、共建"一带一路"国家和地区分别进出口1.01万亿元、8930.1亿元，同比分别上升7.8%、15.1%，合计拉动深圳外贸进出口3.9个百分点。

2022年，广州外贸进出口总额为1.09万亿元，外贸规模创历史新高，比

---

① 《再创新高！2022年深圳出口规模连续第30年居内地外贸城市首位》，深圳卫视深视新闻，2023年1月19日，https://baijiahao.baidu.com/s?id=1755427216247951396&wfr=spider&for=pc，最后检索时间，2023年11月2日。

2021年同期增长1.1%，占广东外贸总值的13.2%。其中，第四季度实现22.7%的同比增长，助力广州外贸进出口实现"V"形反弹[①]。

广州外贸发展呈现如下亮点：一是优化外贸进出口结构。2022年，广州一般贸易进出口上升17.6%，保税物流进出口大幅上升23.2%，有力地拉动广州外贸增长。其中，广州进口规模持续扩大，全年实现进口贸易额4753.6亿元，同比增长5.3%，占广东外贸进口总值的16%。其中，农产品、消费品进口增长均超过23%。二是建设高质量对外开放平台。广州白云机场综合保税区和南沙综合保税区不断转型升级，2022年，广州白云机场、南沙综合保税区进出口总值达1662.4亿元，同比增长48.4%。三是推进民营企业外贸进出口。2022年，广州民营企业进出口贸易额超5000亿元，占全市外贸比重超五成，继续稳坐广州外贸主体"头把交椅"。四是加强与RCEP成员国经贸往来。RCEP生效实施一年来，广州与越南、泰国、日本等RCEP成员国经贸往来保持良好发展势头，RCEP带来的利好为外贸发展持续注入"新活力"。2022年，广州对RCEP国家进出口贸易额超3500亿元，约占广州外贸进出口总值的33.6%。

2022年，东莞外贸进出口总额为1.39万亿元，比2021年下降8.7%，占广东外贸进出口总值的16.8%，外贸进出口规模在全省排名第二。其中，外贸出口9240.1亿元，同比下降3.3%；外贸进口4686.5亿元，同比下降17.6%[②]。

东莞外贸发展呈现如下亮点：一是提升一般贸易进出口占比。2022年，东莞市一般贸易进出口为5930.5亿元，同比降低6.3%，约占东莞外贸进出口总值的42.6%，比2021年上升1.1个百分点；加工贸易进出口为4280.7亿元，同比下降14.9%，占30.7%，下滑2.2个百分点；保税物流进出口为2976.6亿元，同比下降10%，占21.4%。同期市场采购出口

[①] 《进出口总值破万亿！2022年广州外贸再创历史新高》，广州商务网，2023年2月14日，https：//www.gzrcwork.com/Index/detail/23870，最后检索时间，2023年11月2日。

[②] 《2022年东莞市外贸进出口规模保持全省第二》，"黄埔海关12360发布"微信公众号，2023年2月2日，https：//mp.weixin.qq.com/s?__biz=MzA3MzE0MzYyNw==&mid=2650788088&idx=1&sn=a38157d5bcf2d2d3e97f552ec3d697ea&chksm=8718f4dcb06f7dca8ad1150c4a0fc40eb502d1b98f63c03415219f4ced37ddd259e73196bf88&scene=27，最后检索时间，2023年11月2日。

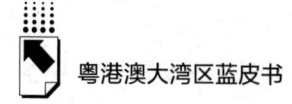

725.1亿元，同比增长29.2%，拉高东莞外贸整体增速1.1个百分点。二是扩大水路运输和航空运输。2022年，东莞市水路运输进出口6481.8亿元，同比增长35%，占46.5%，提升15.1个百分点；航空运输进出口811.3亿元，同比增长34.9%；公路运输进出口6398.8亿元，同比下降33.3%，占45.9%。三是加强与新兴市场的经贸往来。2022年，东莞市对东盟、日本分别进出口2212.7亿元、1015.4亿元，分别增长5.9%、1.4%。同期，对美国、我国香港地区、欧盟、我国台湾地区、韩国进出口分别下降5.4%、7.9%、11.4%、8.9%和36.4%。对上述前七大贸易伙伴进出口合计占74.8%，提升0.7个百分点。对共建"一带一路"国家和地区进出口3528.1亿元，同比增长1.9%，其中出口增长6%，拉高东莞出口整体增速1.6个百分点。对拉丁美洲进出口586.6亿元，逆势增长9.6%，拉高东莞外贸整体增速0.3个百分点。四是巩固民营企业外贸主导地位。2022年，东莞市民营企业进出口7443.9亿元，同比下降11.7%，占53.5%；外商投资企业进出口6459.2亿元，同比下降5%，占46.4%，提升1.8个百分点。五是推动集成电路、劳动密集型产品出口。2022年，东莞机电产品出口额为6269.7亿元，同比减少7.5%，占同期东莞外贸出口总额的67.9%；其中，手机出口717.7亿元，同比下降30.2%；集成电路出口619.6亿元，同比增长37.7%。同期，劳动密集型产品出口1774亿元，同比增长4.6%，占19.2%，其中，塑料制品、玩具、鞋靴和箱包出口分别增长12.7%、3.7%、31.9%和22.2%。六是加大农产品进口。2022年，东莞机电产品进口额为3725.9亿元，同比减少18.6%，占同期东莞外贸进口总额的79.5%，其中集成电路进口额为2400.1亿元，同比下降13.6%。初级形状的塑料进口205.7亿元，同比下降21.2%；农产品进口170亿元，同比增长45.6%，其中大豆进口额为101.8亿元，同比上升70.7%。

2. 佛、中增势强劲，珠惠江肇各具亮点

2022年，除深圳、东莞、广州之外的珠三角6市，外贸发展各具亮点。其中，佛山、中山增速明显。

2022年，佛山多次组织外贸业务对接活动，包机助力企业海外拿订单，支持企业经贸团赴东南亚、迪拜、欧洲等地区开展经贸活动。佛山外贸进出口保持强劲韧性,再上新台阶①。2022 年,佛山外贸进出口 6637.8 亿元,同比增长 7.7%,增速居珠三角九市第一。

佛山外贸进出口呈现三大特点:一是外贸结构持续优化,二是民营企业活力增强,三是劳动密集型产品出口快速增长。2022 年,佛山一般贸易方式进出口额为 4820.7 亿元,同比上升 23.5%,占佛山外贸进出口总额的 72.6%,较上年上升 9.2 个百分点。一般贸易增长快速、占比上升,显示佛山外贸进出口内生动力明显增强,全球影响力和国际竞争力不断提升。2022 年,佛山民营企业外贸进出口额为 4809.7 亿元,上升 16.6%,带动佛山外贸上升 11.1 个百分点,占比为 72.5%,较上年提升 5.5 个百分点。

2022 年,珠海外贸出口保持增长态势,新业态发展成效显著;珠海外贸进出口总额为 3053.5 亿元,比 2021 年同期下降 8%,总量居全省第 6 位②。珠海实际吸收外资 13.6 亿美元,比 2021 年同期下降 53.0%,总量居全省第 4 位。承接服务外包大幅增长,规模达到历史新高。珠海承接服务外包合同金额为 31.36 亿美元,同比上升 73.54%;承接服务外包执行金额为 16.47 亿美元,同比上升 30.43%,规模创历史新高。承接港澳地区服务外包执行金额为 21397.05 万美元,同比增长 2.5%。其中承接香港服务外包执行金额为 16039.65 万美元,同比增长 33.1%。

2022 年,面对全球经济下滑、粤港跨境运输不畅等多重不利因素的影响,惠州努力保持外贸稳存量、拓增量,不断增强韧劲和增势。2022 年,惠州外贸进出口总额为 3091 亿元,同比上升 1.2%,其中出口为 2045.2 亿元、进口为 1045.8 亿元。一般贸易和保税物流快速上升。2022 年,惠州以一般贸易方式进出口额为 1537.6 亿元,同比上升 16.7%,占同期惠州外贸进出口的 49.7%;以保税物流方式进出口额为 167.6 亿元,同比上升 32.6%。东盟成为最大的外贸市场。惠州对东盟、欧盟和我国台湾地区进出口分别达到 452.5 亿

---

① 《2022 年佛山进出口总值增速珠三角九市第一》,读创百家号,2023 年 2 月 4 日,https://baijiahao.baidu.com/s?id=1756868601732869777&wfr=spider&for=pc,最后检索时间,2023 年 11 月 2 日。

② 《2022 年珠海市经济运行简况》,广东网人民政府,2023 年 2 月 2 日,http://www.gd.gov.cn/zwgk/sjfb/dssj/content/post_4088823.html?eqid=8811cc5c0005e0de0000000664537e96,最后检索时间,2023 年 11 月 2 日。

元、328.5亿元和283.9亿元，同比分别上升10.9%、11.8%和18.1%。扩大机电产品的外贸进出口。2022年，机电产品出口额为1506.8亿元，占惠州外贸出口总额的73.7%，其中，电工器材出口242亿元，同比上升13.8%。劳动密集型产品出口355.7亿元，同比上升9.1%，其中，服装、鞋靴、箱包分别同比上升48.5%、25.3%、33.7%。此外，农产品出口额为20.4亿元，同比上升127.3%。惠州机电产品进口额为660.8亿元，同比上升15.4%，占惠州外贸进口总额的63.2%，其中集成电路进口额为398亿元，大幅上升49%。

2022年，中山外贸进出口顶住多重压力，整体规模再上新台阶。2022年，中山外贸进出口总额为2798.7亿元，同比上升3.9%。其中，外贸出口2328亿元，上升4.3%；外贸进口470.7亿元，上升1.6%①。

增强外贸运行活力韧性。2022年，中山有进出口实绩的外贸企业数量为5199家，同比增长18.3%。中山经跨境电商管理平台进出口增长较快，以市场采购方式出口38.8亿元，增长105.5%。对主要贸易伙伴经贸有增有降。2022年，中山对美国、欧盟、我国香港地区进出口分别为543亿元、414.6亿元、199.2亿元，同比分别减少1.3%、6.3%、7.4%；对东盟、日本进出口分别为349.1亿元、163.6亿元，同比分别上升14.4%、8.9%。中山对共建"一带一路"国家和地区、RCEP其他成员国进出口分别为748.2亿元、682.9亿元，同比分别上升15.4%、10.9%。

2022年，面对复杂严峻的国内外形势，江门发布保稳提质十九条措施，大力支持外贸企业开拓更多国际市场，为外贸进出口发展奠定了坚实的基础。外贸进出口1772.6亿元，同比上升0.9%。其中，一般贸易进出口1367.1亿元，同比增长1.6%，占进出口总值的77%②。与主要贸易伙伴往来实现大幅增长。2022年江门市对东盟和韩国进出口分别增长14.0%和8.0%，对共建

---

① 《添动力 加速度 见实效 2022年中山外贸进出口总值再创新高》，"中山海关"微信公众号，2023年1月19日，https：//mp.weixin.qq.com/s?__biz=MzIxNzEzNjAyMA==&mid=2653401376&idx=1&sn=fe791cbb21aa583592a92b769215338e&chksm=8c2d7fdbbb5af6cd43fe71c698ccfdcee5908570f81c5dac714ac2193a4cafd9572cfb46512e&scene=27，最后检索时间，2023年11月2日。

② 《2022年江门市经济运行简况》，江门市人民政府网站，2023年1月30日，http：//www.gd.gov.cn/zwgk/sjfb/dssj/content/post_4087184.html?eqid=d74e2fb200044086000000066465eae6，最后检索时间，2023年11月2日。

"一带一路"国家和RCEP贸易伙伴进出口分别增长7.4%和6.0%,增速相对较快。

2022年,肇庆外贸进出口总额为385.65亿元,比上年减少4.9%。其中,外贸出口额为273.44亿元,同比上升0.5%;外贸进口额为112.21亿元,同比减少15.9%。外贸进出口差额161.23亿元,同比上涨16.4%。其中共建"一带一路"国家和地区进出口额为113.1亿元,同比下降16.7%。全市实现跨境电子商务进出口额22.6亿元,同比增长41.3%。

(二)香港进出口概况

香港回归祖国,为香港经济发展提供了广阔的空间和稳定的发展环境,香港成为中国内地与全球市场之间的重要桥梁和纽带,便捷开放的营商环境更是吸引了来自世界各地的众多企业和投资者,加之高效运作的金融市场,吸引大量外资流入,使得香港成为全球范围内具有重要影响力的全球金融中心之一。随着香港经济结构、金融服务、贸易合作伙伴以及"超级联系人"地位不断向多元化迈进,香港外贸优势有望持续巩固,并逐渐形成发展新优势。

1. 合作伙伴关系持续多元

2022年,香港外贸整体出口货值下跌8.6%;外贸进口货值下跌7.2%。外贸货物贸易逆差507亿美元,相当于外贸进口货值的8%。反映外围经贸环境恶化及跨境陆路运输受阻的严重拖累,2021年12月商品出口货值跌幅进一步扩大。输往内地、美国及欧盟的出口均继续大幅下跌。输往其他主要亚洲市场的出口也出现不同程度的跌幅。全球经济增长疲弱,短期内将继续对香港的外贸出口有负面影响。不过,随着跨境陆路运输在近期相关限制放宽后逐渐恢复,将会抵消部分压力。

凭借先进的港口与机场系统,以及高效运作、严格管理以及完善的物流基础设施,香港成为重要的国际贸易中心之一。2022年香港货物贸易总值为12127亿美元,出口总值为5810亿美元,进口总值为6317亿美元,货物贸易占香港GDP的比重为334%。而香港得天独厚的地理位置、产业优势、政策便利以及文化融合,使得香港能够拥有并提供更广阔的国际市场。

目前,香港与中国内地、欧美之间的合作已经取得了显著成果,同时香港也在积极加强与RCEP外贸伙伴、"一带一路"倡议和中东等国家的经贸联

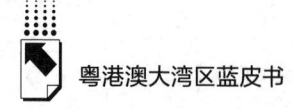

系，以实现更广泛的合作和互利共赢。

2.贸易桥梁和枢纽作用日趋重要

香港已经超越传统的"超级联系人"的单一角色，逐渐发展成为一个多维度的沟通交流连接中心与枢纽。首先，香港在金融领域发挥着重要的作用，成为国际金融中心之一。其次，香港作为一个开放的贸易港口，具备良好的物流系统和商业环境，为国际贸易提供便利条件。香港与内地经济合作密切，是中国内地与世界市场之间的桥梁和重要的贸易枢纽。同时，香港作为一个自由经济体，也与其他国家和地区保持着广泛的贸易往来，拥有丰富的全球贸易经验和网络，能够促进各国之间的贸易合作。

（三）澳门进出口概况

2022年，澳门外贸进出口总额为1533.3亿元，较2021年的1668.4亿元下跌8.1%，全年总出口额为135.2亿元，同比上升4.3%；其中再出口115.0亿元及本地产品出口20.2亿元，分别增加4.9%和0.7%。总进口额为1398.1亿元，同比下跌9.1%。全年货物贸易逆差为1262.9亿元，较2021年减少146.2亿元。

按出口目的地统计，全年澳门输往香港货物103.0亿元，同比上升12.5%，而出口至美国和欧洲分别为6.1亿元与1.7亿元，分别同比下跌10.5%和12.1%。出口至我国内地货物13.1亿元，下跌27.9%。其中，出口至泛珠三角九省区货物为11.3亿元，减少30.4%。输往"一带一路"国家的货物5.2亿元，增加69.8%，出口至葡语系国家的货物170万元，减少73.4%。纺织品及成衣出口上升10.9%至17.3亿元，非纺织品业增加3.4%至117.9亿元。

按货物原产地统计，全年产自欧盟458.5亿元及我国内地424.5亿元的进口货物分别下跌7.9%和12.5%，产自共建"一带一路"国家262.1亿元及葡语系国家10.6亿元的进口货物则分别上升3.5%和46.9%。

按货物来源地统计，从香港进口的货物1172.8亿元下跌11.4%，来自我国内地的货物174.8亿元则上升6.3%。其中，泛珠三角九省区167.3亿元增加5.4%。消费品进口下跌8.4%至1017.1亿元，其中美容化妆及护肤品193.5亿元、手表97.9亿元，分别减少25.0%和18.0%，食物及饮品197.2亿元则增加29.2%。燃料及润滑油61.8亿元的进口货值上升5.0%,手提电话109.0亿元与建筑材料29.2亿元,分别下跌39.1%和1.4%。

三 大湾区外贸发展趋势及前景展望

中央经济工作会议提出,要更大力度推动外贸稳规模优结构,更大力度促进外资稳存量扩增量,打造国际经贸合作新增长点。预计国家将出台一系列政策举措推动外贸稳规模优结构,充分激发外贸企业活力、降低外贸企业外贸出口风险、支持外贸企业稳订单拓市场,进一步提升贸易便利化水平。这将有效缓解当前外贸发展面临的困境,广东外贸进出口有望呈现稳中向好的发展态势。

(一)影响广东外贸走势的主要因素

1. 贸易保护主义盛行

自2018年贸易摩擦爆发以来,全球范围的贸易保护主义日趋增强。这对于外贸进出口来说无疑是一种压力。虽然国际贸易正在恢复,但各国对于本国产业的保护主义可能会逐渐增强,无疑会增加外贸进出口的不确定性。

2. 全球产业链博弈加剧

中国产业加快升级、贸易规模持续扩大、科技实力不断增强,不可避免地会影响发达经济体的利益,从而引起更激烈的对抗博弈,全球产业将出现竞争与合作、脱钩与断链并存现象,产业发展呈现多元化和差异化态势。美国于2022年制定《芯片与科学法案》、《通胀削减法案》和"芯片四方联盟"等法案,旨在通过采取大量补贴的办法,引导芯片和汽车产业回流美国,实行其"小院高墙"式的"精准脱钩"策略,这将加大美国在关键领域核心技术的"卡脖子"力度。预计未来在人工智能、人机交互技术、量子计算、生物制造等领域的合作将困难重重,致使我国相关产业大幅振荡。部分高新科技产业,将面临逐步脱钩断链风险。

3. 全球物流成本持续攀升

物流成本的持续上涨也是一个重要的因素。2022年,全球物流行业面临各种不确定因素的挑战,包括疫情冲击、运输梗阻和配送运力短缺等问题,导

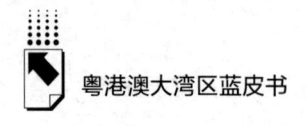

致国际物流成本不断飙升。预计这种成本暴增态势还将继续。

4.外贸承受较大下行压力

外需持续疲软将直接导致我国外贸订单下降，外贸进出口增速下滑，甚至出现国际产业链加速重构、市场占有率萎缩等严峻情况。我国外贸将不可避免地面临较大下行压力。

（二）中国经济长期向好的基本面依然不变

1.具备供应链韧性强、产业链齐全优势

我国已形成全球规模大、体系全、竞争力强的工业生产体系，拥有全部工业门类，在500余种主要工业产品中有200多种产品的产量稳居世界第一，拥有庞大的国内市场和齐备的产业配套优势。

2.RCEP政策红利持续释放

2023年是RCEP协定生效实施的第二年，关税减免、原产地累积规则和贸易便利等制度红利为企业带来实实在在的收益。RCEP协定使区域间产业协作发展得到进一步增强，"贸易创造"和"贸易转移"效应显著，对于我国化解"脱钩"、围堵、断链风险，以及保障供应链产业链稳定安全，具有重大战略意义，有利于进一步稳定外贸外资基本盘，不断拓展外贸发展新空间。

3.绿色低碳贸易成为新增长点

我国在可再生能源、电动载人汽车、数字经济等领域，具有"研发+生产+商业化"应用场景优势，有望在全球能源转型的碳中和贸易中争取国际话语权，如电动载人汽车、太阳能电池、锂电池等，由于这些产业具有较强的全球竞争力，电动载人汽车、太阳能电池、锂电池等产品的外贸出口有望在2023年继续保持增长。

4.数字赋能增加产品附加值

数字化赋能为制造业发展带来更大发展空间，从而获得差异化的高额增值；同时，制造业服务化又进一步拓展智能家电、智能手机、机电产品的潜在附加值，实现价值链延伸。数字化技术将更加普及和成熟，将对我国外贸发展产生深远影响。外贸企业需要从多个方面来加快数字化转型，以全面提升市场竞争力和降低生产成本。

（三）展望未来：出口下行压力仍在，进口增速或将筑底回升

从出口方面看：出口增速下行压力仍然存在，对经济的带动作用会逐渐下降。一方面，全球制造业复苏压力加大，海外需求仍将处于萎缩阶段，叠加贸易摩擦加剧，对广东外贸出口产生不利影响；另一方面，国内不断出台出口保稳提质政策措施，RCEP协定持续释放外贸红利，外贸出口结构不断得到优化，汽车行业和新能源行业成为广东外贸出口新动能，未来将支撑外贸出口恢复增长。

从进口方面看：预计未来外贸进口增速将筑底回升。一方面，国内稳经贸政策将持续发力，有利于带动国内需求逐步回暖，一系列刺激房地产行业的政策或将出台，带动房地产市场升温改善，助力经济基本面企稳向好，带动国内需求进一步复苏，使外贸进口增速有望得到逐步改善。另一方面，外贸出口需求不足将导致国内生产需求回落，在全球经济增长放缓的情况下，未来价格因素仍不利外贸进口，而随着欧美国家对中国外贸出口的限制加强，国内产业优化升级带来的替代效应也将降低进口增速。

四 奋力构建粤港澳大湾区外贸发展新格局

习近平总书记在党的二十大报告中指出，要推进高水平对外开放，提升贸易投资合作质量和水平，加快建设贸易强国。要落实党的二十大精神和中央经济工作会议要求，深入谋划外经贸发展的思路举措，全力推动外经贸高质量发展，把粤港澳大湾区打造成为全球高端要素集聚和资源配置的枢纽区域，全面提升大湾区外经贸综合实力、创新能力和国际竞争力。

（一）大湾区外经贸面临更为复杂严峻挑战

2023年，外贸进出口面临的形势依然复杂多变，全球不确定、不稳定因素不断增多，大湾区外贸进出口面临不少困难和挑战。外需的不确定性导致外贸出口面临较大压力。世贸组织预计2023年全球货物贸易量增长1.7%，明显低于过去12年2.6%的平均水平。主要发达经济体通胀水平仍然较高，持续加息抑制投资和消费需求，受此影响，韩国、印度、越南、中国台湾地区外贸出

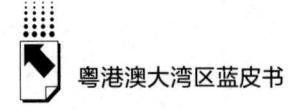

口都出现明显降幅，对美欧等市场出口低迷。我国外贸进出口企业也面临一些制约因素和困难，存在外贸企业去国外参展不方便、外贸风险增加、经营成本上升等问题。虽然政府和企业都采取了一系列措施来保持订单和开拓市场，但外贸现实情况依然复杂严峻。

1. 国内国外形势依然复杂严峻

2023年4月，国际货币基金组织对全球经济增长率进行了下调，由2.9%下调到2.8%，发达国家经济体增速放缓非常明显。从外部看，逆全球化、去全球化浪潮甚嚣尘上，西方发达国家加快推进"再工业化"和谋划所谓与中国产业科技"脱钩"，"宅经济"红利逐渐消退、俄乌冲突、外需萎缩、货币汇率大幅波动等复杂严峻因素，都将对大湾区外经贸发展带来冲击和影响；从内部看，广东外经贸高质量发展仍面临进口短板、大项目引资难、内外循环衔接和资源配置能力不强等问题的困扰，香港经贸地位作用的发挥有待加强，澳门经济多元化成效尚待转化。

2. 全球经济衰退风险上升

全球经济增长乏力导致外贸需求萎缩，这是外贸进出口行业面临的一个重要挑战。随着全球经济态势不断下滑，国际消费者对于我国产品的需求量也在逐渐减少。在这种情况下，大湾区外贸进出口企业需要更加注重产品的创新和质量，提高科技核心竞争力，以增强对全球市场的吸引力。

3. 全球外贸市场竞争激烈

全球外贸市场竞争激烈，科技含量高、绿色环保标准高的产品在国际市场上更具优势。这也是外贸进出口需要直面的一个严峻挑战。在全球外贸市场上，科技含量高、绿色低碳标准高的产品更容易受到国际消费者青睐。因此，大湾区外贸进出口企业需要加大对科技和绿色低碳产品的研发投入，提高自身科技水平和绿色环保标准，以提高产品在全球外贸市场上的核心竞争力。

4. 全球贸易摩擦频发

全球贸易摩擦的加剧给各国经济带来了巨大的冲击。贸易壁垒和贸易摩擦会导致商品价格上涨，进而导致通货膨胀率上升。此外，贸易壁垒和贸易摩擦还会导致贸易减少，进而影响各国GDP增长。贸易摩擦和贸易壁垒的不断加剧，以及疫情等因素将对全球供应链和物流产生的不利影响，都会给外贸进出口企业带来很大压力。因此，大湾区外贸企业需要加强对于全球市场的了解和把握，提高自身应对贸易摩擦和贸易壁垒的能力，以有效应对这些风险和挑战。

（二）塑造大湾区外贸合作发展新优势

习近平总书记寄语广东"率先建设更高水平开放型经济新体制""加强同'一带一路'沿线国家和地区开展多层次、多领域的务实合作"，为大湾区外经贸高水平对外开放指明了前进方向、提供了根本遵循。要深入学习贯彻习近平总书记在广东考察时的重要讲话精神和全面落实党中央的决策部署，推动建设更高水平开放型经济新体制，推动外经贸高质量、创新型、绿色低碳的发展，增强在全球市场的影响力，进一步形成大湾区参与国际合作与竞争新优势，构筑外经贸开放发展的强劲动力。

1. 加快推进贸易高质量发展

稳定总量、提升质量、优化结构，推进贸易高质量发展十大工程，推动外贸和内贸、进口和出口、货物贸易和服务贸易、传统贸易和数字贸易、贸易和投资、贸易和产业协同发展，提升大湾区外贸进出口综合实力、创新能力和国际竞争力。

全力培育壮大一批千亿万亿元级出口产业集群，不断夯实外贸发展的产业基础。拓展巩固美欧市场，做深做细东南亚、南亚等市场，高水平举办"粤贸全球"广东境外展览会，助力外贸企业"出海跨洋"抢抓国际订单。积极主动扩大外贸进口，加强六类重要产品外贸进口基地建设，打造全球贸易集散枢纽中心。加快发展外贸新业态新模式，扎实推动跨境电商示范省建设。

2. 开展制造业专项招商引资

重点开展"链主型"企业招商，大力吸引汽车、新一代电子技术、绿色石化、高端装备、生物医药、新材料等行业全球排名前20的企业落户广东；聚焦中欧经贸合作机遇，紧扣未来产业、科技项目招商，加大行业龙头、隐形冠军招商；推进与海合会主权财富基金的金融投资合作。健全内外资一体化大高效招商推进机制，促进内外资企业上下游配套、协同发展。

3. 打造服务外包基地

扶优建强软件服务、云计算开发、信息技术等外包业务，拓展研发设计、管理咨询、检验检测、供应链管理等现代生产性服务业外包。不断推进服务外

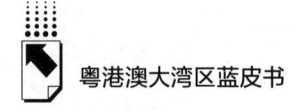

包示范城市和园区建设，加快培养中国服务外包百强企业，培育服务外包专业化复合型人才，携手港澳打造粤港澳大湾区服务贸易发展平台，建设具有全球影响力和竞争力的服务外包基地。

4. 有序开展国际产能合作

支持广东优势产业加强高水平国际产能合作，高质量推进境外经贸合作区建设，推动跨国产业链向上下游延伸。发展培育广东本土跨国公司，支持骨干龙头企业到境外谋划建设生产基地、研发中心、网络营销和物流仓储基地。加快推动南沙建立中国企业"走出去"综合服务基地，强化南沙"走出去"综合服务功能。

5. 引进科技前沿创新人才

坚持招商引资和招才引智双推进，引进一批世界科技前沿和产业变高端海外高层次创新人才、高技能人才和创新创业领军人才。鼓励海外华侨返乡创新创业。实行更加开放便捷的人才停居留政策，不断优化金融、税收、医疗、教育、养老服务，营造"引得进""留得住"的良好引资和引智环境。

6. 深化自贸试验区制度创新

加快经贸规则标准等制度型开放，争取国家支持广东制定自贸试验区4.0版发展方案、加快推动自贸试验区扩区，打造自贸联动发展区，建设广东高水平对外开放门户枢纽。对标CPTPP（《全面与进步跨太平洋伙伴关系协定》）等高标准自贸协定先行先试，为国家进一步扩大开放做好压力测试。加大国家级和省级经开区申报建设力度，力争实现广东各地级以上市经开区全覆盖。

7. 建设大湾区国际消费枢纽

推进广州、深圳国际消费中心城市建设，谋划和布局一批区域消费中心城市，打造一批高质量消费集聚区和大型消费基础设施，在总部经济、服务经济、品牌经济、流量经济方面加快出台一批重大政策措施，培育一批现代流通领域领军企业。

8. 打造强大招商引资引力场

紧紧抓住利用外资发展战略窗口期，充分发挥新发展格局战略支点的重要作用，把握粤港澳大湾区和深圳先行示范区建设重大历史性机遇，全力吸引外商来粤或扩大在粤投资，优化和完善利用外资发展环境，为广大外商提供更为广阔的市场机遇和更完善的政府服务，打造吸引优质外资引力场，在扩大开放发展中实现高质量互利共赢。

进一步优化外商投资环境。深入实施外商投资准入负面清单，继续清理负面清单之外的外资准入限制性措施。实行自贸试验区外资准入负面清单制造业条目"清零"政策。加快落实广州获批国家服务业扩大开放综合试点政策，积极引导外资更多投向现代服务业。扩大境外投资者以分配利润直接投资暂不征收预提所得税的适用范围。

建设开放创新平台。支持广东自贸试验区深化改革创新，全面落实双15%所得税优惠政策，吸引更多总部企业落户。促进经开区扩容提质升级，建设高水平中外合作产业园区，吸引一批高能级双边合作项目落户中新广州知识城和中韩（惠州）产业园。

构筑招商引资"新格局"。搭建广东招商引资对接平台，实施外商来粤投资一站式服务。创新招商引资新模式，主动"走出去"开门招商，推进以商引商、常态化驻点招商，促进中介招商、创新"以投代补、投补结合"新模式、探索"飞地"招商。举行粤港澳大湾区全球招商大会、中国侨商投资（广东）大会、珠三角与粤东西北经贸合作招商会，构筑具有全球影响力的招商引资大平台。着重发挥外资联席会议机制、重点外资项目工作专班作用，主动统筹协调外资项目用地、能耗、污染物排放等事项，加强外资重点项目挂点联系服务。

B.4
粤港澳大湾区科技创新发展报告

陈世栋　李兆颐　姚逸禧*

摘　要： 2023年4月，粤港澳大湾区被赋予了"一点两地"新定位，为深化"国际科技创新中心"建设注入新动力。2022年，粤港澳大湾区全社会研发投入超过了4269.85亿元，与我国全社会研发投入（30870亿元）的比值为13.83%，占大湾区GDP比重为3.27%，远高于全国2.55%的水平。粤港澳大湾区进入了全球科技创新集群的前10位，"深圳—香港—广州"科技创新集群连续4年位居全球第2。大湾区专利技术授权量达到了76.63万件，占全国的17.03%，大湾区（广东）高新技术企业达6.9万家。但依然面临着应用研究活跃、基础研究冷门、区域协同创新软环境不畅、产学研一体化水平不足、科研成果转化率低、普通地市科教力量薄弱、创新生态不够优化等问题。为纵深推进科创湾区建设，应加快建设创新集群、突破关键技术、强化企业作用、培育新兴产业、优化创新生态体系，力争建设成为全球新质生产力高地。

关键词： 粤港澳大湾区　科技创新能力　创新集群　协同创新

一　粤港澳大湾区科技创新成效突出

（一）全社会研发投入（R&D）持续增长

2022年，粤港澳大湾区11城研究与试验发展（R&D）经费支出超过

---

* 陈世栋，博士，广东省社会科学院经济研究所研究员，主要研究方向为区域创新网络；李兆颐，广东省社会科学院2023级硕士研究生；姚逸禧，广东省社会科学院2020级硕士研究生。

4269.85亿元，研发投入强度为3.27%。近年来，大湾区R&D规模快速增长，从2005年的381.26亿元增长到2022年的4269.85亿元，自2017年大湾区设立以来，这一规模至少增长了1500亿元。2022年，广东的R&D投入达到4200亿元，是全国唯一突破4000亿元的省份，占GDP比重从2.61%提高到3.25%，创新综合能力连续6年位列全国第一。2022年，我国R&D经费支出30870亿元，同比增长10.4%；R&D经费占GDP比重为2.55%，比上年提高0.12个百分点，稳居世界第二，R&D经费投入强度从2012年的1.91%增至2022年的2.55%，超过欧盟平均水平。其中，基础研究经费为1951亿元，同比增长7.4%，是2012年的3.9倍，占R&D经费的6.32%。可见，大湾区R&D占比远高于广东和全国平均水平，是我国重要的科技创新引擎。在百年未有之大变局复杂演化背景下，大湾区的科技创新投入普遍受到国家、广东省、港澳的重视，承担着国家重要创新动力源的角色。

深圳为大湾区科创头部城市，2022年其R&D规模占大湾区整体的41.64%，广州为21.61%，排在第二，东莞为10.49%，佛山为8.56%，四大城市引领大湾区科技创新。2022年，深圳R&D投入规模达到1778.08亿元，占GDP的比重为5.49%。排在第二位的是广州市，达到922.85亿元，仅为深圳的51.90%，占GDP比重为3.20%，排在11个城市中的第4位；投入规模排在第3位的是东莞市，达到了448.00亿元，占GDP的4.00%，排在湾区第2位，紧随深圳之后；投入规模排名第四的是佛山市，为365.70亿元，占GDP的2.88%，仅排在第6位，比2021年略有下降。香港2022年投入规模也达到了235.34亿元，但占GDP比重仅为0.97%，澳门仅有4.24亿元，仅占0.29%，港澳R&D规模和占比不大，主要与其产业结构有很大关系。深圳和广州合计占大湾区的63.26%，深圳、广州、东莞、佛山四者合计占大湾区的82.31%（见表1）。大湾区的科技创新活动主要集中在深圳、广州、东莞和佛山四大城市，其中，深圳和广州是两大具有绝对优势的龙头城市，如单论经济规模，2022年深圳GDP为3.2万亿元，排名全国第三、亚洲第四、世界第十。

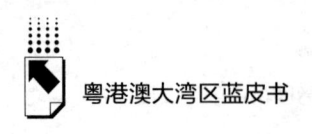

表 1　粤港澳大湾区城市 R&D 投入

单位：亿元

区域	2015年	2018年	2019年	2020年	2021年	2022年	R&D/GDP（2022年,%）
广州	212.2613	267.27	286.24	315.11	881.72	922.85	3.20
深圳	672.6494	966.75	1049.92	1157.31	1682.15	1778.08	5.49
珠海	43.4013	82.77	93.33	93.94	113.73	118.52	2.93
佛山	192.9893	235.17	259.71	238.86	342.36	365.70	2.88
惠州	59.7225	89.32	99.78	115.26	168.97	186.33	3.45
东莞	126.789	221.24	260.57	308.42	434.45	448.00	4.00
中山	69.2376	59.28	59.66	68.03	81.13	76.25	2.10
江门	38.7361	58.35	65.07	70.13	92.72	104.51	2.77
肇庆	19.2157	22.03	23.35	21.19	29.53	30.03	1.11
香港	182.707	244.784	263.326	265.536	265.536	235.34	0.97
澳门						4.24	0.29
大湾区	1617.71	2246.96	2460.96	2653.79	4092.30	4269.85	3.27
广东省		2704.7	3098.49	3479.9	4002.00	4200.00	3.25
中国		19678	22144	24393	27864.00	30870.00	2.55
大湾区/广东(%)		83.08	79.42	76.26	102.26	101.66	1.00
大湾区/中国(%)		11.42	11.11	10.88	14.69	13.83	1.28

资料来源：《广东省统计年鉴》及广东各地市国民经济与社会发展统计公报。2022年珠三角部分城市的资料来源于各地政府工作报告；香港资料来源于香港政府统计处科技统计组，2022年港澳数据为从互联网查询所得。

（二）专利技术授权量再创新高

粤港澳大湾区专利授权量从2018年的38.40万件，增长到2022年超过76.63万件，增长了接近1倍。同时，广东全省专利授权总量从2018年的47.81万件增长到2022年的83.73万件（居全国首位），增长了75.13%。截至2022年底，广东有效发明专利达53.92万件，连续13年位居全国第一，高价值发明专利达26.07万件，连续3年位居全国第一。每万人的高价值发明专利拥有量达20.56件，比2021年增加3.82件，比全国平均水平高11.16件。①全国的专利授权数也从2019年的259.16万件增长到2022年的421.2万件，由于大湾区9个城市在珠三角，而广东除了珠三角外，其他城市专利数量不多，因此，从大湾区/广东来看，则从2018年的80.32%增长至2022年的91.53%，可见大湾区科技创新建设带动了广东整体创新发展。而从大湾区/中国来看，也从2019年的16.29%增长至2022年的18.19%（见表2），表明大湾区是全国重要的创新引擎，且发挥作用越来越大。大湾区发展规划纲要实施以来，R&D经费投入快速增长、人才结构更趋优化、科创产出量质齐增、企业主体地位更加巩固、区域创新高地加快成型、科创国际影响力日渐提升。总之，大湾区科技创新事业日新月异，实现了历史性、整体性、全局性变化，综合实力从量的增长迈向质的提升，从点的突破迈向系统优化。

表2 粤港澳大湾区专利授权量

单位：件

区域	2015年	2018年	2019年	2020年	2021年	2022年
广州	39834	89826	104813	155835	189000	146851
深圳	72120	140202	166609	222412	279180	275774
珠海	6790	17090	18967	24434	27201	27764
佛山	4901	5058	4582	73870	96487	106422
惠州	9797	14705	14577	19059	25624	27613
东莞	26820	65985	60421	74303	94573	95581
中山	22198	34114	33395	39698	41500	43328
江门	6384	12273	13282	16891	21272	20501
肇庆	1726	3901	4524	6326	7584	8999
香港	566	482	583	631	937	12137
澳门	254	369	492	421	421	1366
大湾区	191390	384005	422245	633880	783779	766336
广东省	241176	478082	527389	709725	872209	837276

---

① 《加速迈向全球顶级科创湾区！广东发明专利有效量全国第一》，《南方都市报》，2023年5月20日，https://static.nfapp.southcn.com/content/202305/20/c7703253.html。

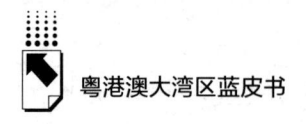

续表

区域	2015年	2018年	2019年	2020年	2021年	2022年
中国①	—	—	2591607	3639268	4601000	4212000
大湾区/广东(%)	—	80.32	80.06	89.31	89.86	91.53
大湾区/中国(%)	—	—	16.29	17.42	17.03	18.19

资料来源：珠三角各城市2022年数据来源于广东省市场监督管理局网站（http：//amr.gd.gov.cn/zwgk/sjfb/tjsj/content/post_3776734.html）。香港与澳门的数据来源于《中国粤港澳大湾区改革创新报告（2023）》。

从专利授权量结构来看，2022年大湾区（内地九市）发明专利授权量为111157件，实用新型为430239件，外观设计为211437件，三者比例为15∶57∶28，大部分专利授权集中在实用新型领域，实用新型是"小、快、灵"的专利保护类型，主要是体现在应用方面。广东省的发明专利授权量为115080件②，主要集中在深圳、广州、东莞、佛山和珠海，5个城市的发明专利合计占比达91.48%。所有城市获得的实用新型授权数均超过总数的50%，仅中山市为49.25%，接近50%；但所有城市的"发明"专利占比均较低，最高为珠海，为22.29%，其他均低于20%；在外观设计类别中，最高为中山市，达到了46.27%，珠海最低，为11.96%，大部分城市大于20%。总体来看，深圳的专利授权量达到了275774件，占广东省的比重达到了32.94%，广州为146851件，占17.54%，排在第二位，广州仅为深圳的53.25%，深圳和广州合计占大湾区的50.48%，佛山和东莞分别为106422件和95581件（见表3），总量比2021年有所提高，分别占大湾区的12.71%和11.42%，其他均未超过6%，这四大城市合计占大湾区的74.61%，可见专利授权数具有高度空间集中的特点，深圳在大湾区科技创新中处于核心引擎位置。

---

① 中国为当年拥有的有效发明专利授权量。
② 广东省市场监督管理局数据。

表 3　2022 年以来各市专利授权情况

单位：件

地区	2022 年					2023 年 1~7 月				
	发明	实用新型	外观设计	合计	占全省比重（%）	发明	实用新型	外观设计	合计	占全省比重（%）
深圳	52172	148785	74817	275774	32.94	34690	67118	38748	140556	32.58
广州	27604	81121	38126	146851	17.54	20817	32123	18970	71910	16.67
佛山	8607	59334	38481	106422	12.71	6050	27184	23674	56908	13.19
东莞	10700	63217	21664	95581	11.42	7430	31209	11966	50605	11.73
中山	1939	21340	20049	43328	5.17	1491	10220	12196	23907	5.54
珠海	6188	18256	3320	27764	3.32	4209	9340	1394	14943	3.46
惠州	2092	20518	5003	27613	3.30	1352	10000	2833	14185	3.29
江门	1183	12072	7246	20501	2.45	819	5066	3552	9437	2.19
肇庆	672	5596	2731	8999	1.07	424	2645	1886	4955	1.15
珠三角	111157	430289	211437	752833	89.91	77282	194905	115219	387406	89.81
广东	115080	457716	264480	837276	100.00	79932	207117	144325	431374	100.00

资料来源：广东省市场监督管理局（知识产权局），http://amr.gd.gov.cn/zwgk/sjfb/tjsj/。

广东立足高质量发展目标，对标制造业强省要求，加快推进高价值知识产权的创造、运用和保护，取得明显成效。截至 2022 年底，广东有效发明专利量连续 12 年居全国首位，累计发明专利授权量和 PCT 国际专利申请量均居全国首位。PCT 国际专利申请量连续 20 年居全国第一，有效注册商标量连续 27 年居全国第一，知识产权综合发展指数连续 9 年居全国第一。如将广东省作为一个经济体来比较，则 2021 年的 PCT 国际专利申请量排名世界第 4，仅位列中国整体、美国、日本之后。其中，9 家企业入围全球前 50 强。[①]

（三）国际一流科技设施集群加速成型

大湾区以"广深港"及"广珠澳"两大科技创新走廊为轴线，以港深莞、广佛、澳珠等为科技创新极点，其他城市集体协同的"两廊三极多节

[①] 胡妍：《区域创新能力连续 5 年全国领跑》，《小康》2022 年第 29 期。

点"的创新发展格局进一步形成。① 聚焦世界一流重大科技基础设施集群建设，人体蛋白质组导航国际大科学计划总部、华南国家植物园等获批落户，大湾区国家技术创新中心、大湾区（广东）量子科学中心等建设加快；② 散裂中子源（东莞）、加速器驱动嬗变研究装置、强流重离子加速器、合成生物研究装置、人类细胞谱系、脑解析与脑模拟装置等重大科技基础设施建设加快。大湾区聚焦信息、材料、能源、生命、海洋等重点领域，协同港澳建设国家应用数学中心和大湾区量子科学中心，推动综合性国家科学中心稳步建设。③

一是推进实验室体系优化布局。截至2023年9月，大湾区拥有50家国家级重点实验室，29家国家工程技术研究中心，11个重大科技设施，200+省级新型研发机构。已形成以广州实验室和鹏城实验室为引领的总体格局，大湾区已有31家全国重点实验室/国家重点实验室、10家省实验室/430家省重点实验室、20家粤港澳联合实验室、4家"一带一路"联合实验室，此外，还有高级别生物安全实验室，形成了实验室体系雏形（见表4、表5）。④

表4 国家重点实验室

单位：个

地市	2010年	2011年	2012年	2013年	2014年	2015年	2016年	2017年	2018年	2019年	2020年
广州	11	11	15	11	19	19	19	19	19	21	21
深圳	2	2	4	2	4	4	4	5	6	6	6
珠海	0	0	0	0	1	1	1	1	1	1	1
佛山	0	0	0	0	0	0	0	0	0	0	0
惠州	0	0	0	0	0	0	0	0	0	0	0
东莞	0	0	0	0	1	1	1	1	1	1	1
中山	0	0	0	0	0	0	0	0	0	0	0

---

① 龚国平：《发挥三地优势，围绕战略定位持续发力》，《科技日报》2022年11月15日。
② 贺林平：《大湾区国际科技创新中心建设扎实推进——写在2023大湾区科学论坛即将开幕之际》，《人民日报》2023年5月19日。
③ 贺林平：《大湾区国际科技创新中心建设扎实推进——写在2023大湾区科学论坛即将开幕之际》，《人民日报》2023年5月19日。
④ 龚国平：《发挥三地优势，围绕战略定位持续发力》，《科技日报》2022年11月15日。

续表

地市	2010年	2011年	2012年	2013年	2014年	2015年	2016年	2017年	2018年	2019年	2020年
江门	0	0	0	0	0	0	0	0	0	0	0
肇庆	0	0	0	0	1	1	1	1	1	1	1

资料来源：广东科技统计：《广东省地市主要科技统计指标》，2021年9月1日，http://www.sts.gd.cn/detail/5a3ddae6029446ed8cdb0da878291534/f4f72fae1e2b48c780b159c41dd790c7。

表5　国家工程技术研究中心

单位：个

地市	2010年	2011年	2012年	2013年	2014年	2015年	2016年	2017年	2018年	2019年	2020年
广州	6	6	8	9	9	9	9	9	9	9	9
深圳	3	3	6	6	6	6	6	6	6	6	6
珠海	4	4	4	4	4	4	4	4	4	4	4
佛山	0	0	0	0	0	0	0	0	0	0	0
惠州	0	0	0	0	0	0	0	0	0	0	0
东莞	0	0	1	1	1	1	1	1	1	1	1
中山	0	0	0	0	0	0	0	0	0	0	0
江门	0	0	0	0	0	0	0	0	0	0	0
肇庆	1	1	1	1	1	1	1	1	1	1	1

资料来源：广东科技统计：《广东省地市主要科技统计指标》，2021年9月1日，http://www.sts.gd.cn/detail/5a3ddae6029446ed8cdb0da878291534/f4f72fae1e2b48c780b159c41dd790c7。

二是初步建成高水平创新平台体系。大湾区全链条载体加速成长，基本形成了"众创空间—孵化器—加速器—大学科技园"的创新平台体系。截至2023年5月，已建成超200家省级新型研发机构，约占广东的80%，是大湾区高水平科技创新先锋军[1]。大湾区已建成184家国家级孵化器、272家国家备案众创空间、22家省级以上大学科技园（其中国家大学科技园6家）。孵化培育企业成效显著，累计孵化6.11万家企业，培育毕业2.56万家企业。[2] 大

---

[1] 贺林平：《大湾区国际科技创新中心建设扎实推进——写在2023大湾区科学论坛即将开幕之际》，《人民日报》2023年5月19日。
[2] 《大湾区国际科技创新中心建设扎实推进——写在2023大湾区科学论坛即将开幕之际》，微信公众号（广东科技），2023年5月19日，http://baijiahao.baidu.com/s?id=1766320383683983972&wfr=spider&for=pc。

湾区还围绕基础研究和关键技术攻关，不断夯实基础研究策源能力。在关键核心技术、关键零部件和重大技术装备等领域，广东正开展重点攻关，在5G、4K/8K超高清、高端打印机、高端电子元器件等领域陆续打破一批技术瓶颈；同时，积极在量子科技、人工智能、纳米技术等领域锻造长板。当前广东已拥有一批掌握关键核心技术的科技领军人才和高水平创新团队，研发人员总量达到130万人，数量位居全国第一。

三是"深圳—香港—广州"科技创新集群连续4年居全球第2。据世界知识产权组织（WIPO）发布的《全球创新指数报告》（2020、2021、2022、2023），自2020年以来，"深圳—香港—广州"科技创新集群连续4年居全球第二。① 自2021年该报告将"深圳—香港"创新集群扩展为"深圳—香港—广州"后，虽排名不变，但也表明大湾区的协同创新得到优化，区域创新联系更加紧密。2022年，中国拥有的全球顶尖科技集群数量与美国持平（均为21个），日本的"东京—横滨"科技集群全球最大，其次是中国的"深圳—香港—广州"和"北京"、韩国的"首尔"等。

另据澳大利亚创新研究机构2thinknow发布的《全球创新城市指数》，2021年，创新指数前500城市中，中国有40个城市入选。其中，广东有7城，包括深圳、广州、东莞、中山、佛山、珠海、汕头，全球排名分别为第26、51、229、288、290、324、357位。总之，大湾区科技创新能力持续增强，国际科创中心建设在提升区域创新能力方面取得了显著效果。

四是广东区域创新能力连续7年位居全国第一。据《中国区域创新能力评价报告2023》，2022年，广东区域创新能力位列全国第1，自2017年以来已连续7年位居全国第1。以2022年为例，其中的"研发投入""研发人员数量""发明专利有效量""PCT国际专利申请量""高新技术企业数量"等评价细项均保持全国首位。广东的"创新绩效""企业创新""创新环境"等分项均排名第一，"知识创造""知识获取"排名第二，与2021年相同。

（四）创新园区已成为科技创新主战场

产业园区是创新经济发展的"主战场"。2022年，广东有国家级高新区14

---

① 根据世界知识产权组织（WIPO）发布的全球创新指数。

个,大湾区(珠三角)9个,以广州、深圳、珠海、东莞、佛山、惠州、中山为主,这7个市的高新区发展成效较为显著。2023年,在全国先进制造百强园区评选中,广东有10个园区入选①,数量居全国前列,其中,广州经济技术开发区、深圳市高新技术产业园区、广州高新技术产业开发区均进入榜单前10,分别位居第2、第5和第10位。其余依次为佛山高新技术产业开发区、广州南沙经济技术开发区、东莞松山湖高新技术产业开发区、惠州仲恺高新技术产业开发区、珠海高新技术产业开发区、中山火炬高技术产业开发区、惠州大亚湾经济技术开发区(见表6)。② 百强园区呈现向新一线城市集聚态势。长三角城市群表现抢眼,协同性强,入选百强园区40个,珠三角城市群数量达10个。北上广深4个一线城市百强园区共11个,数量与2020~2022年持平。广东省内则集中分布于珠三角。同时,广东也加快建设一批"万亩千亿"园区,加快建设制造业创新大平台,进一步汇聚创新资源,积蓄创新力量。

表6 2023年全国先进制造百强园区中广东入选园区

名称	排名	所属城市	名称	排名	所属城市
广州经济技术开发区	2	广州	东莞松山湖高新技术产业开发区	26	东莞
深圳市高新技术产业园区	5	深圳	惠州仲恺高新技术产业开发区	33	惠州
广州高新技术产业开发区	10	广州	珠海高新技术产业开发区	42	珠海
佛山高新技术产业开发区	21	佛山	中山火炬高技术产业开发区	67	中山
广州南沙经济技术开发区	25	广州	惠州大亚湾经济技术开发区	85	惠州

园区是各地高新技术产业发展的"领头羊"。广州经济技术开发区以创新大道为轴,布局了40多个生物制药项目、80家集成电路及智能网联与新能源汽车企业,通过产业链群建设,激发产业创新活力。深圳市高新技术产业园区

---

① 根据赛迪顾问先进制造业研究中心发布的2023年先进制造业百强园区榜单(以下简称"榜单")。
② 昌道励、许宁宁:《广东10个园区入选全国百强》,《南方日报》2023年7月10日。

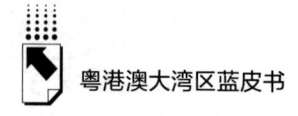

培养了华为、中兴、腾讯、大疆、迈瑞医疗等一大批具有国际竞争力的创新型企业，呈现"6个90%"的自主创新特征：90%的创新型企业来自本土、90%的研发人员在企业、90%的研发投入来自企业、90%的专利产生于企业、90%的研发机构建在企业、90%以上的重大科技项目由龙头企业承担。①

以"数字+科技"推动园区智能化发展。如佛山高新技术产业开发区通过智造场景创新，引领制造业转型。典型如维尚家具，借助数字化整装应用场景，60天可交付使用一套精装100平方米的房屋；科达液压，1名员工可操作1条线组上的4~6台机器完成从毛坯到成品的生产。中山火炬高技术产业开发区，2023年产生了本市首个世界"灯塔工厂"（纬创资通中山厂）。经过数字化升级后，产能提高了43%，单位成本降低了22%。中山火炬高技术产业开发区还提出了2023年新增规上工业企业数字化转型70家以上，新增规上工业企业数字化水平评测达三级及以上超24家的奋斗目标。此外，以延链推动产业向价值链中高端攀升的重要路径。如惠州大亚湾经济技术开发区，加快构建创新生态链，汇聚全球化工研发高端资源，打造绿色石化世界级科创中心。

（五）企业作为创新的主体作用更明显

高新技术企业数量进一步增长。截至2022年底，广东拥有的高新技术企业已超6.9万家，超九成分布于大湾区。截至2023年5月，大湾区拥有华为、平安、腾讯、万科等多家世界500强企业多达25家，另有750家A股上市公司，推动了信息技术、新材料、新能源、生物医药、节能环保、文化创意等科技前沿领域新兴产业加快发展。湾区内已经形成了以生物制药、高端装备制造、人工智能、新材料等高新技术产业为主导的战略性新兴产业集群，科创资源快速集聚。

深圳和广州是高新技术企业分布的两大核心。2022年，广州在"自然指数——科研城市"全球排名升至第10位。高新技术企业、科技型中小企业数量分别突破了1.23万家和1.67万家，均为历史最高水平。2022年，有22家企业入选胡润全球独角兽榜，增量（比上一年度增加12家）居全国第一。深

---

① 昌道励、许宁宁：《广东10个园区入选全国百强》，《南方日报》2023年7月10日。

圳作为国内最早探索创业投资和孵化本土创投行业的先行城市，国家级高新技术企业数量已超过2.3万家，仅2022年就新增2043家，提前实现《深圳市科技创新"十四五"规划》2.2万家的目标。

表7 粤港澳大湾区高新技术企业数量

单位：家

区域	2010年	2015年	2018年	2019年	2020年	2021年	2022年
广州	1151	1919	10000	12174	11611	11435	超12300
深圳		5524	14000	17000	18600	20000①	21635
珠海	197	410	2053	2203	2101	2100	2304
佛山	457	716	3949	4873	5718	7100	8700
惠州			802	1322	1376	2050	2850
东莞	337	986	5798	6228	6381	7387	超9000
中山	226	427	超2300	超2500		2294	2630
江门	256	374	1244	1582	1845	2194	2690
肇庆	61		413	544	693	1000	1377

资料来源：《广东省统计年鉴》、广东各地市国民经济与社会发展统计公报及各地市当年政府工作报告。香港和澳门没有"高新技术企业"统计数据。

（六）科技成果转化活动持续活跃

2022年，以"转让、许可、作价投资和技术开发、咨询、服务"等6种方式转化科技成果的合同金额为121.0亿元，同比增长9.8%（见图1）。大湾区科技成果转化总合同金额排名前三的城市分别是广州市、深圳市和东莞市。2022年，广州市高校院所科技成果转化总合同金额为78.5亿元，同比增长12.4%；转化合同金额排名前三的领域分别为"制造业""卫生和社会工作""农、林、牧、渔业"，占全领域的78%。2022年，广东技术合同成交额达4525.42亿元，排名全国第二。

2022年，从大湾区的260家高校院所来看，转让、许可、作价投资三种

---

① 《深读丨珠三角科创为何这么牛？九市最近七年R&D经费曝光》，《南方都市报》2022年3月4日。

方式转化科技成果合同金额为10.7亿元，技术开发、咨询、服务三种方式的合同金额为110.3亿元，占整体合同总金额的91.2%。粤港澳大湾区科技成果流向聚集明显，超三成转化至制造业领域。转化总合同金额排名前三的领域依次为"制造业""科学研究和技术服务业""卫生和社会工作"，分别为34364.3万元、20470.3万元、16383.2万元，分别占转让、许可、作价投资总合同金额的32.1%、19.1%和15.3%。

粤港澳大湾区越来越多的高校院所成立了适合自身特点的技术转移机构、组建了专职的技术转移人才队伍，科技成果转移转化服务不断趋向专业化。截至2022年底，74家高校院所自建了技术转移机构，占大湾区高校院所总数的28.5%。82家高校院所与市场化转移机构合作开展科技成果转化，占大湾区高校院所总数的31.5%。177家高校院所具有专职从事科技转化工作的人员，占大湾区高校院所总数的68.1%。

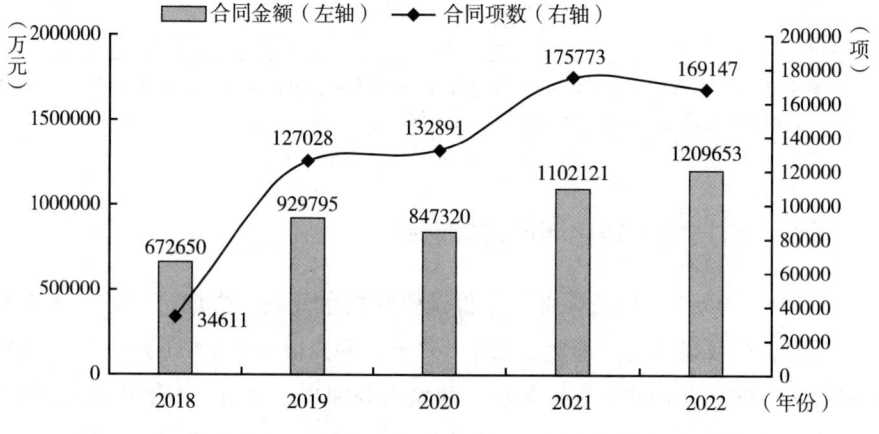

图1　粤港澳大湾区科技成果转化总合同金额和项数

（七）区域协同创新体系建设加快

第一，粤港澳科技创新规则衔接和机制对接不断深化。一是针对"一国两制三地"的制度差异，大湾区推动了创新要素的高效跨境流动。围绕"钱过境、人往来、税平衡、物流通"等关键点，率先支持港澳机构申报广东省级科技项目，截至2022年，广东科研经费跨境拨付港澳累计超3.7亿元。此外，广东还向港澳开放散裂中子源（东莞）等重大科技基础设施，开展了科研用物资跨境自由流动改革试点和"正面清单"等模式的探索。① 二是粤港澳三地创新主体加快联合攻关。通过联合申请科技创新资助计划，支持了 300 多个项目约 3 亿元的科研项目研究。广东进一步向港澳开放了"重点领域研发计划""基础研究重大项目""省自然科学基金面上项目"等的申请和研究。三是粤港澳三地加快高水平人才高地建设。广东已经面向港澳建成超 130 家科技孵化载体，在孵近 1100 个港澳创业团队和企业。广东通过举办"中国创新创业大赛（港澳台赛）"，推动了 3400 多家港澳台企业同台竞技，引入了 300 多家港澳台企业落户。② 推动了外国人来华工作许可、外籍和港澳台高层次人才认定，各地市设立"国际人才一站式服务专区"等方面的工作。三地联合探索科技体制规则衔接，为全国其他地区积累经验和提供了示范，共同打造创新生态链，夯实了"港澳研发—珠三角转化"的模式。四是广东实施了"卓粤"计划，2022 年实现了 1/3 以上省科技创新战略专项资金集中于基础研究领域，创新发展后劲进一步增强。广东创新了管理体制和组织模式，组建了省自然科学基金管委会，专门负责自科基金项目的管理工作；率先开展了"负面清单+包干制"的试点改革，组建了多个省市联合（粤穗、粤深、粤佛、粤莞、粤惠等）基金；实施了重点领域研发计划和部省联动重大专项，大批关键技术研究任务得以落实。还探索了主审制及"首席科学家+板块委托"等组织模式，原创性成果明显增多。

专栏　内地与港澳高校合作进展

近年来，内地与港澳高校积极推动优势互补，内地与港澳高校交流合作日趋紧密，努力实现资源共享。截至 2023 年 5 月，10 所 QS 世界排名前 500 的高校，内地与港澳高校先后进行了以下合作。

1. 合作机制

打造了粤港澳高校联盟、沪港大学联盟、京港大学联盟、苏港澳高校合作联盟等，在联合办学、科研创新、联合育人和实验室共建等方面开展合作，合

---

① 钟哲、卞德龙：《展示粤港澳科技成果 探讨"一带一路"机遇挑战》，《南方日报》2023 年 5 月 17 日。
② 王森怡、王洁芬：《广东：当好创新发展"排头兵"》，《中国城乡金融报》2023 年 8 月 11 日。

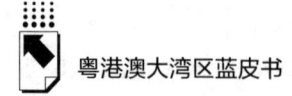

作日益密切，交流频次不断增多。①

2. 合作机构

由港澳高校参与组建的国家重点实验室、教育部重点实验室和粤港澳联合实验室总数已达数十个，支撑港澳科技力量进一步融入国家创新发展全局。②除香港中文大学（深圳）、香港科技大学（广州）、北京师范大学—香港浸会大学联合国际学院等，已在广东落地数年外，香港城市大学（东莞）、香港大学（深圳）、澳门科技大学（珠海）的合作办学也在加快建设或筹备。

第二，粤港澳携手共建科创新平台。大湾区通过依托横琴、前海、南沙等重大平台，深化合作，截至2023年5月，在建各类科创平台载体，前海125家、横琴31家、南沙132家。南方海洋科学与工程广东省实验室在香港建立了分部，广州实验室与香港中文大学签署了战略合作协议。三地建设了20家联合实验室，在河套地区建设大湾区（广东）量子科学中心。③依托各个重大平台，已初步形成粤港澳合作平台体系。

2023年8月，国务院发布了《河套深港科技创新合作区深圳园区发展规划》，提出了高质量、高标准、高水平建设河套深港科技创新合作区深圳园区，打造大湾区国际科技创新中心重要极点。河套深港科技创新合作区定位为"深港科技创新开放合作先导区、国际先进科技创新规则试验区、粤港澳大湾区中试转化集聚区"。重点在科技创新体制、要素流动等方面加快探索。一是协同推进国际科技创新，深港双方园区协同建设，联手打造国际一流科技创新平台。二是建设具有国际竞争力的产业中试转化基地，重点围绕信息技术、生物医药、人工智能等方面加快技术创新。三是形成国际化的科技体制，推动货物分线管理，在科研资金跨境监管、数据跨境流动、知识产权保护、税负趋

---

① 柴逸扉：《协同发展 内地与港澳高校合作效应加乘》，《人民日报海外版》2023年4月11日。

② 柴逸扉：《协同发展 内地与港澳高校合作效应加乘》，《人民日报海外版》2023年4月11日。

③ 卞德龙、钟哲：《省科技厅党组书记龚国平：加强区域创新体系建设 提升自主创新能力》，《南方日报》2023年5月20日。

同、社会保障等方面加快创新探索,接轨国际,优化市场准入。①

2023年9月,河套合作区深圳园区已有40个高端科创项目落地,形成了覆盖人工智能、生物医药、新材料、集成电路等多个领域的75项科技创新成果,标志着河套合作区科技创新的能级正不断跃升。同时,香港科学园深圳分园也正式开园,作为香港科学园在内地设立的首个分园,是首个由港方运营、适用国际管理规则的科研园区,在河套合作区享受深港两地联合评审、联合支持的独特政策。已有香港应用科技研究院、大湾区创飞学院、大湾区创科快线等16个合作项目入驻,进一步支撑港澳科技力量加快融入国家创新体系②。

二 粤港澳大湾区科技创新面临的主要问题

(一)重应用研究,基础研究还需深化

与国际一流湾区相比,大湾区基础和前沿研究能力仍是短板。目前,虽然粤港澳大湾区科技创新平台体系建设稳步推动,但基础研究尚需加强,且需要强化科创成果转化能力。主要研究力量还集中在深圳和广州两大城市,虽然东莞和佛山也正在顺势崛起,但其他城市无论投入还是产出水平均不足,特别是中山、江门和肇庆的研发水平相对较弱,大湾区整体还未形成科技创新良好的分工体系。如广州,虽然是中国科教中心之一,但在科技创新方面可谓"有高原无高峰",导致广州与粤港澳大湾区新兴产业联系不够强,并没有真正成为粤港澳大湾区科技创新策源地。香港、澳门则缺乏制造业,一些大学尽管有新材料、电子信息、智能制造、生物技术、大数据等专业,但也缺乏产业应用场景。

根据QS世界大学排行榜③数据,2022年,大湾区14所(广东、香港和澳门分别为5所、7所和2所)大学上榜。香港大学、香港科技大学、香港中文

---

① 《国家发展改革委党组成员郭兰峰出席国新办举行的〈河套深港科技创新合作区深圳园区发展规划〉新闻发布会介绍相关情况并回答记者提问》,《中国产经》2023年第17期。
② 《粤港澳大湾区创新能力持续增强 港澳进一步融入国家创新体系》,中新社,2022年2月28日,http://www.locpg.gov.cn/jsdt/2022-02/28/c_1211590237.htm,最后检索时间:2024年1月14日。
③ QS世界大学排名共采用了6个指标,包括学术声誉占40%,雇主声誉占10%,单位教员论文引用数占20%,师生比占20%,国际学生比例占5%和国际教师比例占5%。

大学分列第 22 位、34 位和 39 位；澳门大学则排名第 322 位，澳门科技大学排名第 651~700 位。中山大学、南方科技大学和华南理工大学分列第 260 位、275 位和 407 位。①2023 年，大湾区（广州、深圳、香港）科学论文约为 9.2 万篇，相当于长三角的 43%、京津冀的 38% 左右，科学发现能力存在一定差距；从全球来看，大湾区更多的是一个产业创新中心、技术创新中心，纽约、东京等更多地扮演科学创新中心的角色，是科学集聚、科学传播、科学发现最活跃的区域。粤港澳大湾区拥有世界 500 强企业 25 家，少于纽约湾区和东京湾区。粤港澳大湾区虽拥有较多知名高校、高水平的实验室和工程技术研究中心等基础研究机构，开展基础研究具有良好的协同创新基础，但基础研究水平及成果转化能力稍弱于其他三大湾区，知识创造能力有较大提升空间。

（二）科技软环境联通不畅，制约区域协同创新系统优化

目前，大湾区各城创新协同度不足，三地尤其是港澳与内地在人员、资金、设备和信息等方面管制程度不同，阻碍了创新要素的便捷流动。港澳行政管理秉持"小政府、大市场"理念，对于要素自由流动更多是采用市场化的引导方式。内地在政策制定方面要求较高，已形成了一套层级多、程序复杂、流程长的科技管理体制，创新资源难以开放，科研合作存在较大阻碍。香港创新环境则对标国际，执法力度强，加上内地对知识产权保护力度有待提高，不利于发挥香港在引进国际技术方面的渠道作用。

（三）产学研创新割裂，科研成果转化率有待提高

2022 年，欧美的成果转化率为 30%~40%，日本达 70%。相比之下，大湾区转化率则在 10% 左右，尚有明显可提升空间。大湾区企业与高校、科研机构、政府之间尚未能形成高效的"政—产—学—研"协同体系，中小型科技企业发展壮大面临较大困难。旧金山湾区委员会经济研究所的报告列出了全球最大的 19 家科技公司总部所在地。加利福尼亚州拥有最多的大型科技公司总部，包括苹果、Alphabet、脸书和英特尔公司等，为旧金山湾区的科技创新发展、建设具有

---

① 《粤港澳大湾区 14 所高校上榜 QS》，海外网百家号，2021 年 6 月 10 日，https://baijiahao.baidu.com/s?id=1702146295532675784&wfr=spider&for=pc，最后检索时间：2022 年 6 月 30 日。

全球竞争力的产业集群奠定了良好的基础。而粤港澳大湾区的深圳虽拥有腾讯一家科技公司总部，具有一定的创新影响力，但相对于旧金山湾区和纽约湾区依然较弱。虽然粤港澳大湾区拥有较多科研机构，但科技创新与产业结合不紧密，缺少具有全球竞争力的创新产业集群，新兴产业和企业甚至面临着可能的"卡脖子"风险，世界级企业数量少，未能引领地区创新发展。

（四）普通地市科教力量薄弱

与长三角比较，普通地市科教力量薄弱已成为大湾区科技创新的主要短板。长三角地市普遍有某个（些）专业领域在全国乃至全球领先的大学和科研机构，如苏州（苏州大学材料科学、放射科学、光学、生物工程）、无锡（江南大学食品科学、生物工程）、徐州（中国矿业大学矿业工程）、镇江（江苏大学农业电气化、江苏科技大学船舶工程）、扬州（扬州大学动植物检验检疫）等；苏州（中国建材苏州非金属研究院）、无锡（中电科技58研究所、中船702研究所）、常州（中车戚墅堰机车车辆工艺研究所、中国煤科常州研究院、中海油常州涂料化工研究院）、扬州（中船723研究所）、嘉兴（中电科技36研究所）、芜湖、蚌埠（中电科技40研究所和41研究所、中建材蚌埠玻璃工业设计研究院）、淮南（中电科技8研究所）等地市均分布着国家级科研机构。佛山、东莞、珠海、惠州、江门、中山、肇庆等城市要发展具有全球影响力的科技创新还任重道远。

（五）科技创新综合生态还需优化

粤港澳三地的经济和社会制度差异较大，协调成本较高，在"人财物"、信息、技术等要素交流上也存在障碍。①创新主要由企业、科研院所、中介组织等构成，创新环境由产业、制度、文化等因素构成。创新群体与创新环境是相互依存、相互促进、互动循环的体系。这一过程每一环节的缺位错位均会成为制约创新绩效提升的瓶颈。虽然大湾区发展规划纲要已实施多年，规则衔接也进行了积极的探索，但相互合作仍然存在明显瓶颈，如"一国两制"下人

---

① 王迎军、曾志敏、张龙鹏、胡燕娟：《中长期视角下粤港澳大湾区的全球创新与产业高地战略规划研究》，《中国工程科学》2021年第6期，第108~119页。

流物流资金流信息流等要素的有序高效流动的制约因素依然较多。此外，大湾区在协同能力、创新发展、集群效应、资源共享等方面也存在困难，① 协同创新的体制机制仍存在一些制约。

三 优化大湾区科技创新建设的对策建议

面向"一点两地"新定位，粤港澳大湾区应进一步贯彻落实习近平总书记关于建设世界科技强国和战略科技力量的相关精神，② 勇担为社会主义现代化强国科技创新建设探路的重任。在粤港澳大湾区建设迈入新阶段的重要关口，应加快国际科技创新中心建设步伐，推动科技创新范式变革，强化原始性基础创新，攻克关键技术，推动粤港澳大湾区建设成为世界一流的"新质生产力高地"，支撑大湾区整体经济规模和发展能级再迈上新台阶。到2027年，进一步优化以"广深港""广珠澳"两大科技创新走廊为主轴、其他城市为支撑的协同创新发展格局，纵深推进粤港澳大湾区"科创湾区"建设。进一步增强大湾区作为综合性的国家科学中心建设的基础，加快重大科技基础设施建设，协同港澳推进建设一批重大创新平台，增建更多全国重点实验室，推动省实验室提升效益，做大做强国家技术创新中心，共同提高大湾区的自主创新能力。打造若干未来产业的创新高地，进一步夯实高质量发展的动力源。

（一）围绕广东"1310"具体部署，加快培育新质生产力

围绕2023年广东省委十三届三次全会作出的"1310"具体部署，在实现高水平科技自立自强上加快创新突破。加快构建完善"基础研究+技术攻关+成果转化+科技金融+人才支撑"的全过程创新生态链，加快建设国际科技创新中心步伐，打造国际一流的科技和产业创新高地，夯实大湾区科技创新在我国现代化建设全局中的核心地位。

---

① 刘璟：《粤港澳大湾区产业创新生态重构机理与路径选择》，《科技管理研究》2021年第11期，第84~92页。
② 习近平：《在中国科学院第二十次院士大会、中国工程院第十五次院士大会、中国科协第十次全国代表大会上的讲话》，2021年5月28日。

（二）建设国际一流创新集群，加快提升战略力量

围绕国际科创中心建设目标，加快综合性国家科学中心、国家技术创新中心建设，加快深港（河套）、珠海（横琴）和广州（南沙）等创新合作区建设，推动三大科学城（光明、松山湖、南沙）加快建成，以发挥带动效应。协同港澳相向而行，凝聚共识，形成科技创新合力，深化三地合作、推动优势互补、实现共赢发展。深化科技体制改革，重点聚焦大科学装置共建共享和科技成果双向转化"堵点""难点"，加快机制创新探索；增强粤港澳协同创新能力，推动科研资金、仪器设备、数据等要素跨境流动和共享；推进科技成果转化和市场化，围绕四大重大平台，探索建设粤港高水平科技合作平台，加快在河套等地区推进港澳青年创新创业载体建设，打造世界一流的产业科技创新中心；加强人才交流，畅通三地人才往来便利机制，借助港澳驱动吸引更多国际人才进驻。

（三）集中力量突破关键核心技术，提升基础研究与应用基础研究强度

探索新型举国体制在科技创新方面的"广东路径"，推动基础与应用基础研究加快突破，将涉及的省级科创专项资金向基础领域倾斜，加快国家应用数学中心和量子科学中心建设，提升基础科研能力。在省级重点研发计划中，部署部省重点专项，完善"揭榜挂帅""赛马制""军令状"等项目，加快核心技术、关键零部件和高端装备等方面的突破。加快核心软件攻关试点，提升关键技术创新。以培育卫星互联网、信息光子等未来产业的方式，推动研产结合。

（四）进一步激发企业主体创新活力、构建产学研深度融合的创新体系

企业作为主要创新主体，离市场最近，对市场的需求反应最为敏感。应进一步强化企业作为科技创新主体的地位，特别是探索民企在特色领域进一步发挥作用，更能推动科技成果转化。2022年8月，科技部、财政部联合发布《企业技术创新能力提升行动方案（2022~2023年）》，提出加大科技人才向

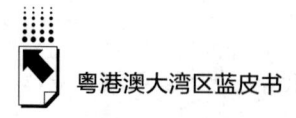

企业集聚的力度。针对科技型中小企业缺乏高层次专家资源的困境，探索联合攻关、科技服务团进工厂等模式，实现科技资源向产业一线倾斜。

（五）加强区域创新融合，完善粤港澳科技创新协同体系

强化政策引导，促进港澳科技力量加快融入国家创新体系。构建开放型协同创新共同体，凝聚创新合力。推动创新资源自由流动和高效配置，打通创新、产业与资本三大领域的关键环节，形成科技创新统一市场。推动在知识产权保护、成果转化和人才培养、科技金融、市场监管等方面的规则衔接。深化中央惠港惠澳科技政策落地，重点推动中央财政科研经费过境支持港澳科技发展，争取国家重点研发计划的17个基础前沿类专项、自然科学基金相关领域向港澳开放。加强对港澳在内地的高校和科研分支机构的支持力度。推动港澳建设国家级科技创新平台。在香港已建立的国家重点实验室、国家工程技术研究中心（香港分中心）、国家高新技术产业化基地（香港伙伴基地）、国家级科技企业孵化器、澳门国家重点实验室、港澳地区"一带一路"联合实验室、澳门海岸带生态环境国家野外科学观测研究站等合作平台的基础上，加快扩大规模并与内地建立联动发展机制。加强对港澳青年创新创业的支持，深化香港创业青年内地行安排，扩大香港青年参访内地实验室、国家高新区、高新技术企业、创新孵化基地活动范围；联合举办内地与港澳协同的创新创业大赛、中国火炬创业导师大湾区行等活动。[①] 加强港澳与内地创新资源对接，优化大湾区优质科创资源的全球配置。探索发挥香港在对外开放中的桥头堡作用，推动在科技成果转化方面与国际对接，将大湾区优质科研成果借助香港渠道，推动在欧美、共建"一带一路"沿线国家及东盟等地转化。推动香港金融资本与国际科技前沿深度融合，提升大湾区科创资源的全球市场运作能力。建立科技金融服务支撑体系，设立专属基金，优先支持优质重大基础项目，通过创新链引导资本流动，支撑产业链发展，通过产业链强化创新链协同，实现"创新链、产业链、资本链"有效联动和良性循环。

---

① 《粤港澳大湾区创新能力持续增强 港澳进一步融入国家创新体系》，中国新闻网，2022年2月25日，最后检索时间：2023年9月30日。

环境与设施篇
Environment and Infrastructure

B.5 粤港澳大湾区规则衔接与营商环境建设报告

李 娟*

摘 要： 规则衔接是粤港澳大湾区营商环境法治化的重要抓手和关键。2022年是实施《粤港澳大湾区发展规划纲要》第三年，也是纲要提出第一阶段目标任务完成的时间节点。本报告主要围绕市场环境、要素环境、政务环境和法治环境等领域开展的改革试点，考察粤港澳大湾区、深圳先行示范区和横琴、前海、南沙三个重大平台在营商环境建设与规则衔接上取得的显著成效，探讨以中央主导、地方主体的规则衔接"软联通"实践，提出进一步优化粤港澳大湾区营商环境的对策建议。

关键词： 粤港澳大湾区 营商环境 规则衔接 制度创新

---

* 李娟，广东省社会科学院法学研究所研究员，主要研究方向为犯罪学、刑事政策学。

2019年发布的《粤港澳大湾区发展规划纲要》，对粤港澳大湾区建设提出明确要求："为全国推进供给侧结构性改革、实施创新驱动发展战略、构建开放型经济新体制提供支撑，建设富有活力和国际竞争力的一流湾区和城市群，打造高质量发展的典范"，明确了到2022年和2035年的两个阶段目标。① 2022年正是目标任务的第一个重要时间节点，也是承上启下的重要节点，是检验大湾区建设成效的关键年份。《2023年广东省政府工作报告》指出，要纵深推进粤港澳大湾区、深圳先行示范区建设，高水平建设横琴、前海、南沙三大平台。虽然过去三年受疫情影响，但大湾区建设的步伐并没有停下，随着疫情防控进入新阶段、内地与港澳恢复通关，粤港澳大湾区建设进入快速发展期，优化营商环境建设成效明显，统筹推进营商环境的工作机制进一步健全，营商环境重点领域的改革创新工作进一步深化。本报告主要考察了粤港澳大湾区、深圳先行示范区和横琴、前海、南沙三个重大平台在营商环境建设方面的规则衔接以及取得的成效，探讨以中央主导、地方主体的规则衔接路径，为完善粤港澳大湾区规则衔接、进一步优化粤港澳大湾区营商环境提出展望。

一 推进粤港澳大湾区建设，进一步优化营商环境制度体系

粤港澳大湾区由香港、澳门两个特别行政区和广东省广州、深圳、珠海、佛山、惠州、东莞、中山、江门、肇庆九个珠三角城市组成，面积5.6万平方公里，在国家发展大局中具有重要战略地位。2022年，集聚人口8630万人的粤港澳大湾区，经济总量超13万亿元人民币，② 以不到全国0.6%的土地创造出超全国1/10的经济总量，是我国开放程度最高、经济活力最强的区域之一。

---

① 《粤港澳大湾区发展规划纲要》两个阶段目标任务分别是：到2022年，大湾区综合实力显著增强，粤港澳合作更加深入广泛，区域内生发展动力进一步提升，发展活力充沛、创新能力突出、产业结构优化、要素流动顺畅、生态环境优美的国际一流湾区和世界级城市群框架基本形成；到2035年，大湾区形成以创新为主要支撑的经济体系和发展模式，大湾区内市场高水平互联互通基本实现，区域发展协调性显著增强，人民生活更加富裕，社会文明程度达到新高度，宜居宜业宜游的国际一流湾区全面建成。

② 孙飞、孟盈如：《粤港澳大湾区经济总量突破十三万亿元人民币》，新华每日电讯，2023年3月23日，http://www.news.cn/mrdx/2023-03/23/c_1310704995.htm。

（一）深化市场准入规则衔接，营造有利于公平竞争的市场环境

1. 推动粤港澳大湾区市场准入规则衔接

2021年12月，广东省人民政府办公厅制定《广东省全面深化商事制度改革三年行动计划》，开启了广东第二个深化商事制度改革的三年行动计划，聚焦"双区"建设，紧扣"1+1+9"工作部署，全面攻坚商事制度改革，推进市场准入规则衔接，在横琴粤澳深度合作区、前海深港现代服务业合作区实施放宽市场准入特别措施。推进登记注册和行政许可标准化，全面实现政务服务事项"跨省通办、湾区通办、多地联办"，推进粤港澳三地企业登记信息共享、资质互认。探索市场准入"承诺即入制"和"极简审批"改革。

2. 持续提升海关口岸营商环境制度创新

积极探索推动粤港澳大湾区综保区物流监管、查验标准和保税监管一体化。创新贸易监管模式，运用"两步申报""两段准入"通关便利措施，仓储货物按状态分类监管、分送集报、"一证多批"等创新监管措施，促进新业态集聚发展。2022年8月，广州市商务局制定《广州市促进综合保税区高质量发展的实施意见》，深入推进实施保税货物跨区流转便利化措施，推动跨关区协同管理，拓展保税货物市场流转空间，激发粤港澳大湾区综保区整体市场活力，推动粤港澳大湾区综保区联动发展。

（二）加强市场便利规则衔接，营造适应市场需求的要素环境

粤港澳大湾区通过改革试点和持续不断地完善，加快香港、澳门和内地金融、人才、技术、数据、服务等资源要素的自由流动，从"双向合作"开始转向"双向流动"。

1. 推动粤港澳大湾区金融市场规则联通

建设合作共赢的开放投资环境，进一步优化外商投资环境。2022年1月，广东省人大常委会通过了《广东省外商投资权益保护条例》，根据粤港澳大湾区发展战略，探索开展外商投资权益保护的试验性政策措施，积累可复制可推广的经验。经认定的在粤港澳大湾区内的境外高端人才和紧缺人才，按照规定享受出入境、停居留等优惠措施。进一步完善粤港澳大湾区金

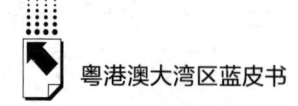

融市场互联互通机制，有序推进"跨境理财通"等试点工作。2022年，"跨境理财通"试点银行增至31家，本外币合一银行结算账户体系试点新增6个试点地市、扩大试点银行至6家，基于API技术的跨境自动汇款服务完成了入盒测试。①

2. 推进数字经济和实体经济融合发展

粤港澳大湾区在发展数字经济上具有技术、资源、制度三大优势，打造"数字湾区"，促进数字经济和实体经济深度融合，数据中心也为区域内数字经济的发展提供了重要支撑。2021年底，广东省人民政府印发《关于报送〈全国一体化算力网络粤港澳大湾区国家枢纽节点建设方案〉的函》，2022年2月，国家发展改革委等部门复函，同意粤港澳大湾区启动建设全国一体化算力网络国家枢纽节点，进一步促进粤港澳大湾区数字经济和实体经济融合发展。截至2022年，广东省已投产的数据中心机柜超过30万架。② 2022年，广州数据交易所、深圳数据交易所相继挂牌成立，当年累计交易额超过17亿。③ 2022年广东省数字经济规模达到6.5亿元，已连续多年居全国首位。近三年来，粤港澳大湾区培育超过6万家高新技术企业，同时启动超过30个科技合作资助项目。④ 日益完善的数字基础设施、快速创新的网络平台和全球最大的制造业产业链，吸引了大量国际投资项目，2022年12月21日召开的粤港澳大湾区首次全球性招商大会，达成合作项目853个、投资总额达2.5万亿元。⑤

3. 交通网络互联互通制度创新取得新成效

为加快构建以国内大循环为主体、国内国际双循环相互促进的新发展格局，2022年1月，广东省人民政府办公厅出台《广东省直通港澳道路运输管

---

① 唐子湉、马瑞婕、周中雨：《推动大湾区城市间通行更便利、要素更流通》，《南方日报》2023年1月11日。
② 昌道励、范永敬、许宁宁、邰小平：《第二届粤港澳大湾区（广东）算力产业大会在韶关举行 我省已投产数据中心机柜超30万架》，《南方日报》2023年5月30日。
③ 谢宝剑：《粤港澳大湾区高质量发展加速推进》，《光明日报》2023年7月18日。
④ 胡天姣：《粤港澳大湾区金融加速度 数字创新拉动国际财会人才潜量市场》，《21世纪经济报道》2023年4月17日。
⑤ 夏燕：《2022大湾区全球招商大会在广州南沙举办》，央广网，2022年12月22日，https://www.cnr.cn/gd/gstjgd/20221222/t20221222_526101872.shtml。

理办法》，2月6日起，内地与港澳人员往来全面恢复，深圳、香港两地间实现了地铁扫码乘车互联互认。①2022年2月，广东省人民政府出台《关于推进广东自贸试验区贸易投资便利化改革创新若干措施》，放开国际登记船舶法定检验，允许依法获批的境外船舶检验机构为国际船舶开展法定检验。创新贸易通关监管模式，综合运用"两步申报""两段准入"通关便利措施，探索开展粤港澳大湾区"组合港""一港通"改革试点。三年来，"大湾区组合港"项目将传统"转关模式"精简为"一次申报、一次查验、一次放行"，大幅压缩通关时间和成本，提高贸易便利化水平。截至2022年底，已累计开通航线42条，覆盖大湾区近90%的城市，进出口吞吐量超35万标箱，货物平均堆存期由7天缩短至2天。②

（三）加快市场服务规则衔接，营造促进市场优化的政务环境

为贯彻落实党中央、国务院关于加快转变政府职能、深化"放管服"改革、持续优化营商环境等工作部署，2022年1月，广东省人民政府办公厅制定《广东省全面深化商事制度改革三年行动计划》，全面实现政务服务事项"湾区通办"，优化拓展"多地联办""湾区通办"等服务模式，深入推进政务服务"一网、一门、一次"改革，强化政务服务标准引领。为进一步推进系统政务服务工作标准化，2022年12月，广东省人民政府制定《广东省加快推进政务服务标准化规范化便利化工作实施方案》，推进线上线下服务协同，加快政务数据共享利用，在港澳地区设立"跨境通办"服务专区，实现港澳企业商事登记"一网通办"，进一步完善跨境政务服务相关领域法制建设。截至2023年1月，已有上万家港资企业采用简化版公证文书办理了相关企业登记业务，全面降低粤港澳企业及其人才的行政负担。③

---

① 《三地协力 见证粤港澳大湾区成长》，央视网，2023年2月19日，https://news.cctv.com/2023/02/19/ARTIiooZdRKGUxGvQpTkHWUS230219.shtml。
② 汪海晏：《"组合港""一港通"改革试点覆盖大湾区近90%的城市》，《羊城晚报》2023年3月24日。
③ 王清：《打造粤港澳大湾区高水平人才高地》，《南方日报》2023年2月6日。

（四）促进权益保障规则对接，营造市场高质量发展法治环境

1. 推进贸易纠纷多元化解决机制建设

2022年2月，广东省人民政府出台《关于推进广东自贸试验区贸易投资便利化改革创新的若干措施》，研究制定境外仲裁机构依法设立业务机构的相关登记流程、手续，探索设置"特邀会员"制度，将其纳入仲裁行业自律管理体系，支持境外仲裁机构依法依规在前海蛇口片区设立业务机构。为推进粤港澳三地调解规则衔接、机制对接，促进粤港澳大湾区调解高质量发展，2022年12月，广东省司法厅、香港特区政府律政司、澳门特区政府行政法务司联合制定了《粤港澳大湾区跨境争议调解示范规则》，配合2021年通过和实施的《粤港澳大湾区调解员资格资历评审标准》和《粤港澳大湾区调解员专业操守最佳准则》，调解示范规则可起示范作用，供大湾区内的调解机构和调解员作参照和自愿采纳。①

2. 推进粤港澳大湾区司法合作机制建设

2023年1月7日，香港特区政府律政司宣布成立"粤港澳大湾区专责小组"，对接国家政策，增强香港的发展动能。通过该小组做好香港与粤港澳大湾区之间的司法协助和法律实务接轨工作，使大湾区有更多便利惠民的互利合作，并推动大湾区建设及发展。② 2023年2月9日，最高人民法院成立"最高人民法院大湾区司法研究中心"，深圳中院与前海管理局共同成立的"粤港澳大湾区司法研究院"也同时揭牌运行，共建大湾区司法研究平台。③

二 探索深圳先行示范区标准，打造国际一流的法治化营商环境

深圳2018年以来明确把优化营商环境列为全市"一号改革工程"，主动

---

① 陆芸：《〈粤港澳大湾区跨境争议调解示范规则〉正式施行》，粤港澳大湾区门户网站，2022年12月31日，https：//www.cnbayarea.org.cn/news/focus/content/post_1035059.html。
② 韦骅：《香港特区政府律政司成立"粤港澳大湾区专责小组"》，新华网，2023年1月7日，http：//www.news.cn/2023-01/07/c_1129264238.htm。
③ 杜玮淦：《以高质量司法服务粤港澳大湾区高质量发展》，《南方日报》2023年2月10日。

对标最好最优最强，推动市场化、法治化、国际化营商环境持续优化。2019年8月，《中共中央、国务院关于支持深圳建设中国特色社会主义先行示范区的意见》正式公布，2020年10月，中共中央办公厅、国务院办公厅印发了《深圳建设中国特色社会主义先行示范区综合改革试点实施方案（2020-2025年）》，提出三个阶段的目标要求。① 深圳从"先行先试"到"先行示范"，以打造法治化营商环境标杆城市为目标，科学开展营商环境立法、严格规范执法、推进公正司法，创造公平竞争的法治环境取得阶段性成果。

（一）用好用足特区立法权，健全法治化营商环境的制度体系

深圳用足用好特区立法权，在重点领域前瞻性立法，立法引领推动新兴产业和前沿领域发展。2020年，深圳市人大常委会出台《深圳经济特区优化营商环境条例》，修订《深圳经济特区商事登记若干规定》，推动营商环境政策再更新、再升级，明确创设除名制度和依职权注销制度。2020年，深圳修订了《深圳经济特区知识产权保护条例》，在全国率先实施惩罚性赔偿制度。同年，深圳率先在全国制定第一部《深圳经济特区个人破产条例》，推动个人破产与国际规则对接，填补了个人层面市场主体救治和退出的制度空白。2022年，深圳市人大常委会先后制定实施《深圳经济特区数据条例》《深圳经济特区智能网联汽车管理条例》《深圳经济特区外商投资条例》等一批首创性法规，率先在全国将法治建设与营商环境紧密结合，对新兴产业和前沿领域加强立法工作。为推动粤港澳大湾区数字经济协同发展，2022年8月，深圳市人大常委会通过《深圳经济特区数字经济产业促进条例》，促进全面支撑粤港澳大湾区数据生产要素流通汇聚和产业数字化升级，推动粤港澳大湾区各城市数字认证体系、电子证照跨区域互认互通。三年来，深圳56项重点任务中14项已经完成、42项取得重大进展，深圳综合改革试点首批40条授权事项落地见

---

① 实施方案阶段目标要求分别是：2020年制定实施首批综合授权事项清单；2022年形成一批可复制可推广的重大制度成果；2025年重要领域和关键环节改革取得标志性成果，基本完成试点改革任务。

效，试点取得重要阶段性成果，重点领域改革成绩显著。① 一些改革事项填补了国际国内相关领域的立法空白，营商环境方面的规则衔接取得成效。

（二）夯实竞争政策基础性地位，完善公平竞争的市场环境

为全面排查并破除市场准入隐性壁垒，建立健全市场准入制度，2022年1月，国家发展改革委、商务部发布《关于深圳建设中国特色社会主义先行示范区放宽市场准入若干特别措施》，在先进技术应用和产业发展、金融投资、医药健康、教育文化、交通运输以及其他重点领域进一步放宽准入限制，制定了24条具体措施，激发市场主体活力。2022年4月，深圳市人民政府出台《关于加快培育壮大市场主体的实施意见》，加快培育壮大市场主体，提升经济内生动力，进一步深化"放管服"改革，培育和激发各类市场主体活力和社会创造力。2022年，全年共推动3714户个体户转型升级为企业，新增市场主体突破50万户，市场主体总量稳居全国大中城市首位。截至2022年底，深圳民营企业达237.9万家，占全市企业总量的97%。② 在2022年全省营商环境评价中，深圳的"开办企业"指标居第一档。③

广东省人民政府于2021年2月28日印发《广东省进一步推动竞争政策在粤港澳大湾区先行落地的实施方案》，深圳作为推进独立公平竞争审查制度试点市，从政府、社会两个层面着手，坚持制度建设和监管执法并重，研究建立独立的公平竞争审查机构，探索公平竞争集中审查、专业审查的工作模式。取消招投标和政府采购预选库，明确不得设立预选供应商名录等排斥潜在投标人行为。开展招投标和政府采购专项治理，保障各类市场主体平等参与政府采购和政府投资工程招投标竞争。2022年1月，深圳市政府出台《深圳市建设营商环境创新试点城市实施方案》，从市场环境、法治环境、开放环境、政务环境4个方面提出了12个领域的任务内容，2022年落地实施

---

① 婧蓝：《深圳先行示范区建设部署的56项重点任务取得突破47条经验全国推广》，广东省人民政府网，2022年8月18日，http://www.gd.gov.cn/gdywdt/dsdt/content/post_3996462.html。
② 崔璨、杨溢子：《创一流营商环境 加快高质量发展》，《南方日报》2023年8月17日。
③ 李超：《2022年深圳市场监管十大亮点公布 市场主体总量稳居全国首位 全年新增市场主体突破50万户》，《深圳晚报》2023年1月10日。

的首批200项具体实施营商环境改革事项。① 截至2022年12月,深圳市登记的商事主体累计达到391.1万户,总量和创业密度继续保持全国第一,10家企业入围《财富》世界500强。A股上市公司总数达到400家,各级专精特新企业超过3800家,其中国家级"小巨人"有442家,数量在全国大中城市名列前茅。②

(三)保护产权和企业家权利,营造公平公正公信的法治环境

建立健全知识产权保护机制,实施最严格知识产权保护。2020年7月修订的《深圳经济特区知识产权保护条例》,实施惩罚性赔偿机制,对重复侵权等六种侵权情形从重确定惩罚性赔偿数额,启动知识产权行政执法技术调查官制度,推动引入专业技术人才提升办案质量和效率。优化知识产权审判机制,出台《知识产权快审案件送达指南》和《知识产权快审案件证据保全、财产保全工作指引》,构建"速裁+快审+精审"三梯次知识产权审判工作机制,引入港区陪审员参与涉港知识产权案件审理,推动粤港澳大湾区知识产权保护标准统一。搭建深圳市知识产权"一站式"协同保护平台,建成知识产权快速协同保护机制,建设中国(深圳)知识产权仲裁中心,成立国家海外知识产权纠纷应对指导中心(深圳分中心)。强化企业商业秘密保护,加快商业秘密保护基地建设,发布实施企业商业秘密管理规范地方标准,指导企业建立健全商业秘密管理体系,增强企业商业秘密自我保护能力。通过一系列"放管服"政策,深圳持续打造优质营商环境,服务好市场主体。2022年,深圳市出台纾困助企"30条"、培育壮大市场主体"30条"、促消费"30条"、工业增速提质"30条"、推动经济稳定增长"30条"等稳增长组合政策,已累计为市场主体减负超1200亿元。③ 2022年,全国工商联发布《2022年"万家民营企业评营商环境"报告》,深圳连续三年被评为"全国

---

① 吴治聪:《深圳"先行示范"三周年 法治化营商环境孕育高质量发展》,《21世纪经济报道》2022年8月18日。
② 鲁义元、卢俊锦、罗勉:《深圳连续三年获评"营商环境最佳口碑城市"》,《中国经济导报》2022年12月8日。
③ 吴治聪:《深圳"先行示范"三周年 法治化营商环境孕育高质量发展》,《21世纪经济报道》2022年8月18日。

营商环境最佳口碑城市"。① 2022年12月,广东省人民政府发布《2022年广东省营商环境评价报告》,深圳入选国家首批营商环境创新试点城市,推进营商环境5.0版改革。全国工商联发布的《2022年万家民企评营商环境报告》显示,广东、深圳连续三年被全国民营企业评为营商环境最佳口碑省份和最佳口碑城市,全国营商环境评价排名位居全国前列。②

(四)探索国际商事调解路径,积极打造国际一流的营商环境

深圳积极探索国际商事调解工作新路径,推进商事调解规则"软联通",为境外商事纠纷主体提供多元化、国际化、一站式法律服务。2023年3月14日,同时成立了"深圳市涉外涉港澳商事一站式多元解纷中心""深圳市福田区矛盾纠纷专业调解分拨中心""深圳市福田区河套国际商事调解中心",建立深圳市涉外商事"一站式"多元解纷中心。探索"香港调解员+内地调解员"和"香港调解员+内地调解法官"等在线联合调解模式,降低不同法律当事人因对法律不熟悉而产生的不信任,促进国际商事纠纷"一站式"解决。加强粤港澳大湾区国际仲裁中心建设,引入8家港澳争议解决机构,开展多种形式的业务合作,推动华南(香港)国际仲裁院落地,推进粤港澳三地制度机制和规则的互认、共生、融合与衔接。建立域外法律查明机制,为企业"走出去"提供法律支撑。建立"一带一路"法治地图和域外专家资源库,建立以"查明域外法"为核心业务的独立法人机构——蓝海中心,为社会各界提供综合性法律服务。提供高效便捷的诉讼服务,以智慧法院建设为契机,完善各类诉讼服务平台,提升诉讼服务智能化水平。整合升级"鹰眼执行综合应用平台",拓展财产查控种类,利用大数据信息精准查控被执行人财产,高效推动案件执行。健全高效便利的破产制度,完善"府院联动"破产机制,成立深圳市破产事务管理署,推进破产事务"一网通办",优化破产财产查询、解封及处置机制,建立健全企业破产重整信用修复机制,完善破产预重整机制。截至2022

---

① 王海荣:《深圳连续三年获评全国营商环境最佳口碑城市》,《深圳商报》2022年12月8日。
② 陈行:《2022年广东省营商环境评价报告发布 深圳广州入选首批营商环境创新试点城市》,《深圳特区报》2022年12月30日。

年，ADR 国际商事争议解决中心共成功调解案件 17697 件，其中 9 名香港地区调解员调解国际商事纠纷 2300 件。①

三 推进重大合作平台建设，打造引领国际规则衔接的营商环境

前海、横琴、南沙是粤港澳合作发展的三个重大平台。从 2021 年 9 月到 2022 年 6 月，《全面深化前海深港现代服务业合作区改革开放方案》《横琴粤澳深度合作区建设总体方案》《广州南沙深化面向世界的粤港澳全面合作总体方案》先后发布，充分发挥三大平台改革创新作用，积极对标港澳打造市场化、法治化、国际化营商环境，引领粤港澳大湾区营商环境建设高质量发展。

（一）深圳前海：改革开放现代服务业合作区

2021 年 9 月 6 日，中共中央、国务院发布《全面深化前海深港现代服务业合作区改革开放方案》，前海合作区作为引领制度创新的"试验田""策源地"，在对外开放、深港融合、法律制度衔接、人才管理、科技创新等营商环境建设方面先行先试。2022 年，前海新推出制度创新成果 80 项，累计达 765 项，新增全国复制推广 9 项，累计达 74 项，② 改革创新推进营商环境优化进一步提升。

1. 加快前海科技发展体制机制改革创新

对前海深港现代服务业合作区科技创新扶持资金的申报、审核以及相关活动进行规范。2022 年 8 月，为积极服务国家创新驱动发展和科技自立自强战略，深圳市前海管理局制定《深圳市前海深港现代服务业合作区管理局支持科技创新实施办法（试行）》，在促进深港澳创新要素跨境融通、培育深港澳科技合作创新生态、构建知识产权生态系统、加快数字经济发展、打造海洋科

---

① 深圳中院发布：《跨境商事规则衔接的前海实践》，前海深港现代服务业合作区网，2023 年 3 月 30 日，http：//qh.sz.gov.cn/sygnan/qhzx/zthd_1/sghz/hzdt/content/mpost_10514570.html。
② 王纳：《前海 2022 年全年实现 80 多项制度创新 近万家香港企业在此注册》，《广州日报》2023 年 9 月 20 日。

技创新高地等领域推出系列扶持支持措施。特别是对新落户前海合作区的海洋科技企业，按照标准予以一次性落户奖励，打造海洋科技创新高地。

2. 优化促进前海总部经济高质量发展政策

为进一步服务深港合作大局，前海管理局修订形成了新的总部政策，通过打造市场化、法治化、国际化营商环境，进一步提升前海总部经济发展质量。2022年底，深圳市前海深港现代服务业合作区管理局印发《关于服务深港合作鼓励总部企业发展的实施办法》，从配套政策、资金奖励两个方面支持总部企业在前海发展，在用地支持、办公用房、人才住房、赴港上市、发债融资、绿色通道、专项服务等方面提供配套支持政策；在落户奖励、团队奖励、纳入统计核算奖励和培育奖励等方面给予定量资金支持。

3. 推进前海涉税服务规则创新

为促进前海合作区专业服务业进一步集聚发展，推动港澳台企业扎根前海、融合内地、走向世界，2022年4月，深圳市前海税务局出台《前海税务局精细服务港澳台企业八大举措》，健全专业管理和服务机制、提升外资企业涉税专业服务、拓展"深港澳办税易"服务合作。2022年5月，深圳市前海管理局制定《前海企业所得税优惠产业界定服务指引》。截至2022年，首批30余家全国知名涉税机构集中签约入驻前海涉税服务业集聚区。[①] 仅2022年，前海实际使用港资56.08亿美元，占深圳的55.2%，已拥有港资企业逾万家；港澳医师、税务师等18类专业人士备案后即可执业；前海深港青年梦工场孵化香港创业团队416家，成为港人港企内地发展"第一站"。[②]

4. 构建与国际接轨的金融服务业规则体系

为更好地加强深港金融合作，聚焦深港两地之间资金要素的跨境自由流动，打造市场化、法治化、国际化的金融环境，2022年11月，前海推出"前海全球服务商"计划，每年提供扶持资金不少于10亿元，招引全球排名前50名、国内排名前20名的现代金融、商贸物流、信息服务、科技等八类全球服务商到深圳前海发展，以期形成以世界500强总部企业、细分领域隐形冠军和

---

① 唐子湉、曾美玲、陈晓等：《〈粤港澳大湾区发展规划纲要〉发布四周年：大湾区处处流动新生机》，《南方日报》2023年2月18日。
② 梁涵、张玮：《从"硬连接""软联通"到"心融合" 粤港澳大湾区重大平台建设加快推进》，《南方日报》2023年4月7日。

专精特新"小巨人"企业为服务主体的全球服务商集群。① 2022 年，前海综保区进出口总额 2352.2 亿元，增长 48.8%，单位面积产值全国第一；237 家机构入驻前海深港国际金融城。②

5. 强化前海深港知识产权保护跨境协作

推动深港知识产权规则衔接，促进知识产权创造、保护和运用。深化前海知识产权陪审员机制，建立知识产权仲裁合作机制，建立前海深港知识产权合作推进机制。截至 2023 年 2 月，前海深港国际法务区已引入中国（深圳）知识产权保护中心等法治机构 155 家，全国 16 家粤港澳联营律师事务所有 8 家落户前海，粤港澳大湾区国际仲裁中心也已正式挂牌。③

6. 为国际化营商环境提供法治保障

2022 年 12 月，前海法院制定发布《关于深入推进跨境商事诉讼规则衔接工作指引》，构建跨境商事法律规则衔接制度体系，并同时发布《跨境商事法律规则衔接系列白皮书》，对跨境商事法律规则认知与衔接进行整体突破，提升商事活动的可预期性。建设前海深港国际法务区，提升法律事务对外开放水平，先后引进六大类 182 家法律机构。推动形成最高人民法院第一巡回法庭、第一国际商事法庭的"司法终审"与深圳国际仲裁院的"一裁终局"的"双终局"架构。前海法院在全国率先建立系统全面的域外法查明体系，适用域外法审理案件 184 件，其中适用香港法 121 件。2022 年，规则机制全面对接国际的深圳国际仲裁院适用域外法案件 114 件，受理案件总争议金额 1272 亿元人民币，位居亚洲第一、全球前三。④ 2015～2022 年，前海法院共适用域外法审理案件 162 件，涉及 11 个国家或地区，其中适用香港法审理案件 114 件。⑤

---

① 赵瑞希：《"前海全球服务商计划"发布 聚焦八类服务商》，新华网，2022 年 11 月 8 日，http://www.news.cn/local/2022-11/08/c_1129112457.htm。
② 唐子湉、曾美玲、陈晓等：《〈粤港澳大湾区发展规划纲要〉发布四周年：大湾区处处流动新生机》，《南方日报》2023 年 2 月 18 日。
③ 吴涛、陆芸、赵瑞希、梁文佳、刘刚：《粤港澳大湾区启动"加速键"》，粤港澳大湾区门户网站，2023 年 2 月 20 日，https://www.cnbayarea.org.cn/city/guangzhou/zxdt/content/post_1041242.html。
④ 王纳：《前海 2022 年全年实现 80 多项制度创新 近万家香港企业在此注册》，《广州日报》2023 年 9 月 20 日。
⑤ 吁青、李倩、刘畅：《跨境商事规则衔接的前海实践》，《人民法院报》2023 年 3 月 24 日。

前海法院自成立八年来，共审结涉外涉港澳台案件15622件，其中涉港案件10196件，[①] 积极促进跨境商事规则衔接。率先开展中外律师事务所联营试点。美国斐锐、美国布林克斯、英国夏礼文3家律师事务所在前海设立驻深圳代表处。

（二）珠海横琴：建设一体化粤澳深度合作区

为将横琴粤澳深度合作区打造成为促进澳门经济适度多元发展的新平台，2021年9月5日，中共中央、国务院印发《横琴粤澳深度合作区建设总体方案》；2021年9月17日，珠海横琴新区正式设立横琴粤澳深度合作区管理机构。一年多来，合作区紧紧围绕促进澳门经济适度多元发展主线，推进粤澳营商环境规则机制深度对接，全力推动粤澳合作向深度和广度迈进。

1. 降低投资者在合作区发展综合成本政策创新

2021年12月，横琴粤澳深度合作区执行委员会先后出台《横琴粤澳深度合作区支持企业赴澳门发行公司债券专项扶持办法（暂行）》《横琴粤澳深度合作区外商投资股权投资类企业试点办法（暂行）》《降低横琴粤澳深度合作区企业综合成本的十条措施》，适时优化该扶持办法，提升扶持效果。2022年6月，横琴粤澳深度合作区执行委员会印发《横琴粤澳深度合作区关于应对新冠肺炎疫情帮助市场主体纾困解难的若干措施》，加大金融纾困扶持力度，对受疫情影响较大的行业，以及有发展前景但受疫情影响暂遇困难的企业，金融企业不抽贷、断贷、压贷、断保。8月，出台《横琴粤澳深度合作区贯彻落实国务院〈扎实稳住经济的一揽子政策措施〉实施方案》，积极支持合作区内企业赴澳门发行债券，有效利用境外市场降低融资成本，支持开展私募股权和创业投资股权份额转让试点，拓宽市场化退出渠道。2022年9月，横琴粤澳深度合作区金融发展局制定《横琴粤澳深度合作区企业上市挂牌专项扶持办法》《横琴粤澳深度合作区促进中小微企业融资发展扶持办法》，支持横琴粤澳深度合作区企业上市挂牌，并进行专项扶持。这些办法有效缓解企业融资难、融资贵问题，强化金融服务实体经济功能；对合作区中小微企业在贷款、保险、

---

① 《深圳前海合作区人民法院：8年，跨境解纷全面提速!》，广东政法网，2023年1月30日，https://www.gdzf.org.cn/xbsy/gddt/content/post_127947.html。

融资担保补贴、融资租赁、商业保理、风险补偿等方面加大贴息扶持。通过多维度、多层次的政策支持，合作区金融行业政策体系已初步形成。2022年9月，横琴粤澳深度合作区执行委员会出台《横琴粤澳深度合作区市场主体住所登记管理办法》，满足各类企业需要，创新包括"关联企业共享办公""集群注册""集中办公区"在内的"一址多照"制度体系，促进横琴粤澳深度合作区实体经济发展，规范市场主体登记秩序，鼓励澳门特别行政区投资者在合作区创新创业。截至2022年，合作区有科技型企业超过1万家、澳资企业近5000家，粤澳合作的企业数量和科创成果明显增加。①

2. 优化澳门特区经济多元发展的金融服务环境

为发挥横琴粤澳深度合作区作为促进澳门特区经济适度多元发展新平台的积极作用，2022年10月，横琴粤澳深度合作区金融发展局出台《横琴粤澳深度合作区促进金融产业发展扶持办法》，通过落户扶持、经营扶持、增资扶持、并购扶持、私募股权投资基金投资上市企业扶持、跨境业务合作扶持、金融贡献扶持、澳资企业专项扶持、租赁办公用房补贴、购置办公用房补贴等方式，鼓励优质金融类企业在合作区集聚创新发展，深化琴澳金融合作，横琴服务澳门经济适度多元发展的作用不断增强。2022年，合作区科技研发和高端制造、中医药、文旅会展商贸三大产业营收合计首次突破百亿元，现代金融产业增加值达到164.11亿元，同比增长8.1%。截至2023年2月，合作区已有澳资企业5396户，同比增长12.9%。②横琴粤澳合作区澳资企业总量超过5300户，较合作区挂牌前增长15.02%，注册资本超1480亿元。③

3. 推进个人和企业所得税优惠政策落实

积极推动横琴粤澳深度合作区个人所得税、企业所得税优惠政策。2022年3月和6月，财政部、税务总局先后印发《关于横琴粤澳深度合作区个人所得税优惠政策的通知》《关于横琴粤澳深度合作区企业所得税优惠政策的通

---

① 吴晓娴：《横琴法院适用速裁程序 快速化解涉澳纠纷"横琴速度"激发创新创业活力》，《南方日报》2023年1月16日。
② 梁涵、张玮：《从"硬连接""软联通"到"心融合"粤港澳大湾区重大平台建设加快推进》，《南方日报》2023年4月7日。
③ 唐子湉、曾美玲、陈晓等：《〈粤港澳大湾区发展规划纲要〉发布四周年：大湾区处处流动新生机》，《南方日报》2023年2月18日。

知》，个人所得税优惠政策实施后通过直接免征的便捷方式，合作区企业高管、高精尖技术人员，按照国家给予大湾区的人才政策，可以个人所得税按15%缴纳，人才实际税负不超过15%，并对澳门居民超过澳门税负的部分予以免征。截至2023年上半年，已有近600名澳门居民享受个税优惠，初步实现横琴澳门居民个税税负与澳门趋同的政策目标，预计将有4000名高端人才和紧缺人才享受个税优惠。①

（三）广州南沙：打造面向世界的先行合作区

南沙是粤港澳大湾区的战略支点、高质量发展的标杆，在全面优化营商环境、扩大高水平对外开放方面，南沙创造了一批具有显示度和示范性的改革成果。南沙合作区自2015年设立8年来，累计形成改革创新成果884项，共计410项改革创新经验在国家、省、市复制推广。② 截至2023年3月，南沙累计引进世界500强企业的投资项目超240个，③ 在国家新区营商环境评价中排名前列，体现广州南沙改革开放创新"试验田"作用。

1. 南沙面向世界的粤港澳全面合作成效显著

2022年6月，国务院印发的《广州南沙深化面向世界的粤港澳全面合作总体方案》提出，打造规则衔接机制对接高地，打造国际一流营商环境，有序推进金融市场互联互通，提升公共服务和社会管理相互衔接水平。2022年9月，海关总署印发《海关总署支持广州南沙深化面向世界的粤港澳全面合作若干措施》，从增强国际航运物流枢纽功能、助推重大战略性平台发展、促进国际经济合作、支持打造高质量城市发展标杆等四个方面制定16条支持措施，促进大湾区要素便捷流动，增强国际航运物流枢纽功能，持续优化口岸营商环境。2022年10月，广州海关出台48条措施支持南沙深化面向世界的粤港澳全面合作，促进大湾区要素便捷流动，加强粤港澳三地规则衔接。在投资贸易便利化方面，南沙推出了一系列先行先试的创新举措，口岸通关效率全国第一。

---

① 肖文舸：《广东加快横琴、南沙税收优惠政策落地生效》，《南方+》2023年9月6日。
② 邱铨林、董安琪：《广州"南沙改革创新榜"发布》，中国日报网，2023年7月26日，http://gd.chinadaily.com.cn/a/202307/26/WS64c0c731a3109d7585e4690f.html。
③ 王一晴：《优化营商环境，南沙引进世界500强投资项目超240个》，《南方+》2023年4月27日。

在与港澳规则对接方面，搭建面向粤港的服务平台和对接渠道，在建筑、交通、税务等6个领域实现职业资格认可。在政务服务便捷化方面，推出"无证明自贸区""交地即开工"等首创性改革，不断提高涉企服务的便捷度。在法治化营商环境方面，建成涉外法律服务集聚区，成为立足湾区、协同港澳、面向世界的重大战略性平台。截至2022年，南沙累计落户港澳企业2787家、总投资金额1016.71亿美元。①

2. 推进南沙个人所得税优惠政策实施

2022年8月，广东省财政厅、国家税务总局广东省税务局转发财政部、税务总局《关于广州南沙个人所得税优惠政策的通知》，11月，广州市出台《广州南沙个人所得税优惠政策实施办法》，明确广州南沙企业所得税优惠政策，对高新技术重点行业、信息技术等八大鼓励类产业企业减按15%税率征收企业所得税，并在国内首次对南沙4个重点领域高新技术重点行业的企业进一步延长亏损结转年限，广州南沙个人所得税优惠政策对在南沙工作的港澳居民超过港澳税负的部分予以免征。2023年1月，首批2022年度在南沙取得经营所得的港澳居民已经享受第一笔"港澳专享"个税红利，2023年预计将有超过500名港澳居民成功申报享受优惠。②

3. 在标准化改革创新方面取得系列突破

全球溯源中心及其标准化建设，是南沙打造规则衔接机制对接高地的重要举措。2022年，南沙全球溯源中心获评为国家标准委试点项目，创立标准体系达147份，涵盖国家标准、省地方标准、团体标准，全国首发《全球溯源体系 新型离岸国际贸易真实性核验指南》，其中有6份被纳入首批粤港澳大湾区标准认定公示，打造一批高质量的"湾区标准"，以大湾区标准为先导，探索数字治理国际规则的中国方案。③ 2023年1月5日，粤港澳大湾区标准化研究中心南沙工作站、国际标准化人才培训基地（广州）南沙工作站揭牌。通过搭建标准化的工作交流合作平台，推进粤港澳大湾区标准化全方位建设。

---

① 唐子湉、曾美玲、陈晓等：《〈粤港澳大湾区发展规划纲要〉发布四周年：大湾区处处流动新生机》，《南方日报》2023年2月18日。
② 肖文舸：《广东加快横琴、南沙税收优惠政策落地生效》，《南方+》2023年9月6日。
③ 任燚、宾红霞：《南沙全方位推进大湾区标准化建设》，《南方日报》2023年1月6日。

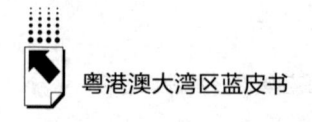

四 进一步优化粤港澳大湾区营商环境的展望

加大粤港澳大湾区、深圳先行示范区营商环境改革力度,积极推动横琴、前海、南沙重大平台营商环境高水平建设,要加快推进法治化营商环境建设,进一步健全营商环境制度体系,严格规范涉企行政执法,加强经营主体权益保护,进一步推进粤港澳大湾区国际一流营商环境建设。

(一)进一步推进粤港澳大湾区营商环境建设

未来,粤港澳大湾区应以制度型开放为重点,加快建立促进商品要素自由流动、投资贸易高度便利、信息服务互联互通、本地市场与国际市场无缝对接的全方位对外开放体制机制,以高标准的区域一体化推进更高水平的对外开放,率先建立全方位开放型经济体系。

1. 继续推进市场要素环境规则衔接

全面实施公平竞争政策,试行独立的公平竞争审查制度,完善市场主体退出机制,推广歇业登记制度,探索市场主体除名和依职权注销制。不断推进跨境贸易便利化规则衔接,拓展粤港澳大湾区"组合港""一港通"互联互通。推进交通领域标准互认、规则衔接。进一步突破体制机制障碍,探索交通管理模式变革,加速形成以"轨道上的大湾区"为主的交通体制机制,制定出台香港、澳门机动车入出内地监管办法。推进大湾区人才规则衔接和标准对接,推进实施湾区科创人才保障工程,提升人才服务环境。推进粤港澳大湾区人才体系建设,探索在港澳地区建设境外人才港,在横琴、前海、南沙建设离岸人才港。健全高端科创人才出入境一站式服务体系,整合证件、签证申报审批程序,实现多部门线上申报审批。①

2. 继续推进高效便捷的政务环境政策对接

推进政务服务标准化,推行政务服务清单化管理,推动政务服务"跨境通办"。加快数字政府建设,与香港、澳门特别行政区政府一道,完善内地与港澳关于建立更紧密的经贸关系安排制度体系,稳步推进内地、香港、澳门三

---

① 魏伟:《携手推进粤港澳大湾区高端科创人才集聚》,《南方日报》2023年5月29日。

地共建单一自贸区工作。提升内地与港澳贸易投资自由化便利化水平，推动三地要素高效便捷流动。加快落实商务领域支持粤港澳大湾区建设若干政策措施，支持粤港澳大湾区提升市场一体化水平，打造国际一流营商环境。

3. 继续探索数字金融服务规则衔接

加强港澳的规则衔接机制对接，完善促进资金双向流动的跨境理财相关信息安全制度建设，进一步推进湾区金融市场、金融基础设施建设以及金融领域相关环节互联互通，提升湾区内的跨境专业服务水平和科技金融创新服务能力，加强湾区内金融监管合作。进一步扩大大湾区高水平对外开放，深化外汇领域改革开放，提升跨境贸易投资自由化便利化水平，持续优化营商环境，服务实体经济发展。

4. 加强国际商事纠纷多元化解决规则衔接

支持境外仲裁机构依法依规在前海蛇口片区设立业务机构，研究制定境外仲裁机构依法设立业务机构的相关登记流程、手续，探索设置"特邀会员"制度，将其纳入仲裁行业自律管理体系。

（二）进一步推进深圳先行示范区营商环境建设

积极践行习近平总书记赋予深圳的"率先加大营商环境改革力度"光荣使命，将全面优化营商环境作为深圳"一号改革工程"，对标国际一流水平，以法治化思维和方式高标准建设营商环境。

1. 持续优化市场化营商环境的规则衔接

围绕产权保护、市场准入、公平竞争、社会信用等重点领域，创新政府管理和服务方式，用好用足放宽市场准入特别措施等政策优势。持续优化政务服务环境改革，探索建立由政府主导，专业机构、商会、协会和企业等多方参与的外商投资促进服务体系，为外国投资者、外商投资企业提供全方位、精准化的投资促进服务，优化政府管理和服务方式。根据新形势新要求对涉及外商投资的本市现行法规、规章、规范性文件进行清理或修改。大力推进数据要素市场培育建设，尽快出台数据产权登记管理暂行办法、开展公共数据授权运营试点，进一步完善数字化知识产权财产权益保护制度，建立海外知识产权纠纷预警防范和协调解决机制。

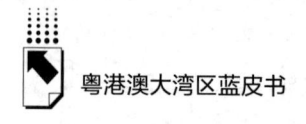

2. 持续优化法治化营商环境的规则衔接

完善营商环境制度体系、推进规范文明监管执法、推进严格公正高效司法、完善公共法律服务体系。在社会信用、反不正当竞争、矛盾纠纷多元化解等重点和前沿领域加强立法，优化"人工智能+互联网+信用+双随机"监管模式，推动新产业新业态规范健康发展。健全公平竞争审查制度，全面清理与市场化法治化国际化营商环境不符的法规、规章、规范性文件，在工程招投标、政府采购活动等重点领域进行专项清理。开展新产业新业态知识产权保护试点，推进知识产权领域惩罚性赔偿制度的实施，依法保护市场主体合法权益。建立健全以信用为基础的新型监管机制，在重点产业领域设立诉源治理非诉解纷平台，为企业提供更加便利的司法服务。

3. 持续优化国际化营商环境的规则衔接

加快推进规则、规制、管理、标准等制度型开放，高标准对接国际规则，参与和引领国际规则标准制定，持续推进贸易和投资自由化便利化，不断优化吸引国际资本、人才、产业的要素环境，提升深圳对全球优质要素资源的强大吸引力和国际竞争力。推动数据要素安全高效跨境流动，创新全球资源要素配置国际服务体系、创建高标准投资贸易保障机制，更大力度吸引和利用外资。建立健全国际化多元纠纷化解机制，建立健全和解、调解、仲裁、行政裁决、行政复议、诉讼等国际化多元纠纷化解机制，为外商投资者和外商投资企业提供便捷高效的纠纷解决途径。完善商事纠纷联合调解机制，发挥外籍与港澳台地区调解员在涉外纠纷中的调解作用，推动涉外商事争议高效解决。

（三）进一步推进三个重大平台营商环境建设

发挥前海、横琴、南沙三个重大合作平台先行先试作用，积极向港澳学习借鉴，对标国际高标准经贸协议的规则、规制、管理、标准积极探索，推动营商环境建设改革创新，提升参与国际化营商环境的质量和水平。

1. 推进前海现代服务业合作区营商环境建设

未来，发挥前海"双区"叠加、"双改"示范效应，全面深化改革，以制度创新为核心，打造创新、协调、绿色、开放、共享的营商环境，充分发挥深圳前海国家"试验田"的重要使命，加快推进法规配套制度的制定，坚持实施更大范围更宽领域更深层次的高水平对外开放。一是进一步推进市场准入极简模式试点。在前海启动企业开办录音录像"双录签名"试点。投资前海的申请人无须办理数字证书、支付认证费用和额外下载 App，直接微信扫码即可使用音频、视频签名认证的新模式，进一步提升跨境商事登记便利化水平。二是加快制定促进外商投资的规则和政策。通过强化外商投资政策服务信息平台建设，向外国投资者、外商投资企业提供项目对接、政策咨询等服务，完善重大外资项目跟踪服务机制和项目服务制度，实施全流程跟踪服务。三是提升法律事务对外开放水平，加快涉及跨境商事纠纷解决机制的构建。持续推进前海合作区人民法院与深圳市前海国际商事调解中心、蓝海法律查明和商事调解中心、深圳国际仲裁院等 39 家机构的对接机制，加强与香港国际仲裁中心、新加坡国际调解中心等仲裁调解机构开展交流合作。在前海设立深圳商事法院，作为中级人民法院级别的专门法院，专职审理全省涉及跨境商事法律规定冲突的商事纠纷一审案件，并承担健全和创新粤港澳跨境商事领域司法协助机制的任务，实现诉讼、调解、仲裁的相互独立与衔接配合。

2. 推进横琴粤澳深度合作区营商环境建设

未来，为推动澳门长期繁荣稳定和融入国家发展大局，横琴应围绕促进澳门经济适度多元发展，推动横琴澳门一体化发展，加快横琴合作区优化营商环境的规则、规制、管理、标准等制度建设，逐步健全对接澳门、接轨国际的民商事规则制度体系。一是完善与国际规则接轨的人才管理制度。为吸引和集聚国际高端人才参与合作区建设，横琴粤澳深度合作区应当制定政策措施，推进合作区开展人才发展体制机制综合改革试点。加强与澳门优才计划的衔接，建立与国际规则接轨的人才招聘、评价激励、科研管理等制度。推动实行更加开放、宽松、便利的人才停居留管理措施、临时出入境政策、工作签证政策。二是构建更加开放的金融制度和金融监管协调机制。明确横琴"立足服务澳门、琴澳一体化"的发展定位，加快推进开放的金融制度安排，推动合作区与澳门资金自由便利流动，建立适应高水平贸易投资自由化、便利化需要的跨境投融资管理制度，促进跨境资金自由流动。加强与澳门金融市场联通，在国家数据跨境传输安全管理制度框架下，开展数据跨境传输安全管理试点，推动合作区与澳门金融服务一体化，发展助力澳门经济适度多元发展的现代金融产业。三是加强营商环境法治保障建设，在遵循《中华人民共和国宪法》和《中华人民共和国澳门特别行政区基本法》前提下，逐步构建民商事规则衔接澳门、接轨国际的制度体系。加强粤澳司法交流协作，建立完善国际商事审判、仲裁、调解等多元化商事纠纷解决机制，建立国际通行商事仲裁机制，满足合作区对立法、执法、行政复议诉讼以及多元化商事纠纷解决机制等方面的需求。

3. 推进广州南沙先行合作区营商环境建设

未来，南沙应以《广州南沙深化面向世界的粤港澳全面合作总体方案》为契机，聚焦打造重大战略性平台，对标借鉴世界银行新评价体系，结合南沙制度创新优势与外向型经济特色，突出"粤港澳全面合作"和"面向世界"两个关键，携手港澳共同扩大对外开放，充分发挥营商环境改革对经济社会高质量发展的牵引作用，把优化营商环境融入抓项目、兴产业、促招商全过程，加快南沙先行合作区优化营商环境的制度创新、规则衔接、机制对接，打造国际一流营商环境，推出更多引领性改革。一是健全涉市场主体的决策机制，不断优化制度供给，完善有关市场主体政策制定的流程，适时开展前瞻性立法研究，全面落实公平竞争审查制度，开展行政规范性文件专项清理工作，建立市场干预行为负面清单等。二是推进信用建设高质量发展的制度创新，扎实推进信用理念、信用制度、信用手段与南沙经济发展深度融合，提升信用建设赋能实体经济成效，推动加快建设高水平对外开放门户、规则衔接机制对接高地，深入推行信用承诺制，创新信用监管机制，构建完善信用奖惩机制，保障市场主体权益。三是优化多元化商事纠纷解决机制。深化南沙国际仲裁中心建设，创新确立有效衔接域外仲裁规则的庭审模式，推广互联网仲裁"广州标准"，完善跨境纠纷多元解决机制，促进诉讼与仲裁、调解等多元化纠纷解决方式有机衔接，建立广东省知识产权保护中心南沙分中心，探索全国商业秘密保护创新试点，不断完善知识产权法律法规体系。四是着力构建现代化政务服务体系，持续打造极简市场准入、优化政务服务、构建一站式服务体系。深化市场主体登记确认制，探索商事登记确认制试行办法，开展市场准入和监管体制机制改革试点，加快完善"互联网+"审批体系，推进"数字政府"建设，实现涉企信用信息互联互通。加快建立健全全方位、多层次、立体化监管体系。五是进一步提高南沙面向世界的法律服务水平。大力发展涉外法律服务业，推动南沙形成全球溯源国际规则，开展中外联营律师事务所试点，逐步完善内地与港澳律师事务所合伙联营机制，促进粤港澳地区司法协作与交流，提高法律服务人才素质，积极引进高端法律服务人才。

B.6
粤港澳大湾区现代综合交通运输体系建设报告

杨海深 罗慧凌*

摘 要： 2022年以来，广东深入实施"湾区通"工程，深化大湾区"一小时交通圈"建设，携手港澳促进大湾区综合立体交通网络日益完善，"轨道上的大湾区"建设不断加速，综合交通运输服务水平和治理水平持续提升。展望未来，在进入建设交通强国的新阶段，广东应进一步提升现代综合交通运输体系一体化协同能力，促进大湾区客货运输服务高效转型，深化交通运输重点领域改革，不断促进大湾区实现高水平互联互通。

关键词： 综合交通运输体系 交通强国 交通运输综合治理

综合交通运输体系是交通运输系统内各组成部分之间，以及交通运输系统与其外部环境之间形成一体化协调发展的状态，既包括一体化交通运输的设施和技术，也包括交通运输服务和政策制度系统的协同。① 党的二十大对综合交通运输体系作出重要部署，强调加快建设交通强国，加快推动交通运输结构调整优化，推进交通领域清洁低碳转型，充分体现了交通运输在国家发展中的重要作用。因此，推进现代综合交通运输体系建设是建设具有中国特色的现代化

---

* 杨海深，博士，广东省社会科学院国际问题研究所副研究员，主要研究方向为全球物流与供应链管理；罗慧凌，广州地铁集团有限公司资源服务中心一级供应链管理主管，主要研究方向为轨道交通运营管理。
① 夏杰长、熊琪颜：《综合交通运输体系的经济效应和发展策略》，《企业经济》2022年第8期。

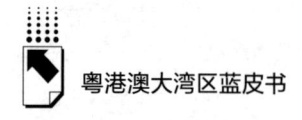

经济体系的一项重要内容，是当好中国式现代化开路先锋、加快建设交通强国的内在要求。①

作为我国开放程度最高、经济活力最强的区域之一，粤港澳大湾区以构建综合交通运输体系促进科技创新、产业发展和民生深度融合，不断增强我国新发展格局的战略支点作用和在对外开放中的支撑引领作用。《中共广东省委 广东省人民政府关于新时代广东高质量发展的若干意见》提出，要"深化实施'湾区通'工程。推进现代化基础设施互联互通，建设'轨道上的大湾区'和世界级港口群、机场群，加快'数字湾区'建设，促进人员、货物、资金、数据等高效便捷流动"。这为贯彻落实《粤港澳大湾区发展规划纲要》提出的"形成布局合理、功能完善、衔接顺畅、运作高效的基础设施网络"提供了"路线图"，也为深化与港澳携手共建大湾区现代综合交通运输体系提供了明确的"任务书"。相关研究表明，综合交通运输效率每提升1%，对粤港澳大湾区经济增长的促进作用将提升0.12%。② 因此，粤港澳大湾区建设的首要基础工程，就是推动大湾区交通基础设施互联互通和各类运输方式综合衔接，打造便捷顺畅、经济高效、绿色集约、智能先进、安全可靠的现代化综合交通运输体系。

一 粤港澳大湾区综合交通运输体系建设进展与成效

2022年以来，广东深入实施"湾区通"工程，深化大湾区"一小时交通圈"建设，携手港澳打造世界级机场群、港口群，着力培育湾区"一体化大市场"的基础，不断促进各类资源要素跨境高效便捷流动，不断提升城市间科技创新和产业协同，推动大湾区加速向世界级城市群发展方向迈进。

（一）大湾区综合立体交通网络日益完善

近年来，随着一批重大跨境交通基础设施不断建成，粤港澳大湾区成为全国高速公路网密度最高，世界上铁路网络、沿海港口最为密集的地区之一，已经基本形成湾区综合立体交通网络，许多领域已达到世界一流水平。

---

① 向爱兵：《建设有中国特色的现代综合交通运输体系》，《中国发展观察》2023年第4期。
② 朱世强：《构建大湾区一体化综合交通运输体系》，《小康》2020年第35期。

1. "轨道上的大湾区"正加速驶来

轨道交通网络建设能够提升大湾区城市间的辐射力,对打造世界级城市群具有重要支撑价值。《国家综合立体交通网规划纲要》明确要求构建以铁路为主干的国家综合立体交通网,推动干线铁路、城际铁路、市域（郊）铁路融合建设,加强城市轨道交通衔接协调,推动粤港澳大湾区实现高水平互联互通,建成具有全球影响力的交通枢纽集群。经过多年发展,粤港澳大湾区内轨道交通逐渐形成"国家铁路、城际铁路、城市轨道交通"三级网络（见表1）,运营和在建的轨道交通里程超5400公里,远期规划总里程超过1万公里。① 广东省交通运输厅数据显示,2023年,广东计划完成铁路投资超过1100亿元,建设续建项目2190公里,计划建成511公里,计划新开工420公里。2023年以来,广深港高铁恢复通车,广汕铁路、深茂铁路、佛莞城际铁路等一批项目先后开工,至8月底,广佛环线佛山西站至广州南站段项目总体进度完成89%,横琴至珠海机场段项目完成86%,新白广城际新塘至白云机场T2段项目已完成85%,广州至汕尾铁路项目完成95%,"轨道上的大湾区"建设不断加速,预计2035年主要城市间将实现一小时通达。

表1 粤港澳大湾区轨道交通建设情况

轨道交通层级	建设现状	线网规划
国家铁路	高铁:运营线路6条,在建线路5条,湾区里程合计近1500公里; 普铁:运营线路11条,在建4条,湾区里程超1100公里	超5000公里
城际铁路	运营线路7条,里程近500公里; 在建线路13条,里程超500公里	
城市轨道交通	运营线路39条,里程超1300公里（含地铁、有轨电车、APM等）; 在建线路24条,里程近500公里（含地铁、有轨电车、APM等）	超5000公里

资料来源:蔡昌俊:《轨道交通助力粤港澳大湾区发展——多网融合研究与实践》,《城市轨道交通》2023年第5期。

---

① 蔡昌俊:《轨道交通助力粤港澳大湾区发展——多网融合研究与实践》,《城市轨道交通》2023年第5期。

此外，结合城际铁路建设发展实际，广东将大湾区城际铁路划分为广州和深圳、珠西三大都市圈城际铁路（见表2），并分别由广州、深圳牵头组织开展项目前期研究、设计、投资、建设、运营、管理等工作，切实推进大湾区城际铁路"一体化"建设、"一张网"运营、"一站式"服务。广州不断完善轨道交通枢纽布局，加快建设广州白云（棠溪）站、广汕铁路实现"高铁进城"，推进广湛高铁、深江铁路建设，打造与粤西地区的高速通道，继续推进与中山、佛山等地地铁线路连通建设规划，形成以广州为中心的一小时轨道都市圈。同时，深圳推动将深广中轴城际铁路纳入上位规划，加快推进深莞城际、常龙城际、深惠城际轨道交通建设，与东莞、惠州共规划17条跨市轨道线路互联互通，形成"一小时通勤圈"。

表2　粤港澳大湾区三大都市圈城际铁路客运枢纽

都市圈	主站点	辅站点
广州	广州站、广州东站、广州南站、佛山西站、广州白云(棠溪)站	广州北站、南沙站、新塘站
深圳	深圳北站、西丽站、深圳站	深圳东站、福田站、深圳机场站、深圳坪山站
珠西	江门站、珠海鹤洲站、中山北站	珠海站、中山站、蓬江站、横琴站

注：根据公开信息综合整理。

2. 高速公路交通网络布局持续加密优化

高速公路交通网络对于大湾区经济要素流动和融合发展起到基础性支撑作用，越来越多的高速公路和重要跨海通道建设不仅促进大湾区经济发展，而且有利于共建以民生为基础的优质生活圈。截至2022年底，广东高速公路通车总里程达1.12万公里，连续9年居全国首位。截至2023年上半年，粤港澳大湾区高速公路里程已达5100多公里，路网密度为9.3公里/百公里^2，超过纽约、东京都市圈，居全球湾区前列。在跨海通道建设方面，2018年10月24日港珠澳大桥开通以来，跨海通道集群建设进入快车道，从珠江口由北向南眺望，黄埔大桥、南沙大桥、虎门大桥、港珠澳大桥、广深港高铁4条公路通道和1条铁路通道依次铺陈开来，大大缩短了珠江口两岸居民过江跨海的时间。

同时，深中通道、黄茅海跨海通道建设正在有序推进，未来珠江口两岸往来将更加便捷（见表3）。

表3 粤港澳大湾区跨海跨江通道群建设

通道名称	连接区域	全长（km）	车道数	设计时速（km/h）	通车时间
虎门大桥	广州—东莞	15.8	双向六车道	120	1997年6月9日
黄埔大桥	黄埔—番禺	7.0	双向八车道	100	2008年12月16日
港珠澳大桥	香港—珠海—澳门	55.0	双向六车道	100	2018年10月24日
南沙大桥	广州—东莞	12.9	双向八车道	100	2019年4月2日
深中通道	深圳—中山	24.0	双向六车道	100	在建
黄茅海跨海通道	珠海—江门	31.0	双向六车道	100	在建
莲花山通道	广州—东莞	28.4	双向八车道	100	规划

注：根据公开信息综合整理。

3. 世界级机场群和港口群加快形成

大湾区机场群以香港国际机场、广州白云机场、深圳宝安机场为国际航空枢纽，并与珠海、澳门等大湾区空运网络节点联动发展，实现错位发展和良性互动的发展格局，形成相互协调、空域资源共享的世界级机场群。2023年以来，新建珠三角枢纽（广州新）机场前期工作加快推进，广州白云机场四、五跑道及T3航站楼，深圳宝安机场第三跑道及航站区，澳门、珠海、惠州等机场改扩建项目逐步实施，大湾区机场群硬件设施建设水平将更上一层楼。2022年，粤港澳大湾区机场群共完成旅客吞吐量5938万人次。香港国际机场2022年客运量570万人次，增长318.4%，连续第二年获选"2023亚洲最佳机场"和第三次获选"2023中国最佳机场"。广州白云机场2022年旅客吞吐量达2610万人次，客流量继续保持全国机场首位（见图1），连续三年获评"全球机场服务质量满意度第一""中国最佳机场"。深圳宝安机场国际航空枢纽能级实现新提升，2022年机场旅客吞吐量、货邮吞吐量分别达2156.3万人次、150.7万吨，均排名全国第三。

大湾区港口群形成了以香港港、广州港、深圳港为核心，以东莞、佛山、

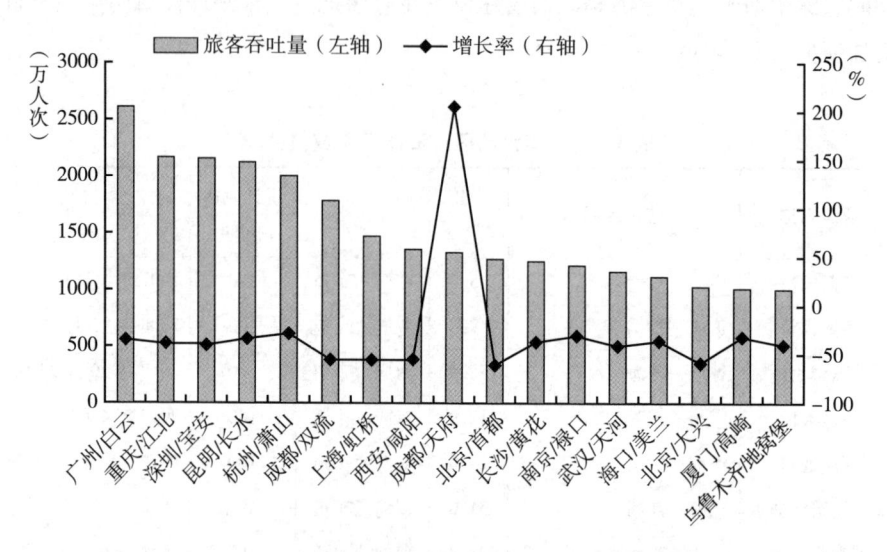

图 1　2022 年全国主要机场旅客吞吐量（>1000 万人次）

资料来源：《2022 年全国民用运输机场生产统计公报》。

珠海等周边港口为支撑的发展格局，以"湾区一港通"等运营模式成为全球货运量最大的湾区港口群（见表4）。近年来，粤港澳大湾区港口合作不断深化，创新"湾区一港通"等运营模式，港口联动初见成效。广州、深圳、珠海、香港等港口间开通了水上客运航线，航运互通水平和港口吞吐能力全国领先。[①] 此外，大湾区港口发展各具特色，差异化特征明显。香港现代航运服务业发达，香港港是世界著名的国际航运中心；广州港是国家综合运输体系的重要枢纽，也是最大的内贸集装箱枢纽港；深圳港以集装箱外贸运输为主，是沿海主要港口。当前，广东正推进广州港南沙港区国际通用码头、深圳港盐田港区东作业区集装箱码头一期工程等建设，港口吞吐能力实现跨越式发展。2022年新华·波罗的海国际航运中心发展指数中，香港排名全球第 4 位，广州排在第 13 位，深圳排在第 17 位。中国经济信息社发布国际都市游船活力指数，广州排名全国第 1、全球第 2。

---

① 谢宝剑：《粤港澳大湾区高质量发展加速推进》，《光明日报》2023 年 7 月 18 日。

表4　粤港澳大湾区港口群协同分工情况

港口	港区	功能定位
深圳港	盐田、南山、大鹏等港区	世界级集装箱枢纽港
香港港	维多利亚、青山等港区	全球供应链主要枢纽港
广州港	南沙、黄埔、新沙、内河等港区	集装箱枢纽港干线港、现代综合性主枢纽港
珠海港	九洲、香洲、唐家、高栏等港区	华南沿海主枢纽、中国沿海主要港口
东莞港	麻涌、沙田、沙角等港区	大湾区支线港
惠州港	荃湾、东马、惠东等港区	大湾区支线港
中山港	小榄、大黄圃等内河港区	内河港
江门港	江门港区	内河港
肇庆港	肇庆港区	内河港
佛山港	佛山港区	内河港
澳门港	澳门港区	客运港

注：根据公开信息综合整理。

（二）大湾区综合交通运输服务水平持续提升

1. 客运综合服务强度日渐增大

大湾区客运服务突出表现为跨境量大、联程服务水平高、日常通勤强度大的特点。2023年以来，随着"澳车北上"和"港车北上"政策的实施，大湾区跨境通关需求不断增大，人员往来更加高效便捷。港珠澳大桥口岸出入境车流，2023年9月以来单牌车日均通关量超5000辆次，10月2日首次突破1.4万辆次，为2018年开通以来的最高纪录。截至11月1日，已查验的北上港澳单牌车通行数量超过100万辆次。港珠澳大桥通车5年来，经大桥口岸往来粤港澳三地人员总数达3600万人次，出入境车辆总数达750万辆次。此外，2023年2月6日，深港陆路口岸全面恢复正常通关，首日出入境28万人次；8日，深港直升机跨境飞行正式复航。此外，为保障通关高效便捷，多个连接深港的口岸改造优化升级，罗湖口岸正在推进改造升级前期工作，沙头角口岸已开工建设，皇岗口岸重建项目已进入基坑施工阶段，莲塘/香园围口岸正式启用旅检通关。2023年11月1日，经港珠澳大桥返珠海人工岛和深圳湾口岸的跨境客运班线正式运营，首次通过大桥实现了深圳与珠海的客流互通。

随着经济活动日益频繁，大湾区日常通勤和"跨城消费"强度不断增加，特别是跨城通勤占比日渐增大。2022年，大湾区内地9城市间日均出行量达542万人次。其中，广州与湾区内地8市间日均出行量达258万人次，占湾区城市间出行总量的48%，同比增加6个百分点，其次深圳为129万人次（占24%）；都市圈层面，广佛肇日均出行量占49%，其次为深莞惠（36%）和珠中江（15%）；同城化层面，广佛两市间出行量达171万人次，占湾区城市间出行总量的32%。值得关注的是，南沙与大湾区城市（含广州其他各区）的联系不断加强，出行量年均增长6.8%，说明南沙作为粤港澳重大合作平台的地位正在加强。①从出行圈层上看，大湾区已经形成主城通勤圈（15km）、市域通勤圈（30km）、市域交流圈（50km）、城际交流圈（100km）和对外交流圈（150km）的通勤圈层结构，以及相应的轨道交通类型、时空目标和出行特征（见表5）②，有力提升了大湾区通勤质量和统筹一体化服务水平。在"跨城消费"方面，据港珠澳大桥边检站统计，截至2023年8月底，经珠海公路口岸出入境旅客超过1154.8万人次，港澳居民占比超过六成；澳门特区政府旅游局的数据显示，经港珠澳大桥口岸入境达469.8万人次。可见，港珠澳大桥成为大湾区"跨城消费"的主要通道。

表5 粤港澳大湾区各圈层轨道交通客运出行特征

圈层(半径)	轨道交通类型	时空目标	出行特征	
			出行目的	出行费用
主城通勤圈（15km）	城市轨道交通（含普线、快线）	门到门 1h	以短距离通勤通学、生活客流为主	由于出行时间较短，乘客对舒适度要求低，对票价承受能力低
市域通勤圈（30km）	城市轨道交通（含快线、跨市线）	点到点 1h	以通勤同城化生活客流为主	由于出行时间较短，乘客对舒适度要求相对低一些，绝大多数乘客希望按地铁标准收费

---

① 广州市规划和自然资源局、广州市交通规划研究院有限公司编制《2022年广州市交通发展年度报告》，2023年7月31日。
② 华炜欣：《基于圈层的轨道交通一体化客流预测方法：以粤港澳大湾区为视角》，《综合运输》2023年第2期。

续表

圈层(半径)	轨道交通类型	时空目标	出行特征	
			出行目的	出行费用
市域交流圈 (50km)	城市轨道交通 (跨市线)、城际铁路	点到点 1h	以同城化商务、生活、公务通勤、旅游、探亲等客流为主	受收入水平和其他交通方式的影响,大部分乘客对票价承受能力较低
城际交流圈 (100km)	城际铁路、干线铁路 (含高铁、普铁)	站到站 1h	以商务、公务、旅游探亲等客流为主	由于客流以商务、公务为主,乘客对舒适度要求相对较高,对票价承受能力较高
对外交流圈 (150km)	干线铁路 (含高铁、普铁)	站到站 1h	以商务、公务、旅游探亲等客流为主	对舒适度要求高,对票价承受能力高

资料来源:华炜欣:《基于圈层的轨道交通一体化客流预测方法:以粤港澳大湾区为视角》,《综合运输》2023年第2期。

2. 货物综合运输能力和效率不断提升

粤港澳大湾区是连接国内、国际双循环的战略区域,随着交通基础设施的完善,物流枢纽功能和货物综合运输能力与效率不断改善,货物运输结构不断优化,公铁联运、海铁联运、空铁联运、海空联运等多种联运模式加速发展,推动大湾区交通运输高质量发展。自2021年5月首开至东盟的国际班列以来,广州东部公铁联运枢纽已成功开行中欧、中亚、中老、中越等20多条国际物流线路,班列开行通达12个国家23座城市,成功开行出口冷链货物、液晶电视、微波炉、空调机等专列,助推机电产品、高新技术产品等高附加值产品"走出去"。港珠澳大桥的物流运输功能凸显,截至2023年9月底,经港珠澳大桥珠海公路口岸进出口总值达到7187.5亿元,收发货地点覆盖我国31个省(区、市),涉及全球239个国家和地区。在深圳"大湾区组合港"和广州"湾区一港通"创新模式下,广州、深圳、香港三地港口互补互利的关系更加凸显。东莞港、珠海港、佛山港、中山港等内河港口在"一次申报、一次查验、一次放行"模式下,大幅提高码头场地和集装箱周转效率。大湾区港口群集装箱年通过能力超过8500万标箱。[1]

---

[1] 王攀、白瑜、陈宇轩:《大湾区交出高质量发展高分答卷》,《经济参考报》2023年4月10日。

（三）大湾区交通运输综合治理水平进一步提升

1. 交通运输服务标准对接、物流规则与合作机制衔接进一步加强

一是推进大湾区城际铁路技术标准体系创新，促进多层级轨道交通融合发展。广东组织编写了《城际铁路设计细则》并以广东省地方标准形式颁布，成功推动广佛轨道交通协同立法，加强市域（郊）铁路等轨道网络的融合衔接，建构了一系列轨道交通互联互通的制度机制，为打造"轨道上的大湾区"提供了必要保障。二是不断完善物流管理规则，持续提升流通速度。逐步实施一体化"先出区后报关"的通关政策，加快探索物流监管方式，在"单一窗口"的平台下，优化货物通航、报关与通关等环节流程，实现船舶通航、企业报关、口岸通关多个业务领域"7×24小时"全覆盖，促进通关便利性明显提升。[①]

2. 交通服务数字化治理水平不断提升

智慧交通越发成为数实融合的典型场景。在轨道交通数字化方面，由腾讯与广州地铁联合出品的穗腾OS（中国首创轨交智慧操作系统）在"大湾区最快地铁"的18号线、22号线示范运营，在提高地铁运营效率、提升地铁数字化管理水平方面得到高度认可，达到国际领先水平，具有广泛的推广应用价值，可助力大湾区综合交通一体化调度、一体化出行及一体化票务服务等实现。[②] 在高速公路数字化方面，大数据、人工智能等新技术与交通行业的深度融合，使得大湾区高速公路更加通畅和安全。2023年7月21日，广东交通集团与百度联合发布的"高精度数字底图"和"百度地图广东高速版"，成为全国首家省级超万公里高速公路高精度地图"数字底座"。[③] 在机场数字化方面，广东机场集团携手阿里云，锚定"数字世界一个机场"的转型愿景，致力于数据治理与中台建设，促进了机场的数字化创新实践；深圳机场集团携手华为

[①] 韩永辉、麦炜坤、沈晓楠：《粤港澳大湾区打造高质量发展典范的实现路径研究》，《城市观察》2023年第1期。

[②] 石兰兰：《大交通大未来 夯实大湾区轨道交通数字化"底座"》，《广州日报》2022年9月27日。

[③] 文静、陈馨：《首个省级超万公里数字底图亮相，赋能广东智慧交通建设》，《广州日报》2023年7月21日。

以数字化转型为驱动，打造"安全一张网""运行一张图""服务一条线"，建设先行示范的智慧机场。在港口数字化方面，南沙港四期开展"智能导引车"建设，成为大湾区首个自动化码头，建成后南沙港区集装箱年通过能力达到2400万标准箱，位居全球单一港区前列。

二 大湾区现代综合交通运输体系建设存在的问题

未来现代综合交通运输体系建设重点，在于交通运输一体化、系统化推进，更加注重交通规划统筹和交通运营管理方式协同，促进大湾区客运一体化、货运一体化、交通服务一体化以及运营管理体制一体化，为构建全国统一大市场奠定坚实基础。但是，目前显然还存在一些亟须解决的问题。

（一）综合交通基础设施一体化协同效应有待发挥

交通基础设施建设缺乏协调，大湾区内部公路、轨道交通、机场和港口等基础设施"硬联通"方面存在短板。公路方面，跨界交通设施衔接不够通畅，依然存在较多城市之间行政隔断、沟通不畅而造成的"断头路"现象。轨道交通方面，由于目前不同制式的线网功能与通道规划统筹和线网资源共享不足，不同制式线网的互联互通尚存在障碍，尚未建立一体化的技术标准，如票务管理模式不统一、调度指挥主体各异等。机场方面，国际通航城市数较其他世界级机场（群）有较大差距，在航线网络布局方面存在同质化竞争[1]，空中资源紧缺是大湾区航空发展面临的瓶颈，空域协调审批难度大，跨境航班审批条件、审批程序、服务标准等问题仍处于探索阶段。港口方面，面临设施通过能力强、全球竞争力弱的发展困局，深圳港和广州港在2020年新华·波罗的海国际航运发展指数中分别排在全球第18和第13位，严重落后于其集装箱吞吐量排名。此外，由于粤港澳三地航运交通的管理制度尚未统一，港澳航线船舶进出内地口岸需重复办理手续，运营效率降低。[2]

---

[1] 邵源、黄启翔、易陈钰、罗韧：《粤港澳大湾区综合立体交通网战略构思》，《城市交通》2022年第2期。
[2] 韩永辉、麦炜坤、沈晓楠：《粤港澳大湾区打造高质量发展典范的实现路径研究》，《城市观察》2023年第1期。

（二）交通运输服务转型发展任务艰巨

客运方面，大湾区旅客联程运输发展滞后，部分综合客运枢纽换乘不便。目前城际执行国铁客票模式，进行实名制管理，地铁执行城轨客票模式，乘客在不同制式轨道交通系统之间换乘需要出站重新购票，未实现付费区换乘。在既有换乘站点的建筑及系统条件已经成熟稳定，不同制式轨道交通的运输服务标准、运营管理规则与机制存在较大差异，客票模式不统一的情况下，较难实现便捷换乘。货运方面，多式联运发展水平偏低，铁水联运发展处于起步阶段，铁路货运组织模式仍有较大改进空间。多式联运货运量和沿海港口铁水联运占比较低，铁路与港口的"一体融合"水平较低，内河港口疏港公路等级偏低，部分内河重要港区通达干线公路"最后一公里"存在"邻而不接"问题。全链条一站式多元化交通服务体系尚未形成，与港澳协调管理有待深化，规划衔接、建设协调、运营管理、通关便利化等方面还需进一步加强合作。此外，绿色交通运输转型方面，大湾区智能交通技术应用深度和广度有待拓展，部分关键核心产品和技术自主创新能力不强，交通运输污染控制和减排难度不断加大，导致交通绿色转型困难。

（三）交通运输重点领域改革亟待深化

粤港澳三地交通领域标准互认、规则衔接需要进一步深化。在首批20项粤港澳大湾区规则衔接机制对接典型案例中，有3项涉及交通领域，包括创新跨境车辆备案模式、粤澳新通道实施"合作查验、一次放行"自助通关、创新海关监管模式助力航空货物便捷通关。但更广泛的涉及交通领域标准衔接力度还需加大。跨境交通物流业受管理制度差异影响，对经济的支撑力度不够，再加上粤港澳三地物流管理体制存在差异，大湾区内地九市的物流业呈现较为严苛的监管特点，而港澳地区管控相对宽松[①]，以及物流通关制度、标准和政策差异较大，客观上造成货物的运输仓储、物流标准体系、物流信息系统等方

---

① 韩永辉、麦炜坤、沈晓楠：《粤港澳大湾区打造高质量发展典范的实现路径研究》，《城市观察》2023年第1期。

面不完全协调，物流企业等发展需要面对烦琐的审批程序，这阻碍了市场高度一体化进程。①

三 大湾区综合交通运输体系建设的展望与建议

在开启全面建设社会主义现代化国家新征程和交通运输进入建设交通强国新阶段的重要时期，面对大湾区交通运输总需求仍将处于增长态势的情形，广东应锚定"一点两地"全新定位，秉持构建安全、便捷、高效、绿色、经济的现代综合交通体系发展理念，深刻把握交通出行模式和货物流通方式变革走向，以全方位转型推动交通运输高质量发展，积极开展提升交通枢纽集群能级和交通治理体系现代化探索，携手港澳不断完善粤港澳大湾区综合立体交通网，形成以广州、深圳、香港为核心，联动珠海、澳门等城市的粤港澳大湾区枢纽集群，建成具有国际影响力的大湾区客运枢纽集群和世界级国际货运枢纽城市，共建大湾区世界级机场群和港口群，打造高水平的"轨道上的大湾区"，推进面向港澳的口岸基础设施建设，推动建设"一票式"联程客运服务平台，促进大湾区实现高水平互联互通，继续在交通强国建设中走在全国前列，奋力实现2035年粤港澳大湾区综合交通发展水平进入全球先进行列的目标。

（一）提升现代综合交通运输体系一体化协同能力

推进大湾区以整体交通运输效益最大化为核心，以交通运输体系全链条快速化为导向，探索符合三地相关法律法规的交通运输服务的共性规划编制和执行机制。系统优化大湾区现代综合交通运输体系布局，构建以轨道交通（高速铁路、城际轨道、城市地铁）、高速公路为骨干的大湾区快速交通枢纽集群，加快建设港深广高速磁浮铁路新通道，超前布局深圳城市轨道接入或预留接入香港条件，增强核心引擎城市、珠江口两岸、内地与港澳的交通联系，实现形成大湾区"一小时"经济圈。以高速公路、铁路和水上交通等方式统筹

---

① 杨朝宇、周尚万：《粤港澳大湾区融入全国统一大市场的机遇与挑战》，《当代经济》2022年第10期。

布局珠江口跨江通道建设，打通"黄金内湾"交通大动脉。通过快速轨道交通串联广深港三大国际航空枢纽，加大对通用机场建设的支持力度，统筹机场群航线网络规划，推动大湾区机场群资源共享与协作，打造辐射亚太、覆盖欧美热点城市和共建"一带一路"城市的大型国际航空枢纽集群[①]，形成海上丝绸之路周边地区主要城市"4小时航空圈"。积极推进以香港为国际航运中心，以广州、深圳为国际航运枢纽的港口群总体布局，加快构建优势互补、错位发展、互惠共赢的港口、航运、物流和配套服务体系，创新粤港澳港口物流、航运服务合作新模式，优化大湾区港口联盟生态圈。依托珠三角河网密集的优势，完善港口集疏运体系建设，进一步拓展"粤港澳大湾区组合港""湾区一港通"覆盖范围。

（二）促进大湾区客货运输服务高效转型

加快轨道交通"四网融合"探索，解决技术标准和管理的"软联通"问题，争取实现轨道交通一体化运营管理、一票通达及换乘便捷和公交化运营。开发大湾区通勤支付工具系统，采用大湾区通勤卡或通勤二维码，便利化使用大湾区内部交通通勤工具。[②] 提升旅客出行服务品质，深化实施旅客联程运输专项行动，推进粤港澳大湾区"一票式"联程客运服务体系建设，培育交通消费新模式。货运方面，构建高效货运服务系统，优化调整运输结构，推动大宗货物和中长途货物运输"公转铁""公转水"，推进粤港澳大湾区"一单制"联程货运服务体系建设，优化国际海运航线网络布局，建设"空中丝绸之路"，完善面向全球的国际运输服务网络，进一步增强运输服务保障能力。绿色交通方面，加快推进交通运输绿色低碳转型行动，研发绿色新型交通运输工具，以公路改造、铁路电气化、港口岸电设施覆盖为重点提升交通基础设施绿色化水平。

（三）以跨境交通物流网络建设为试点深化交通运输改革

综合一体化管理是世界交通运输行业发展的未来趋势。广东应推动大湾区

[①] 邵源、黄启翔、易陈钰、罗韧：《粤港澳大湾区综合立体交通网战略构思》，《城市交通》2022年第2期。
[②] 韩永辉、麦炜坤、沈晓楠：《粤港澳大湾区打造高质量发展典范的实现路径研究》，《城市观察》2023年第1期。

突破体制机制障碍，探索交通管理模式变革，推进粤港澳三地交通领域标准互认、规则衔接，建立湾区跨境、跨区域现代物流硬件体系和行业标准规范。以大湾区更高标准的"硬联通"基础设施建设与"软联通"的交通服务规则对接为支撑，强化大湾区高可达性的要素高流动性和高时效性要求，面对全球和全国交通运输需求及发展趋势，以及大湾区超高密度、多层级需求叠加、通道资源稀缺的发展条件，构建以海运航线、江海联运通道、海铁联运通道为纽带，以多层级复合轨道交通网络为骨干、战略枢纽为节点，构建大湾区直连直通交通网与辐射内地的综合运输通道网[1]，形成大湾区内部"一小时"、内陆港与共建"一带一路"港口协同互动的全球港口物流服务网络，为高效、统一的大湾区市场提供高标准的物流网络支撑，奠定国内国际"双循环"的物流枢纽位置[2]。以大数据和云计算技术赋能大湾区交通网络信息系统，并将其与物联网系统相整合，提高物流信息化管理水平。

---

[1] 邵源、黄启翔、易陈钰、罗韧：《粤港澳大湾区综合立体交通网战略构思》，《城市交通》2022年第2期。

[2] 杨朝宇、周尚万：《粤港澳大湾区融入全国统一大市场的机遇与挑战》，《当代经济》2022年第10期。

B.7
粤港澳大湾区绿美湾区生态建设报告

吴大磊　王丽娟*

摘　要： 打造生态环境品质国际一流的美丽湾区，是粤港澳大湾区建设的重要目标。在绿美广东生态建设开局之年，粤港澳大湾区将绿美生态建设作为高水平推进生态文明建设的重要牵引，突出空间规划，构建绿美湾区生态建设新格局；锚定六大行动，全面提速绿美湾区建设步伐；打通转化路径，释放绿美湾区建设综合效益；线上线下联动，掀起全民植绿护绿新热潮。建设国际一流的美丽湾区仍需持续完善绿美湾区建设的顶层设计，建立与城市群相匹配的绿美生态建设格局，进一步畅通绿美湾区生态产品价值实现的有效转化渠道、激发全民参与绿美湾区建设的活力。

关键词： 绿美湾区　绿美广东　生态建设　协同治理　粤港澳大湾区

广东省委十三届二次全会强调，要突出以绿美广东为引领，高水平谋划推进生态文明建设。2022年12月，广东省委十三届二次全会审议通过《关于深入推进绿美广东生态建设的决定》（以下简称《决定》），提出深入推进绿美广东生态建设的总体要求和目标任务。粤港澳大湾区是生物多样性最丰富和受人类活动影响最大的区域之一，也是具有巨大开发潜力的生态资源库。推进粤港澳大湾区绿美生态建设，不仅是打造国际一流美丽湾区的重要举措，也是推

---

* 吴大磊，博士，广东省社会科学院研究生部副主任（主持工作），研究员，主要研究方向为环境经济与政策；王丽娟，广东省社会科学院环境与发展研究所助理研究员，主要研究方向为环境经济与政策。广东省社会科学院硕士研究生余晨阳参与数据采集。

进大湾区高质量发展的重要牵引。2023年是绿美广东生态建设的开局之年，大湾区各地积极贯彻落实《决定》精神，紧紧围绕"六大任务"，突出绿美湾区生态建设的经济效益、社会效益和文化效益，努力打造人与自然和谐共生的绿美广东样板，为建设宜居宜业宜游的国际一流湾区提供了良好生态支撑。

一 绿美湾区生态建设的进展与成效

为全面贯彻党的二十大精神，深入贯彻习近平总书记对广东系列重要讲话和重要指示精神，省委作出深入推进绿美广东生态建设的决定，这是打造展示习近平生态文明思想和美丽中国建设成果的示范地和窗口的重大举措。2023年是绿美广东生态建设的开局之年，《决定》提出了绿美广东生态建设总体要求，描绘了目标愿景，推进实施六大行动。在绿水青山就是金山银山理念的引领下和多年奋力建设打下的良好基础上，2023年以来，大湾区以更高标准接续推进，激发全社会共同参与绿美湾区建设的新动力，展现大湾区人与自然和谐共生的绿美图景。

（一）筑格局：突出空间规划，构建绿美湾区生态建设新格局

2023年伊始，广东就从顶层设计上持续发力：省两会将"绿美广东"写入政府工作报告；省委十三届二次全会强调要突出以绿美广东为引领，高水平谋划推进生态文明建设，省委印发《关于深入推进绿美广东生态建设的决定》；省委十三届三次全会将绿美广东生态建设纳入"1310"具体部署；全省21个地级及以上市全部出台绿美广东生态建设实施方案或意见，形成了比学赶超、实干争先的氛围，全力打造绿色发展新格局。

表1　广东省关于绿美生态建设的部分文件

城市	文件名称	主要内容
广东省	《中共广东省委关于深入推进绿美广东生态建设的决定》	提出到2027年底，全省完成林分优化提升1000万亩、森林抚育提升1000万亩，全域建成国家森林城市，率先建成国家公园、国家植物园"双园"之省；到2035年，全省完成林分优化提升1500万亩、森林抚育提升3000万亩，建成人与自然和谐共生的绿美广东样板；提出实施森林质量精准提升、城乡一体绿美提升、绿美保护地提升、绿色通道品质提升、古树名木保护提升和全民爱绿植绿护绿行动"六大行动"

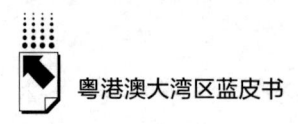

续表

城市	文件名称	主要内容
广东省	《广东省绿美保护地提升行动方案（2023-2035年）》	重点打造"三园两中心一示范"：创建南岭国家公园、丹霞山国家公园，高标准建设华南国家植物园，高水平建设国际红树林中心和国家林草局穿山甲保护研究中心，建设一批示范性保护地
广州市	《绿美广州五年行动计划（2023-2027年）》	提出2023年完成森林提质增绿23万亩；到2027年提质增绿森林面积100万亩；实施绿美广州"1+8"建设任务，包括以华南国家植物园体系建设为统领，实施绿化美化和生态建设"八大工程"
深圳市	《深圳市公园城市建设总体规划暨三年行动计划（2022-2024年）》	提出"建设山海连城的公园深圳"，扎实推进山海连城绿美深圳"六大行动"重点任务；到2025年，初步建成全域公园体系和全境步道骨干网络，建成各类公园1350个以上、步道网络4000公里以上；到2035年全面建成"山、海、城、园"有机融合、全民共享共惠、充满活力的全域公园城市
珠海市	《关于深入推进绿美广东生态建设珠海实践的实施意见》	提出到2027年，完成林分优化提升4.01万亩、森林抚育提升2.34万亩，城市建成区绿化覆盖率不低于46.5%；到2035年，珠海城市建成区绿化覆盖率将不低于47%；增加"绿色版图扩增行动"、"海岛生态质量提升行动"和"生态修复行动"三项行动，形成珠海版的"九大行动"
佛山市	《关于深入推进绿美佛山生态建设的实施意见》	提出到2025年，完成林分优化提升5.50万亩、森林抚育提升3.50万亩；到2027年，完成林分优化提升8.50万亩、森林抚育提升5.54万亩；构建"三屏六楔，两脉两环，蓝绿成网"的自然生态格局，点、线、面结合统筹推进"岛、岸、路、山、园"一体综合治理，打造半城山水满城绿、人与自然和谐共生的佛山样板
惠州市	《惠州市贯彻落实〈中共广东省委关于深入推进绿美广东生态建设的决定〉的实施方案》	提出到2027年，完成林分优化提升72.22万亩（含油茶新造9万亩）、森林抚育提升73.85万亩（含油茶低改及抚育8万亩）；2028~2035年，完成林分优化提升43.17万亩、森林抚育提升153.24万亩；到2035年底，全市森林质量得到大幅度提升，多树种、多层次、多色彩的森林植被成为绿美惠州的鲜明底色
中山市	《绿美中山生态建设实施方案（2023-2027年）》	提出森林质量精准提升、城乡绿化美化提升、绿美生态海岸线提升、绿美自然保护地提升、绿美生态廊道提升、古树名木保护提升和全民爱绿植绿护绿提升行动"七大行动"

续表

城市	文件名称	主要内容
东莞市	《深入推进绿美东莞生态建设实施方案》	提出到2027年底,完成林分改造提升4.98万亩、森林抚育提升7.36万亩;到2035年,完成林分改造提升11.72万亩、森林抚育提升16.85万亩,打造人与自然和谐共生的绿美东莞样板,实施森林质量精准提升、森林公园品质提升和蓝绿通道连通提升"三大工程",构建城乡绿化融合体系、生态资源守护体系和生态文化传承体系"三个体系"
肇庆市	《绿美肇庆生态建设六大行动实施方案(2023-2035年)》	提出到2027年,完成林分优化提升100万亩,森林抚育提升100万亩,国家储备林100万亩;到2035年,完成林分优化提升58万亩,森林抚育提升170万亩,国家储备林200万亩,建成人与自然和谐共生的绿美肇庆样板;细化提出包括目标任务、建设内容、技术要求和投资估算等的绿美肇庆生态建设"六大行动"
江门市	《关于深入推进绿美江门生态建设实施方案》	提出要构建江门生态建设新格局、推进绿美江门生态建设"六大行动"、发挥绿美江门生态建设综合效益、提升绿美江门生态建设治理水平以及提供组织保障

资料来源:作者依据广东省及各地级市发布的政策文件整理。

粤港澳大湾区始终严格依据国土空间规划科学推进绿美广东生态建设,严守生态保护红线和自然生态安全边界,坚持陆海、城乡和三地空间统筹与一体化融合发展,不断加强对以南岭山地为核心的南岭生态屏障,以丘陵山地、森林为主体的粤港澳大湾区外围丘陵浅山生态屏障和以沿海防护林、河口、海湾、滨海湿地、海岛等要素为主体的蓝色海洋生态屏障的系统性保护修复;依托东江、西江、北江等骨干水系,统筹推进陆地、海洋、湿地三大生态系统一体化保护修复;构筑以重要水系、森林带和海岸带为主的生态廊道,结合碧道、绿道、古驿道等线性开敞空间建设,构建满足水生生物繁殖洄游、水鸟和候鸟迁飞停留、陆生野生动物栖息迁徙等活动需要的特色生态廊道网络体系,提升生态系统连通性,互联互通的生态廊道网络和"三屏五江多廊道"的生态安全新格局逐步显现。[①]

[①] 黄叙浩:《构筑"三屏五江多廊道"生态安全格局》,《南方日报》2023年5月17日。

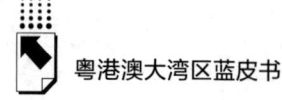

作为开发建设强度较大的地区，粤港澳大湾区坚持点、线、面全域推进绿化美化提质增效。首先是高品质打造绿美广东生态建设示范点，以森林公园、湿地公园和风景名胜区等为重点建设类型多样的点状生态空间，并与碧道、绿道、森林步道、生态海岸等共同组成连绵起伏的带状生态空间。其次是持续提升城乡绿美生态环境，将各类城市公园、郊野公园、滨水绿地及其他结构性绿地统一规划建设成各具特色风光的城市绿美风景线。综观整个粤港澳大湾区，正以绿美广东生态建设为引领，加速形成林城一体、林水相依、生态优美、绿色宜居、人与自然和谐相处的生态和发展新格局，全域公园绿地面积等重要指标逐年增长（见图1），为经济社会高质量发展提供了高品质的生态空间。

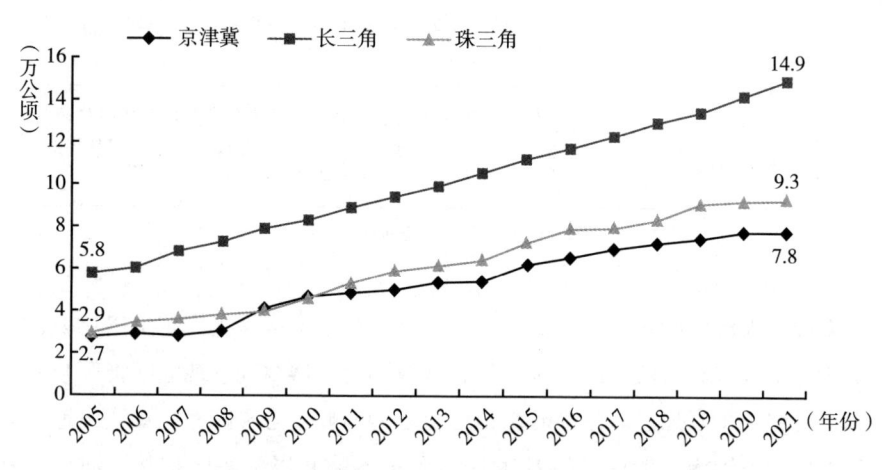

图1 2005~2021年京津冀、长三角与珠三角地区公园绿地面积

资料来源：相关年份《中国统计年鉴》《中国城市建设统计年鉴》《江门统计年鉴》；京津冀公园绿地面积为北京、天津、河北的绿地面积加总；长三角公园绿地面积为浙江、安徽、江苏、上海的绿地面积加总；珠三角公园绿地面积为珠三角九市的绿地面积加总；其中，2008年天津公园绿地面积缺失，由线性插值法补全。

（二）强落实：锚定六大行动，全面提速绿美湾区建设步伐

2022年底，广东省委十三届二次全会作出了深入推进绿美广东生态建设的决定，提出重点实施"六大行动"，具体包括森林质量精准提升行动、城乡一体绿美提升行动、绿美保护地提升行动、绿色通道品质提升行动、古树名木

保护提升行动和全民爱绿植绿护绿行动。① 大湾区内地九市结合实际、突出特色，以林分优化、林相改善为切入口，以示范点建设为抓手，以绿美保护地高标准打造为动力，以全民义务植树活动为契机，全力推进各项重点工作建设进度，取得显著实效。

一是适地适树推动森林质量精准提升。经过多年建设，广东绿色空间版图不断扩大，目前全省森林面积达1.43亿亩，比20世纪80年代初期增加了60%。珠三角区域森林覆盖率已超过50%，主要建成区域绿化覆盖率超过45%。大湾区内地九市已于2021年率先建成首个国家级森林城市群，作为全国城市生态治理创新实践，珠三角森林城市群建设不仅为构建粤港澳大湾区生态安全新格局提供了重要支撑，也为全国森林城市群建设提供了经验示范。但是，"绿起来"之后，全省及珠三角的森林质量仍有提升空间，森林质量精准提升行动是深入推进绿美广东生态建设的重要决策部署之一，是打造人与自然和谐共生的现代化广东样板的重要基础之一。为确保2023年任务指标按时完成，全省各地紧抓备耕有利条件，全面启动春季植树造林工作。有序对低效纯松林、纯桉林等林地实施林分改造、林相改善，营造高质高效乡土阔叶混交林，培育稳定健康的森林生态系统，增强森林生态效益。全省林业工作座谈会提供数据显示，2023年以来，全省完成林分优化和森林抚育分别为203.6万亩和205.6万亩，超额完成森林质量精准提升年度目标。粤港澳大湾区结合"百县千镇万村高质量发展工程"，针对森林结构不优，纯林、中幼龄林、人工林比例较高，天然林占比较低的现状，以"森林城市群—森林城市—森林县城—森林城镇—森林乡村"多层次创森体系优化进一步提升珠三角森林城市群建设品质，加快推动大湾区建设"高质量的生态屏障、高连通的生态廊道、高水平的生物多样性保护、高品质的自然公园覆盖"世界级森林城市群。其中，广州市印发实施了《广州市绿地系统规划（2021-2035）》，应用乡土树种对低效林、残次林进行替代升级，培育大径级森林，提升森林多功能效益，蓄积绿色财富；珠海市截至2023年6月，已完成森林质量精准提升超过2万亩；东莞市将绿美城乡建设行动作为"百千万工程"九大行动之一，在精

---

① 广东省林业局：《中共广东省委关于深入推进绿美广东生态建设的决定》，2022年12月8日中国共产党广东省第十三届委员会第二次全体会议通过。

准提升森林质量、优化林分、改善林相的基础上，突出村庄绿化、道路沿线美化、滨水岸线绿化，聚力抓好群众身边的绿美提升，不断增强群众幸福感、获得感。

与全国及京津冀、长三角主要城市群的建成区绿化覆盖率作横向对比分析发现，①自《粤港澳大湾区发展规划纲要》实施以来，以珠三角为代表的大湾区生态建设成绩斐然。2018~2021年，珠三角建成区绿化覆盖率多年保持在43%以上，不仅显著高于全国水平，也在三大城市群中保持领先水平（见表2）。根据相关统计，目前珠三角主要建成区绿化覆盖率已超过45%。

表2 2018~2021年全国及三大城市群建成区绿化覆盖率

单位：%

区域	2018年	2019年	2020年	2021年
全国	41.11	41.51	42.06	42.42
京津冀	41.89	42.48	43.08	43.13
长三角	42.19	42.44	42.42	43.10
珠三角	43.86	44.58	44.31	43.32

资料来源：作者根据《中国统计年鉴》（2019~2022）、《中国城市建设统计年鉴》（2019~2022）等数据统计得出。

二是高标准建设绿美保护地。绿美保护地是"百县千镇万村高质量发展工程"的重要组成部分，旨在打造彰显中国特色万物和谐共生的国家绿色名牌，满足群众对绿水青山优质生态产品以及精神文化的需求。重点打造"三园两中心一示范"：创建南岭国家公园、丹霞山国家公园，高标准建设华南国家植物园，高水平建设国际红树林中心和国家林草局穿山甲保护研究中心，建设一批示范性保护地。按照率先建成"双园"之省的目标要求，在推动建设一批示范性自然保护区、森林公园、郊野公园的基础上，广东持续加大对自然生态系统及红树林等重要生态资源的保护与修复。国家植物园是植物保存的"诺亚方舟"，通过将各类珍稀植物尤其是濒危植物引进到植物园进行保护培

---

① 全国及三大城市群建成区绿化覆盖率由作者依据统计资料可得的各地区建成区绿化率与相应面积权重相乘得出。各地区面积数据来自中华人民共和国中央人民政府官网、中华人民共和国民政部官网及相关省份人民政府官网。

育和繁衍生息，实现维护生物多样性目标，是国家植物园的主要功能。2022年7月，华南国家植物园正式揭牌，广州市将实施华南国家植物园体系建设工程作为绿美广州五年行动的"头号工程"，对标最高、最好、最优，全力支持和保障华南国家植物园建设。挂牌一年多以来，华南国家植物园引种不断加速、科普持续升温，创新性打造出全国首个"1+3+N"城园融合体系，并探索性开展了一系列高水平的建设活动，包括大力培育珍稀野生植物（例如野生猪血木）幼苗，然后让其回归野外、投放园林绿化树种以及推动走向市场，通过将珍稀植物的培育繁衍和促进开发利用相结合，达到"应用就是最好的保护"的良好效果。过去一年，华南国家植物园新引种植物超过2177种，收集超过1.7万种高等植物。在科普教育方面，2023年上半年华南国家植物园入园人数同比上升46%，400多名植物专家和志愿者举办科普讲座超过800余场，线上线下参与人数超过100万人次。

广东是我国红树林分布面积最大的省份，现有红树林1.06万公顷，占全国红树林总面积的39.3%。珠三角分布有丰富的红树林资源，形成多个红树林集中分布区。红树林保护修复专项行动计划实施以来，珠三角地区就以江门台山镇海湾、惠州惠东考洲洋两个万亩级红树林示范区建设带动红树林保护修复与综合利用可持续发展，探索推进红树林及周边生态养殖、碳汇交易、生态旅游和科普教育等发展，充分发挥红树林生态功能的同时拓宽切实可行的生态产品价值实现路径。2023年以来，深圳市对标借鉴国际一流标准，高质量建设"国际红树林中心"，成为全省重要的红树林文化推广核。国家林草局与深圳市政府共同成立了"国际红树林中心"筹建工作领导小组，全面启动全球首个"国际红树林中心"筹建工作，共同推动国家级博物馆深圳红树林湿地博物馆建设，共同打造以红树林为主题的中国城市生态文化名片。

在城市园林绿地系统的建设和管养方面，珠海、东莞等城市下足"绣花"功夫，强化城市树木日常养护，加大力度做好全过程闭环精细养护管理；按照"应补尽补、能补必补"的原则精细修补公共绿地，强化公共绿地补绿提质；充分发掘现有空闲土地资源，因地制宜结合场地特点和本土特色，"见缝插绿"打造特色鲜明、精彩纷呈的公共绿色空间，形成森林公园、城市公园、社区公园、口袋公园串珠成链的生态绿景，不断增加城市绿色空间，填补城市景观空白，提升城市生态宜居度。东莞市已建成口袋公园超过400个。珠海市

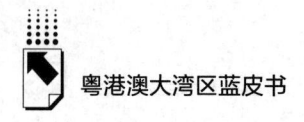

通过践行公园城市建设理念，逐步构建起生态公园—城市公园—社区公园—口袋公园四级城乡全域公园体系，推动公园绿化活动场地分布均衡、功能完善、全龄友好，实现推窗见绿、出门入园。

三是高标准遴选启动示范点建设。粤港澳大湾区内地九市依照结合实际、突出特色、设计美观、科学施策的原则，聚焦绿美生态建设"六大行动""三大效益"，将示范点建设列入2023年重点工作。以增强群众享受绿美广东生态建设成果为目标，积极做好示范点选址工作，组织编写示范点建设或实施方案，开展作业设计等前期规划，有序启动各项建设工作，努力在湾区全域打造形成林分优化、林相改善、生态富民、旅游休闲、森林康养、自然教育、古树公园等多种类型的"点、线、面"相结合的示范点体系。如中山市经过集中踏勘、论证与讨论等环节，确定了金钟湖公园、横栏岐江花海公园等4个市级示范点。东莞市充分依托林长制高效推动绿美广东生态建设示范点创建，建立了党政领导挂点挂片联系制度，即由市、镇两级林长亲自挂帅、靠前指挥，持续完善"一长两员"（村级林长、监管员、护林员）网格化管护体系，探索"民间林长"制度，不断延伸和健全"林长+"工作机制，让示范点建设工作有手可抓。

（三）重效益：打通转化路径，释放绿美湾区建设综合效益

近年来，广东坚持以生态保护修复、生态绿色富民作为乡村振兴发展的着力点，以"含绿量"赋能"含金量"，在创新深化集体林权制度改革、培育新型林业经营主体、推进镇村林场发展、探索生态产品价值实现机制等方面已取得较大成效。广东林业产业产值约占全国1/10，连续13年居全国第一。2023年以来，粤港澳大湾区各地将绿美广东生态建设与"百县千镇万村高质量发展工程"、制造业当家等重点战略紧密结合，系统谋划、一体推进，形成高质量发展强大合力，努力将生态优势转化为发展优势。随着绿美广东生态建设深入推进，森林"四库"（水库、钱库、粮库和碳库）的作用愈加凸显，油茶、竹子、南药、花卉苗木等林业产业和林下经济发展迅猛，林业一二三产业融合逐步深化，森林旅游、森林康养等新业态蓬勃兴起。例如，东莞市着力做好荔枝、莞香、红花油茶"三棵树"文章；肇庆市全力做好林业产业发展"六个一"工程，包括活化利用"一片林"、做大做强"一根竹"、精心包装"一桶

油"、全力打造"一盘果"、提质扩容"一个园"、用心擦亮"一张牌"。肇庆市选择生态环境和资源基础较好的县实施"一村千树"产业项目，在绿化美化村庄的同时努力补齐发展短板，为村民增收致富开辟新路。

目前，广东全省已实现天然林保护和公益林管理并轨，生态保护补偿力度持续加大，省级公益林效益补偿提高至 45 元/亩。大湾区各地也持续深化林权制度改革，探索建立健全林权抵押贷款制度。多地引导开发金融机构和政策性银行加大支持林业发展力度，激活林业金融，促进资本进山入林。以肇庆市为例，该市依托高新区智慧用能管理服务平台，创建省内首个地级市"数智化"碳账户，打造"云碳贷""云碳担"等以"云碳"系列为核心的"碳账户+"金融服务体系。截至 2023 年 2 月底，肇庆市 11 家试点银行机构已为肇庆高新区 83 家企业授信"云碳贷"20.4 亿元。

（四）齐参与：线上线下联动，掀起全民植绿护绿新热潮

合力栽新苗，同绘绿美图。2023 年以来，大湾区内地九市各级政府率先垂范，通过宣传引导、广泛动员、创新方式，群众线上线下义务植树活动蓬勃开展，南粤大地掀起了一浪高过一浪的全民植绿护绿行动热潮。

一是示范引领推动尽责。早春二月，2023 年全省推进绿美广东生态建设义务植树活动就在大湾区九市全面展开，以全省 100 个示范点为主要场所，干部群众一同挥锹铲土、扶苗浇水，广泛种植高山榕等乡土树种，为大湾区播下新绿。全社会积极响应，人大代表、政协委员、妇女代表、企业家代表、学生群体、机关干部、广大群众等社会各界开展各具特色的全民义务植树活动，建成了一批"青年林""巾帼林""同心林"等主题林，助力绿美广东生态建设。

二是创新拓宽尽责渠道。全民义务植树尽责形式不断创新，除了传统的实地造林方式外，还充分利用现代信息技术手段，线上线下充分结合，打造了形式多样的义务植树网络平台，建立了一批"互联网+义务植树"基地，老百姓认种认养认捐的渠道被拓宽，义务植树"最后一公里"被打通。省林业局上线"认种一棵树"微信小程序，通过采取认种认养、捐资捐物或网络捐资等尽责方式，引导企业、社会团体、个人等力量参与全省植树绿化行动。中山市通过领导干部带动企业家、志愿者及广大群众开展"千企万民齐种树""万棵榕树进乡村""百园秀城"等活动，创新全民义务植树形式。

三是加大宣传教育引导。粤港澳大湾区内地各市普遍将绿美广东宣传教育纳入全年工作计划,例如珠海市专门制订了绿美生态建设年度宣传工作方案。省林业局联合省生态环境厅、省住房和城乡建设厅、省农业农村厅、省工商联、团省委、省妇联等部门共同发起"21市同心聚力,共建绿美广东"主题宣传活动。各地市充分利用传统媒体和新媒体平台、公域流量和私域流量对建设意义、重点亮点、成果成效等进行全方位、多视角、高密度的宣传解读,加强宣传教育、知识普及和舆论引导,营造全社会关注、支持和参与绿美广东生态建设的良好氛围和生动局面。

二 绿美湾区生态建设的挑战与问题

粤港澳大湾区是我国开放程度最高、经济活力最强的区域之一,同时也是生态资源丰富的地区,建成有珠江口中华白海豚国家级自然保护区、深圳红树林国家级自然保护区、惠东海龟国家级自然保护区、鼎湖山国家级自然保护区、海岸公园、保护湿地等一大批不同类型的国家级自然保护地。大湾区是我国人口密度最高、经济密度最大、资源环境负荷最高的城市群之一。相当长的一段时间内,大湾区以不到全国0.6%的土地面积,承载了全国5%的人口,创造了全国11%的国内生产总值。作为世界级城市群,粤港澳大湾区生态质量与纽约、旧金山和东京等国际湾区相比仍存在较为明显的短板。2015年,世界四大湾区生态质量综合指数由高到低排序为纽约湾区、旧金山湾区、粤港澳大湾区和东京湾区。其中,绿林地比例指标由高到低依次为旧金山湾区、纽约湾区、粤港澳大湾区和东京湾区(见图2);而人均绿林地面积指标与绿林地比例指标排序相同,旧金山湾区人均绿林地面积最高,是粤港澳大湾区的3倍之多。[1] 可见,与世界其他三大湾区相比,粤港澳大湾区生态建设水平仍存在一定差距。

绿美湾区生态建设面临新老问题交织的双重挑战。一方面,经历了长期的追赶型发展、压缩式的工业化进程和快速城镇化过程,大湾区在生态建设方面留

---

[1] 蔡文博、韩宝龙、逯非、冼超凡、欧阳志云:《全球四大湾区生态环境综合评价研究》,《生态学报》2020年第23期。

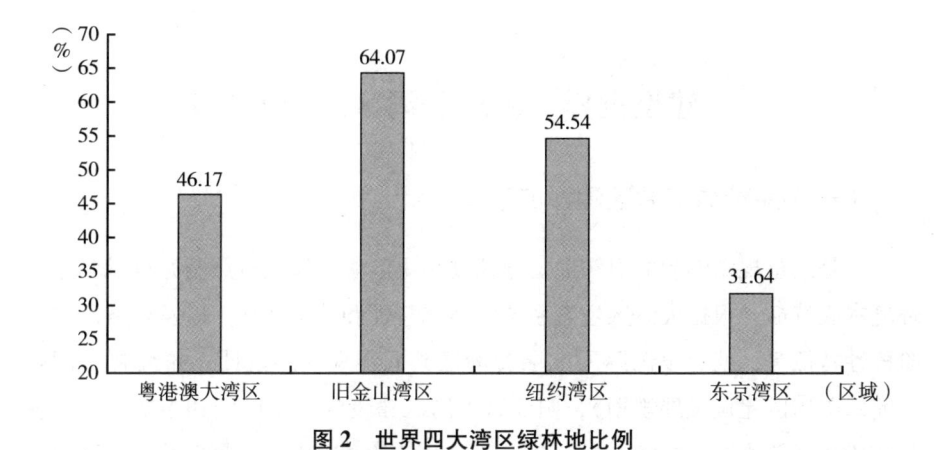

图 2　世界四大湾区绿林地比例

资料来源：蔡文博、韩宝龙、逯非、冼超凡、欧阳志云：《全球四大湾区生态环境综合评价研究》，《生态学报》2020年第23期。

下较多历史欠账，例如日益突出的人地发展矛盾、国土空间资源承载长期超载、产业布局和生态安全格局不尽合理等。另一方面，绿美湾区生态建设还存在跨区域、整体性、系统性、协同性等亟待破解的难题。从整体和协同性看，绿美湾区生态建设应该坚持一体化推进，但是，自然生态系统上的连续性、地理单元上的不可分割性和行政区划空间的相对独立存在矛盾，导致在推进生态建设进程中难以完全实现一致性和一体化。行政区域的有形边界，让大湾区内部各地区、各职能机构在履行职责尤其是涉及跨区域、跨部门生态建设和保护修复问题时，难以完全做到以地理空间整体性为原则开展建设，各城市间资源要素的流动和相互协作不够充分，生态系统在跨行政区更大范围的服务溢出效应容易被忽视，出于对区域和部门利益的考虑，当前绿美湾区生态建设中还存在交界处、边界地带无人管以及一体化被割裂的碎片化现象。同时，粤港澳三地"一国两制三法域"的特征也使得一体化推进绿美湾区生态建设存在制度上的难点。从系统性和功能性看，森林生态系统是山、水、林、田、湖、草、海等全要素生态共同体的重要组成部分，在进一步优化提升森林生态系统质量的同时，需要突出各要素的相互促进作用，实现全要素系统耦合，形成具有稳定结构和丰富功能的生命整体。绿美湾区生态建设，聚焦在树、着眼在林，牵动的却是粤港澳大湾区生态系统整体性优化，增进的是经济、社会、文化及综合效益。但是，现阶段包括生态文化价值在内的绿美湾区建设的综合效益有待进一步提升。

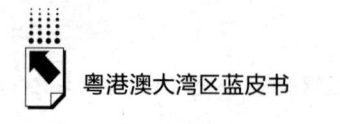

三 建设世界一流绿美湾区的若干对策

（一）完善绿美湾区建设的顶层设计

一是注重规划编制的引领性。建议立足粤港澳大湾区自然资源禀赋和生态环境本底特征，根据大湾区生态系统的格局特征和结构特征，以及经济发展的阶段性特征等，就建设国际一流绿美湾区共同谋划顶层设计，如编制《国际一流绿美湾区建设发展规划》，明确绿美湾区建设的基本原则和主要目标，就如何优化绿美湾区的空间布局、建设陆海统筹的秀美山川、打造城乡协同的美丽家园提出战略思路；提出具体任务措施；针对挖掘绿美湾区建设的生态价值、社会价值和文化价值提出具体的路径与措施。粤港澳三地协同构建林和城相依、陆和海相连、林和人相融的国际一流绿美湾区。

二是注重规划编制的统筹性。以国土空间规划为基础性规划蓝本，依据"三区三线"划定范围，用好自然资源"一张图"，充分运用最新"三调"成果，充分衔接好已有各类规划蓝本的思路，编制好各级各类绿美规划。加快建立大湾区"三线一单"数据管理及应用平台，推动"三线一单"成果数据落地应用和相关工作成果数据实现共享，为大湾区人口政策、产业政策、项目发展等提供"绿色标尺"。近阶段，根据大湾区城市不同特点，建议重点围绕"一条绿化景观路、一处乡村休闲绿地、一个庭院绿化示范点、一片生态景观林"、示范性自然保护区、森林公园和山地公园、郊野公园，以及红树林示范区等进行专项规划编制，并及时总结经验，形成参考性规划范本。

三是注重规划编制的时序性。以全域和系统观念开展规划编制工作，实现"一个城市就是一座大公园，一个社区就是一个小公园"。牢固树立"山水林田湖草是一个生命共同体"的理念，做到山水林田湖草一体规划，多从百姓追求美好生活出发，从百姓身边入手，着力在"串""联"上多花笔墨，在便民、惠民、利民方面多做文章，实现绿道、碧道、远足径、郊野径、古驿道、海栈道、城市慢行道等"多道连通"，植物园、公园、广场、池塘、湖泊、水库等"多点贯通"，林网、水网和路网等"多网融合"，用心绘好"串珠成链、织链成网"的绿美生态网。尊重科学，尊重群众意愿，善纳良言良策，契合当地条件，建议邀请美学、艺术等领域专家参与研究和规划编制工作，提高审美品位。因地制宜选择绿化的树种，对外来树种的使用要特别谨慎，要坚决把《决定》中有关防止乱砍滥伐、杜绝"天然大树进城"等急功近利行为的要求落实到位。

（二）建立与城市群相匹配的绿美生态建设格局

一是"以人为本"构建城市中心绿美格局。尊重自然规律，在城市中心广场、核心主干道和城市主要出入廊道等重点部位，采用盆景化、园艺化的植物配置表现手法，营造疏密有致、精巧别致、文化特色突出的园林绿化景观。坚决反对"大树进城"等急功近利行为。保护和凸显大湾区城市自然山水格局，将好山好水好风光融入城市，让城市在大自然中有机生长；建设更加健康、全龄友好的绿道网络和公园体系，加强对"一老一小"的关心关注，推进儿童友好理念融入公园绿地规划设计，加强无障碍设施建设。构建布局均衡、功能完善的公园体系，结合城市更新，留白增绿、拆违建绿、见缝插绿，加强各类公园建设，因地制宜增加百姓身边的"口袋公园"等绿化活动场地，推进公园绿地向社会公众开放与共享，使绿地公园成为服务居民休闲游憩、体育健身、防灾避险等重要载体。增强城市绿化空间的韧性，加强防灾避险绿地建设，加强防护绿地建设，发挥园林植物净污防噪功能，促进城市健康安全。落实海绵城市建设理念，通过竖向设计增强绿地汇水排水能力，增强绿地海绵功能。因地制宜推进垂直绿化和屋顶绿化，丰富立体绿化形式，不断拓展绿色空间。推动城市生物多样性保护和城市动植物栖息地保护修复，促进不同规模、不同类型生境斑块之间的连通。充分挖掘园林艺术内涵，推进城市绿地与美学、艺术元素相融合，在城市公园中开展花展、音乐节、读书会等群众喜闻乐见的文化休闲活动。将文化馆、艺术馆、博物馆、体育馆等文化建筑融入大型公园化地区，引领文化创意产业、绿色休闲服务和消费升级。

二是"因地制宜"构建城市社区绿美格局。目前，广东城镇化率接近75%，珠三角地区城镇化率高达87.5%，大部分居民居住在有物业管理的小区。应使政府的绿化美化政策要求落实到业主自治下的物业管理公司，让老百姓拥有实实在在的获得感，但传导机制仍不顺畅。相关调研结果显示，居民普遍对物业管理公司的绿化美化现状不满意，基层的街道和居委会也缺乏有力抓手,而作为物业管理公司主管部门的房管局,由于人手少,面临"看得见、管不着"等难题。建议房管部门加强对小区物业管理公司的监督管理,把小区规划方案制定、绿化美化规划等纳入监管范围。同时,强化街道、社区对小区绿化美化政策执行的检查监督,消除政策落地的"绝缘层"现象。应因地制宜、因陋就简、就地取材,采取"就汤下面"的方式,尽量选择种植天然适配的树木花草,降低人工修剪养护的成本。

三是"见缝插绿"构建城中村绿美格局。城中村是大湾区城市化进程中特有的产物,也是绿美生态建设中容易被忽视的区域。目前,城中村尽管普遍实行了村改居,但这种特殊小区中的居民暂时无须缴纳"物业费",由于街道财力普遍困难,村集体经济组织出资维护公共环境的意愿也不强,因此城中村的公共水域、广场等空间"公地悲剧"现象严重。即使像广州、深圳这样的大城市,城中村的公共环境治理也是一大棘手难题。应鼓励大湾区各城市的城中村在绿化美化过程中采取"土办法""笨办法",坚持量力而行、尽力而为、善做善为,"花小钱办大事,不花钱办成事",多栽乡土性、经济型、易生宜养型的树木花草,多以微景观、口袋公园、立体绿化美化等方式扮靓装点风貌,因陋就简绿化美化,实现"淡妆"也能媲美"浓抹"。加快建立完善村规民约,明确城中村内公共空间整治以村民自治组织或村集体经济组织为主,主要由投工投劳解决,鼓励村集体经济组织全程参与农村环境整治规划、建设、运营和管理。

(三)畅通绿美湾区生态产品价值实现的有效转化渠道

一是拓展生态产品转化的有效渠道。进一步完善大湾区生态产品的评价、经营开发和价值实现机制,促进更多高质量生态产品体现经济效益和社会效益。加快深化林权制度改革步伐,逐步实现从"人养林"向"林养人"转变。建议逐步在大湾区城市实行统一的公益林补偿标准,并逐年提高,力争在3~5年内亩均达到50元以上,逐步实现"生态受保护、林农得实惠"的改革目标,聚焦林权流转、林权抵押贷款、资源公开拍卖等关键环节,鼓励地方开展先行先试的探索。畅通要素流动渠道,吸引更多资金技术人才向绿美建设领域集聚。鼓励社会资本与林农开展合作经营,引导林农采取转包、出租、入股等方式流转林地经营权和林木所有权,大力培育林业专业合作社、家庭林场、股份林场等新型林业经营主体，发展林业适度规模经营。充分发挥林业龙头企业、国有林场、新型林业经营主体的资金、技术、人才和规模化经营优势，鼓励以股份、合作、托管等模式，与林农建立紧密的利益联结机制，让更多优质要素与林业资源紧密结合。推进林业金融体制创新，鼓励金融机构提供覆盖林业全产业链、全生命周期的金融产品和服务。充分发挥广东股权交易中心"乡村振兴板"的功能，制定激励措施，鼓励未符合在A股市场上市融资条件和新三板挂牌条件的涉农涉林龙头企业，先通过广东股权交易中心"乡村振兴板"挂牌进行培育。鼓励开展森林碳汇价值质押贷款、林权抵押贷款、公益林补偿及天然林补助的收益权质押贷款回购天然林，森林保险新险种等探索。对于林下种植的高价值苗木，鼓励金融机构探索开办苗木抵押贷款业务，创新符合林下生产经营特点的多样化金融产品。建议将林权抵押贷款业务全部纳入小微企业贷款风险补偿范围，按有关规定给予风险补偿，扶持金融机构助林惠林。

二是探索水生态产品价值实现机制。把水资源作为最大的刚性约束，坚持以水定城、以水定地、以水定人、以水定产，将水资源因素作为大湾区人口规划和经济社会发展的重要依据。挖掘保护大湾区水文化遗产，弘扬大湾区水文化的特色和魅力，发展"碧道+水经济"新模式，建立大湾区水生态产品价值实现机制，打造绿色水经济新业态。在构建生态、安全韧性的河湖水系的基础上，积极建设湾区城市水生态空间，充分发挥湾区城市碧道的生态、文化、景观、休闲等功能，打造亲近自然、享受文化、崇尚健康的休闲游憩空间，以高质量、高品位的滨水空间激发新经济、新业态，促进城市亲水产业发展。促进"碧道+海绵城市"的深度融合，探索利用驿站、碧道标识牌、水幕等提供户外广告投放服务，将碧道作为广告投放的载体，探索碧道的经济社会价值实现途径。在保障水安全的前提下，将合适的空间作为户外活动场地、地摊经济设立点等；积极发展水上运动，在大湾区城市建设一批水上运动试点，推动文化旅游发展。

三是创新碳汇生态产品价值实现机制。以建立粤港澳大湾区碳排放权交易市场为契机，以森林碳汇为切入口，加快建立包括森林碳汇、湿地碳汇、耕地碳汇、土壤碳汇、海洋碳汇、人工碳汇、碳捕集利用与封存（CCUS）等种类齐全、功能互补、产汇融合的碳汇体系。从人与自然和谐共生现代化的战略高度，建立并完善大湾区碳汇生态产品价值核算体系，开展大湾区碳汇生态资源资产清单编制工作，构建包含不同空间层级和产品类型的碳汇生态产品价值数据库。探索建立大湾区碳汇储备中心，优先购买符合碳汇交易"三可"原则、发展潜力大的优质碳汇项目，作为未来重大项目的碳汇资源储备。对碳汇储备资源开展抵押、租赁等实践探索。充分利用好广州期货交易所这个金字招牌，把大湾区建设成为未来中国乃至世界的碳定价中心。鼓励广州碳交所、深圳碳交所更多开展核证自愿减排量（CCER）交易，并优先吸纳本省CCER项目开展交易。结合目前广东开展的碳普惠项目，按照"易操作、低成本、可接受"的原则进行优化，加快构建可持续发展的碳普惠体系，打通上下游碳普惠价值链。按照CCER机制中"吸碳、减碳、替碳"三大路径的要求，提前谋划好太阳能、风能、潮汐能、热电联产、余热发电、甲烷利用、地热能、固废资源化等潜在碳中和市场的建设，做好项目的准备、储备工作，夯实大湾区"碳库"。

（四）激发全民参与绿美湾区建设的活力

一是建立多层次合作网络。在现有粤港澳生态环境治理协同机制的框架内，增设绿美湾区协同建设的合作机制，就自然保护区、绿色廊道、绿美碧道等跨区域的绿美生态建设行动开展协商与协作，按照大湾区自然生态系统特征统筹谋划、一体推进。鼓励非官方合作交流，构建包括政界、商界（相关企业、行业协会）、学界（科研院所、智库）、社会公众等在内的合作交流网络。成立由粤港澳三地相关专家、企业家代表、公众代表组成的绿美湾区建设发展咨询委员会，为绿美湾区建设领域重大政策制定、重大工程项目实施等提供专业咨询。在行业层面，成立国际一流绿美湾区建设促进会等社会组织，搭建企业、科研机构、第三方组织、公众等合作交流平台。发挥广东省碳普惠制试点工作的基础优势，联合香港、澳门两地的企业、研究机构、行业协会，成立"粤港澳大湾区碳普惠创新发展联盟"，促进形成区域性碳普惠自愿减排机制和市场。

二是创新公众参与方式。充分利用互联网技术等新手段，创新公众参与绿美湾区建设的方式和渠道。不断丰富造林绿化、抚育管护、自然保护、认种认养、设施修建、捐资捐物、志愿服务等参与方式和渠道。利用"互联网+义务植树"新模式，实施"我为家乡种棵树"活动，线上线下更好融合，更加方便公众随时、随地、随愿履行植树义务，更大范围动员社会力量参与到义务植树活动之中。鼓励建立"林长+志愿者"新模式，吸引社会各方力量积极参与，发挥民间林长力量。健全从植树到养护的全链条责任制。既要充分激发群众的绿化美化热情，也要培养群众的护绿护美意识，做到多种树、种好树、种活树、管好树。要拓宽和延长义务植树绿美的链条，从种植拓宽到养护，健全从种植到管护再到成树全链条责任制，做到"谁栽树谁养护"，确保成活率，防止出现"植树造零"。开展互联网义务植树活动，要做到"云端植树"与"码上尽责"的统一。

三是提升绿美湾区建设的认知度。鼓励政府机构、环境公益组织等面向不同群体开展形式多样的绿美湾区建设宣传教育活动，让广大人民群众正确认知绿美湾区建设的重大意义和主要任务，普及绿美湾区建设的基本知识。将华南国家植物园、南岭国家公园、深圳国际红树林中心，以及全省重点生态保护区等作为绿美湾区生态建设重要的宣传场所，积极吸引港澳社会各界参观交流，凝聚粤港澳三地建设绿美湾区的共识。切实将《决定》中"求真务实、科学绿化"的原则性要求落实到位，坚持科学绿化，尊重自然美、展现个性美、保护原生美，慎砍慎伐，多做加法，见缝插绿，见白补绿，拆违建绿，以增量为主添绿增彩，采取有力措施坚决制止乱砍滥伐、大面积更换树种等错误行为，以及"天然大树进城"等急功近利行为。秉持自然生态理念，按照"自然景观零破坏、水泥铺装零增长、生态资源零损失、自然环境零冲击"要求，合理完善廊道、步道、绿道等保障服务设施。依据大湾区城市土壤、气候、水文、光照等自然条件，适地适树，科学选择树种。遵循森林和植被生态系统的内在演变规律，以自然化、系统化、群落化思维开展林分优化和林相提升。城市公园湖泊、城市河涌的绿化美化，在保证安全的前提下，尽量避免大理石修砌湖（堤）岸、混凝土加固湖（河）底等人造行为，构建人水相亲、恬静秀丽的自然景观。

合作平台篇
Cooperation Platform

B.8 横琴粤澳深度合作区建设报告

符永寿 陈梦桑*

摘 要： 2022年以来，横琴粤澳深度合作区建设基础夯实，各项工作全面推进。发展促进澳门经济适度多元的新产业，科技研发和高端制造、中医药、文旅会展商贸、现代金融等产业成长势头亮眼，地区生产总值达到461.79亿元，工业增速达18.8%。建设便利澳门居民生活就业的新家园，合作区社会民生不断进步改善，教育、医疗、社保、文化、体育等公共服务体系持续提质升级，澳门居民生活就业新家园的吸引力、便利性进一步增强。构建与澳门一体化高水平开放新体系全面推进，货物、人员的高效便利出入境措施不断落实，跨境金融管理不断创新，高度便利的市场准入和国际化营商环境逐步建立。面向2024年第一阶段目标和2029年第二阶段目标，合作区实体经济发展将更加充分，服务澳门的特征将进一步增强，琴澳一体化发展模式和特色进一步凸显，合作区助力澳门产业发展多元化的成效进一步显现。下一步

---

* 符永寿，广东省社会科学院港澳台研究中心副主任、副研究员，主要研究方向为粤港澳合作；陈梦桑，广东省社会科学院科研处助理研究员，主要研究方向为区域经济、战略人力资源管理。

需着力发展适度多元新产业，塑造琴澳一体新家园，打造对外开放新高地。

关键词： 琴澳一体 澳门经济多元化 横琴粤澳深度合作区

近年来，横琴粤澳深度合作区建设基础夯实，各项工作全面推进。《横琴粤澳深度合作区建设总体方案》《横琴粤澳深度合作区发展促进条例》相继出台，合作区建设提档增速。特色产业和创新经济持续集聚，地区生产总值稳步增长，工业发展迅猛。服务澳门特色更加凸显，澳门居民、澳资企业占比均达到甚至超过10%。琴澳一体开发开放格局加快建立，税负"趋同澳门"政策落地实施，规则衔接、机制对接点多量大，共商共建共管共享机制进一步优化。

一 发展促进澳门经济适度多元的新产业

2022年，合作区科技研发和高端制造、中医药、文旅会展商贸、现代金融等产业成长势头亮眼，地区生产总值达到461.79亿元，工业增速达18.8%，成为横琴经济发展一大亮点。2023年上半年实现地区生产总值236.34亿元，经济稳步持续增长，实体经济基础不断夯实（见表1）。合作区三次产业构成和各行业构成更加合理（见图1和图2）。扶持潜力优质企业加快发展，明确将17家企业纳入合作区上市企业后备重点培育库，其中澳资企业6家。

表1 2022年至2023年上半年横琴地区生产总值行业分布

行业	2022年	2023年上半年
工业	7.19亿元/18.8%	—
建筑业	51.41亿元/-1.3%	18.14亿元/-9.5%
批发和零售业	38.72亿元/-9.7%	21.53亿元/-2.8%
住宿和餐饮业	7.75亿元/-13.4%	5.19亿元/16.2%

续表

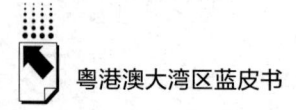

行业	2022年	2023年上半年
金融业	164.11亿元/8.1%	87.77亿元/2.9%
房地产业	43.64亿元/-31.3%	22.66亿元/1.6%
信息传输、软件和信息技术服务业	31.64亿元/9.2%	7.98亿元/1.7%
租赁和商务服务业	88.46亿元/10.6%	45.58亿元/4.8%
科学研究和技术服务业	11.75亿元/-1.9%	8.22亿元/10.5%
文化、体育和娱乐业	—	5.15亿元/63.1%
其他行业	17.12亿元/-3.4%	14.11亿元/6.9%
地区生产总值	461.79亿元	236.34亿元

说明：行业分类采用《国民经济行业分类（GB/T 4754-2017）》。

资料来源：横琴粤澳深度合作区统计局。①

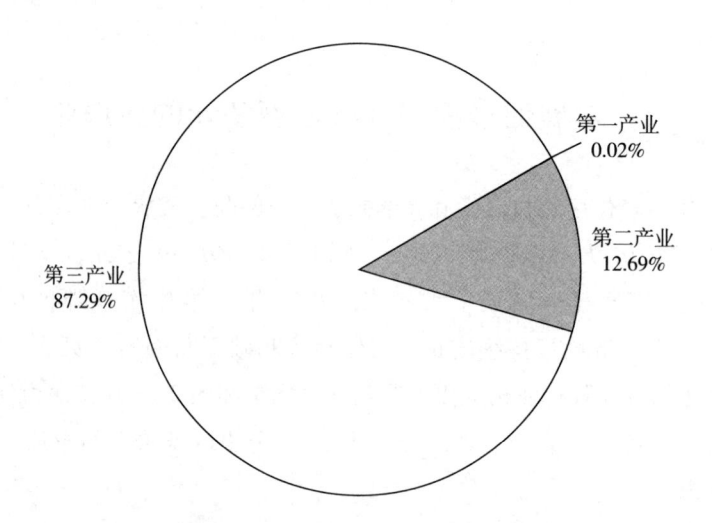

图1　2022年合作区三次产业结构

第一产业 0.02%
第二产业 12.69%
第三产业 87.29%

---

① 本报告资料来源除特殊说明外，均来自横琴粤澳深度合作区统计局官网（http://www.hengqin.gov.cn/stats/）统计数据频道、《横琴粤澳深度合作区发展与展望（2023）》（合作区统计局编印）。

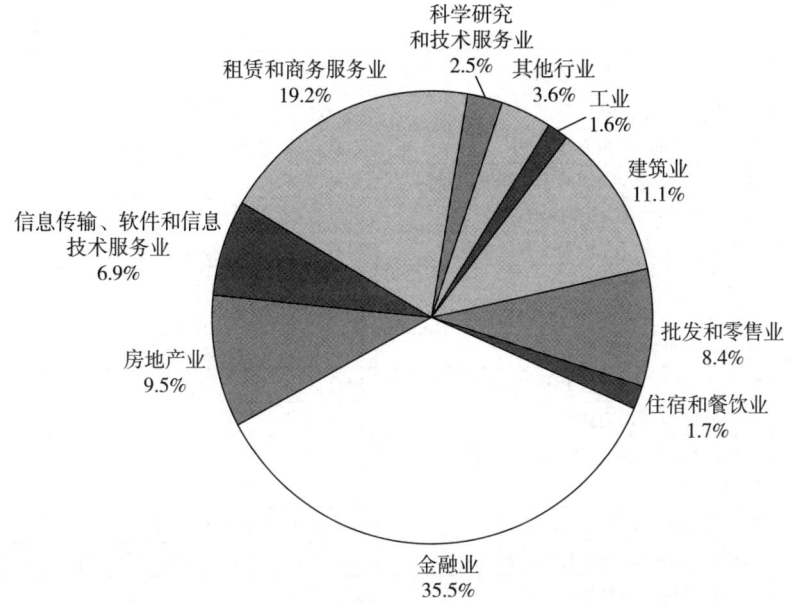

图 2　2022 年合作区行业结构

（一）科技研发与高端制造产业

出台促进集成电路产业跃升发展措施，聚焦企业发展、人才引进、平台建设、粤澳协同创新，统筹推进促进集成电路产业发展。建设并投入运营粤澳集成电路设计产业园，40多家知识产权（IP）、第三代半导体等领域重点企业进驻园区，初步形成集成电路设计产业生态。

发挥芯耀辉科技、集创北方、极海半导体等一批集成电路优质企业与实验室的带动作用。澳门大学模拟与混合信号超大规模集成电路国家重点实验室影响力显著增强。合作区集成电路产业保持良好发展势头，截至2023年6月，有规上企业11家，2022年规上企业营收达到26.9亿元，同比增长20.8%，2023年上半年规上企业营收13.02亿元，同比增长3.6%，保持平稳较快增长（见表2）。

表 2　17 家重点培育上市后备企业

序号	企业名录	主要业务领域
1	普强时代（珠海横琴）信息技术有限公司	信息传输、软件和信息技术服务业
2	珠海横琴光联世纪科技信息技术有限公司	信息传输、软件和信息技术服务业

续表

序号	企业名录	主要业务领域
3	广东跃昉科技有限公司	信息技术、集成电路
4	芯潮流（珠海）科技有限公司	信息传输、软件和信息技术服务业
5	真健康（广东横琴）医疗科技有限公司	大健康医疗
6	珠海市迪奇孚瑞生物科技有限公司	医疗检验
7	广东中模云数字科技股份有限公司	科技推广和应用服务业、数据处理
8	高景太阳能股份有限公司	光伏绿色能源
9	广东博思信息技术股份有限公司	信息技术，软件外包服务
10	珠海一微半导体股份有限公司	信息技术、半导体
11	维视艾康特（广东）医疗科技股份有限公司	医疗健康
12	立芯科技（珠海）有限公司	信息技术
13	瑞驰致新（广东横琴粤澳深度合作区）科技有限公司	信息技术
14	珠海凌烟阁芯片科技有限公司	信息技术、集成电路设计
15	珠海金发供应链管理有限公司	塑料原料以及塑料制品和化工类产品贸易
16	珠海盈米基金销售有限公司	资产管理
17	广东树米科技有限公司	物联网

资料来源：《横琴粤港深度合作区发展与展望（2023）》。

（二）现代金融产业

现代金融业在合作区经济社会发展中作用重大，近年来金融业增加值、税收贡献均达到合作区相关总额近四成。2022年以来，合作区出台金融产业发展综合性政策以及上市挂牌扶持、企业赴澳发债、中小企业融资等四类专项政策，琴澳联动、互联互通，发展债券市场、财富管理、融资租赁、绿色金融等，做特做强现代金融产业。

2022年合作区金融业增加值达164.11亿元，同比增长8.1%，GDP贡献率为35.5%，2023年上半年新增产值87.77亿元，同比增长2.9%，占GDP贡献率增至37.1%（见表3）。合作区金融产业实体持续集聚，截至2023年6月，有经国家金融监管部门批准或备案的持牌机构43家、地方金融组织78家、私募基金管理企业545家。中外金融机构本外币存款余额达2075.45亿元，同比增长24.4%，本外币贷款余额达1955.98亿元，同比增长18.9%，管理基金规模为6629亿元。

表3　2021~2023年上半年合作区金融业主要增长指标

单位：%

项目	2023年1~2季度	2022年	2021年
年度增加值	87.77	164.11	162.07
同比增长率	2.9	8.1	10.3
GDP贡献率	37.1	35.5	35.65

资料来源：横琴粤澳深度合作区统计局。

（三）中医药等澳门品牌工业

中医药等澳门品牌工业加快发展是合作区服务澳门经济多元化发展的重要内容。2022年以来，合作区出台支持以中医药为代表的澳门品牌工业集聚发展，"澳门注册+横琴生产"模式逐步建立，中医药研发制造加快发展，横琴中医药声誉渐起。

进一步优化粤澳合作中医药科技产业园建设发展。引进太平资本提升园区管理质量。联邦制药、丽珠、广药等一批龙头生物医药企业进驻落户带动园区企业集聚发展，截至2023年6月，产业园注册企业191家，签约入驻企业82家，其中澳门企业30家。此外，横琴·澳门青年创业谷等产业载体也集聚不少中医药相关企业和澳门品牌中小企业。合作区中医药科技研发和成果转化活力增加，碳云智能、圣美生物、爱姆斯坦等企业活跃在生物医药研发前沿领域，澳门澳邦药厂有限公司首次研发生产中药纳米乳凝胶制剂，国家中药现代化工程技术研究中心、广东省疾病易感性及中药研发工程技术研究中心在横琴成立分中心，高精特新企业、重大创新载体和公共服务平台为合作区发展中医药研发制造工业注入源源不断的生机和活力（见表4）。

表4　广东省重点建设项目计划的横琴生物医药相关项目

单位：万元

项目名称	建设内容	建设起止年份	2021年投资计划	到2022年底累计完成投资	2023年投资计划
横琴科学城（三期）	建设办公楼、生物医药产业研发建筑及配套设施等配套服务设施	2019~2026	2152647	122260	89000

续表

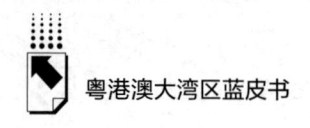

项目名称	建设内容	建设起止年份	2021年投资计划	到2022年底累计完成投资	2023年投资计划
珠海横琴科学城（二期）	含办公楼、会议及展示中心等	2019~2025	1947408	240000	140000

资料来源：广东省发展改革委员会：《广东省2022年重点建设项目计划表》。

（四）文旅会展商贸产业

编制文旅会展商贸产业发展三年行动计划，深化琴澳珠对接、协同，发展"琴澳联合旅游产品"、"一程多站"文旅品牌、"一会展两地"会展新模式。首届中国（澳门）国际高品质消费博览会暨横琴世界湾区论坛等文旅会展品牌活动成功举办。2022年合作区安排2000万元专项资金，发售横琴旅游产品及餐饮消费券，加速合作区旅游经济疫后复苏。

截至2023年6月末，合作区共有规模以上文旅会展商贸企业38家，合计营收39.74亿元。文旅会展业具有强大的带动能力，2022年合作区住宿和餐饮业贡献增加值7.75亿元，租赁和商务服务业贡献88.46亿元，同比增长10.6%；2023年上半年旅游收入11.86亿元，同比增长逾600%，各主要景区接待游客约为上年同期的5.3倍，达到516.91万人次，带动住宿和餐饮业增加值达5.19亿元，同比增长16.2%，租赁和商务服务业贡献45.58亿元，同比增长4.8%，文化、体育和娱乐业贡献5.15亿元，同比增长63.1%。[①]

二 建设便利澳门居民生活就业的新家园

合作区社会民生不断进步改善，教育、医疗、社保、文化、体育等公共服务体系持续提质升级。突出澳门元素、服务澳门，高标准配建公共服务设施，

---

① 《横琴粤澳深度合作区统计数据》，横琴粤澳深度合作区统计局网站，2023年7月26日，http：//www.hengqin.gov.cn/stats/tjsj/gdzc/content/post_3557597.html，最后检索时间：2023年7月31日。

一批社区居家养老服务站、长者饭堂、"粤菜师傅"培训基地、技师工作站、"南粤家政"服务示范站、职业培训学校相继建成。海绵城市建设加快推进，成为广东省级首批碳中和试点，绿美合作区生态环境提质优化。澳门居民生活就业新家园的吸引力、便利度进一步增强。

（一）社会保障和民生服务

推进琴澳教育交流合作、协同发展。调整优化向澳门籍学生倾向的招生政策，以监护人在合作区工作和居住为依据，享受与合作区户籍生同等招生政策。截至2022年底，合作区实有学校12所。其中，公办8所、民办4所；学校在读学生共6282人，其中澳门学生230人，港台和外籍学生分别有291人、89人。与此同时，加强琴澳教育交流合作，已有4所公办学校与澳门培正中学缔结"姊妹学校"。

"澳门新街坊"于2023年6月揭牌，7月初步验收，推进合作区面向澳门居民民生服务进入新阶段，将引入澳门机构、对接澳门标准，为在琴澳门居民的居住、教育、医疗卫生、社会服务提供高质量综合支撑。首家CEPA落地的澳资企业独资医疗机构臻林山庄门诊部建成运营，广州医科大学附属第一医院横琴医院高水平建设，入选第五批国家区域医疗中心项目。琴澳医疗机构紧密交流合作，建成琴澳医疗卫生培训基地并为两地医疗人员提供培训交流。

2022年，横琴医院为澳门居民提供诊疗服务累计6834人次，同比增长87%。截至2022年底，就业登记的澳门居民达776人，同比增长54.3%，澳门居民在合作区参加内地城乡居民养老、医疗保险达4172人次。[①] 截至2023年上半年，有67名澳门医师在合作区短期行医执业，澳门居民累计有583人在合作区签订门诊统筹、99名签订家庭医生服务。

（二）澳门居民横琴就业创业

推出"横琴·澳门居民招聘专区"、2023年专项实习计划，截至2023年

---

① 《横琴"澳门新街坊"预计8月竣工，房价约为澳门的三分之一》，界面新闻，2023年6月28日，https://www.jiemian.com/article/9642861.html，最后检索时间：2023年8月1日。

上半年已分别为澳门居民提供就业岗位600多个、实习岗位185个。开展跨境执业资格认定、粤澳职业技能"一试多证"专项合作，至2023年上半年，有1254名境外专业人士获跨境执业资格，36名粤澳旅游服务从业人员获得两地认可职业技能证书。支持澳门青年创新创业，截至2023年上半年，累计培育孵化澳门项目637个。

合作区建设澳门居民生活就业新家园成效显著，澳门居民的生活就业情况可充分体现。2023年上半年的统计数据显示，合作区常住人口45085人，户籍人口33595人，在合作区居住就业的澳门居民7218人；至2023年9月，已增至10970人，比上年同期增长66.59%。

（三）基础设施互联互通

两地软硬件联动联通程度不断深化，澳门居民到合作区就业生活更加便利。加快提升横琴口岸通行能力，扩增二期工程客货车通道。试点推行"常旅客"计划，以便利经常往返琴澳两地的商务公务人员、澳门高校职工等出入境人员的通关。实行"合作查验、一次放行"车辆通关新模式，进一步提升出入境车辆通关效率。全面取消澳门非营运单牌车入合作区的配额总量限制。开通"横琴号"琴澳民生巴士专线，便利两地居民跨境出行。加快建设澳门大学横琴校区与横琴口岸专用通道，2023年7月31日，澳门大学连接横琴口岸通道桥项目顺利竣工并完成验收。开展"琴澳码头项目建设方案水利综合比选专题研究"项目，推动开通琴澳水运新航线，进一步便利两地居民日常通行。横琴海琴桥建成通车，道路、市政管网系统进一步完善。

截至2023年7月，琴澳两地往来人员、车辆数量大幅提升，横琴口岸日均客流量和车流量分别从2019年的日均2.5万人次、2700余辆次，增长至约4万人次、5400余辆次。持回乡证往来两地的澳门居民高达371万人次，占出入境旅客总人次的27.7%。① 截至2023年7月23日，完成"澳车北上"边检备案的驾驶人已超2.5万人次，车辆近2万辆次，"澳车北上"系统成功注册

---

① 《横琴口岸试点推行"常旅客"计划，推动构建琴澳一体化》，同花顺财经网，2023年7月18日，http://news.10jqka.com.cn/20230718/c648975187.shtml，最后检索时间：2023年8月1日。

账号人数超过4万人。7月23日当日，经港珠澳大桥珠海公路口岸出入境车辆首次突破单日9800辆次。① 跨境免费通勤专线巴士（"横琴号"）线路14条，日往返班次43次、合计载客800余人次。

三 构建横琴一体化高水平开放的新体系

全面推进构建与澳门一体化高水平开放新体系。针对货物、人员的高效便利出入境措施不断落实。跨境金融管理不断创新，合作区与港澳金融市场联动开放日益紧密。高度便利的市场准入和国际化营商环境逐步建立。

（一）分线管理

着眼推进货物"一线"放开、"二线"管住，促进人员进出高度便利的建设目标，加快落地合作区分线管理各项措施，为合作区货物"一线"放开、"二线"管住，人员进出高度便利创造条件。

"一线"横琴口岸管理推行客货车"联合一站式"查验新模式等软硬兼施措施，客、货通关更加便利高效。2022年1~12月，经横琴口岸出入境人员数量达815.77万人次（其中澳门居民209.85万人次），同比增长1.5%，经横琴口岸出入境车辆达122.48万辆次，同比增长15.8%，其中澳门单牌车为84.35万辆次，同比增长35.6%。2023年上半年，横琴口岸出入境客流超710万人次，车流超92万辆次，同比分别增长77.1%、61.4%。

"二线"管住的相关通道建设有序进行。5个通道共7个海关监管作业场所配套信息化工程加快建设，广珠城轨延长线横琴岛内站点"关铁合作、一机两检"模式创新实施。

（二）跨境金融管理

琴澳金融融合发展举措持续加强。出台扶持合作区企业在澳门发行债券办法，助力增强澳门债券市场吸引力。依托粤澳跨境数据验证平台实现琴澳居民

---

① 陈秀岑：《路相通，心相融：澳门迎来"北上热"》，《珠海特区报》电子报，2023年7月8日，http://zhuhaidaily.hizh.cn/html/2023-07/28/content_1214_8073621.htm，最后检索时间：2023年8月2日。

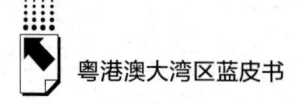

个人金融信息跨境验证。"工银琴澳通"的"四通八达"12项服务成效与日俱增①，仅其中的"琴澳社保通"服务自2021年10月开办以来至2023年初，不到两年时间就服务了约20000人次澳门居民。② 大湾区贸易融资资产跨境双向转让人民币结算业务、对澳门法人银行保理资产跨境转让业务等跨境金融创新业务和产品纷纷成功落地。

多元化跨境金融特色服务助推琴澳金融融合发展水平不断提升。截至2023年6月，在合作区41家QELP和QDLP管理企业及基金产品中，就有澳资企业及资金产品20家。在约2500万元跨境理财跨境收支中，九成为对澳门往来收支。跨境人民币结算金额近3000亿元。

（三）市场准入和营商环境

全力营造市场化、法治化、国际化的一流营商环境。企业、个人"双15%"的税收优惠落地实施。横琴粤澳深度合作区劳动人事争议仲裁多元化调解中心、合作区劳动人事争议仲裁委员会探索运行，截至2023年上半年已经完成了49宗涉港澳劳动纠纷的审理工作，不断增强澳门企业和居民对合作区维权保障机制的认同感。全面落实减税降费，2022年全年累计落实组合式税费支持政策合计29.05亿元。先行先试"非接触式"办税缴费服务，率先实现全业务"非接触式"服务，税费事项100%可"非接触式"办理。

行政职权进一步扩展，行政审批效能保持提升。上级部门继续向合作区放权赋能，2023年4月1日起，首批（159项）省级行政职权调整由横琴合作区执行委员会及其工作机构实施。高度便利的"跨境通办、一地两注"商事登记机制建立健全，无论是内地企业到澳门注册，还是澳门企业到内地注册，投资者足不出境即可完成商事登记，助力构建琴澳一体化市场准入体系，在全国具有创新性、示范性。

---

① 包括：琴澳商事通、结算通、投融通、跨境通、置业通、社保通、薪汇通、服务通、账户通、消费通、跨境理财通、加按通。
② 耿晓筠、伍芷莹：《"工银琴澳通"对澳金融便利化服务再升级 珠海社保卡可"澳门办澳门领"》，《珠海特区报》2023年2月22日。

四 展望与建议

面向2024年第一阶段目标和2029年第二阶段目标，合作区实体经济发展将更加充分，服务澳门的特征将进一步增强，琴澳一体化发展模式和特色进一步凸显，合作区助力澳门产业发展多元化的成效进一步显现。在产业发展上，随着创新要素集聚，新技术、新产业、新业态、新模式大量出现，保持较强发展活力、动力。在新家园建设上，澳门居民在合作区生活居住的人数持续增多，琴澳公共服务、社会保障体系基本实现对接，生活工作环境日益趋同。在高水平开放上，在改革开放重要领域和关键环节推出更多创新举措，规则机制衔接对接，"两制"综合优势彰显，助力澳门—珠海发挥粤港澳大湾区建设极点带动作用。

下一步，横琴粤澳深度合作区需锚定琴澳一体化发展和促进澳门经济适度多元发展目标，围绕建设促进澳门经济适度多元发展新平台、便利澳门居民生活就业新空间、丰富"一国两制"实践新示范、推动粤港澳大湾区建设新高地，深化改革、开放、创新，着力推进产业、平台、项目、企业、环境全方位提质升级。

（一）发展适度多元新产业

做优科技研发和高端制造业产业载体平台，高质量建设横琴科学城、横琴国际科技创新中心、中国—葡语系国家科技交流合作中心，联动建设广东省智能科学与技术研究院、横琴先进智能计算平台、粤港澳脑智工程中心。做特做强集成电路产业，发展特色芯片设计、微电子测试和检验。发展若干"专精特新"高端制造业。推进粤澳合作中医药科技产业园发展新模式、新业态、新效能，带动发展中医药等澳门品牌工业，形成澳门品牌工业新空间、新内涵。加快推进琴澳"一会展两地"特色优势和品牌效应，做大文旅会展商贸产业，打造世界级旅游目的地。探索推进金融市场率先高度开放，促进现代金融产业多元开放发展，带动合作区高水平开放新体系建设。

（二）塑造琴澳一体新家园

创新推进"湾区通""琴澳通"，推动琴澳基础设施进一步互联互通，公

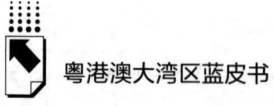

共服务和社会保障体系深度对接。发挥"澳门新街坊"的试点示范作用,加快探索试行澳门标准的社会公共服务,全覆盖琴澳无差异打造民生服务系统。加快推动合作区连通周边区域的通道建设,加快推进广珠澳高铁、珠肇高铁建设,有序推进珠机城际、南沙至珠海(中山)城际、广佛江珠城际建设,构建服务新发展格局,支撑发挥对粤港澳大湾区建设的极点带动作用。持续强化生态空间保护利用,坚持绿色、低碳、智慧,琴澳共生、宜居宜业宜游,创建具有中国风格、岭南特色的未来之城,构筑珠海—横琴—澳门全要素的独特湾区水上门户城市。

(三)打造对外开放新高地

用好双15%所得税优惠及减税降费政策,全面激发企业活力。营造更开放友好的投资经营环境。确保成功实现封关运作,全面优化通关查验模式,高效实现通关衔接。探索推动跨境电商等新型国际贸易结算便利化,积极试点跨境直接投资、跨境融资、跨境证券投融资,探索加强与港澳离岸金融市场的联系、合作。持续推进琴澳国际法务集聚区建设,推动仲裁、公证等7家法律服务机构实质运营。

B.9
深圳前海深港现代服务业合作区发展报告[*]

朱迪俭 韩颖 郭正林 刘岳磊[**]

摘 要： 围绕"深圳前海深港现代服务业合作区建设"专题，就前海经济发展成效、深港合作、全面深化改革等方面进行了详细调研梳理，本报告深入分析了前海深港现代服务业合作区当前面临的"五区政策叠加""香港北部都会区建设"等重大机遇与挑战，以及在体制机制衔接、国际规则衔接等方面存在的问题，提出现代服务业发展、深港合作、全面深化改革创新、打造高水平对外开放门户枢纽、打造国际化城市新中心等发展对策建议。

关键词： 深港合作 深港现代服务业合作区 深圳前海

2022年是习近平总书记首次视察前海十周年，也是中共中央、国务院正式印发《全面深化前海深港现代服务业合作区改革开放方案》一周年。十年前的12月7日，习近平总书记在党的十八大后首次离京考察，第一站就来到前海，要求前海"依托香港、服务内地、面向世界"，深情寄语"精耕细作，

---

[*] 本报告为深圳市哲学社会科学规划2022年度重点课题"新时代深港融合发展研究"（项目编号：SZ2022A006）成果。深圳市前海深港现代服务业合作区管理局为研究提供了丰富的统计数据和宝贵建议。

[**] 朱迪俭，管理学博士，深圳北理莫斯科大学党委书记，主要研究方向为政治与行政管理、制度创新；韩颖，中共深圳市委党校习近平新时代中国特色社会主义思想研究中心副主任、教授，主要研究方向为中共党史和党的建设、中国特色社会主义理论与实践研究；郭正林，深圳北理莫斯科大学马克思主义学院教授，主要研究方向为公共治理、"一国两制"理论与实践；刘岳磊，文学博士，副研究员，深圳北理莫斯科大学科研事务部主管，主要研究方向为自贸区研究、文化创意产业、深港合作。

精雕细琢，一年一个样，一张白纸，从零开始，画出最美最好的图画"。十年来，前海牢记习近平总书记的殷殷嘱托，深入推进改革开放，曾经的一片滩涂，实现了翻天覆地、举世瞩目的沧桑变化。深圳市委、市政府更是举全市之力打造新时代改革开放"最浓缩最精华的核心引擎"，推动全面深化前海改革开放实现良好开局。

一　深圳前海深港现代服务业合作区建设总体情况

前海坚持"依托香港、服务内地、面向世界"总定位，牢牢把握"扩区"和"改革开放"两个重点，推动《全面深化前海深港现代服务业合作区改革开放方案》（以下简称《前海方案》）72项重点任务落地，取得重要进展；中央湾区办38项、省147项、市203项任务均取得重要进展，加快打造粤港澳大湾区全面深化改革创新试验平台、建设高水平对外开放门户枢纽，生机勃勃发展态势更加凸显。

（一）经济高质量发展稳步向前

一是经济增长稳步提升。制定经济工作提速提效十项措施，2022年，前海实现地区生产总值1948.7亿元、较上年增长5.2%。外资外贸势头强劲。前海实际使用外资58.6亿美元，较上年增长0.7%，占全市53.5%、全省21.0%、全国3.1%[①]；前海综合保税区进出口总额1880.49亿元，较上年增长54.9%。二是有效投资持续扩大。前海综合保税区进出口总额2352.2亿元，较上年增长48.8%，单位面积产值全国第一。三是政策体系持续优化。出台商贸物流、科技创新、法律服务等系列政策，引导市场主体用足用好助企纾困政策。四是招商引资成果丰硕。通过举办前海全球招商大会，发布"前海全球服务商计划"，集聚金融、商贸物流、信息服务、科技服务、文化创意、商务服务、航运服务、公共服务等八大服务商，推出风投创投、天然气贸易、跨境电商、涉税服务业等四个"政策包"，推动中石化产融、山能租赁、中海油能

---

① 《2022年前海经济运行情况》，前海深港现代服务业合作区网站，2023年3月16日，http://qh.sz.gov.cn/sygnan/xxgk/xxgkml/tjsj/content/mpost_10487210.html，最后检索时间：2023年10月3日。

源等世界500强企业落户，投资总额超1200亿元。推动工银租赁2架空客飞机项目加快落地，夏天碧海号于年底正式签约落户，飞机、船舶租赁实现破冰。五是招才引智成效显著。支持外籍及港澳台高层次人才认定政策覆盖至前海全域，获国家移民管理局批复同意。赴上海拜访11家国际猎头、国际咨询机构，推动罗盛、爱思唯尔等正式入驻，前海高层次人才数量同比增加103%，引进19家顶尖机构，线上线下服务60万人次；前海国际人才港一站式提供451项人才服务，联合波士顿咨询、安永等举办127场活动；"前海港澳青年招聘计划"累计推动406名港澳青年就业，增长206%；工程建设、税务、旅游等领域18类港澳专业人士经备案（登记）后实现在前海执业。①

（二）深港合作跨越式发展

2022年，前海实际使用港资56.1亿美元，较上年增长3.4%，拥有港资企业近万家。一是积极拓宽对港合作渠道，与香港财库局联合发布《关于支持前海深港风投创投联动发展的十八条措施》，拓宽深港私募股权基金合作渠道②。二是深化服务业规则衔接，新增香港税务师、导游备案执业，港澳专业人士备案执业范围扩大到18类。三是对港合作交流渠道进一步拓宽。建成前海深港青年梦工场北区，李家超特首专门视频致辞。发布"惠港9件实事"，获时任特首林郑月娥点赞。紧密联系各界别44位议员，香港立法会通过《积极配合〈前海方案〉，加快融入国家发展大局》议案。四是服务业规则衔接持续深化，香港注册建筑师、港澳医师、港澳税务师、港澳导游等18类专业人士备案（登记）后即可在前海执业，已有51家机构、486位港澳专业人士完成执业备案（登记）。出台香港工程建设领域专业机构、专业人士执业备案管理办法，可在粤港澳大湾区内地9市直接执业。五是创新创业就业平台更加广阔，前海深港青年梦工场累计孵化香港创业团队342家。2022年以来，实施

---

① 《一起来探！前海高质量发展建设"动力源"》，深圳人才工作网，2023年7月5日，http://www.sztalent.org/content/2023-07/05/content_30317281.htm，最后检索时间：2023年10月3日。
② 《深港联合发布支持前海深港风投创投联动发展"十八条"》，深圳政府在线，2022年9月6日，http://www.sz.gov.cn/cn/zjsz/fwts_1_3/tzdt_1/content/post_10085920.html，最后检索时间：2023年10月3日。

港澳青年招聘计划，发布4690个岗位，累计促成260名港澳青年在前海就业。2022前海粤港澳台青年创新创业大赛入选庆祝香港特别行政区成立25周年认可活动。

（三）全面深化改革创新试验平台扎实推进

前海坚持以制度创新为核心，新推出创新成果40项、累计755项，新增全国复制推广7项、累计72项①。数据显示，前海稳居全国前列。一是推进现代服务业创新发展方面，建设前海深港国际金融城，签约入驻金融机构220家，其中港资54家、外资11家。打造天然气贸易企业集聚区，已落户17家企业，全年预计20家、贸易总额120亿元。吸引富森、高通等ICT供应链企业，引入帝亚吉欧、宾三得利、保乐力加，世界三大洋酒巨头均已落户前海。二是加快科技发展体制机制改革创新，建设国家（深圳·前海）新型互联网交换中心，设立安全保障中心。建设工程中心、工程实验室等各类创新载体119家，培育国家"专精特新"小巨人企业42家、省级"专精特新"中小企业72家。前海拥有10家独角兽企业，约占粤港澳大湾区独角兽企业数量的1/6。三是打造国际一流营商环境，推出"前海港澳e站通"2.0版，营业执照自助打证服务进驻香港，打通港人开办企业"最后一公里"。建成前海e站通机场服务中心及前海政务e小站，初步形成多向延伸、全域覆盖的政务服务体系。四是创新合作区治理模式，出台优化前海管理体制机制实施方案，落实规划管理、自然资源管理、投资管理、建设管理4个领域第一批共306项权责分工清单，第二批权责分工清单正按程序报批中。建立体现深港合作特色的统计体系，出台优化前海财政保障体制方案。

（四）高水平对外开放门户枢纽建设进程加快

一是深化与港澳服务贸易自由化。推动海关总署支持前海全面深化改革开放若干措施落地实施，打造深港现代服务业综合保税区。推动交通运输部出台支持前海全面深化改革开放的意见，制定面向港澳的跨境服务贸易负面清单，

---

① 《前海发布2022年最新成果72项创新制度全国复制推广》，深圳政府在线，2022年12月19日，http://www.sz.gov.cn/cn/xxgk/zfxxgj/zwdt/content/post_10347354.html，最后检索时间：2023年10月3日。

并上报商务部审议。全国首个经国际医疗质量协会权威认证的《医院质量国际认证标准（2021版）》在前海发布，全国推广应用。二是扩大金融业对外开放。央行牵头研究出台金融支持前海全面深化改革开放的意见，已征求完各部委意见。全国首家"双牌照"银行大新银行深圳分行、大湾区首家外资独资基金销售公司瑞银基金销售、大湾区首家金控公司招商金控等落户。前海自由贸易账户（FT）累计跨境收支折合人民币突破3512亿元，其中与香港发生的跨境收支占84%[1]。港交所前海联合交易中心上线大豆品种，通过人民币跨境支付系统结算，累计成交量25.6万吨，成交额11.6亿元。三是提升法律事务对外开放水平。最高法出台支持和保障前海改革开放的意见，适用域外法律、跨境司法协助安排等实现突破。最高检印发支持前海改革开放的有关措施，支持成立深圳海洋检察院。建设前海深港国际法务区，引进律所、仲裁、调解、公证、司法鉴定等六大类124家法律机构，首批13名粤港澳大湾区律师入驻执业。四是高水平参与国际合作。前海国际人才港提供451项政务商务生活服务，为战略科学家、科技领军人才、港澳青年等6类人才提供出入境、办公场地、人才住房、创业支持等100项专属服务包，线下线上累计已服务海内外人才60万人次。建设一站式网上平台"In Qianhai"，提供国际化视角下人才来华的场景化服务。吸引爱思唯尔、波士顿咨询、光辉国际等加盟"前海国际人才合伙人"，共同举办核心高管培训班、企业出海等117场运营活动，推动人才、产业、市场深度融合，帮助400多家企业达成上下游合作意向。目前全球第一科研学术出版集团爱思唯尔、全球前三战略咨询公司之一波士顿咨询、全球五大猎头之一罗盛咨询、北京大学与剑桥大学合办深圳前海中英研究院等均入驻前海国际人才港。[2] 各类高层次人才数量实现倍增。同时，前海还成功举办首次国家主场外交活动——上海合作组织青年科技创新论坛，充分展现了深圳以及前海的青春风采及创新力量。

---

[1]《前海：十年筑梦，向未来!》，前海深港现代服务业合作区网站，2022年12月9日，http://qh.sz.gov.cn/sygnan/qhzx/dtzx/content/post_10330199.html，最后检索时间：2023年10月3日。

[2]《深港再次联手！面向全球"招才引智"!》，深圳人才工作网，2022年12月15日，http://www.sztalent.org/content/2022-12/15/content_25519370.htm，最后检索时间：2023年10月3日。

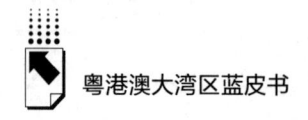

（五）扩区规模效应、乘数效应充分释放

一是规划引领作用进一步发挥。完成《前海国土空间规划》中期成果和11个专题研究，《深圳国际会展城控制性详细规划》获批，完成前海深港国际服务城、小铲岛保护和利用规划等10余项专项规划。二是重点区域规划建设提速。加快建设海洋新城、大铲湾"互联网+"未来科技城，已完成投资168亿元。规划建设赤湾海洋科技产业园，一期建面4.7万平方米、总投资8.6亿元。城市空间布局不断优化。构造山海连城的城市空间，建成"空中、地面、地下"三位一体的滨海廊桥。建设100米以上建筑144栋，形成高低错落城市天际线，营造湾区一流城市风貌。宜居宜游人文环境加快展现。建成海上文化艺术中心、滨海文化公园等9处重大文体设施，加快规划建设前海石公园、前海深港广场。内联外畅立体交通体系加快构建。深惠城际开工，穗莞深城际线、深大城际、机场三跑道、深中通道、广深高速（深圳段）改扩建、妈湾跨海通道等加快建设。

二 前海深港现代服务业合作区经济社会发展新形势与新挑战

（一）新形势

1. 五区政策叠加

从政策上来看，扩区后前海深港现代服务业合作区将叠加经济特区、粤港澳大湾区、深圳先行示范区、自贸试验区、深港现代服务业合作区等五区政策利好。粤港澳大湾区建设是国家重要的发展战略，相关机构对于优化提升前海深港现代服务业合作区功能方面提出了"强化前海合作区发展引擎作用""加强法律事务合作""建设国际化城市新中心"等要求。作为"特区中的特区"，前海深港现代服务业合作区实行着比经济特区更加特殊的"先行先试"政策，涉及投资贸易便利化、金融开放创新、财税优惠、法制创新、人才政策等方面。扩区后的前海深港现代服务业合作区同时还享有先行示范区、自由贸易区、保税港区以及深港现代服务业合作区的所有功能和政策优势，可以说，它是我国目前国内政策最优惠、制度交易成本最低、国际化程度最高、发展后劲最强的区域之一。

2. 香港北部都会区建设

在国家发布了《全面深化前海深港现代服务业合作区改革开放方案》之后，香港特区政府随即也发布了《北部都会区发展策略》，香港首次从规划层面提到香港深圳双城建设，"双城三圈"是从规划一体化的维度对深港合作、粤港合作等大湾区跨境合作的有益探索，在深圳口岸经济带和跨境交通基建一体化的扎实推进下，将有利于突破大湾区现阶段跨境合作的边界瓶颈，提升"香港—深圳"极点融合发展强度。香港北部都会区与深圳口岸经济带跨河相连，两者在地理空间上有天然的联系。故北部都会区建成后，将从地理空间上拉近深港之间要素流动的实际距离，促进香港北部与深圳南部融合发展，形成更高效的深港发展轴。未来粤港澳大湾区将在"香港—深圳"极点带动下，吸引更多的人流、物流、资金流、信息流在此集聚和扩散，逐步形成以"香港—深圳"为极点的东部组团，推进大湾区跨境合作和一体化发展进程。"深圳湾优质发展圈"涵盖香港天水围、元朗、洪水桥/厦村新发展区等，对接前海、宝安、蛇口和南山。《北部都会区发展策略》建议把洪水桥/厦村新发展区作为核心商务区，借着前海合作区扩区的契机，推动与前海在金融及专业服务业、现代物流业和科技服务业的高端经济合作发展。这对深圳，尤其对于前海来讲，既是重大利好，又是重大机遇。未来，前海将携手香港特区，共同构建世界级现代服务业产业集群，发挥协同效应，助力香港特区全方位融入国家发展大局。

（二）新挑战

1. 逆全球化暗流涌动，世界开放水平持续下行

当前，世界百年未有之大变局加速演进，新冠疫情影响深远，逆全球化、单边主义、保护主义明显上升，全球经济持续复苏，但道路坎坷不平，局部冲突和动荡频发，全球性问题加剧，世界进入新的动荡变革期。贸易保护主义的加剧，"逆全球化"的暗流涌动，基于全球价值链的国际分工范式和一体化生产网络暴露出其固有的脆弱性，全球产业链供应链的部分环节受阻中断，短链化和区域化的特征显现。在世界百年未有之大变局下，外部不确定性明显增

多,产业链安全形势复杂多变,放大了中国经济面临的"需求收缩、供给冲击、预期转弱"三重压力,同时也给立足新发展阶段、构建新发展格局,巩固提升产业体系优势、增强产业链韧性、主导塑造"安全开放、协同共赢"的区域价值链带来了新机遇,提出了新要求①。

2. 制度创新面临挑战

前海深港现代服务业合作区在建设之初,就致力于与香港在投资贸易、金融、法律、人才流动等方面进行规则衔接机制对接,2022年,前海新推出制度创新成果70项、累计755项,新增全国复制推广7项、累计72项。伴随着大量的港澳现代服务业企业和港澳人才的入驻,在制度创新领域,对于社会保障等民生福利方面也提出了新的要求。比如港澳居民在深工作生活中关于户籍、教育、社会保险、住房等方面的问题亟须解决。以社会保险为例,内地与港澳属于不同的社会保障制度体系,目前内地与港澳之间的社会保险制度没有有效的衔接模式,导致暂时或长期来深工作生活的港澳居民在深圳参加养老保险、医疗保险时,要承受双重缴费的压力,也就是在深圳参保的同时,不能放弃在港澳的参保,否则很可能会由于在深圳参保时间过短等而无法达到领取社会保险待遇的条件,从而在深圳、香港、澳门三地都享受不到社会保险待遇。加快内地与港澳的社会保障制度的衔接,可以有效解决三地劳动者在职流动期间的双重缴费问题,减轻劳动者的双重缴费压力,更好地推进劳动者在粤港澳间自由流动。

三 前海深港现代服务业合作区发展的主要问题

(一)与国际高标准国际服务贸易规则的对接存在障碍

CPTPP、USMCA 等国际协定较之 GATS 对跨境服务贸易开放作出了更高水平开放规定,包括以"负面清单"模式承诺开放、增加"禁止当地存在要求"、不得要求将数据本地化存储作为贸易条件、数据跨境自由流动、提升国

---

① 杨丹辉:《全球产业链重构的趋势与关键影响因素》,《人民论坛·学术前沿》2022 年第 7 期,第 32~40 页。

内服务贸易规则透明度等新要求。这些国际规则的出现，尤其是金融服务呈现"禁止当地存在要求"的发展趋势，无疑对我国服务贸易开放提出了更高挑战。此外，自贸协定在地方充分开展是新挑战和高要求，有必要在部分区域先试点再推广。比如，当前，在粤港澳大湾区建设背景下全面推进服务贸易自由化，需要加大从市场准入开放向制度型开放转变力度，推进内地与港澳在标准、规则、制度上的衔接。特别是CEPA协议缺乏高效的落地机制，导致粤港澳服务贸易虽然在准入环节开放度不断提升，但在准入后环节存在多种多样的制度障碍，CEPA协议亟待更新。

（二）服务贸易开放水平需要进一步提升

1. 法律领域方面

开放仅停留在内外资律师事务所可互派代表的层面，"外籍律师不能处理中国法律事务，中国律师不能处理外国法律事务"的隔离墙尚未打破，一定程度上削弱了外资事务所进入我国的意愿。此外，华商林李黎（前海）联营律师事务所多次提出：联营所的港澳居民律师执业范围不能代理行政案件，仅允许代理各类民商事案件。司法部《取得内地法律职业资格的香港特别行政区和澳门特别行政区居民在内地从事律师职业管理办法》（2013年修订）第四条规定，"取得内地律师执业证的香港、澳门居民在内地律师事务所执业，可以从事内地非诉讼法律事务，可以代理涉港澳民事案件，代理涉港澳民事案件的范围由司法部以公告方式作出规定"。取得内地律师执业证的香港居民拥有港澳背景及内地法律专业知识，适合在联营所平台执业，成为加强大湾区跨法域法律事务合作的重要力量。业务范围的限制，导致具备相应专业能力并取得内地执业资格的港澳居民选择不在内地执业，甚至导致许多有相应能力的港澳居民从一开始就放弃参加相关考试成为内地律师的机会。此外，在大湾区执业的香港律师不能开展委托公证业务，大大压缩了香港律师的发展空间。

2. 职业考试方面

如会计领域，在内地开展审计等法定业务须具备内地注册会计师执业资格，但是内地注册会计师考试对港澳以及境外人士而言难度高，绝大多数香港会计专业人士无法到内地执业。当前，香港会计师已可根据CEPA协议有关安排，在内地执业过程中实现国民待遇。在实操中，香港会计师在内地执业仍有不少难点痛点，香港拥有会计专业人士4.7万名，仅有100余名通过内地考试，其中只有23名在深圳执业。香港会计专业人士因为考试方式（香港开卷而内地闭卷）、文字思维、语言习惯等差异，较难考取内地会计执业资格。内地会计师事务所合伙人居留时间要求较长。根据《会计师事务所执业许可和监督管理办法》，要担任会计师事务所合伙人，需在境内有稳定住所，每年在境内居留不少于6个月，且最近连续居留已满5年。

3. 旅游方面

《旅行社条例》规定申请经营出境旅游业务的，应当向国务院旅游行政主管部门或者其委托的省、自治区、直辖市旅游行政管理部门提出申请，支持旅行社经营出境旅游业务许可审批权下放。此外，自内地与香港恢复全面通关以来，深港在旅游领域的交流合作逐步恢复，然而仍存在阻碍深港旅游一体化发展现象，如仅在前海等试点开展港澳导游及领队便利执业，港澳导游仅能在前海范围内提供服务，整体市场需求受限。若团组覆盖范围扩大，则须另行在当地配置地陪，变相增加带团成本，导致旅行社雇佣港澳导游及领队的意愿不高，面临"有证少团"的情况。

（三）深港两地资源要素双向流动仍然存在体制障碍

现代服务业是前海深港现代服务业合作区发展的重要产业，是深港产业合作的重点。实现深港两地资源要素双向自由流动是发展现代服务业的关键所在。深港两地在现代服务业运行规则、管理体制等方面存在的差异，阻碍资源要素在两地自由流动。前海深港现代服务业合作区自建设之初，就致力于与香港在投资贸易、金融、法律、人员流动等方面的规则衔接机制对接，并取得初步成效。然而，现代服务业要素在跨境双向自由流动上仍然存在各种显性或隐性的体制障碍，影响深港两地资源要素的高效配置、整合。

（四）地方推进服务贸易开放创新难度较大

目前国家对地方自贸试验区下放具体权限以审批权为主，给予自主改革开放权限较少。在服务贸易开放重点领域，例如金融、航运、电信等领域事权有待进一步下放。例如，对中央垂直管理机构（如海关、边境、海事等部门）支持驻地机构配合自贸试验区、深港合作区推进制度创新、推动高水平开放的授权也较少，相关的容错机制还没有有效建立起来。服务贸易开放政策沟通成本高、程序复杂，导致相关的制度创新缺乏突破性、集成性，开放的推进步伐受到直接影响。例如，数字贸易作为服务贸易的重要组成部分及发展重点，其中数量较大的个人信息和重要数据的境内存储，要求通过国家网信部门组织的数据出境安全评估。在深港数字贸易实践中，个人征信数据、大型跨国企业内部数据等均需经过国家网信部门安全评估，地方未被赋予审查评估权限。

（五）空间资源有限，土地成本高会带来挤出效应

扩区后的前海深港现代服务业合作区面积扩大到 120.56 平方公里，但新扩容进来的部分南山区以及部分宝安区，由于本身已经发展很成熟，可利用土地空间资源有限。加之近些年深圳整体房价持续走高，高昂的土地成本会进一步提升企业的运营成本以及人们的生活成本，对区内现代服务业优质企业以及人才等产生挤出效应。

四 前海深港现代服务业合作区发展的展望与建议

加快推动《前海方案》落地落实、不断提速提质提效，以制度创新为核心，在"一国两制"框架下先行先试，坚持依托香港、服务内地、面向世界，加快打造粤港澳大湾区全面深化改革创新试验平台，建设高水平对外开放门户枢纽，构建国际合作和竞争新优势。

（一）加快打造现代服务业发展高地

推动出台前海新一轮总体发展规划，修订前海企业所得税优惠目录，按程序将既有相关支持政策覆盖全域，强化前海发展能级和政策优势，构建优质高效的服务业新体系。深入实施"前海全球服务商计划"，招引、培育金融、商贸物流等八类全球服务商，打造亚太地区重要的生产性服务业中心。支持金融业发展，推动金融支持前海改革开放政策批复实施，优化深港跨境金融机制，联动香港打造深港风投创投集聚区，高标准建设深港国际金融城，加快落地大湾区保险服务中心。支持商贸物流业发展，加快建设跨境贸易大数据平台、电子元器件和集成电路国际交易中心，开展大豆、天然气等大宗商品现货交易、

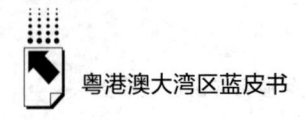

高水平建设国家进口贸易促进创新示范区。支持高端航运业发展，积极开展船舶租赁，发展航运金融、海事仲裁，联动香港建设高端航运服务中心。支持专业服务业发展，集聚研发、设计、会计、法律、会展等产业，打造前海涉税服务业集聚区，让更多资本、企业、人才集聚前海。

（二）加快打造香港融入国家发展大局桥头堡

推动深港产业优势互补，对接香港北部都会区，发挥前海深港合作枢纽作用，支持将香港现代金融、专业服务等优势与广东、深圳制造业、庞大市场等优势叠加。探索银行、证券、保险等产品资质互认，吸引港资金融机构集聚发展。深化民生领域合作，以"湾区通"为抓手推动三地规则衔接取得实质进展，高标准建设深港青年梦工场、国际人才港等创业就业平台，滚动实施"港澳青年招聘计划"，拓展跨境执业便利化至注册安全工程师等领域。创新深港合作共治模式，聘任更多港澳人士担任前海法定机构职务，探索与香港特区政府部门互派公职人员。推动将前海专班任务扩大至金融、科技、工程建设等领域。支持香港金融业协会、香港会计师公会、香港建筑师学会等行业组织设点。

（三）加快打造全面深化改革创新试验平台

用好用足综合授权改革，学习借鉴国际三大湾区和海南自贸港，策划域外法适用、投资贸易、人才服务等更多创新引领型改革，试点探索建立域外法律适用机制。深化科技领域改革创新，对接香港以科学家为主导的科研管理模式，建立科研人员和要素跨境流动"绿色通道"。发展深港澳合作的新型研发机构，加快建设"互联网+"未来科技城。营造市场化、法治化、国际化一流营商环境，制定前海投资者保护条例，创建信用经济试验区，推进与港澳跨境政务服务便利化。实现外商投资企业设立登记"全程网办"，进一步拓展电子化登记范围，设立议事协调性质的公平竞争委员会。

（四）加快打造高水平对外开放门户枢纽

稳步推进制度型开放，对标RCEP、CPTPP等国际高标准经贸规则，持续完善规则、规制、管理和标准，支持自贸区联动发展区复制推广改革经验。扩大金融业对外开放，提升国家金融业对外开放试验示范窗口和跨境人民币业务创新试验区功能，支持持牌金融机构落地发展，为实体经济高质量发展增添动力。积极对接香港有限合伙基金协会，探索推动 LPF 与前海 QFLP 试点规则衔接、机制对接。提升法律事务对外开放水平，扩大涉外民商事案件管辖范围，争取设立深圳商事法院、大湾区司法研究院，开展中外律师事务所联营试点，推动更多法律机构落户深港国际法务区。推动高水平国际合作，以市场化方式发起成立国际性经济、科技、标准和人才等组织，助力提高制度性话语权。加快建设前海国际人才港，打造国际人才来深第一站和首选地。

（五）加快打造国际化城市新中心

加强扩区统筹，实施统一规划、统一管理，推动政策覆盖，争取承接一批省级管理权限，构建经济区和行政区权责清晰、高效协同的治理模式。编制实施前海国土空间规划，建设高品质国际化城市新中心。建设绿色低碳的宜居城区，高标准推进碳中和试点示范区建设，打造集城、林、河、海于一体的滨海公共休闲岸线。建设畅通便捷的枢纽城区，开通妈湾跨海通道，加快推进港深西部铁路（前海-洪水桥段）规划建设，谋划广州至深圳高铁新通道、深珠（伶仃洋）通道。建设更为安全的韧性城区，推进海绵城市、节水型城区建设，集聚国际一流的安全专业服务机构，健全应急处置联动机制。建设互联互通的智慧城区，加快国家（深圳·前海）新型互联网交换中心、前湾信息枢纽中心、智慧前海城市大脑建设，打造粤港澳大湾区信息交互枢纽。加强协调联动，全力支持珠江口一体化高质量发展、大湾区市场一体化发展，助力打造100 公里"黄金内湾"，发挥前海辐射带动作用，与东莞滨海湾、中山翠亨等区域产业融合、生态共治、民生共享。谋划东起汕尾市的红海湾、西至珠海的荷包岛的大湾区海岸自由市场区，促进大湾区市场一体化发展。

B.10
广州南沙粤港澳重大合作平台建设报告

广东省社会科学院港澳台研究中心课题组*

摘　要： 2022年6月，国务院印发《南沙方案》，为广州南沙发展提供了重要的历史机遇。南沙围绕《南沙方案》所指明的工作任务，全力加速建设广州南沙粤港澳重大合作平台；建设科技产业创新基地，强化粤港澳科技创新合作；打造规则衔接机制对接高地，促进生产要素高效便捷流动；创建港澳青年安居乐业新家园，促进港澳青年融入国家发展大局；建设高水平对外开放门户，不断深化对外经贸合作；建立高质量的城市发展标杆，推进城市治理体系和治理能力现代化。同时，南沙发展也面临挑战，包括南沙的科创基础薄弱，产业配套尚不够完善，全球贸易复苏缓慢，南沙国际航运物流枢纽建设面临压力，与港澳金融市场的互联互通尚有待突破，且南沙目前的人口规模较小，产城人融合有待加强。南沙未来应聚焦提升科技产业双策源能力，建设大湾区创新型产业高地，稳步推进制度型开放，通过与港澳的协同联动更高效联通国际、国内市场；提升城市规划建设治理水平，建设高品质现代都市。

关键词： 粤港澳全面合作　科技创新　青年创业就业　规则衔接

---

* 刘作珍，博士，广东省社会科学院港澳台研究中心副研究员，主要研究方向为港澳基本法、粤港澳法治合作；肖智星，广东省社会科学院港澳台研究中心副研究员，主要研究方向为粤港澳合作；林志鹏，博士，广东省社会科学院港澳台研究中心副研究员，主要研究方向为"一国两制"及港澳问题；江子晴，广东外语外贸大学法学院国际法专业硕士研究生。

2022年6月6日,国务院印发《广州南沙深化面向世界的粤港澳全面合作总体方案》(以下简称《南沙方案》),赋予了南沙新的定位目标和重大使命,明确提出将南沙打造成为立足湾区、协同港澳、面向世界的重大战略平台。广州南沙粤港澳大湾区重大合作平台的建设围绕《南沙方案》确定的"五大任务"展开:建设科技产业创新基地,强化粤港澳科技创新合作;创建港澳青年安居乐业新家园,促进港澳青年融入国家发展大局;建设南沙高水平对外开放的门户,携手港澳不断深化对外经贸合作,联通国际、国内市场;打造规则衔接机制对接高地,促进生产要素高效便捷流动;建立高质量的城市发展标杆,推进城市治理体系和治理能力现代化。

一 广州南沙粤港澳重大合作平台建设进展与成效

2022年南沙经济各项经济指标保持稳步增长态势,在广州市保持领先姿态。地区生产总值(GDP)达2252.58亿元,比上年增长4.2%,增速位居广州市首位;规模以上工业产值3805.49亿元,居广州市第二,比上年增长6.1%,外贸进出口总值2988.2亿元、比上年增长15.1%、其中进口增长20%以上。①《南沙方案》发布后,南沙成为全国投资热点地区。方案落地一年以来,南沙新增上市企业4家(累计14家),新签约项目299个,投资总额达6882亿元,创历史新高。② 新引进世界500强企业投资项目18个(累计241个),新增市场主体2.5万多家,其中企业1.93万家。③

(一)科创要素集聚,高水平推进现代化产业体系建设

建设科技创新产业基地是南沙粤港澳大湾区重大合作平台的首要任务,南沙坚持以全球视野谋动科技创新,出台了一系列的政策、措施,逐步形成

---

① 《自贸区八周年,南沙交出答卷》,《南沙区融媒体中心》2023年6月8日。
② 管玉慧、刘婕:《高质量发展·看南沙|总投资近七千亿!解读南沙"钱途密码"》,《南方都市报》2023年6月14日。
③ 资料来源:《广州市南沙区2022年国民经济和社会发展计划执行情况与2023年计划草案的报告》,广州市南沙区人民政府门户网站,2023年2月22日,http://www.gzns.gov.cn/zwgk/ghjh/wngh/ssw/content/post_8814828.html,最后检索时间:2023年8月22日。

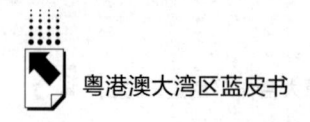

"1+1+3+N"科创平台体系。①

南沙科技创新力量加速集聚。香港科技大学（广州）是粤港科技合作的标志性成果，也是《南沙方案》发布以来广州第一个落成的重大项目。2022年9月1日，香港科技大学（广州）正式开学，该项目位于南沙区庆盛枢纽区块，主要聚焦实验室知识向产品化阶段的转化，补齐南沙与香港科创协同发展的科创生态链条，助力建设大湾区内科技产业创新基地。② 南沙科学城是南沙科创的核心区域。《广州市南沙科学城总体发展规划（2022-2035年）》把南沙科学城定位为大湾区综合性国家科学中心主要承载区，集聚全球范围内高端创新资源，并重点聚焦于信息、生命、海洋、能源、空天等领域创新生态，打造战略性产业策源地。南沙科学城规划面积99平方公里，截至2023年7月23日，已有22家科研院所落户南沙，其中省级高水平创新研究院4家、省级新型研发机构14家，分别占全市的1/3、1/5。③ 其中中科院明珠科学园作为南沙科学城的核心区，凝聚整合中科院及各类高端创新机构与平台在广州的研究力量。目前科学园一期南部组团首批项目已基本建成，广东空天科技研究院和广东智能无人系统研究院已率先在2023年6月入驻科学园，为后续南部组团二期奠定了基础。④ 南方海洋科学与工程省实验室（广州）被纳入国家实验室系列，着力解决大湾区所面临的岛屿岛礁可持续开发等核心科技难题，以推进粤港澳海洋高科技产业发展；"冷泉""风洞""识海"三个重大科技基础设施的建设也在加快推进。冷泉生态系统研究装置已被列入国家发改委"十四五"国家重大科技基础设施建设规划，目前正在国家发改委申请立项中，其配套科研综合楼已完成主体结构施工；"风洞"项目瞄准现代航空航天技术的制高点，项目的前期工作已启动；"识海工程"被写入广东海洋经济发展"十四五"规划，广东智能无人系统研究院以"识海工程"为契机，抢抓水下机

---

① 第一个"1"是指南沙科学城与中科院明珠科学园；第二个"1"是指南方海洋科学与工程省实验室（广州）；"3"是指冷泉、风洞、识海三个重大科技基础设施；"N"是指战略性新兴产业。
② 耿旭静、董业衡：《香港科技大学（广州）今日启用开学，粤港澳全面合作翻开新篇章》，《广州日报》2022年9月1日。
③ 耿旭静：《一流科学城引领科创大未来》，《广州日报》2023年7月25日。
④ 《中科院明珠科学园首批科研院所落地运行》，南方Plus百家号，2023年7月11日，https://baijiahao.baidu.com/s?id=1771114158593360366&wfr=spider&for=pc。

器人产业化工作。① 科研机构、大平台、大科学装置为南沙吸引了一大批高水平科技创新人才，高端人才快速壮大不断激发南沙创新活力。已落户的22家科研机构拥有近1000位有博士学位的人才，正高及以上职称600多人。②

坚持高质量发展，南沙科创产业初具规模，"芯晨大海"产业集群稳步发展壮大。2022年以来，南沙相继推出"独角兽九条""强芯九条""元宇宙九条""探天九条"等专项产业政策，支持企业在南沙集聚、做大做强。新能源汽车、高端装备、空天飞行科技、生命健康、海洋（造船）经济、绿色金融已发展成为南沙重要的产业支柱。2022年，南沙新增国家级高新技术企业345家（累计超900家），新增省级以上"专精特新"企业235家。科技型中小企业入库数达2158家、比上年增长33.3%，25家企业（31家次）入选2022年"独角兽"创新企业榜单，新签约227个项目，总投资额近4万亿元，比上年增长87%。③ 伴随着第三代半导体创新中心等科研院所和公共平台在南沙落户，南沙的半导体和集成电路产业链也初步形成。目前，芯片材料、设备以及制造等环节的企业已在万顷沙集成电路产业园集聚，引进了芯粤能、芯聚能、晶科电子、南砂晶圆等一批龙头企业。④ 芯粤能碳化项目是目前国内最大的专注车规级、具备规模化产业聚集及全产业链配套能力的碳化硅芯片制造项目，已被列入广东"强芯工程"重大项目，生产线已在2023年3月顺利进入量产阶段，包括1200伏、16毫欧、35毫欧等一系列车规级和工控级碳化硅芯片产品。⑤

南沙积极谋划、布局智能网联新能源汽车、生物医药与健康产业、新一代信息技术与人工智能等战略性新兴产业。截至2023年7月，庆盛人工智能价

---

① 耿旭静、董业衡：《大院大所大装置大平台大企业！广州南沙凝聚科技创新"大力量"》，《广州日报》2023年5月24日。
② 耿旭静、董业衡：《大院大所大装置大平台大企业！广州南沙凝聚科技创新"大力量"》，《广州日报》2023年5月24日。
③ 唐一歌、吴春燕：《为大湾区建设注入强劲动能——广州南沙加速打造粤港澳全面合作平台》，《光明日报》2023年6月13日。
④ 任燚、谢子亮：《广州南沙2023中国·南沙国际集成电路产业论坛举办 湾区之心"芯"兴向荣》，《南方日报》2023年6月18日。
⑤ 陈梦璇：《芯粤能碳化硅晶圆芯片生产线进入量产阶段，预计年底实现月产能1万片》，《21世纪经济报道》2023年6月17日。

值创新园区集聚了人工智能和数字经济企业 1000 多家，培育了云从科技、小马智行、暗物智能等独角兽企业。① 南沙从企业落户、经营贡献、人才配套、研发创新、政府服务等 9 个方面，全周期、分层次支持独角兽企业发展。2022年，共有 25 家南沙企业入选广州独角兽创新企业系列榜单，行业涵盖先进制造、新能源与节能、人工智能、生物等多个领域。② 南沙已有云从科技、广钢气体 2 家独角兽企业在上海交易所科创板上市。南沙被列入 2022~2023 年广东省重点建设项目有 8 个（见表 1）。目前诸多战略性新兴产业项目正在南沙落地，其中 80%为先进制造业及新兴产业，更有 17 个投入产出高达百亿元级的项目有序推进，政策效应日益明显。

表 1　列入 2022~2023 年广东省重点建设项目计划的南沙项目

单位：万元

项目名称	建设内容及规模	建设起止年限	总投资	2022年投资计划	到2022年底累计完成投资	2023年投资计划
广州广汽年产20万辆（新能源汽车）产能扩建项目	总建筑面积 21.88 万平方米，建设冲压、焊装、涂装、树脂、总装、电池六大车间及相关附属设施，同时建设 110 千伏同安输变电工程	2020~2022	634200	48000	—	—
广州南砂晶圆半导体技术有限公司碳化硅单晶材料与晶片生产项目	建筑面积 9 万平方米，建设一栋科研办公楼、一栋中试厂房、三栋生产厂房，继续扩大碳化硅、晶体生长和加工规模，同时建设外延片加工生产线	2020~2022	90000	20000	—	—

① 南沙区：《南沙 8 家企业上榜！2023 胡润中国元宇宙潜力企业榜单发布》，广州市人民政府网，2023 年 7 月 25 日，https://www.gz.gov.cn/xw/zwlb/gqdt/nsq/content/post_9121616.html。
② 南沙开发区投资促进局：《上榜南沙"十大"！独角兽"黄金牧场"首获创新殊荣！》，广州南沙区人民政府网，2023 年 8 月 4 日，http://www.gzns.gov.cn/zwgk/rdzt/yhyshj/ysdt/content/mpost_9149488.html。

续表

项目名称	建设内容及规模	建设起止年限	总投资	2022年投资计划	到2022年底累计完成投资	2023年投资计划
广东芯粤能碳化硅芯片生产线项目	建设月产能2万片的6英寸碳化硅芯片生产线	2022~2023	350000	—	140000	44800
南沙科创中心芯新产业园	建设内标准厂房、制造研发厂房、研发楼、办公及生活服务配套等	2022~2025	186200	—	20000	15000
沃森生物国际总部·RNA全球产业化中心项目	建设RNA药物产业化基地、高标准柔性疫苗生产基地和核酸药原液生产基地	2021~2024	160000	—	16000	10000
南沙融捷锂离子电池制造基地与研发中心项目	拟新建厂房、宿舍、办公楼及配套厂房等	2022~2024	600000	—	25000	50000
中科空天飞行科技产业化基地	新建总装测试厂房，切割索作业厂房、智能制造厂房等	2020~2026	80000	—	35000	10000
巨湾技研储能器件与系统总部及生产基地项目	建设内容包括新建电芯生产车间1、PACK车间等	2022~2029	200000	—	37000	17000

资料来源：《广东省发展改革委关于下达广东省2022年重点建设项目计划的通知》（粤发改重点〔2022〕157号）、《广东省发展改革委关于下达广东省2023年重点建设项目计划的通知》（粤发改重点〔2023〕72号）。

南沙坚持发展高端装备、智能制造、汽车等"大"制造，持续巩固提升制造业优势。汽车制造业是南沙的主导产业，具有产业链长、涉及面广、带动性强的特点。2022年南沙汽车制造业产值1956.99亿元，较上年增长19.3%，占全区规模以上工业产值的51.4%，汽车产量100.93万辆，较上年增长22.6%。① 南沙口岸外贸出口突破10万辆。《南沙区汽车产业发展"十四五"

---

① 《2022年广州南沙区国民经济和社会发展统计公报》，2023年5月。

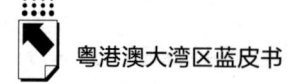

专项规划》提到,南沙将打造"一核四区一窗口"的汽车产业空间布局。① 广东空天科技研究院(南沙)引进后,带动中科宇航、吉利航空等航空领域的知名企业落户南沙,推动国内首个全产业链精益化、数字化、智慧化的商业航天产业化基地投产运营,南沙区商业航天基本形成"一箭一星一院一基金"的空天产业发展格局。② "一箭"指的是运载火箭,2022年7月中科宇航公司参与研制的"力箭一号"固体运载火箭在酒泉卫星发射中心成功发射;"一星"指的是卫星,2022年6月吉利未来出行星座首轨九星在西昌卫星发射中心成功发射;"一院"是指广东空天科技研究院;"一基金"即大湾区首只商业航天基金,2022年1月越秀产业基金牵头联合南沙区属投资平台、市政府引导基金共同发起设立商业航天基金,围绕航天产业上下游重点投资布局。③ 积极吸引卫星研发、宇航动力研发、火箭卫星测控等上下游关联产业进驻南沙园区,打造空天高质量产业体系。

在"海"领域,南沙是广州唯一的出海口,也是广州发展海洋经济的重中之重。《南沙方案》发布以来,海洋经济的高端要素在南沙集聚,已基本形成领域布局合理、功能梯次清晰、创新链条完整的海洋科技创新平台体系。④ 坚持创新驱动,南沙打造"海洋牧场"产业体系,实施"1+2+2+7"战略,从装备设计、装备制造、海洋牧场、渔业种业、融资租赁等7个赛道同步推进,建设"蓝色粮仓"。⑤ 为扶持新兴海洋产业,《广州南沙企业所得税优惠产

---

① "一核"指以黄阁汽车城为核心,"四区"指以大岗汽车产业园片区、万顷沙智能网联汽车产业园片区、庆盛国家级车联网先导区、明珠湾智能网联汽车创新片区为支撑,"一窗口"指以沙仔岛国际汽车展销贸易中心为窗口。
② 《大型火箭南沙造!千亿级规模产业基地落成投产,太空旅游不是梦!》,搜狐网,2023年1月10日,http://news.sohu.com/a/627723822_121123889。
③ 《大型火箭南沙造!千亿级规模产业基地落成投产,太空旅游不是梦!》,搜狐网,2023年1月10日,http://news.sohu.com/a/627723822_121123889。
④ 广州市规划和自然资源局南沙区分局:《〈南沙方案〉一周年:开发与保护并重,广州市规划和自然资源局南沙区分局落实海洋强国战略做好海的文章》,广州市南沙区人民政府网,2023年6月13日,http://www.gzns.gov.cn/zwgk/zwdt/content/post_9045821.html。
⑤ "1"是指以建设华南现代化海洋牧场产业科技创新中心为总体发展目标;"2+2"是指打造现代海洋牧场装备技术研发制造示范基地、深蓝种业"育繁推"一体化产业基地、全省海洋牧场供应链综合服务中心和海洋牧场区域国际合作交流中心;"7"是指在海洋牧场装备设计、装备制造、融资租赁、种业、水产品深加工、冷链物流和交易、文旅。李文芳:《南沙打造"海洋牧场"产业体系 建设"蓝色粮仓"》,《中国日报》2023年6月28日。

业目录（2022版）界定指引》将深海勘测、海洋能源开发等八大海洋领域27个小项纳入南沙先行启动区域鼓励类产业目录，对设在南沙先行启动区符合条件的鼓励类产业减按15%税率征收企业所得税。[1]

2019年，南沙渔业产业园入选省级现代农业产业园建设名单，2022年南沙渔业总产量16.51万吨，总产值53.4亿元，规模、产量和产值均位居广州市第一。[2]南沙已集聚了海大集团、恒兴集团等一系列水产科技研发优势企业，并在南沙青蟹、鲩鱼、鲫鱼、鳗鱼和小虎麻虾等种业领域取得较大突破。

（二）创建青年创业就业合作平台

"创建青年创业就业合作平台"是《南沙方案》确定的重点工作任务之一，旨在把南沙建成港澳青年安居乐业的新家园。2022年12月，南沙出台《广州南沙新区（自贸片区）鼓励支持港澳青年创业就业实施办法》（"新十条"）扶持港澳青年创业就业，推动港澳青年融入国家发展大局。"新十条"针对港澳青年内地就业痛点难点，建立全链条创业就业服务体系，增加一卡去南沙、证书补贴、薪金补贴、就业奖励四项举措。

南沙构建全链条创业就业服务体系。拓展港澳青年在南沙的创新创业空间，目前集聚各具特色的港澳台侨青创基地13家。孵化港澳（台侨）青创项目团队（企业）超500个，带动来南沙创业就业的粤港澳三地青年超4000人。[3]"创享湾"是港澳青年在南沙创新创业的示范性平台，现有6家港澳台青创基地，截至2023年5月31日，已累计引进青创企业（项目）264个，接近七成的项目为港澳台侨企业（项目）。[4]为更好地服务港澳青年融入大湾区

---

[1] 广州市规划和自然资源局南沙区分局：《〈南沙方案〉一周年：开发与保护并重，广州市规划和自然资源局南沙区分局落实海洋强国战略做好海的文章》，广州市南沙区人民政府网，2023年6月13日，http://www.gzns.gov.cn/zwgk/zwdt/content/post_9045821.html。

[2] 《广州南沙聚焦全力建设海洋创新发展之路》，《新快报》2023年8月21日。

[3] 江珊、陈梦璇：《最高个人补贴超50万、企业奖补450万，南沙港澳青创"新十条"正加快首批545份申请的政策兑现》，凤凰网，2023年7月25日，https://news.ifeng.com/c/8RiRgAloTJ8。

[4] 楚田、南宣：《〈南沙方案〉一周年：十大标志性成果发布》，《21世纪经济报道》2023年7月28日；刘力庆：《2023年，香港创业青年齐聚南沙，共话创新创业机遇》，时讯博闻梦想家百家号，2023年7月15日，https://baijiahao.baidu.com/s?id=1771495506722596702&wfr=spider&for=pc。

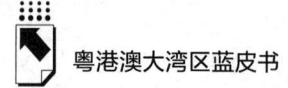

发展，南沙深入实施港澳青年来穗发展"五乐"计划，"五乐"是指"乐创、乐业、乐学、乐游、乐居"。2022年6月28日，粤港澳三地青年在南沙发起组建了五乐服务中心。五乐服务中心承接服务广东省粤港澳青少年交流促进会具体工作，统筹服务港澳青少年来大湾区（南沙）的求学成长、就业生活、创业发展等全方位服务。

南沙为港澳青年在南沙就业、创业、置业等方面提供支持和奖励。《南沙方案》发布后，南沙随即制定出台《广州南沙新区（自贸片区）支持港澳青年创新就业"新十条"措施》，"新十条"从提供薪金补贴、实习岗位、职业培训、支持创业等9方面出台了32项措施，给予个人最高51.5万元的奖补资金，给予企业最高450万元的奖补资金。据统计，在2023年1~6月申报期内累计收到线上申请545份，其中个人申请508份，企业申请37份。①

南沙通过"百企千人"等项目，吸引越来越多的港澳青年到南沙实习、就业。"百企千人"项目在2016年启动，常态化接纳港澳青年在南沙开展不少于4周的实习，截至2023年7月，南沙的港澳青年实习就业基地已超200个，累计已吸纳近2100名港澳青年学生在南沙完成实习。② 此外，在南沙区政策推动下，目前已有超5.2万名港澳青少年前来南沙进行研学旅行及文化交流活动。③ 南沙也适时推出"安居补贴+人才公寓+共有产权房"人才安居保障体系及专属港澳青年的"港澳新青寓"项目，从而帮助港澳青年在南沙"安居"。建行广东自贸试验区分行推出"港澳新青寓一体化金融服务模式"，截至2023年6月底，为"港澳新青寓项目"提供住房租赁贷款合计2.5亿元，用于公寓改造、装修等资金需求，新增租赁房源462套。④

---

① 江珊、陈梦璇：《最高个人补贴超50万、企业奖补450万，南沙港澳青创"新十条"正加快首批545份申请的政策兑现》，凤凰网，2023年7月25日，https：//news.ifeng.com/c/8RiRgAloTJ8。

② 吴婷婷、林洁：《近2100名港澳青年参与广州南沙"百企千人"计划》，《中国青年报》2023年7月24日。

③ 唐一歌、吴春燕：《为大湾区建设注入强劲动能——广州南沙加速打造粤港澳全面合作平台》，《光明日报》2023年6月13日。

④ 罗瑞娴：《建行广东自贸试验区分行：引金融"活水"助力港澳人才安居南沙》，南方Plus，2023年7月1日，http：//www.gd.news.cn/20230701/db7dbaa773af4103a44026fd571f8de0/c.html。

（三）共建高水平对外开放门户

《南沙方案》发布后，围绕建设高水平对外开放门户，南沙在提升国际航运枢纽功能、推进制度型开放、构建国际交往新平台等方面取得了有效进展。

国际航运物流枢纽功能进一步增强。2022年，南沙港完成集装箱吞吐量1838.85万标箱，商品车吞吐量106.3万辆。截至2022年底，南沙国际班轮累计开通182条航线，其中国际航线150条，可通达全球120多个国家的310多个港口，其中包含125条"一带一路"方向航线和84条RCEP国家航线，开通覆盖珠三角主要区域的72条驳船支线，"湾区一港通"模式已覆盖16个支线港，不断扩大链接全球市场的国际班轮航线网络布局，显著提升物流网络通达能力。[①] 2022年7月28日，广州港南沙港区4期全自动化码头投入使用，11月22日近洋码头投入使用。南沙港区4期码头的投入使用，使南沙港区集装箱通过能力达到2400万标箱以上的年际规模，位居全球单一港区前列，对建设国际航运物流枢纽具有重要意义。[②] 2021年底，南沙港铁路开通运营，打通了大湾区海铁联运的关键节点，2022年5月，南沙港铁路中欧班列首次开行。海铁联运使港口和铁路逐渐发挥更大的中转枢纽效应，将广州南沙港"出海口"延伸至内陆企业"家门口"，构建了高效便捷的亚欧国际物流新通道。[③]

南沙稳定推进制度型开放，持续优化营商环境。南沙在2022年1月17日正式发布《南沙自贸区对标RCEP CPTTP进一步深化改革扩大开放试点措施》，聚焦贸易自由便利、投资自由便利等六大领域，精准对标国际高标准投资经贸规则。截至2023年6月，南沙已累计形成884项自贸区改革创新成果，其中被国家和省、市复制推广的达到409项。[④] 投资贸易便利化方面，南沙积极推进国家进口贸易促进创新示范区和综合保税区等重要平台建设，大力提升

[①] 南沙区融媒体中心：《南沙奋力跑出高质量发展的"加速度"》，求是网，2023年3月7日，https：//m.gmw.cn/baijia/2023-03/01/36400229.html。
[②] 唐一歌、吴春燕：《为大湾区建设注入强劲动能——广州南沙加速打造粤港澳全面合作平台》，《光明日报》2023年6月13日。
[③] 人民融媒体：《广州港南沙港区：海铁联运串联湾区连接世界》，人民网—广东频道，2023年6月16日，https：//baijiahao.baidu.com/s?id=1768824068550117962&wfr=spider&for=pc。
[④] 南沙区融媒体中心：《〈南沙方案〉一周年 | 第一年年度目标任务已顺利完成》，广州南沙发布，2023年6月15日，http：//gjxq.chinadevelopment.com.cn/zxbd/2023/1844311.shtml。

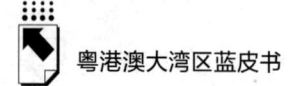

口岸信息化水平，目前已建立南沙保税区海关监管系统与国际贸易"单一窗口"的高效对接机制，实现舱单申报、"单一窗口"报关单和运输工具申报覆盖率三指标100%的目标，大力促进了口岸全流程的无纸化运行。南沙还优化新型国际贸易结算业务，支撑自贸试验区企业的新型离岸国际贸易服务。①

南沙在国际交往新平台方面取得新突破。2021年11月，南沙区政府牵头成立广州南沙营商环境国际交流促进中心，致力于打造全国性营商环境交流互动平台和中国营商环境对外发声和交流的重要窗口；此外，中国企业"走出去"综合服务基地已在南沙开展实质性运营，该基地已吸引近100家专业服务机构进驻，为中国企业"走出去"提供法律、金融、财税、人力资源、咨询、知识产权等一站式综合服务。②

（四）打造规则衔接机制对接高地

南沙是粤港澳大湾区规则衔接机制对接的主阵地和先锋队之一。南沙主要从粤港澳合作模式、金融市场联通、民生领域三个方面推进与港澳的规则衔接与机制对接。

以广州南沙粤港合作咨询委员会为依托，南沙创新了粤港澳合作模式，推动穗港更紧密合作。2021年4月14日，广州南沙粤港合作咨询委员会正式成立，采取接近香港行之有效的咨委会运作模式。首批咨委会委员由16名香港委员和11名内地委员组成，致力于打造成为粤港全面合作的"思想库"、"参谋部"和"超级联系人"。咨委会成立两年以来，推出政府对企业（G2B）、政府对社会（G2S）的南沙实践，专项小组由9个扩展到14个，推动了港式国际化社区、民心港人子弟学校、大湾区航运联合交易中心等一大批项目落地实施。③ 此外，南沙还在2022年7月在香港成立南沙新区香港服务中心，致力于进一步畅通南沙与香港双向联络沟通渠道，推动政府服务前移、项目对接前

---

① 楚田、南宣：《〈南沙方案〉赋能外贸成效显著：今年前4月南沙进出口规模居广州11区之首》，《21世纪经济报道》2023年7月28日。
② 柳时强、任燚、余妍玲：《加快中国企业"走出去"综合服务基地建设｜〈南沙方案〉一周年十大标志性成果》，南方Plus，2023年6月15日，https://baijiahao.baidu.com/s?id=1768739761469700522&wfr=spider&for=pc。
③ 《南沙粤港合作咨询委员会两周年系列活动在香港举行》，时讯博闻梦想家百家号，2023年5月17日 https://baijiahao.baidu.com/s?id=1766092797507216119&wfr=spider&for=pc。

移和人员交流前移，并推动与香港在金融合作、科技创新、航运物流、专业服务等优势产业对接。①

南沙大力推动粤港澳大湾区金融市场互联互通。南沙金融业是南沙五大支柱产业之一，2022年，增加值占GDP比重达8%，全区本外币、贷款增速均超20%。② 2021年4月19日，广州期货交易所正式揭牌成立，工业硅期货和工业硅期权在2022年底正式挂牌交易，截至2023年6月底，工业硅期货期权累积成交量1021.35万手，成交额6742.58亿元。③ 2022年8月，南沙获批国家首批气候投融资试点资格。南沙建设了全国首家气候投融资特色支行及全国碳中和融资租赁服务平台，大力推进气候投融资工作。截至2023年7月底，已成功落地21个项目，业务规模达53.5亿元，实现二氧化碳减排量326.5万吨。④

南沙金融开放创新工作取得显著成果，跨境贸易投资高水平开放。经国家外汇管理局批准，自2022年1月始，广州南沙自贸区围绕放宽资本项目汇兑限制、"放管服"改革、推进跨境投融资体制改革创新等方面，正式开展跨境贸易投资高水平开放试点，推出13项便利化措施。截至2023年1月，南沙推出的13项措施已顺利落实实施12项。金融机构累积办理试点业务5427笔，交易金额141.03亿美元。⑤ 2021年9月10日，"跨境理财通"业务试点在南沙落地，南沙有17家银行机构获大湾区"跨境理财通等"试点，"南向通""北向通"产品合计超1700种。⑥ 2023年2月4日，粤港澳大湾区（广州南沙）跨境理财和资产中心全面启动，引进港澳银行、基金、信托等多元化金融机构，着力打造粤港澳大湾区（广州南沙）跨境理财和资管集聚高地。

---

① 《广州南沙在香港设立服务中心：高效务实解决粤港合作诉求》，澎湃新闻，2022年7月21日。
② 家俊辉：《南沙金融新方位｜粤港澳金融市场联通"加速"：南沙金融开放创新走向纵深》，《21世纪经济报道》2023年3月1日，https://new.qq.com/rain/a/20230301A0ACTC00。
③ 《广期所工业硅期货期权累计成交额已达6742.58亿元》，每日经济新闻，2023年7月4日。
④ 郑雨楠、莫郅骅：《探索湾区气候投融资发展新模式，广州南沙试点成效显著》，《南方都市报》2023年8月3日，https://baijiahao.baidu.com/s?id=1770466450961251934&wfr=spider&for=pc。
⑤ 《金融创新试点的"南沙答卷"：勇探四项特色金融发展路径》，《21世纪经济报道》2023年2月17日。
⑥ 《金融创新试点的"南沙答卷"：勇探四项特色金融发展路径》，《21世纪经济报道》2023年2月17日。

2023年，南沙全区有8家基金管理企业获批QDLP、QFLP试点资格，获批额度超173亿元，开立自由贸易账户超6850个。①

在民生领域的规则衔接上，南沙已经在法律服务、卫生、建筑、规划、税务、旅游等6个领域实现对港澳人士专业资格认可。② 在《南沙方案》出台一周年之际，南沙发布《关于印发广州市南沙区境外职业资格认可清单的通知》，涉及先进制造、生物医药、数字经济、生产性服务业等六大重点产业，包含146项境外职业资格证书，其中港澳台证书84项，国外证书62项，进一步为境外专业人士来南沙发展创造更便利条件。③ 南沙也在构建粤港澳大湾区职称评价体系上走在前列，南沙在2021年11月出台《广州市南沙区建筑和交通工程专业港澳人才职称评价管理办法（试行）》，2022年7月16名港澳人才在南沙获颁内地职称，开全国之先例。④

在教育方面，南沙民心港人子弟学校在2022年秋季迎来第一届学生，该校采用香港学制，引进香港名校办学特色和管理模式，无缝对接香港本地课程，为在大湾区内地城市工作及生活的港人子女提供高质量的入学保障。⑤ 在医疗卫生方面，南沙首家港资独资的金牌全科门诊部2022年底建成开业，是一家以"国际诊疗标准、港式医疗服务"为核心的全科门诊，患者可享受门诊的远程会诊服务，连线香港医生，开具"港药"，适用国际保险直接支付服务。⑥ 此外，广州人民医院南沙医院获批"港澳药械通"指定医疗机构，并运营港澳居民健康服务中心，这些举措均为在南沙工作生活的港澳居民提供更加便利、直接的医疗服务。⑦

---

① 《〈南沙方案〉一周年丨第一年年度目标任务已顺利完成》，广州南沙发布，2023年6月15日，http://gjxq.chinadevelopment.com.cn/zxbd/2023/1844311.shtml。
② 丁乐：《广州南沙以机制创新推进深度开放》，《人民日报》2023年8月18日，第4版。
③ 《全球人才看过来！146项境外职业资格在南沙可认》，《广州日报》2023年6月29日，https://baijiahao.baidu.com/s?id=1770000067425533945&wfr=spider&for=pc。
④ 广州市科协：《全国首次！16名港澳人才获颁内地职称，最高正高级！》，澎湃新闻，2022年7月28日，https://m.thepaper.cn/baijiahao_19223342。
⑤ 《内地首个！广州民心港人子弟学校投用》，《羊城晚报》2022年8月23日。
⑥ 《广州南沙首个港式金牌全科门诊亮相》，中国新闻网，2022年12月21日，https://sdxw.iqilu.com/share/YS0yMS0xMzg3MDIxMw==.html。
⑦ 《穗港医疗融合新项目落地南沙！香港中文大学医学院会带来什么》，南都广州，2023年4月12日，https://static.nfapp.southcn.com/content/202304/12/c7560398.html。

（五）建立高质量城市标杆

《南沙方案》发布一周年来，南沙政府对南沙城市面貌进行了持续优化和改善。一是优化提升城市设计。为对标国际一流水平，南沙开展"南沙空间方案国际咨询"工作，并通过开展国际竞赛吸引境外高水平设计机构参与。在此基础上，明确了南沙"海洋城、枢纽城、人民城、未来城"的发展愿景，构建"一轴四带、一城四区"的总体格局，为《南沙方案》贯彻实施提供战略指引和空间支撑。① 庆盛枢纽区块规划建成粤港澳深度合作园港式社区，突出"最香港"的特色，包括建设港式学校、港式社区、港式服务，以营造增强粤港居民认同的宜居宜业环境。② 明珠湾区对标纽约曼哈顿等世界级中央商务区，打造湾区金融中心、全球会客厅及千亿级商圈；南沙枢纽的规划引入著名国际城市规划大师、"新加坡规划之父"刘太格博士及其团队参与，在规划理念、产业发展、建设标准等方面借鉴新加坡地区规划理念和经验，打造"最未来"片区。③

二是提升公共服务水平。南沙持续优化基础教育资源。2022年获批成为全国义务教育优质均衡先行创建区，是广州市唯一入选的区，2023年成为广东省15个基础教育高质量发展示范区之一。近年来，南沙区引进了一系列优质教育资源，包括市教研院、执信、市二中、广大附中、广铁一中、广州外国语学校等优质教育品牌，已成为全市集聚最多优质教育资源区域。④《南沙方案》发布一周年以来，南沙优质医疗圈和宜业宜居的健康南沙建设初见成效。中山大学附属第一医院南沙院区2023年3月29日正式启用，广东省中医院南沙院区、广州市妇女儿童医疗中心南沙院区已完成主体工程建设，中山大学附属口腔医院（南沙院区）、广州医科大学附属肿瘤医院（南沙院区）正加快建

---

① 《南沙规划设计高标准推进｜〈南沙方案〉一周年十大标志性成果》，南方Plus，2023年6月15日，https://baijiahao.baidu.com/s?id=1768739761474641788&wfr=spider&for=pc。
② 《"南沙土地+香港经验"！庆盛枢纽港式社区将这样建》，大洋网，2022年8月2日，https://baijiahao.baidu.com/s?id=1739978783394157910&wfr=spider&for=pc。
③ 《〈南沙方案〉一周年：高水平规划设计引领南沙打造高质量城市发展标杆》，广州市规划和自然资源局官网，2023年6月25日，http://ghzyj.gz.gov.cn/zwgk/xxgkml3/gzdt/content/mpost_9065513.html。
④ 《侯静敏：汇聚优质教育资源，争创全国义务教育优质均衡区》，大洋网，2023年2月24日，https://news.dayoo.com/gzrbrmt/202302/24/158550_54431565.htm。

设。这5家三甲医院建成后将可提供病床达5460张，南沙居民不出南沙就能享受多层次优质医疗服务。① 作为创建国家医学中心的重要载体，中山一院南沙院区建成的消毒供应中心、检验中心、病理诊断中心、放疗中心、医学影像中心等六大中心，可为大湾区提供服务。中山一院南沙院区还设置了精准医学中心、肿瘤防治中心、转化医学平台，能提供海陆空全面救治的疑难重症诊治和灾难医学中心，同时部署3.3万平方米的国际医疗中心，可承接国际人士的医疗保健服务。②

三是以南沙为中心的"大湾区半小时交通圈"日臻完善。南沙位于珠三角的几何中心，是大湾区互联互通的要地。在轨道交通建设方面，从南沙庆盛站乘坐广深港高铁到香港西九龙只需35分钟，21分钟达到深圳福田中心区；广州地铁18号线首通段在2021年9月28日正式开通运营，实现南沙与广州主城区半小时通达。拟于2023年内启动建设的南沙站是一类客运枢纽，南沙港铁路、深茂铁路等多条铁路将在南沙站交会，其建成后将成为大湾区快速直联直通的核心枢纽节点。③ 在道路建设方面，南沙目前有15条道路对外衔接，其中广州中心城区方向5条、佛山方向5条、中山方向3条、东莞深圳方向2条。2023年7月11日，黄埔至南沙东部快速通道南沙段正式动工，通车后，黄埔至南沙的通行时间将由1个小时缩短至30分钟。④

二 面临的问题与挑战

当前广州南沙粤港澳重大平台建设取得显著成效，但仍存在科创产业薄弱、金融市场互联互通有待创新突破等制约因素。

---

① 《一年了，广州南沙医疗发生了什么变化》，南方Plus，2023年7月8日，https：//baijiahao.baidu.com/s?id=1770816004868139947&wfr=spider&for=pc。
② 《打造大湾区30分钟救治圈！中山大学附属第一医院南沙院区正式启用》，广东卫生在线，2023年4月2日，https：//baijiahao.baidu.com/s?id=1762020521820071831&wfr=spider&for=pc。
③ 《以南沙为中心的大湾区"半小时交通圈"建设正提速推进》，《广州日报》2023年2月20日，https：//www.gz.gov.cn/zt/nsygahzfa/mtgz/content/post_8810490.html。
④ 任燚：《通行时间缩短至30分钟！广州黄埔至南沙东部快速通道动工》，南方Plus，2023年7月11日，https：//baijiahao.baidu.com/s?id=1771099027323513122&wfr=spider&for=pc。

（一）南沙工业承压面临结构性调整，产业配套环境相对不足

南沙面向未来，加快建设"芯晨大海"产业体系。总的来看，南沙的产业结构呈现"一家独大"特点，新能源汽车与新型储能、集成电路等战略性新兴产业目前规模较小且集群程度不高。① 另外，由于内外贸市场订单需求不足，南沙的制造业也面临产销两弱的挑战。2023年第一季度，南沙工业总产值894.45亿元，同比下滑2.9%，装备制造业产值555.72亿元，同比下滑12.2%，汽车制造业416.71亿元，同比下滑16.1%，出口交货值99.83亿元，同比下滑21.1%。高新技术产业实现了正增长7.5%，达到55.72亿元。从产值来看，高新技术产业的规模较小，但发展势头良好。

汽车产业是南沙规模最大的支柱产业，2022年汽车产业总产值接近2000亿元，占南沙区规上工业总产值的51.4%。南沙区以广汽丰田整车项目为龙头、新能源汽车项目为扩展、智能网联汽车为发展方向，逐步构建起"整车—新能源汽车研发制造—汽车零部件基地—智能网联汽车"的产业集群生态链。② 随着汽车产业向新能源、智能化转型，以传统燃油车为主的合资品牌汽车企业销量面临挑战。广汽丰田在2023年上半年共销售汽车45.28万辆，同比下降9.48%，广汽丰田批发和零售市场份额分别下滑4.1%和4.5%。除了整体销量持续疲弱外，广汽丰田的电动化转型滞后，电动化产品推陈出新缓慢，市场销售状况低迷。③

南沙的产业环境仍有待提升。人才是科技创新的核心驱动力，科创企业的发展离不开人才的支撑。以自动驾驶研发人才为例，目前行业的整体人才储备情况难以满足市场需要。《智能网联汽车产业人才需求预测报告》显示，我国智能网联汽车产业2025年的研发人才存量仅为7.2万人，人才净缺口1.3万~

---

① 柳石强：《省南沙工委首次亮相，"开局"如何迈向"破局"？》，粤港澳大湾区门户网，2023年7月6日，https://news.southcn.com/node_35b24e100d/26eec48cea.shtml。
② 陈梦璇：《广州南沙成立汽车产业链党委，以一流党建引领汽车产业走向纵深》，金羊网，2023年4月5日，http://h5.ifeng.com/c/vivoArticle/v002V0eeKBW92TeVzheoWxBj62TbjUQ8usa6l-_SvUhQzsMY__?isNews=1&showComments=0。
③ 宁晓敏：《广汽丰田电动化转型"包袱"重：销量滑铁卢 热销车型频遭投诉》，鳌头财经，2023年9月12日，https://baijiahao.baidu.com/s?id=1776803289368286213&wfr=spider&for=pc。

3.7万人。① 近年来，国内外自动驾驶人才的抢夺战已经进入白热化阶段，南沙的高校、科研机构基础较为薄弱，人才配套环境相对不足，这将对支撑科创企业的研发工作产生掣肘。

（二）全球贸易弱复苏，南沙国际航运物流枢纽建设承压

南沙因港口而生，南沙也是广州航运枢纽核心承载区。港口和航运物流业是南沙重点产业之一，南沙港区以内贸业务以及东南亚、非洲地区外贸业务为主。受全球经济不景气影响，南沙的航运产业也将承受较大压力。

当前全球经济复苏乏力，出口型经济体出口贸易产值集体减速。2023年4月，印尼、马来西亚、越南、印度出口产值降幅分别高达29.4%、17.4%、14.7%、12.7%。② 2023年4月，WTO预计2023年全球贸易产值增长率将下滑至1.7%，明显低于往年2.6%的平均水平。2023年7月我国海关数据显示，我国进出口总值3.46万亿元，同比下降8.3%，其中出口同比下降9.2%。以美元计价，2023年7月进出口总额4829.2亿美元，同比下降13.6%，其中出口额2817.6亿美元，同比下降14.5%；进口额2011.6亿美元，同比下降12.4%。③

受全球经济疲软影响，航运、港口产业的商业环境面临根本性变化，市场信心相对不足。集装箱供大于求，平均价格总体呈下降趋势。2023年第二季度中国航运景气指数为101.97点，较第一季度上升2.82点，回升至微景气区间。然而，中国航运信心指数仅为81.19点，较第一季度下降9.07点，跌至相对不景气区间；船舶运输企业信心指数为62.87点，较第一季度下降21.51点，降至较为不景气区间；干散货运输企业信心指数仅为39.10点，较第一季度大幅下降36.13点，跌至较重不景气区间。④ 2023年8月18日，广州航运

---

① 田哲：《"无人"驾驶，正在遭遇"用人"荒》，网易，2022年3月13日，https://www.163.com/dy/article/H2BCH6GR0511DPVD.html。
② 中国银行研究院：《2023年三季度经济金融展望报告》，2023年7月3日。
③ 田进：《全球需求疲软 中国7月出口同比下降9.2%》，经济观察网，2023年8月8日，https://baijiahao.baidu.com/s?id=1773662854844761218&wfr=spider&for=pc。
④ 董婉婉：《中国航运景气报告：本季市场环境继续恶化，下季干散货有望复苏》，第一风口，2023年7月3日，https://baijiahao.baidu.com/s?id=1770381516337019634&wfr=spider&for=pc。

交易所发布的珠江航运集装箱运价指数报收963.31点，较上期下跌2.31点，珠江航运散货运价指数报收972.97点，较上期上涨5.6点。①

（三）南沙与港澳金融市场互联互通仍需提速

"一国两制"和三个金融货币管理区是粤港澳大湾区金融运行的显著特征，金融制度的差异、监管体制的差异是南沙与港澳在金融领域规则衔接、机制对接的主要障碍。总的来说，在内地地方金融管理部门的金融管理权限相对较低。在内地，金融管理主要是中央事权，广州（南沙）的金融监管权限明显与港澳方的权限不对等，较低的管理权限阻碍了地方政府实现规则衔接，若无中央授权，地方金融管理部门仅能在有限的职权范围内进行探索。

内地的金融服务市场开放程度显著低于港澳，市场准入规则难以趋同。香港的金融服务市场高度开放，内外资面临完全一致的待遇，并可按照相同的标准进行金融牌照的审批；澳门也是全球最开放的贸易和投资经济体之一，奉行自由市场的经济规则。在CEPA下，港澳金融机构进入广东市场的门槛有所降低，但内地对跨境交付类金融服务的开放仍然采取审慎的态度，对跨境交付类金融服务仍坚持严格的地域管辖。这意味着港澳金融机构进入内地营业仍然需要在内地注册机构，满足内地的准入要求。

粤港澳三地金融监管制度差异大，机制对接难度高。香港是世界上少有的实行混业经营、分业监管的地区，形成政府监管、行业自律的两级结构，行业自律机构主要侧重内部风险控制和审查；澳门采取统一监管模式，不针对银行业、保险业设立专门的监管机构；2017年后内地实行协调监管模式，形成"一委一行两会+地方监督"的新金融监管架构。"三套监管体系、多个监管主体"的特征使粤港澳三地的监管协调难度较高。例如广州期货交易所跟香港的期货交易所、现货市场对接和合作较少，多元化的金融产品研发进度缓慢，期货、证券、基金、保险等不同金融领域的协同发展不够。

内地跨境资本流通仍受到较大限制。港澳对跨境资本流动不作限制，但内地跨境资本流动仍受到较严格的规制。随着金融服务的发展，跨境金融服务贸

---

① 广州航运交易所：《2023年第29期指数周评》，广州市港务局网站，2023年9月11日，http://gwj.gz.gov.cn/zjhyzs/zjhyzs/content/post_9204937.html。

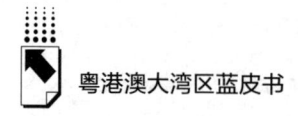

易与跨境资本流动出现重合的情形；从贸易便利化的角度来看，支付限制、外汇限额等管制措施给可兑换项目的便利化带来消极的影响，提高了支付成本和交易的不确定性，抑制了内地居民购买跨境金融服务需求，在一定程度上阻碍了金融服务自由化的进程。

（四）人口规模小，南沙产城人融合有待加强

人口是社会发展的主体，人力资本是支撑经济增长的关键因素之一。首先，南沙人口吸引力、集聚力有待提升。根据《2022年广州市国民经济和社会发展统计公报》，2022年底南沙全区常住人口92.94万人，比2021年增长2.9万人，涨幅3.22%，为全市最高。南沙人口的持续增长与中央及各级政府对南沙的重视与政策支持密不可分。但总的来看，南沙人口总体规模偏低，人口总量仅占广州市人口的4.94%，仅高于作为北部生态中心区的从化。南沙"十四五"规划设定的南沙人口发展目标为，到2025年，常住人口达120万左右。按照南沙目前人口流入的态势，与2025年完成120万的常住人口目标，仍有较大的差距。公共交通配套是影响南沙人口流入的重要因素。南沙区发改局在2023年8月开展"2024年南沙区十件民生实事"社会公众意见征选，共征集到1563条意见和建议，其中公共交通类543条，占比达到34.74%。可见，南沙市民对"公共交通"的意见较大。[①] 南沙距离广州主城区较远，目前仅有4号线和18号线两条地铁线路连接广州中心城区，其中4号线运行速度较慢，18号线可实现半小时到达广州主城区，但4号线与18号线均为孤线运营，未有相交的换乘站点，这两条地铁的辐射范围有限，未能有效降低广州主城区与南沙之间的通勤时间成本，一定程度上制约了南沙人口流动。

其次，南沙的产业导入对人口的集聚力度也有待加大。2022年全区工业产值前十的企业中，主要是2004年落户的广汽丰田及其配套项目企业，只有2个工业项目企业是2010年后引入的，即王老吉健康产业园和广州电缆厂。新引进的大型制造业项目不多，因产业而动的流入人口也就非常有限。金融和

---

① 南沙区发改局：《南沙区2024年十件民生实事公开征集结果情况》，南沙区人民政府官网，2023年9月18日，http://www.gzns.gov.cn/zwgk/zwwgk/jggk/content/post_9215834.html。

科技产业对未来南沙的人才集聚会起到积极作用，但由于这两个产业在南沙发展基础较为薄弱，短时间内为南沙人口流入贡献有限。①

三 南沙重大平台建设展望与建议

（一）建设展望

当前，南沙步入前所未有的机遇期、干事创业的发展黄金期。南沙区将坚持以习近平新时代中国特色社会主义思想为指导，贯彻落实党的二十大精神和习近平总书记的重要指示批示精神，围绕《南沙方案》确定的目标任务，锚定新使命新定位和新的标高追求，构建近期、中期、远期接续攻坚、压茬推进的工作机制，推动规划和政策落地不停步，推进项目和任务实施不停步，优化资源高效配置不停步，聚全省之力把南沙打造成立足湾区、协同港澳、面向世界的重大战略性平台，为粤港澳大湾区建设成为"一点两地"提供有力支撑。

一是聚焦提升科技产业双策源能力，建设大湾区创新型产业高地。着力打造创新平台、产业平台、青创平台，推进综合性国家科学中心建设，高水平建设南沙科学城、南方海洋科学与工程省实验室，加快发展冷泉生态系统大科学装置、大洋钻探船、大湾区科学论坛永久会址等重大平台，建设华南科技成果转移转化高地，发挥教育人才支撑作用，打造大湾区国际科技创新中心。坚持实体经济为本、制造业当家，推动产业集群大升级、产业项目大扩容、产业平台大提质、营商环境大提升，支持制定实施重点产业专项人才政策，促进创新链、产业链、资金链、人才链深度融合。充分发挥广州数据交易所、广州期货交易所、香港科技大学（广州）等重大平台的支持作用，大力发展新能源汽车、新型储能、集成电路、生物医药等高新技术产业，统筹推动人工智能与集成电路、高端装备、新型储能、光电子、生命健康、节能环保等领域重点项目在南沙优先布局，加快构建具有竞争力的"芯晨大海"现代化产业体系。

二是稳步推进制度型开放，打造高水平对外开放门户。推动创造型引领型

---

① 《南沙如何才能走出"经济热人气冷"的怪圈?》，《半岛科技报》2023年3月24日，https://baijiahao.baidu.com/s?id=1761034689565756299&wfr=spider&for=pc。

改革，在规则、规制、管理、标准等领域改革创新、先行先试，构建大湾区制度型开放试验区。建好用好中国企业"走出去"综合服务基地，推动大湾区国际商业银行、保险服务中心等项目落地，增强国际航运贸易枢纽功能，建设金融业对外开放试验示范窗口，打造国际经济合作前沿地，增强链接国内国际双循环功能。建设海洋创新发展之都核心区，规划建设临港经济区，建设南方海洋科技创新中心，打造国家科技兴海产业示范基地，打造海上新广东。

三是加强粤港澳协同联动，创建规则衔接机制对接高地。建立健全南沙粤港合作咨询委员会工作机制，强化南沙新区香港服务中心功能，全力促进与港澳科技合作、金融互联互通和职业资格互认方面规则衔接、机制衔接。持续完善港澳青年创新创业基地矩阵，构建港澳青年安居乐业新家园。探索建立粤港澳人才开发合作促进机制和港澳人才工作站，完善大湾区国际化人才驿站服务机制，发挥香港科技大学（广州）等重大平台作用，延揽全球"高精尖缺"人才。推进营商环境综合改革示范点，加快推进粤港澳大湾区市场一体化建设，加强与港澳在教育、医疗等公共服务和社会保障体系方面对接，完善港澳居民在南沙学习、生活的配套服务。着力搭建南沙与港澳交往合作桥梁、人文交流桥梁，促进南沙与港澳人员、资金、信息便捷流动，在交往交流中厚植港澳青少年家国情怀。

四是提升城市整体规划治理水平，建设高品质现代都市。加快编制新一轮总体发展规划和国土空间总体规划，集中力量推进先行启动区建设，聚焦塑造先行启动区示范样板，推进全省首个未来城市建设试点。加快推进广珠（澳）高铁前期工作及南沙站动工建设任务，启动黄埔至南沙东部快速通道建设，加快"三高三快"道路升级改造，增强南沙内联外通枢纽功能。深入实施"绿美南沙五年行动计划"，夯实绿色发展生态底色，深化污染防治攻坚，推动绿色低碳转型，实现人与自然和谐共生。加快发展民生社会事业，构建优质均衡公共服务体系，深入实施"百县千镇万村高质量发展工程"，推动共同富裕，打造优质生活圈示范区。高效推进法治南沙、平安南沙建设，打造共建共治共享的城乡治理新格局。稳步推进南沙智慧城市建设。

（二）对策建议

南沙开发开放正由高水平布局迈向高质量格局新征程。针对南沙如何把握发展黄金机遇期，高效落实《南沙方案》，全面拓展与港澳合作的深度广度，加快打造立足湾区、协同港澳、面向世界的重大战略性平台，本文提出如下建议。

一是更加注重规划引领。深刻认识南沙功能定位和使命任务，主动将南沙放在全国发展大局中思考、谋划和推动，充分发挥南沙重大合作平台的示范引领作用，按照"精明增长、精致城区、岭南特色、田园风格、中国气派"要求，按照"广州城市新核心区"定位，按照"全球海洋中心城市"标杆，学习借鉴先进城市经验做法，聚焦高标准规划设计引领，注重战略留白，做深城市规划设计，优化城市功能布局和空间形态，全面提升南沙发展能级和核心功能，推动南沙发展能级之变、格局之变，打造世界城市发展标杆。并加强与横琴、前海等平台深度联动，引领建设环珠江口100公里"黄金内湾"。

二是更加注重政策驱动。着力强化政策突破、政策集成、政策传导，以政策的先导突破带动要素集聚、项目落地和产业发展，提升政策系统性、长效性，健全改革经验成果复制推广机制，最大限度发挥政策综合效应。争取国家尽快出台南沙放宽市场准入试点方案，在资格标准互认、跨境要素便利流动等方向创新改革举措，探索打造市场化、法治化、国际化营商环境。争取广东省加快出台支持南沙的政策文件和地方性法规，推动省市区按程序赋予南沙更大经济管理权限，支持南沙创新探索体制机制，更好实现"南沙的事南沙办"。

三是更加注重组织协同。落实好广东省调整优化南沙建设发展的工作机制，充分发挥广东省南沙工委、广东省南沙办的体制机制新优势，实现省市区三级联动高效聚力，助力南沙开发开放取得更大成效。广东省南沙工委及其办公室、各专责小组要强化统筹协调和指挥调度，各成员单位要带头落实、全力支持、靠前服务，建立对口服务南沙工委和南沙办的绿色通道与特事特办机制，凝聚起全省推进实施《南沙方案》的强大力量。要加强协同联动，强化扁平化管理，强化战略执行，持续激发改革、开放、创新三大动力，聚焦重点事项、重大问题、关键环节攻坚克难，以"钉钉子"精神务实推动各项政策与项目落地。

四是更加注重错位发展。近年来，国家先后印发《全面深化前海深港现代服务业合作区改革开放方案》《横琴粤澳深度合作区建设总体方案》《广州南沙深化面向世界的粤港澳全面合作总体方案》《河套深港科技创新合作区深圳园区发展规划》，粤港澳大湾区逐步构建起以横琴、前海、南沙和河套为主的大湾区重大合作平台框架体系。四大合作平台肩负不同使命，目标任务各有侧重。南沙发展必须牢记"立足湾区、协同港澳、面向世界"定位，突出"粤港澳全面合作"和"面向世界"两大关键与特色，坚持错位发展，减少同质化的内耗竞争。

B.11 粤港澳大湾区特色合作发展平台建设报告

左晓安 单闫宇*

摘　要： 粤港澳大湾区特色合作平台是粤港澳深度合作的重要抓手。东莞滨海湾新区、东莞松山湖高新区、中山翠亨新区、江门大广海湾开发区、佛山三龙湾高端创新集聚区、肇庆新区、惠州仲恺高新区、河套深港科技创新合作区的建设进展与成效显著，但还存在一些问题与障碍。未来应大力加强平台之间协调合作，固本强基提高经济发展的可持续性，将特色发展平台建设成为大湾区先进制造业和生产性服务业的主要载体，持续汇聚高端创新人才，引领创建环境友好型绿色循环经济发展平台，推进交通设施互联互通。

关键词： 粤港澳合作　特色合作平台　高质量发展

2019年颁布的《粤港澳大湾区发展规划纲要》提出了"3+N"粤港澳合作方案，这一方案旨在粤港澳三地深度合作的前提与基础上，充分发挥前海、南沙、横琴三大合作平台作用，并利用好惠州仲恺高新区、东莞滨海湾新区与松山湖高新区、江门大广海湾开发区等N个特色合作平台作用，进一步推动珠三角九市与港澳地区的全方位合作，促进资金、人才、信息等经济要素的流动，激发粤港澳大湾区长足发展的新动能。

---

* 左晓安，广东省社会科学院港澳台研究中心副研究员，主要研究方向为粤港澳区域合作；单闫宇，广东省社会科学院国际贸易学硕士研究生。

一 建设进展与成效

粤港澳大湾区八大特色合作平台在探索中创新，在创新中不断向高质量发展模式转型，成为带动各市建设大湾区的主力军、高质量发展的开路先锋。虽然起点高低不同，基础不一、要素禀赋有所差异，但八大平台都发展成为各市高端要素集聚的主要平台，在年产值、规模以上工业产值增量贡献、研发投入、高新技术产业产出贡献上成为各市当之无愧的支柱和主要平台。在探索国内大循环与国际大循环最优结合、境内资源产业要素与境外产业要素优化配置方面，各大特色平台结合各自优势和产业基础，在招商引资中成为境内外投资的主要承接地、企业科技研发的主要发起地和科技成果产业化的主要平台。各大特色平台也结合各自优缺点，在人才引进、土地集约开发、科技创新生态产业链培育和建设上不断做出创新尝试，为广东制度型开放和创新发展点燃了星星之火。

（一）东莞滨海湾新区

滨海湾新区地处粤港澳大湾区几何中心，位于狮子洋珠江出海口东岸，以虎门大桥与广州南沙自贸试验片区相连，与深圳前海合作区隔河相望，毗邻港澳，由交椅湾、沙角半岛和威远岛三大板块组成，规划总面积84.1平方公里，是东莞"三心"都市核心区之一，更是东莞参与大湾区建设的主阵地。《粤港澳大湾区发展规划纲要》赋予滨海湾新区粤港澳大湾区特色合作平台的定位，以高端制造业总部、现代服务业、战略性新兴产业（人工智能、生命健康、高端电子信息）研发基地为发展方向，与港澳合作方向以战略性新兴产业研发、现代服务业为主。[①]

目前滨海湾新区已在产业、教育、大基建各个领域抢跑东莞，势如破竹。据统计，滨海湾新区已吸引重大产业项目协议投资额近1400亿元，意向投资额达3715亿元。2022年，滨海湾新区全年重大项目建设完成投资约60亿元，居全市第二，完成固定资产投资66亿元。2023年首批重大项目集中开工和签

---

① 刘奇洪：《解题"3+N"粤港澳合作平台发展方向》，经观网，2023年3月13日，https://jg-static.eeo.com.cn/article/info?id=e2ffca58c538446d933162b060db1e4e&channelUuid=undefined，最后检索时间：2023年11月2日。

约，推动科技创新、产业建设、基础教育等重大项目落成。①

上述项目具体包括：OPPO智能制造中心、vivo智慧终端总部、正中科学园、欧菲光电影像等一批重大产业项目，同时正加快建设战略性新兴产业基地、RCEP经贸合作区、大湾区大学科技园、"专精特新"产业园、国际创新创业社区，着力打造"黄金内湾"的重要节点和制度创新的重要平台，全力对接支持服务好"双区"建设和两个合作区建设。

根据2023年3月公示的《滨海湾新区总体城市设计（草案）》，滨海湾新区的战略地位更是不断提升。文件显示，滨海湾新区将成为"湾区特色纽带，东莞海上门户"。其中，区域合作将打造"粤港澳大湾区协同发展特色平台"；战略节点将成为"珠三角核心区融合发展战略节点"；产业发展将变成"东莞高质量发展创新引擎"；城市发展将化身"滨海生态宜居智慧新城"。

未来，滨海湾新区将通过依托建设大产业、大平台、大项目、大企业、大环境，锚定高水平开放新门户、人才新港湾、城市新中心的目标定位，发力对外开放制度创新和高质量招商引资，打造东莞制度型开放新高地。

（二）东莞松山湖高新区

东莞松山湖高新区是东莞市的一个重要高新技术产业园区，也是《粤港合作框架协议》实施下取得的一项重要成果。东莞松山湖高新区以松山湖为核心，总面积72平方公里，集中了新一代信息技术、生物技术、新材料、新能源等科技研发和金融服务、文化创意等行业，与港澳合作方向以新一代信息技术、生物科学、工业设计和现代服务业为主。

松山湖高新区的建设为东莞市的经济发展带来了显著的成效。2022年，面对错综复杂且充满变数的外部环境，松山湖以高质量发展的确定性应对外部环境的不确定性，不断开辟发展新赛道、塑造发展新优势，GDP、工业产值、固定资产投资等主要经济指标均实现较快增长，总量和增速均居全市前列，经济发展韧性十足、活力十足。2022年，东莞松山湖实现地区生产总值771.18

---

① 《东莞滨海湾新区管理委员会关于印发东莞滨海湾新区"十四五"人才发展规划的通知》，东莞滨海湾新区管理委员会网站，2022年11月30日，http://bhwxq.dg.gov.cn/gkmlpt/content/3/3919/post_3919455.html#732，最后检索时间：2023年11月2日。

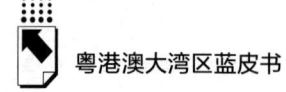

亿元，总量位居全市第二；同比增长5%，增速位居全市第一；2023年全国先进制造业100强园区松山湖高新区排名第26；2023年前三季度规上工业总产值2574.56亿元，同比增长3.6%，工业经济持续发挥稳经济"压舱石"作用。实现固定资产投资总额270.28亿元，同比增长3.2%；实现工业投资154.56亿元，同比增长20%；实现工业技改投资102.96亿元，同比增长11.3%。这三项数据总量均保持全市第一名。

具体到企业层面，松山湖全年41家工业企业实现"小升规"，规上工业企业数量目前已达到231家，超过一半的规上工业企业产值规模在亿元以上；企业产值规模不断扩大，千亿元企业1家，百亿元企业3家，50亿元企业5家，10亿元企业14家；新增2家上市企业，累计上市企业7家，上市后备企业48家，两项指标均列全市第一，松山湖企业梯队质量再上新台阶。

2022年，松山湖三大战略性新兴产业稳步起势，实现规上工业总产值近130亿元，新增引进项目54宗，协议引资近140亿元，新建松山湖现代生物医药产业技术研究院，首批生物医药基地产业园授牌与签约，高标准筹建新材料产业技术研究院，新能源及新能源汽车、生物医药、新材料等产业增速分别达到27%、22%、16%。[①]

东莞松山湖高新区抓住科技创新这一核心工作，营造科技创新所必需的高端人才、科技金融、产业孵化、公共研发平台等创新要素，构建科技创新全要素闭环和创新生态系统。与此同时，松山湖瞄准机遇，推动产业发展向更高层次迈进，在抓好顶层设计规划和产业政策落实的同时，突出抓好重点领域建设，加强产业发展培育。松山湖高新区还将持续优化营商环境，加速高质量发展的生产要素供给，在产业金融、人才引进和培养、研发项目产业化经营用地、拓展国内外市场等方面为企业排忧解难。除此以外，为了吸引人才、聚集要素，松山湖高新区也在提升品质，努力打造高品位城市样板，以群众需求为导向，发力园区各层次教育供给，增加医疗机构建设、公共医疗卫生服务，提高园区民众的获得感。

---

① 余晓玲：《松山湖：着力提高创新能级，打造引领东莞高质量发展核心引擎》，《羊城晚报》2023年3月31日，第4版。

（三）中山翠亨新区

2019年初，中共中央、国务院印发的《粤港澳大湾区发展规划纲要》指出，"大湾区内部发展差距依然较大，协同性、包容性有待加强"，要"提高珠江西岸地区发展水平，促进东西两岸协同发展"。以此为指引，中山市在2021年12月第十五次党代会上正式确定翠亨新区"中山参与粤港澳大湾区建设的主阵地、面向未来的国际一流科技创新区、中山制造业数字化智能化转型升级示范区"的三个发展定位。广东省委、省政府全力支持翠亨新区建设，在2022年5月的第十三次党代会确定把翠亨新区摆在全省发展格局中更加突出的位置，要求翠亨新区重点建设科技创新平台，提升服务科技创新能力，聚焦科技产业生态链，加大科技创新产业和相关现代服务业招商引资力度。此后，翠亨新区步入较快发展轨道，不断有资金实力强、品牌知名度高、自主研发能力强、附加值高的重点项目落户。

2020年，翠亨新区引进16个标杆型项目，并实现百亿级项目"零"的突破；2021年，全年新招引落地项目13个，其中包括码头综合体等百亿级项目，连续两年引进百亿级项目；2022年，落地重大项目33个，投资额超112亿元，全年实现地区生产总值220.71亿元，同比增长16.3%，增速居全市第一；完成规上工业增加值105.43亿元，同比增长13.2%，增速居全市第一；固定资产投资同比增长3.8%，总量居全市第一，其中工业投资同比增长7.5%，总量居全市第二；一般公共预算收入13.4亿元，同比增长11.8%。①2023年，计划落地项目不少于40个，产业类项目总投资不低于200亿元，规上工业增速超15%，工业投资增速超60%。② 2023年前三季度，完成规上工业增加值84.43亿元，同比增长9%。

亮眼的经济发展数据体现了翠亨新区建设水平的不断提高。一是湾区一体化发展跃上新水平。规划引领支撑功能显著增强，湾区特色平台建设迈出大

---

① 中山翠亨新区管理委员会：《翠亨新区2022年工作总结及2023年工作部署》，中山翠亨新区管理委员会网站，2023年4月4日，http://www.zs.gov.cn/zschq/gkmlpt/content/2/2233/mpost_2233135.html#1547，最后检索时间：2023年11月2日。

② 姚嘉莉：《向海而兴大器"湾"成！中山翠亨新区迎来前所未有的发展机遇》，《中山日报》2023年5月30日，第1版。

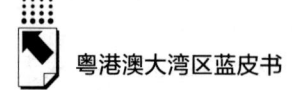

步。二是经济高质量发展实现新进步。招商引资和增资扩产"双驱并行",发展新领域新赛道持续跑出"加速度",制造业数字化智能化转型升级稳步推进。三是优质产业平台释放新空间。低效工业园改造升级强势推进,多种土地整备模式亮点纷呈,产业集聚发展平台提速建设。四是创新驱动发展达到新高度。创新主体增量提质,科研平台不断突破,创新人才加速汇聚。五是城市功能品质取得新突破。基础设施建设全面提速,水污染治理取得阶段成效,绿美新城建设徐徐铺开,东西片区协调发展明显提升。六是社会公共服务效能得到新提升。营商环境不断优化,民生福祉得到实实在在提升,防范化解重大风险有力有效。

当前,翠亨新区正以深中通道建设和"双区驱动"战略实施为重大契机,以既有产业集聚、中科中山药物创新研究院等创新平台、较高水平研发和技能人才为基础,以城市基础设施和公共服务水平完善为辅助,以对接深圳、香港等邻近大湾区核心城市优质科创、研发资源为重点,以健康医药、新能源与高端装备制造、新一代信息技术、现代服务业四大主导产业和若干未来产业的"4+X"产业体系规划为主攻,稳打稳扎,构建大湾区西岸研发创新和产业化发展高地,向2035年全面建成国际化现代化创新型滨海新城目标稳步前进。

(四)江门大广海湾开发区

江门大广海湾开发区包括广海湾开发区和银湖湾滨海新区。其中,广海湾开发区以核能、新能源、化工新材料、海工装备、风电装备、海洋产业、滨海旅游、港口物流为发展方向。而作为江门新城区的银湖湾滨海新区,以发展现代服务业为主要方向,与港澳合作方向以新材料、新能源、人工智能等领域科技研发和现代服务业为主。[①]

江门大型产业集聚区广海湾产业区,包括滨海宜居、临港经济、能源发展、生态休闲等四大规划功能板块,主导产业为高端装备制造业、生物医药与健康、新一代信息技术和新能源等产业,科创相关产业是开发区重点引进和培

---

① 刘奇洪:《解题"3+N"粤港澳合作平台发展方向》,经观网,2023年3月13日,https://jg-static.eeo.com.cn/article/info?id=e2ffca58c538446d933162b060db1e4e&channelUuid=undefined,最后检索时间:2023年11月2日。

育的产业，同时配套发展优质商务、物流等生产性服务业，配套居住、教育、公共卫生与医疗等生活服务功能，目标是将大广海湾逐渐建设成为对接港澳的重要门户、高端产业的创新平台和产城融合的滨海新城。

项目方面，开发区构建"1+1+3"产业格局。第一个"1"指将大广海湾打造成RCEP合作的重要经济区：以江门大型产业集聚区南部组团为依托，在南部组团重点建设大广海湾RCEP经贸科技文化合作交流中心项目；在东部组团重点集聚创新资源、发展创新产业；在西部组团重点集聚发展新兴产业。后面的"1+3"产业布局指开发区将不断培育和集聚发展能源双碳、生物医药、电力装备、无人智能制造四大产业园区。

人才方面，广海湾经济开发区以广海湾招商推广中心、广海湾科技创新服务中心两大人才服务平台为主要抓手，狠抓人才相关优惠政策落实和人才服务环境的优化，广纳四方英才，让人才愿意来、留得住，在开发区的科技成果转化、新兴产业发展中大展拳脚。同时，依托已投用的大广海湾青创智谷，发挥其人才服务、技能培训、就业指导、创业孵化等综合性功能，高水平建设一批孵化载体，打造"孵化器—加速器—专业园"孵化体系，为未来经济社会高质量发展夯实基础。[①]

2022年广海湾经济开发区主要抓住三个"突出"：一是突出高位谋划，全力推动对接港澳及RCEP；二是突出互联互通，全力推动基础设施配套；三是突出项目落地，全力推动产业园区成型。

大广海湾开发区已经发展成为台山制造业和工业化的核心支柱。2022年，大广海湾规模以上制造企业总产值达544.9亿元，占台山全市规上制造业总产值的74.7%，比全市规模以上制造业总产值增速高1.2个百分点。台山广海湾经济开发区和工业新城两大产业平台有规模以上工业企业145家，2022年规模以上工业总产值551.2亿元，已形成清洁能源、新能源汽车及零部件、新材料等百亿产业集群。[②] 六大重点产业发挥了重要支撑作用，尤其是食品、新能源汽车，产值同比增长92.0%、13.2%，拉动台山全市规模以

---

① 陈素敏、俞秋雨：《广海湾经济开发区勇担使命敢闯敢试　奋力争当高质量发展领跑者》，《江门日报》2022年10月25日，第6版。

② 陈素敏：《台山市：在新起点上奋力奔跑，书写高质量发展新篇章》，《江门日报》2023年2月3日，第7版。

上工业增加值增长7.5个百分点、2.6个百分点。2022年,台山市全社会研发经费投入12.36亿元,研发经费占GDP比重达2.46%,增速排名江门市第二。①

(五)佛山三龙湾高端创新集聚区

佛山是全国唯一的五区GDP过千亿的地级市,其中禅城、南海、顺德三区经济最为发达。佛山三龙湾高端创新集聚区与广州南站隔河而望,所辖面积包括佛山禅城区石湾街道、南海区桂城街道和顺德区的北滘、陈村和乐从三镇部分地区,总面积约130平方公里。以先进制造业、现代金融业、会展服务业、科技创新与文化创意等为发展主业,与港澳合作方向以人工智能、先进制造、工业设计和现代服务业为主。广佛交汇、毗邻广州南站大湾区核心交通枢纽的独特地理位置使三龙湾高端创新集聚区在广佛同城化发展上占有特殊重要位置,佛山将该区作为广佛资源和创新要素优化配置、广佛同城高质量发展的重要支撑区和佛山参与粤港澳大湾区建设、为粤港澳大湾区国际科技创新中心建设做出佛山贡献的重要平台。

三龙湾所在的5个镇(街)均属全国综合实力百强镇,2019年先进装备制造业增加值约300亿元,占珠江西岸产业带先进装备制造业增加值约10%。自成立以来,三龙湾签约落户产业项目超50个,总计划投资金额超620亿元。② 一批先进装备制造业包括自动化、人工智能、生物医药、新一代智能家电在三龙湾高端创新集聚区落户和集聚,形成先进装备产业集群;一批高端创新研发机构包括季华实验室等在集聚区落地生根,为科创产业的持续发展提供知识要素来源和研发动力;一批世界500强企业具有国际竞争力的制造业骨干企业在集聚区开疆拓土,创新发展;引入了美的库卡、拓野智能、飞利浦水健康等一批产业链龙头,培育了一批各行业细分领域的"隐形冠军",产业基础条件不断提升。

---

① 梁文娟:《台山:高质量发展步履坚定,全力加速向"东"奋进!》,《江门日报》2023年4月13日,第4、5版。
② 广东省发展和改革委员会:《佛山三龙湾高端创新集聚区发展总体规划(2020—2035年)》,广东省发展和改革委员会网站,2021年3月1日,http://drc.gd.gov.cn/zcjd5635/content/post_3232461.html,最后检索时间:2023年11月2日。

三龙湾高端创新集聚区做好粤港澳高端要素互补发展共创产业创新优势的大文章，目前已经引进吸收500余家港澳企业在集聚区投资兴业，其中港澳青年的创新创业成为集聚区发展的新风向。2022年底，三龙湾科技城发布《对德产业合作提升专项扶持办法（试行）》，填补三龙湾在对德产业合作方面的政策空白。该政策专门针对德国等欧洲德语国家投资人到佛山所投资设立的企业，将为符合条件的企业提供落户奖励、租金补贴等扶持，单个企业累计最高可获2000万元扶持。① 这一举措促成了一批对接德国工业4.0的重大产业和科技项目陆续落地，编织了一张全面的对德合作网络，发起成立中德工业城市联盟并承担秘书处职能，三龙湾已成为德国一流企业在中国南方尤其是在粤港澳大湾区的首选集聚地、中德两国在工业服务领域的合作新高地。

创新打造三龙湾国际人才客厅，为三龙湾及佛山外资企业和外籍人才提供"一站式"服务。除此以外，加快推进季华实验室的科技人才客厅，全面提升科技创新人才到三龙湾创新创业的服务体验。健全吸引产业人才的体制机制，实施更加积极的人才引进政策，吸引一批国际一流战略科学家、院士等"高精尖"人才。②

三龙湾高端创新集聚区地处"南番顺"传统区域，这里人文底蕴深厚，是岭南文化、广府文化重要发源传承地，与港澳联系往来密切，港澳认同感强。园区为传统岭南水乡，大小河流交叉密布，拥有超过400公里河岸线，区域绿色植被覆盖率高、植物种类丰富多彩，而且拥有天然湿地公园等独特自然资源，集聚区正以多样化生态自然资源为基础，优化建设高新农业、优质花卉基地，打造宜居宜业宜游岭南新园区。

（六）肇庆新区

肇庆新区于2012年10月挂牌成立，规划面积115平方公里，地处粤港澳大湾区连通东盟经济区和大西南地区的咽喉位置，是广佛肇连接港澳最大的连

---

① 欧阳志强、侯倩：《佛山三龙湾：让传统制造业迸发"创新"活力》，《羊城晚报》2023年5月26日。

② 欧阳志强、侯倩：《佛山三龙湾：让传统制造业迸发"创新"活力》，《羊城晚报》2023年5月26日。

片开发区域，同时也是肇庆东南板块的区位中心，具备大湾区功能疏解承接地和大西南要素集聚地的基础和潜质。肇庆新区正对标国内外最高最好最优规划建设，致力构建"彰显中国特色、展现岭南文化的现代化新区和高质量发展引擎"，成为肇庆参与粤港澳大湾区建设最亮丽的名片。

2022年是肇庆新区设立的第十年，在"两区引领两化"的战略布局下，城市建设稳步推进，一批龙头企业、一众高端人才、优质学校、综合性三甲医院、国际酒店纷纷落户。碧波荡漾的砚阳湖、长利湖，"地下城"综合管廊、"新地标"体育中心，处处彰显着产城融合的欣欣向荣。

十年间，肇庆新区地区生产总值年均增长达9.15%，其中规模以上工业企业年均增长8.64%。2014年肇庆新区建立独立财政体系以来，财政一般公共预算收入实现逐年高速增长，年均增速达41.21%。[①] 2022年，肇庆新区坚持稳字当头，稳中求进，千方百计保供应、稳生产、扩投资、促消费、优结构，实现地区生产总值76.37亿元，同比增长3.5%；规上工业增加值26.64亿元，同比增长15.5%；实际利用外资6.8亿元，完成进度176.5%。[②]

近年来，肇庆新区牢牢扭住产业招商落地"牛鼻子"，加快构建"3+2"产业集群，深度谋划推动四大产业园区（大湾区生态科技产业园、永安工业园、临港产业园和智能装备产业园）发展，稳工业、扩投资、抓项目、增动能，园区道路、水电管网、污水处理厂等一批重点基础配套设施逐步完善，经济运行总体平稳、稳中提质。2023年第一季度，在疫情防控平稳转段、稳经济政策效能不断释放等形势下，肇庆高新区完成GDP 52.61亿元，同比增长3.7%；新引进制造业项目计划投资、制造业项目建设实际投资、实际吸收外资等指标均居全市前列。[③]

按照肇庆市和肇庆新区的工作规划，肇庆新区集中优势资源参与粤港澳大

[①] 王焌鑫：《非凡十年·广东答卷｜肇庆新区：产城融合新格局方兴未艾》，《南方日报》2022年10月13日。
[②] 肇庆新区管理委员会：《肇庆新区2022年经济运行简况》，肇庆新区管理委员会网站，2023年3月6日，http://www.zqxq.gov.cn/zwgk/sjfb/tjfx/content/post_2817823.html，最后检索时间：2023年11月2日。
[③] 肇庆高新区：《完成GDP超52亿元！肇庆高新区一季度经济"成绩单"出炉》，中国高新网，2023年5月10日，http://www.chinahightech.com/html/yuanqu/yqrd/2023/0510/5672403.html，最后检索时间：2023年11月2日。

湾区建设，抢抓深圳先行示范区建设和前海、横琴、南沙三个合作平台建设发展机遇，融合本市主要产业集聚区建设规划需求，不断推动产业招商落地跑出"加速度"、经济"造血"难题取得新突破、两区一体化发展再添新活力，着力释放内需潜力，扎实推动全市经济高质量发展。

（七）惠州仲恺高新区

仲恺高新区处于粤港澳大湾区核心城市香港、广州、深圳几何中心地带，1992年经国务院批准成立，是以近代民主革命先驱廖仲恺先生名字命名的国家级高新区，是粤港澳大湾区城市群建设的核心区域之一。

仲恺高新区辖区面积345平方公里，下辖陈江、惠环、沥林、潼侨、潼湖等5个镇（街道），包括仲恺高新科技产业园、东江高新科技产业园、中国留学人才发展基地、惠南高新科技产业园等4个园区。2010年2月，仲恺高新区启动体制机制改革创新，高新区被授予市一级经济管理权限和县（区）一级行政管理权限，建立区一级财政管理体制。

2022年，高新区完成地区生产总值905.9亿元，增长（同比，下同）6.4%，总量居惠州市第三、增速居惠州市第二。除此以外，高新区规上工业增加值552.7亿元，增长3.7%；规上工业总产值3138.1亿元，增长5.2%；固定资产投资598.9亿元，增长15.4%，其中工业投资352.9亿元，增长63.3%；区级一般公共预算收入40.5亿元，增长7.5%，以上指标均居惠州市前列，延续良好发展势头。① 2023年，高新区经济产业呈加速发展态势。前三季度，全区完成地区生产总值673.63亿元，同比增长8.5%，增速较上半年加速2.4个百分点。规上工业增加值428.87亿元，同比增长7.5%，较上半年增速加速5.2个百分点。

产业创新发展方面，根基更为牢固。全区已经引进和培育国家级重点"小巨人"企业2家，国家级专精特新"小巨人"企业13家，广东省专精特新中小企业218家。在这些企业中，百亿元级有8家、超十亿元级47家，规上企业857家。产业要素的建设和保障持续强化，2022年全年供应工业用地

---

① 惠州市仲恺高新技术产业开发区管理委员会办公室：《仲恺高新区管委会工作报告》，惠州市仲恺高新区东江科技园网站，2023年5月31日，http：//www.hzzk.gov.cn/hzzkdjkjy/gkmlpt/content/4/4996/post_4996702.html#7487，最后检索时间：2023年11月2日。

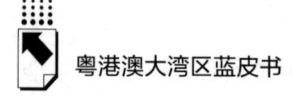

4590亩，占全市工业用地30.2%。一批附加值高、投资强度大、产值高的高质量产业项目持续进入高新区，其中357项已经顺利落地，计划投资总额611.7亿元，预计达产产值1385.5亿元，投资强度、亩均产值同比增长25%、18%；外贸内需企稳向好，实际利用外资34.6亿元，2022年全年外贸进出口总额1247.5亿元，两项指标总量均居全市第一；创新动能有力激发，R&D经费投入占GDP比重达7.73%，为全市平均值的2.3倍。

科技园区发展方面，各大板块竞速发展。高新区人工智能产业园已经累计引进投资项目87项，计划总投资761亿元，建成后预计产值2008亿元；潼湖生态智慧区以中韩（惠州）产业园起步区建设为重点抓手，累计引进产业投资139项，计划总投资1105亿元，达产后预计产值2748亿元；惠南科技园研发机构招商引资成绩斐然，省级新型研发机构总数占全市1/3，信用园区建设获评全国优秀应用示范案例。东江科技园规模以上工业总产值连续6个季度增长40%以上，实现两年翻一番，多项主要经济指标增速居全区前列。

基础建设与城市规划方面，稳步改观。仲恺大道沿线城市更新基本收尾，建成35米连片绿化带，完成上罗公园、田心公园、御湖公园等13.7万平方米公园绿地和一批基础设施配建；道路交通更加顺畅，新增通车道路54条、里程72公里；完成"三线"整治346.6公里，累计建成5G基站超千座；生态环境质量稳步提升，全面完成污水管网建设任务，建成大气精细化监管平台，土壤污染风险有效管控。

（八）河套深港科技创新合作区

河套深港科技创新合作区位于深圳福田区南部与香港接壤处，面积3.89平方公里，由深圳河南侧的香港园区和深圳河北侧的深圳园区（包括皇岗口岸片区和福田保税区）组成。河套合作区既是国内唯一的一河两岸、一区两园的深港协同创新平台，也是唯一的同一园区内拥有两大口岸、三大通道的最为便利的深港互联互通的平台，是粤港澳大湾区建设的重点项目。因为承载了区位、制度、空间载体独特等优势，这里是粤港澳大湾区规划纲要中唯一以科技创新为主题的特色平台，也是深圳建设中国特色社会主义先行示范区的重大平台。

政策支持方面。科研"政策包"创新机制出台实施，制定科研管理五大创新机制，以制度创新促进科技创新，现已面向全球科技界发布首批技术攻关类项目榜单并顺利揭榜；深港"联合政策包"发布实施，从深港协同支持科研项目、深港联合支持科研人才等 4 个方面提出 28 条具体举措，让科创项目和人才可以同时享受深港两地的政策支持，实现"1+1>2"的效果；产业"政策包"发布实施，聚焦医疗科技、大数据及人工智能、机器人等六大高新领域，对关键核心技术、重大产业化项目等方向给予支持，通过给予科研资金、产业空间、科研成果支持等形式，为科创发展提供保障。①

高端创新资源方面。河套合作区聚焦量子科技、人工智能、生物医药、集成电路与芯片、新能源、工业软件设计开发等前沿科技领域，引进科研和产业化项目逾 150 个。2023 年集中开工的项目包括粤港澳大湾区（广东）量子科学中心、国际生物医药产业园三期、河套 EDA 创新中心和河套深港合作成果转化中心，总投资达 29 亿元，将提供 15 万平方米的高品质科研空间，未来三年预计新增 30 万平方米科研空间②；深港机制对接在探索中推进，成立了内地首个深港联合办公室，联手招才引智、协同孵化科技创新项目和高科技企业，香港科学园深圳园区 2 万平方米空间得到落实。

服务相关配套方面。国际一流科学园区初见雏形，河套"e 站通"综合服务中心政务服务事项扩展至 560 项；协同区政务服务中心深入推进"数字政府"改革建设工作，逐步建立"1+N"政务上门办服务机制，打通惠企便民服务"最后一公里"；新建科学家服务平台，引入黄大年茶思屋、星巴克等配套服务设施，便利科研人才交流交往，打造国际化园区环境。③

---

① 《福田区河套深港科技创新合作区建设发展事务署 2022 年工作总结和 2023 年工作计划》，深圳市福田区河套深港科技创新合作区建设发展事务署网站，2023 年 5 月 17 日，http：//www.szft.gov.cn/fthtsgkjqjsfzsws/gkmlpt/content/10/10594/post_10594411.html#24650，最后检索时间：2023 年 11 月 2 日。

② 刘黎霞、陈思琦：《高质量发展看中国｜从"小河弯弯"到"科创引擎"，河套合作区如何打造世界级科创新城？》，国际在线网，2023 年 2 月 25 日，https：//news.cri.cn/baidunews-eco/20230225/a0d9656e-133d-b908-e48e-17872f474591.html，最后检索时间：2023 年 11 月 2 日。

③ 《福田区河套深港科技创新合作区建设发展事务署 2022 年工作总结和 2023 年工作计划》，深圳市福田区河套深港科技创新合作区建设发展事务署网站，2023 年 5 月 17 日，http：//www.szft.gov.cn/fthtsgkjqjsfzsws/gkmlpt/content/10/10594/post_10594411.html#24650，最后检索时间：2023 年 11 月 2 日。

二　主要问题与障碍

粤港澳大湾区这几大特色合作平台虽然分别位于大湾区内不同的城市，产业基础和特色产业发展情况有所差异，但在科技创新、产业生态建设、高端要素培育引进、成果转化和突破体制机制梗阻方面也存在一些共性问题，主要体现在如下几个方面。

（一）高质量发展的人才资源供求紧张，竞争激烈

广佛同城、粤澳融合、深中协同、港深一体化等城市群发展战略不断推进，产业发展对高端研发和高技能人才需求强烈，高端人才存在明显短板，人才净流入率仍待提升，大湾区各市、各平台之间人才竞争非常激烈。广州、深圳等核心城市对人才的推拉力，对新区既有人才"溢出效应"，更有"虹吸效应"。各平台人才承载能力较为薄弱。科创投融资、科技服务、成果转化、项目孵化等人才载体平台比较缺乏，"以产兴才、以才促产、产才融合"的格局尚未形成。人才发展和服务生态系统有待完善。服务生态与人才需求还不能够完全匹配。在硬环境上，公共产品与服务难以满足市场与社会需求。相关商业配套服务需要完善，生活化服务质量较差；医疗服务亟待优化，园区医疗资源匮乏，教育、文化体育等市政配套相对滞后，生活服务配套仍有较大提升空间。在软环境上，尚未形成全链条全周期人才服务体系。①

（二）科技研发、产业创新能力不足

除了深圳近年积极引进国内高水平大学、研究机构兴办分校和研究机构，研发实力发展较快外，其他平台所在的城市都存在科研资源相对缺乏、顶级科研院所和高校不足、与产业发展的需求不相适应的问题；同时产学研一体化水平较低，高校缺乏试验基地，企业缺乏科技研发资金。

---

① 《东莞滨海湾新区管理委员会关于印发东莞滨海湾新区"十四五"人才发展规划的通知》，东莞滨海湾新区管理委员会网站，2022年11月30日，http://bhwxq.dg.gov.cn/gkmlpt/content/3/3919/post_3919455.html#732，最后检索时间：2023年11月2日。

（三）各平台经济产业的可持续发展能力不足

传统产业转型升级缓慢，大企业、大项目不多，经济增长后劲堪忧。土地供应不足、规划不合理等问题限制了开发区的扩展和发展。土地资源有限，工业用地、住宅用地紧张，需要科学的规划与开发；环境资源存在约束，园区产业用地、工业建设用地占比增加，环境质量有待提高。随着产业的发展，环境污染和资源浪费等问题日益凸显。开发区需要加强环境监测、治理和绿色技术应用，推动绿色发展和循环经济的实践。

（四）各平台之间协同合作不足

如中山翠亨新区虽然制定了"东承"战略，但尚未取得突破性、标志性成果。与深圳、前海尚未建立常态化沟通联络机制，"六个一体化"重要阶段性成果不多。区域协调发展有待提升，需要全面、高质发展，并发挥辐射作用，带动其他城市与地区发展。又如肇庆新区所在的肇庆，长期将自己定位为欠发达山区，比较保守，未发挥珠三角地区的敢想、敢干、敢闯精神，主动提出融入珠三角、追赶珠三角。粤港澳规则、机制对接有待深化。河套深港合作区未来将发展成为一个具有开创性、示范性的内地与港澳合作新平台，必须打破"两个关税区、两种通关模式、两套监管体系"的制约，解决好人才出入境及税务安排、资金跨境使用以及法律适用等问题，推动规则机制深度对接。[①]

（五）市政基础设施和公共服务配套有待提升

高品质产业空间供给不足。"工改"与产业导入、与治水结合还不够紧密，闲置厂房土地仍未有效盘活。各平台交通路网尚未完全成型，城市风貌落后于周边区域。江门等经济实力相对薄弱市区开发平台道路、交通、供水、供电等基础设施的建设需要大量的资金和技术投入。确保基础设施建设与开发区的发展步伐相匹配是一个关键问题。各合作区之间、合作区与港澳

---

① 文雅清：《河套深港科技创新合作区需要着力协调的三大问题》，综合开发研究院百家号，2021年8月16日，https://baijiahao.baidu.com/s? id = 1708217574796275288&wfr = spider&for = pc，最后检索时间：2023年9月21日。

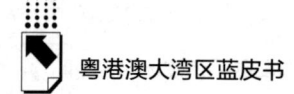

跨境交通需要完善规划。河套香港园区及周边地区交通工程需要加快推进，便利科研人员从香港侧进入深圳园区；深港"两园"之间需要配套合理交通安排，便利两地科研人员在两个园区往返交流；两地政府需要共同推动地铁接驳联通。①

三 发展思路与政策建议

（一）大力加强平台之间协调合作

加强体制机制协同创新，创新各平台之间规划对接与土地开发联动机制，构筑产业协同创新与区域分工机制，推进珠江西岸先进装备制造产业带动珠江东岸协同发展。深化深港科创合作。持续凝聚深港共识，高标准推进香港科学园深圳分园建设运营，推动深港合作迈上新台阶。协同香港推进河套合作区及新田科技城规划开发，深入推进香港基础科研优势和深圳空间及市场优势的紧密结合、深度融合，构建"河套研发+深圳产业化"的创新生态圈。推动广佛科技产业融合发展，强化"广州服务+佛山制造"联动，推进广佛产业金融深度合作。加快松山湖科学城融入深圳综合性国家科学中心的建设进程，推进南方光源等大科学装置的前期工作，加大建设人才高地的政策支持力度，出台新政策提高园区科技成果的转化能力与效率。中山翠亨新区要在服务珠江口东西两岸融合互动发展中加快新区新一轮发展，举全区之力全面做深做实"东承"战略，高水平建设开放合作平台，探索推出一批引领型、集成式改革。

（二）固本强基，提高经济发展的可持续性

全力加快建设制度型开放高地，对标前海、南沙、横琴制度型开放与营商环境建设创新举措，可以考虑将八大特色平台建设成为前海、南沙、横琴三大湾区平台对接国际规则、进行重大制度创新的中试基地，在向全国推广之前在这些特色平台实践并进一步完善。对标国际一流，促进人才、资本、技术、信

---

① 文雅清：《河套深港科技创新合作区需要着力协调的三大问题》，综合开发研究院百家号，2021年8月16日，https://baijiahao.baidu.com/s?id=1708217574796275288&wfr=spider&for=pc，最后检索时间：2023年9月21日。

息等创新要素便利流动，推动重大制度创新落地。坚持实体经济为本、制造业当家，全力拼经济稳增长。全力招引高质量发展的项目，加快培育现代化产业体系。推进产业结构转型升级。制定优惠政策和支持措施，吸引高端制造业、高新技术产业等战略性新兴产业进驻开发区；建立技术创新支持体系，加强与科研机构、高校的合作，推动科技创新和技术转移；提供创新创业支持，设立创业孵化器、科技金融服务平台等，促进创新创业活动的蓬勃发展。锚定产业主攻方向，完善市场化招商机制，拓展专业化招商渠道。聚焦提升城市承载力，优化园区空间格局；加快探索"一区多园"运作机制，扩展功能区发展空间；充分发挥园区生态优势，擦亮高质量发展生态底色；大力推进高水平产业体系的构建。

（三）将特色发展平台建设成为大湾区先进制造业和生产性服务业的主要载体

加快集聚先进制造业，在机器人、工作母机、智能家居设备等方向引进国内外先进企业总部与研发中心；培育壮大战略性新兴产业，大力发展人工智能、互联网与云计算、大数据服务、智能制造系统集成与应用、生物技术、新材料等领域的产业集群；加快发展生产性服务业，在科技服务、工业设计、工业会展、产业金融等方向加大投资与激励。抢占关键核心技术制高点，解决先进制造业"卡脖子"技术难题；集聚全球科技创新要素，集聚高端研发机构，建立多元化科技创新投入体系，建设高水平科技创新载体。加强知识产权保护和运用，完善科技成果转移转化激励机制，特色平台之间加强协同分工，加强与港澳科技创新交流，推进与港澳科技创新资源优势互补、协同合作，建设港澳科技成果离岸孵化基地。

（四）持续汇聚高端创新人才

推进产教深度融合发展，集聚高水平高等院校，校企合作联合培养研究生，深化特色职业教育；大力加强人才引进与培养。实施人才优先发展战略，制定人才引进政策和激励措施，吸引高层次人才和创新创业团队来到开发区；加强职业教育和技能培训，提高劳动者的综合素质和技能水平，满足企业用工需求；建立人才评价和激励机制，鼓励人才创新创业，提供良好的职业发展环

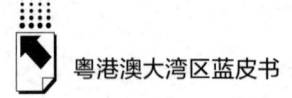

境和待遇。全力建设高质量发展的队伍，加快形成多层次人才梯队。完善人才引育机制，完善人才配套服务，搭建人才发展平台。

（五）引领创建环境友好型绿色循环经济发展平台

制定严格的环境保护法规和标准，加强环境监测和治理，确保开发区的环境质量。严守生态本底，规划顺应自然、生态可持续的空间格局；引导低碳绿色的产业发展；鼓励促进资源循环利用、集约高效的市政工程建设；采取对自然环境低冲击的建设模式。加强环境教育和宣传，提高公众环保意识，形成全社会共同参与的环保合力。

（六）推进交通设施互联互通

加大基础设施建设投入，重点发展交通、供水、供电、通信等基础设施，鼓励引入民间资本和社会资本参与基础设施建设，通过PPP模式等方式推动项目快速实施。共建高效便捷的内外通道，提高开发区的运行效率和服务质量；加强学校、医院、商业中心等公共设施建设，提升居民生活品质。

专题篇
Monographic Study

B.12
粤港澳大湾区高水平人才高地建设报告

游霭琼*

摘　要： 建设粤港澳大湾区高水平人才高地，是习近平总书记为加快建设世界重要人才中心和创新高地作出的重要战略布局。《粤港澳大湾区发展规划纲要》实施4年来，粤港澳三方不断深化人才工作领域的合作对接，协同创新人才"引育用留"组合政策，以"软联通"打破各种人才流动障碍，以改革创新营造具有国际竞争力的人才发展综合环境，人才吸引力、竞争力不断提高，人才队伍显著壮大，人才高地效应日益凸显。未来，大湾区将全面加快高水平人才高地建设，打造我国加快建设世界重要人才中心和创新高地战略支点，为大湾区"一点两地"建设提供人才支撑。

关键词： 高水平人才　高地建设　粤港澳大湾区

---

* 游霭琼，广东省社会科学院省人才发展研究中心主任、研究员，主要研究方向为区域经济、人才发展理论与政策研究。

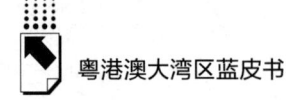

2023年是《粤港澳大湾区发展规划纲要》（以下简称《规划纲要》）实施4周年，《横琴粤澳深度合作区建设总体方案》（以下简称《横琴方案》）、《全面深化前海深港现代服务业合作区改革开放方案》（以下简称《前海方案》）实施2周年，《广州南沙深化面向世界的粤港澳全面合作总体方案》（以下简称《南沙方案》）实施1周年，《河套深港科技创新合作区深圳园区发展规划》（以下简称《河套规划》）于2023年8月发布实施。随着重大政策密集落地，重点项目加快推进，粤港澳大湾区人才高地建设各项工作取得新进展、新成效，粤港澳人才协同发展不断深化，人才规模持续壮大，队伍结构趋于优化，人才引育平台载体不断丰富，人才政策体系更加完善，人才创新效能显著提升。

一 人才高地效应日益凸显

人才高地是人才聚集与辐射复合地，一地经济、科技、社会、文化、生态领先于或优于周边的发展，就会引致高素质人口资源聚集，成为人才集中地。人才集中又赋予当地发展新动源、新活力，推动聚集地更快更高端发展，并辐射带动周边发展。经过4年努力，大湾区人才高地建设基本实现了《粤港澳大湾区发展规划纲要》提出的到2022年大湾区"创新能力突出""要素流动顺畅"的发展目标，对全球人才的吸引力不断增强，为建设高水平人才高地提供人才储备和供给。

（一）人才聚集保持强劲态势

随着高水平人才高地建设推进，产业发展、科技创新、载体建设、人才新政叠加，大湾区人才汇聚效应保持强劲，人才队伍实现量质齐升，为高水平人才高地建设打下坚实的人才基础。

人才规模大幅增加。截至2022年底，广东全省研发人员规模达130万人，约占全国研发人员总量的21.67%，同比增长18.18%，2019~2022年年均增长8.55%，全职在粤两院院士约130人。大湾区内地九市持有效"外国人工作许可证"外国人才超4.2万人①,其中A类高端人才超过万人。据中国社会科学院生态文明研究所与社会科学文献出版社共同发布的《城市蓝皮书:中国城市发展报告(No.15):大国治城之城市群高质量发展:迈向人与自然和谐共生的现代化》,2010~2020年,大湾区科技研发人员年均增长率达到12.87%,位居我国城市群之首。②

人才集聚力维持强势。高水平科学家、科技人才集聚加速,据2022浦江创新论坛成果发布会发布的《2022"理想之城"全球高水平科学家分析报告》,2012~2021年,全球20座科技创新中心城市中,香港、深圳的"Top 2000"顶尖科学家人数排名14位、17位,2021年两个城市的高水平科学家总数约为2012年的3.5倍,其中深圳是近10年高水平科学家人数增加最多的五个城市之一,人才流入居第4位。③据任泽平团队和智联招聘联合发布的年度中国最具人才吸引力城市100强排名,除肇庆、江门,2019~2022年大湾区内地有7个城市的人才吸引力排名进入前50名(见表1),其中2022年深圳位列第3、广州第4、佛山第15、东莞第17、珠海第25、中山第33、惠州第38,进入前50名的城市数量占珠三角城市总数77.8%,分别比长三角、京津冀、长江中游、成渝城市群高出4.7个、54.7个、66.7个、65.3个百分点。人才呈持续集聚态势,近四年深圳、广州人才净流入占比保持平稳,2019~2022年深圳、广州人才净流入占比分别为0.2%、1.3%、1.4%、1.1%和0.6%、0.9%、1.0%、0.7%。④从图1可以看出,尽管2022年深圳、广州人才净流入占比较2021年均略下降0.3个百分点,但近4年来的人才集聚维持强劲态势。2022年底,香港启动优化人才入境计划,申请规模增势喜人,尤其是"高端人才通行证计划"(简称"高才通")反应热烈。截至2023年6月30日,香港各项输入人才计划共收到超过

---

① 《促粤港澳青年交流、交往、交融 助推粤港澳大湾区高质量发展——省政协举行"助推粤港澳大湾区高质量发展"专题座谈会》,搜狐网,2023年8月3日,https://www.sohu.com/a/713518291_121687424。
② 《社科院报告:长三角城市群总体发展位居全国第一》,上观新闻,2022年11月7日,https://export.shobserver.com/baijiahao/html/547632.html。
③ 《"理想之城"全球高水平科学家分析报告发布,北京、上海跻身前五》,人民网,2022年8月27日,http://sh.people.com.cn/n2/2022/0827/c134768-40099408.html。
④ 《中国城市人才吸引力排名:2023》,泽平宏观百家号,2023年5月31日,https://baijiahao.baidu.com/s?id=1767362448519974131&wfr=spider&for=pc。

10万宗申请,约6.1万宗获批,其中批复"高才通计划"申请2.6万宗。① 香港劳工及福利局负责人认为,按此发展态势,2023年香港可通过各项人才入境计划引进不少于3.5万名人才留港至少12个月。

表1 2019~2022年大湾区内地九市在中国最具人才吸引力城市100强中的排名

城市	2019年	2020年	2021年	2022年
深圳	2	4	3	3
广州	4	5	4	4
佛山	17	14	14	15
东莞	15	23	16	17
珠海	24	21	26	25
中山	37	31	33	33
惠州	30	45	35	38
肇庆	93			
江门	85	70	70	66

资料来源:根据智联招聘和任泽平团队联合发布的2019~2022年中国最具人才吸引力城市100强数据整理。

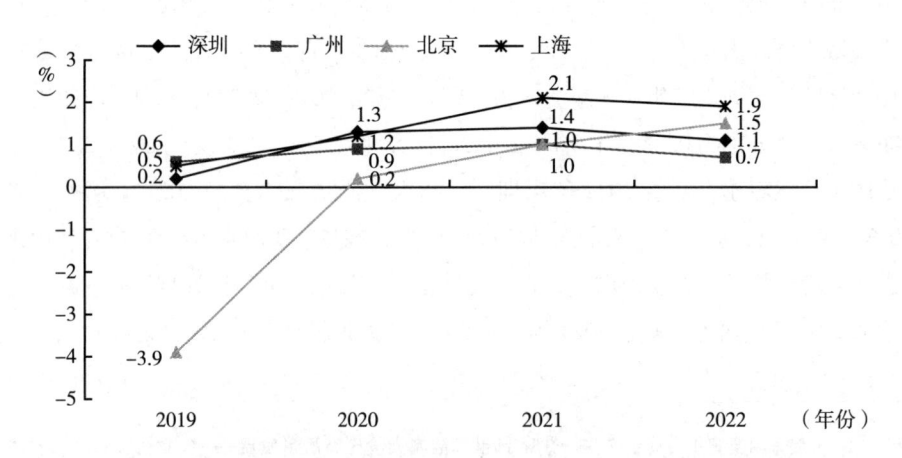

图1 2019~2022年深圳、广州与北京、上海人才净流入占比情况

资料来源:根据智联招聘和任泽平团队联合发布《中国城市人才吸引力排名:2023》数据整理。泽平宏观百家号,2023年5月31日,https://baijiahao.baidu.com/s?id=1767362448519974131&wfr=spider&for=pc。

---

① 《"全球抢人"背后:香港缺人,挺急的》,澎湃新闻,2023年8月21日,https://www.thepaper.cn/newsDetail_forward_24281286。

（二）人才流动进入新阶段

《规划纲要》实施四年来，大湾区积极探索"一试双证""一试三证"人才资格互认，深入实施"软联通"，推动人才市场化合作规则对接，全面取消港澳人员在粤就业许可，不断扩大职业资格互认范围，港澳人士在大湾区享受同等就业创业扶持政策和服务，随迁子女同等享受学前教育、义务教育、高中阶段教育以及参加中高考等在湾区工作生活便利政策更加完善，以中高层人才为主体、市场化合作为主要模式的大湾区人才流动成为主流，人才要素双向流动更加便捷，人才交融提速。

人才双向流动趋势增强。据2023年2月20日的第一届粤港澳大湾区人才服务高质量发展大会公布的信息，在粤工作港澳居民已突破20万，获得内地执业资格港澳专业人士有3232人，报考大湾区内地城市事业单位的港澳居民达1500多人次，[1] 在粤参加养老、失业、工伤保险的港澳居民达30.62万人次，其中3.55万人享受在粤社保待遇。[2] 截至2023年7月24日，自2020年8月大湾区内地九市开展港澳律师执业试点以来，经3批次律师执业考试，1500多名报考者中341名港澳律师获得在大湾区内地执业资格，弥补了大湾区内地涉外律师人才缺口。三年来，获得大湾区内地执业资格的港澳律师累计办理内地法律事务约500件，有14人担任了人大代表、政协委员。[3] 自2022年香港推出六项优化输入人才安排以来，截至2023年5月，香港入境事务处所批复的各类4.9万宗人才入境计划申请中，来自内地的申请约占2/3。

人才要素流量创历史新高。恢复通关后的2023年上半年，北上深圳的港人超过了408万人次，周末入内地城市的港人甚至达到内地居民赴港人数的两倍。"港车北上"实施当日皇岗口岸的入境旅客创下了复关以来入境单向客流

---

[1]《首届粤港澳大湾区人才服务高质量发展大会在广州召开》，广州市人民政府网，2023年2月21日，https://www.gz.gov.cn/zt/ljgaqngcwqwl/wlxd/content/post_8812586.html。
[2] 李晓旭、钱瑜、朱嘉乐：《湾区风劲潮涌 向新而进》，金羊网，2023年4月11日。
[3]《关于延长授权国务院在香港澳门大湾区内地九市开展港澳律师取得内地执业资质和从事律师职业试点工作期限的决定（草案）的说明》，中华人民共和国司法部网站，2023年9月2日，http://www.moj.gov.cn/pub/sfbgw/gwxw/xwyw/szywbnyw/202309/t20230904_485593.html。

量最高纪录，超过11.7万人次。① 截至2023年8月29日，经横琴口岸出入境旅客创横琴口岸开通以来的历史新高，超过1000万人次，日均客流达4.1万人次，同比增长119.7%，比2019年同期增长70.3%；车辆127万辆次，日均通关车辆约5200辆次，同比增长91.4%，比2019年同期增长70.3%。② 横琴口岸新旅检区域开通三年来，累计过关旅客、车辆分别突破2700万人次和370万辆次③。截至2023年8月19日，珠海对港、澳口岸进出境客车通关总量突破100万辆次，日均超2万辆次，比2019年同期增长83%，创历史同期新高。④

人才流动更加便利。"居住在港澳、工作在内地"正趋常态化，深圳、香港地铁实现了一码通用，支付宝、八达通等实现深港两地通用。广深港高铁2023年8月14日推出"灵活行"⑤，为深港两地居民"串门"提供更加便利的通勤服务。聚焦口岸数字化转型，横琴海关科技赋能，加快海关智能化，开通新旅检区域，实现旅客只需排一次队即可完成两地通关手续，横琴口岸凭借高效、便捷、顺畅的通关体验成为"最快通关口岸"，"智慧海关"让大湾区人才充分体验了无感通关带来的便捷。2023年8月起，在广州琶洲客运码头持有效出入境证件人员实现信息采集便捷通关。

（三）人才创新效能凸显

粤港澳大湾区建设四年来，围绕全球科技创新高地和新兴产业重要策源地打造、国际科技创新中心建设，大湾区不断破除制约创新要素流动的瓶颈、堵点，对接国际先进科研规则，高效汇聚全球优质创新要素，加快科技协同创新步伐，成为中国科技创新综合实力最强、实现高水平科技自立自强的重点战略

---

① 2023年7月，中华人民共和国出入境管理局出台《积极支持促进横琴粤澳深度合作区建设发展若干出入境管理服务措施》。
② 郭秀玉、何天洋：《8个月超1000万人次 横琴口岸客流量创新高》，《珠海特区报》2023年8月31日。
③ 《横琴口岸新旅检区域开通三周年 三年来过关旅客超2700万人次》，大洋网，2023年8月18日，https://news.dayoo.com/guangdong/202308/18/139996_54538889.htm。
④ 《7月以来 拱北海关验放港澳跨境客车超100万辆次 创历史新高》，新浪财经，2023年8月19日，https://finance.sina.com.cn/jjxw/2023-08-19/doc-imzhtvpv5944706.shtml。
⑤ 《8月14日起，广深港高铁推出"灵活行"》，广东省交通运输厅网站，2023年8月11日，http://td.gd.gov.cn/dtxw_n/gdjrxw/content/post_4234793.html。

区域之一。

据《2022"理想之城"全球高水平科学家分析报告》，香港、深圳分别位列全球20座创新中心城市科研成果产出第13位和15位。截至2022年底，广东发明专利有效量达53.92万件，占全国的12.80%，连续13年保持全国首位。其中，高价值发明专利有效量26.1万件，占全国的19.71%，居全国首位；每万人口高价值发明专利拥有量是全国平均水平（9.4件）的4.52倍，深圳每万人口高价值发明专利拥有量更是达到全国水平的8.8倍。2022年，广东全省累计PCT国际专利申请量2.4万件，连续11年位居全国第一，占全国的8.63%；高新技术企业数量增加到6.9万家，连续七年位列全国第一。在第二十三届中国专利奖评选中，广东获奖项261项，其中金奖8项，获奖总数连续5年居全国第一。据《全国科技创新百强指数报告2023》，广东有102家企业上榜全国科技创新企业500强，上榜企业数仅次于北京，位列全国第二，广东区域创新综合能力连续6年居全国首位。据世界知识产权组织（WIPO）发布的年度全球创新指数报告，"深圳—香港—广州"科技集群在全球科技集群100强排名中连续4年位列第二，[①] 反映了大湾区科研、创新活跃度高。

表2 2022年广东、全国主要创新指标

指标	全国	广东	广东占比(%)
发明专利有效量(万件)	421.2	53.9	12.80
高价值发明专利有效量(万件)	132.4	26.1	19.71
每万人口高价值发明专利拥有量(件)	9.4	42.5	—
PCT国际专利申请量(万件)	27.8	2.4	8.63
注册商标(万件)	617.7	114.4	18.52

资料来源：根据《2022年底我国发明专利有效量为421.2万件 每万人口高价值发明专利拥有量达9.4件》，央广网，2023年1月16日；广东省统计局、国家统计局广东调查总队：《2022年广东省国民经济和社会发展统计公报》，广东统计信息网，2023年3月31日。

（四）人才发展政策环境更加优化

四年来，大湾区人才重磅利好政策密集出台，在中央高位支持横琴、前

[①] 张玮：《"深港穗科技集群"创新指数全球第二》，《南方日报》2023年7月8日。

海、南沙、河套等重大合作平台建设的三大方案、一个规划中，推出了一系列支持大湾区人才发展的政策举措，为大湾区人才高地建设稳步推进提供了顶层设计和系统谋划。在国家部委支持、粤港澳三方协同、重大合作平台落实共同作用下，大湾区人才发展政策环境与《规划纲要》实施之初的"大门敞开""小门不开"相比发生了根本性变化。粤港澳三地规则衔接、资格互认加速，大湾区人才流动中户籍、身份、学历等障碍被打破，人才发展制度环境不断优化，更具国际竞争力的人才政策体系逐渐形成。

税负环境更具吸引力。近年来，为支持人才高地建设，大湾区珠三角九市普遍实行了个人所得税优惠政策，按内地与香港个人所得税税负差额，给予在大湾区工作的境外（含港澳台）高端人才和紧缺人才补贴，补贴免征个人所得税，基本实现湾区内地与港澳个税税负趋同。实际上，横琴、前海、南沙、河套等四大合作平台的个人所得税政策更加优惠，对鼓励类产业企业按15%税率征收企业所得税。南沙自2022年实行三项人才财税政策以来，为企业减免税额高达4.2亿元，约2000名港澳居民申请了个税优惠。[①] 2023年8月18日，财政部、税务总局发布通知，将粤港澳大湾区个人所得税优惠政策延续实施至2027年12月31日。[②]

人才发展载体功能层级更加多元。4年来，围绕综合性国家科学中心建设，大湾区已建成34家国家级、71家省级国际科技合作基地，27家高水平创新研究院、277家新型研发机构以及一批省级技术创新中心、工程技术中心，鹏城、广州2家国家重点实验室、10家广东省实验室、31家全国重点实验室/国家重点实验室、430家省重点实验室、20家粤港澳联合实验室、4家"一带一路"联合实验室以及高级别生物安全实验室等，高水平多层次实验室体系基本建成，建设了989家科技企业孵化器、986家众创空间。"国之重器"中国散裂中子源投入运行，惠州强流重离子加速器和加速器驱动嬗变装置建设加

---

① 《大湾区发展趋势如何？这场面向港人港企的大型宣讲会在广州举行》，粤港澳大湾区门户网，2023年8月19日，https://www.cnbayarea.org.cn/city/guangzhou/zxdt/content/post_1124143.html。

② 《关于延续实施粤港澳大湾区个人所得税优惠政策的通知》（财税〔2023〕34号），中华人民共和国财政部网站，2023年8月25日，http：//szs.mof.gov.cn/zhengcefabu/202308/t20230825_3904086.htm。

快，以广深港、广珠澳"两廊"和深圳河套、珠海横琴"两点"为中心的高端创新载体空间布局基本形成，为人才创新创业聚集发展搭建了多功能多层级平台载体。同时，广东以粤港澳大湾区（广东）创新创业孵化基地为龙头的"1+12+N"体系基本建成，大湾区内地9市已建成港澳青年创新创业基地84家，其中粤港、粤澳分别共建青年创新创业基地18家、5家，为港澳青年在大湾区创新创业提供办公场地、工商财税、项目推介、交流、实训等全链条服务，吸引大批港澳青年来粤发展，累计孵化港澳项目4424个。①

创新要素跨境流动共享更加畅通。资金跨境流动更加便捷，向港澳开放广东省自然科学基金、省基础与应用基础研究重大项目，支持港澳高校和科研机构参与广东省财政科技计划。同时，广东还出台财政科研资金过境港澳使用管理制度，内地九市科研项目财政资金跨境拨付已达3.7亿元，惠及10余所港澳高校和科研机构。此外，广东省加快向港澳开放重大科研基础设施，中国散裂中子源自2021年10月对外开放以来，已有香港中文大学、香港科技大学、香港理工大学、澳门科技大学等港澳高校用户借之开展了多项实验研究。国家超算广州中心港澳网络专线已服务港澳地区用户超200家。开展数据跨境流动合规服务试点，为缓解数据流通问题，国务院支持粤港澳大湾区试点探索形成可自由流动的一般数据清单，建设服务平台，提供数据跨境流动合规服务。②

类港澳工作生活社区环境不断优化。近年来，大湾区内地城市紧扣港澳专业人士在内地发展面临的紧迫需求，从便利港澳人才在本地学习、工作、创业、生活等方面不断创新政策举措，让港澳居民享有"市民待遇"。横琴合作区立足琴澳居民需求，实施"澳门新街坊"综合民生示范工程，推进医疗、养老、社区服务等公共服务和社会福利与澳门衔接，加快区内学校、卫生站、长者服务中心等综合配套设施建设，"以点带面"打造类澳门优质生活工作环境。南沙通过建立健全人才安居保障体系，为在南沙工作生活的港澳人士提供趋同港澳公共服务，打造港澳青年安居乐业"南沙样板"，成为港澳青年在大湾区安居乐业的新家园。

---

① 杜玮淦等：《粤港携手恒常化实施"大湾区青年就业计划"架起大湾区互联互通人才桥梁》，《南方日报》2023年9月13日，第7版。
② 《国务院关于进一步优化外商投资环境 加大吸引外商投资力度的意见》（国发〔2023〕11号），2023年8月13日。

二 多方联动创新制度政策促进人才融合发展

《规划纲要》实施以来，大湾区深入贯彻习近平总书记关于推进粤港澳大湾区建设的重要要求，围绕制约人才发展的紧迫急需问题，在国家相关部委支持下，粤港澳强化协同，以横琴、前海、南沙、河套四大平台为依托，以"湾区通"工程为抓手，不断破除人才流动面临的阻碍，持续推进基础设施和规则机制衔接联通，深化民生领域合作，畅通人才发展要素流动，人才发展与协同治理机制不断创新完善，为人才一体化发展营造良好环境。

（一）创新模式科技赋能便捷通关

实施便利通关模式。不断加强规则机制衔接，持续优化通关环境。扩大通关岸点，便利湾区居民就近跨境通关，相继开通莲塘口岸、新横琴口岸、青茂口岸，实行"一地两检""合作查验、一次放行"等便利通关模式，近七成出入境旅客可自助通关，过关候时缩短到30分钟以内。实施"跨境一锁""一单两报"等货车快速通关模式，大湾区物流更便捷、更高效。

试点人才签注和"白名单"制度。2023年2月20日起，在大湾区工作的杰出人才、科研人才、文教人才等6类内地人才可申办5年内不限次数往返港澳人才签注，为大湾区人才开展科研学术交流合作提供便利。[①] 海关总署、国家移民管理局先后出台政策，支持横琴合作区建立生物医药研发跨境物品"白名单"制度，促进琴澳民生物资等各类要素便捷流动；对澳门公务人员、跨境学童等特定人群车辆车体采取"白名单"管理、信任抽查验放。2023年7月，国家出入境管理局出台措施，在横琴口岸设置"常旅客"通道、跨境学童通道，对经常往返琴澳两地的商务公务人员、澳门高校职工等符合条件的出入境人员，实行"常旅客"便利查验，体验便捷"无感通关"。[②] 深港监管部

[①] 《20日起粤港澳大湾区内地城市试点实施往来港澳人才签注政策》，中国新闻网，2023年2月9日，https://www.chinanews.com/dwq/2023/02-09/9950163.shtml。

[②] 《〈积极支持促进横琴粤澳深度合作区建设发展若干出入境管理服务措施〉出台》，广东省人民政府网，2023年7月19日，http://www.gd.gov.cn/gdywdt/zwzt/ygadwq/ylt/content/post_4220577.html。

门在加强信息共享互认基础上,河套合作区深圳园区对产业、机构和个人实行"白名单"制度,实施"一、二线"分线管理,①为科创人才、车辆、科研设备、相关物品进出合作区提供便利。建设智能化车体检查系统、"合作查验、一次放行"车道,通过信息共享,减少跨境车辆停车次数和候检时间,大幅提高通关效率。

实行"澳车北上""港车北上"政策。2023年1月1日、7月1日,"澳车北上""港车北上"政策相继实施,大批港澳居民开启了自驾入粤旅游、商务、探访、交流"人车自由行"模式,行经港珠澳大桥的港澳车辆大幅攀升。2023年8月6日,港珠澳大桥珠海公路口岸单日出入境车辆达10300辆次,创该口岸开通以来最高纪录。2023年1月1日至8月6日,经港珠澳大桥珠海公路口岸出入境车辆已超过158万辆次,是2019年同期的3倍。②"澳车北上""港车北上"政策的实施,推动港澳居民融入大湾区"一小时生活圈",提升了大湾区互联互通水平。

(二)扩大备案范围便利跨境执业

持续扩大备案制范围,放宽跨境执业条件,推动港澳专业人才参与大湾区建设。在前海合作区备案(登记)即可执业的港澳专业人士扩大到医师、注册建筑师、税务师、导游等21类。根据2023年8月31日前海管理局与香港发展局签署的合作意向书,经备案的香港专业机构,在前海可以独立或联合方式参与前海建设项目,以总包或分包形式全过程参与项目建设,为香港建设领域专业人才在前海创业就业搭建平台、提供执业便利等全链条服务。截至2023年7月,50家香港建设领域专业机构、444位香港建设领域专业人士在前海完成备案,在前海独立承接项目的香港专业企业达10家,参与前海项目建设的香港建设领域专业人士有74人。2023年9月4日,横琴粤澳深度合作区试行新规,对经港澳商业登记的城市规划服务机构,取得澳门城市规划师资格、香港注册专业规划师资格的规划专业人士适当放宽在横琴粤澳深度合作区

---

① 根据《河套深港科技创新合作区深圳园区发展规划》,海关监管区域与香港之间设为"一线",实行口岸管理;海关监管区域与关境内其他地区之间设为"二线",实行通道管理。
② 《港珠澳大桥单日出入境车辆首次突破1万辆次》,央广网百家号,2023年8月7日,https://baijiahao.baidu.com/s?id=1773563640109731070&wfr=spider&for=pc。

的执业备案条件及执业范围，已提供相关证明材料的港澳规划服务专业机构、专业人士无须备案即可在合作区进行规划服务。① 截至2023年上半年，来自建筑、旅游、医疗等领域在横琴合作区跨境执业的澳门专业人士达1200多人。② 2023年9月1日，国务院决定将粤港澳大湾区内地九市开展的香港法律执业者和澳门执业律师取得内地执业资质和从事律师职业试点工作期限延长到2026年10月。

（三）加大力度扶持促进青年创新创业

为促进港澳青年更好融入国家发展大局，增强来大湾区内地城市创业就业意愿，粤港澳高度重视促进港澳青年在大湾区就业创业创新工作。广东推出17项支持港澳青年在大湾区就业创业补贴政策，给予在大湾区内地城市就业创业的港澳青年配套人才绿卡、落户奖励、安家补助、项目奖励等同等的就业创业补贴补助、允许报考大湾区内地九市事业单位，享受同等的参保、社保待遇。在年度广东"众创杯"创业创新大赛中专设港澳赛区，按获奖等次给予港澳获奖项目5万~50万元奖金。为缩短港澳青年适应期，广东推出"大湾区职场导师计划"，聘请经验丰富港澳职场导师与香港就业青年结对，通过传帮带，帮助港澳青年尽快适应内地工作生活环境。香港特别行政区政府则在2021年初推出"大湾区青年就业计划"，鼓励在香港及大湾区内地城市均有业务的企业，聘请、派驻香港青年到大湾区内地城市工作，并在2023年将此计划常态化，明确派往内地城市工作的香港青年的薪资水平，将申请范围扩大到香港以外大学毕业生和在港有合法工作的香港居民，对参与实施计划的企业，香港政府按每人每月1万港元津贴标准给予为期18个月的补助。与之相配套，广东给予参加"大湾区青年就业计划"香港青年18个月每月不超过2000元人民币的生活补助。香港还推出一揽子政策，助力香港青年"北上"就业创业，如在"青年发展基金"下推出"大湾区青年创业资助计划"，助力青年创业。

---

① 《关于印发〈澳门、香港规划专业机构及专业人士在横琴粤澳深度合作区执业备案办法（试行）〉的通知》，横琴粤澳深度合作区网站，2023年9月4日，http：//www.hengqin. gov. cn/macau2022/content/preview. html？id=3573556。

② 《南都调研走进横琴两周年：两年来，合作区发生了什么？》，南方都市报百家号，2023年9月18日，https：//baijiahao. baidu. com/s？id=1777347415637832266&wfr=spider&for=pc。

"大湾区青年就业计划"实施以来,已有400多家企业参与,累计聘请、派驻1000多名香港青年到粤港澳大湾区内地城市工作。粤港澳三方联合举办年度大湾区大学生就业实习双选会,为大湾区青年年均提供就业实习岗位约10万个。[1] 三地政策、服务、资源协同利好释放,"人才通、就业通、社保通、治理通"创新实施,创新要素跨境便利流动政策加持,让越来越多港澳青年开启了筑梦大湾区航程。《横琴方案》实施两年来,横琴合作区澳门青年创新创业基地累计孵化项目701个,[2] 入驻澳资企业4900多家,注册资本1400多亿元。截至2023年5月底,前海入驻港资企业9643家。截至2023年7月底,南沙全区累计入驻港澳台侨青创企业(项目团队)500多个,带动4000多名大湾区青年来南沙创业就业。[3] 据毕马威发布的就业趋势调研报告,2022年香港受访者愿意移居大湾区其他城市的比例达72%,比2019年高出20个百分点。横琴推出的"澳门青年实习计划",累计提供185个实习职位,吸引了约1000名澳门青年申报。

(四)加强规则衔接紧密"心联通"

持续加强港澳人才在粤生活社保、住房和子女教育等方面的政策扶持,扩大"湾区社保通"覆盖范围,科技赋能推进跨境申请、不出门申请。大湾区居民可通过广东政务服务网的湾区社保服务通专区,快捷办理待遇申领、资格认证等高频公共业务,港澳居民在大湾区办理社保业务实现"一网通办"。香港居民可通过"i深圳"App港澳服务专区,办理在深社保、公积金、预约挂号等服务。澳门居民可通过"粤澳社保一窗通"(横琴专窗)办理广东76项、澳门13项社保服务,实现澳门社保服务"跨境办"。粤澳社保还在香港开设7个广东社保服务点。2023年2月,前海出台的"金融支持前海30条",明确为香港居民在前海开立内地银行账户、香港专业人士执业等提供便利,促进深

---

[1] 《粤港联合在穗成功举办2023年"大湾区青年就业计划"入职欢迎仪式》,网易,2023年9月15日,https://www.163.com/dy/article/IEMI2B6Q0530QRMB.html。

[2] 《横琴:加快书写粤澳深度合作新篇章》,粤港澳大湾区门户网,2023年9月5日,https://www.cnbayarea.org.cn/news/special/cooperationzone/dtxw/content/post_1127363.html。

[3] 《打造港澳青年安居乐业"南沙样板",新家园从蓝图走向现实》,南方都市报百家号,2023年8月2日,https://baijiahao.baidu.com/s?id=1773081338563245901&wfr=spider&for=pc。

港民生金融、金融市场互联互通；横琴合作区出台促进发展条例，对合作区便利澳门居民生活就业等作出规定，出台澳门医疗人员、药学技术人员在横琴执业的管理规定。民生领域规则衔接的不断拓展，让大湾区居民"心联通"更加紧密，为港澳人士到内地城市就业创业和生活拓展了空间。

（五）加快基础设施建设全面提升"硬联通"水平

目前，广深港轨道交通已进入高铁时代，列车运行实现了"公交化"，列车每10~15分钟一班次，客流高峰期每5分钟一趟。继广深港高铁、港珠澳大桥、南沙大桥建成通车，澳门轻轨延伸横琴线项目海底隧道贯通，澳门大学连接横琴口岸通道桥顺利合龙，深中通道、南珠（中）城际、"广深第二高铁"建设加快，跨珠江口通道将增至9条，港深西部铁路和时速650公里、以广深港为主轴、实现半小时通勤圈的大湾区磁悬浮交通谋划建设，广深港澳将实现半小时同城化。"澳车北上""港车北上"政策的相继实施，大湾区主要城市间"一小时生活圈"目标的实现，"轨道上的大湾区"的加速成型，为大湾区人才流动、协同创新、成果转化和港澳深度融入全国发展大局提供了硬支撑。随着深汕、深江铁路的相继建成通车，连接粤港澳大湾区的铁路、城际轨道等线路将超过30条，运营里程将超过5000公里。同时，以香港港、深圳港、广州港为核心的差异化世界级机场群港口群建设也加快推进，不论是机场群旅客吞吐能力（超过2.2亿人次），还是港口集装箱年通过能力（近8500万标箱）均居全球四大湾区之首，联通全球的高效畅通运输网络俨然形成。大湾区大流量、高密度现代化综合交通运输体系"1-2-3-12交通圈"[①]的加快推进，极大地拓展了人才发展的产业空间和区域空间，为放大人才高地辐射带动效应奠定了良好的物理基础。

三 持续深化改革创新，扎实推进高水平人才高地建设

高水平人才高地是以高端人才为主体的人才聚集地。对照党中央赋予的世

[①] 即大湾区内部主要城市1小时通达，大湾区与粤东西北各市陆路2小时通达，与周边省会城市陆路3小时通达，与全球主要城市12小时左右通达。

界重要人才中心和创新高地战略支点的大湾区高水平人才高地要求，大湾区的高端人才规模仍然偏小，特别是战略科学家和高水平基础研究人才严重不足，高学历科技创新人才缺口大，人才创新能力和水平仍偏低，高端人才发展环境仍有待进一步优化。面向未来，要全面贯彻习近平总书记关于做好新时代人才工作的重要思想，深刻把握建设高水平人才高地的本质要求，以国家战略需求为导向，以产业需求为牵引，利用粤港澳大湾区建设和深圳建设中国特色社会主义先行示范区，横琴、前海、南沙、河套四大平台建设的人才引育聚叠加效应、驱动效应，促进大湾区人才一体化发展实现从"加法"到"乘法"的跃升，推进高水平人才高地加快建设。

（一）深化改革，创新制度，突破壁垒

粤港澳三地人力资源市场相互独立且不对等开放，受规则对接、市场认可等影响，广东不同行业对港澳人才的敞开程度虽有不同，但开放程度高；港澳是根据市场、产业需求，按计划、有条件雇佣内地劳工、人才，与广东人力资源市场形成不对等开放关系，而且港澳之间也是两个相对独立的人力资源市场。高水平人才高地建设需要有统一且规则对接全球的大市场，作为建设全球人才资源枢纽、有效市场化配置的基础前提，为此，大湾区要突破人才资源流动配置面临的市场分割、规则差异障碍，全面梳理粤港澳三方规则衔接清单，形成衔接国际的大湾区统一规则，适应高质量发展的人才制度体系。

一要积极争取国家部委支持，利用中央赋予的清单式申请授权政策，赋予四大重点合作区充分的改革创新自主权，支持其对标国际最好最优，拓展与港澳民商事规则衔接、标准对接，推进民生领域高频事项"跨境通办"和社会治理相互衔接，扩大职业资格互认，在"一事三地""一策三地""一规三地"等方面推出更多战略性、创造性、引领性改革，并将行之有效的经验做法以合作区条例立法形式固化下来，进行复制推广，推进粤港澳人才发展各环节联通、贯通、融通，加快形成大湾区人力资源统一大市场。

二要围绕"封关运作"目标，四大合作区要稳妥有序推进跨境通关分线管理，做好"一线""二线"政策法律、基础设施、交通优化、综合治理等重点领域的统筹协调，建立健全分线管理体系，为人才及其发展要素提供更多"无感通关"便利，促进区域要素顺畅高效流动。

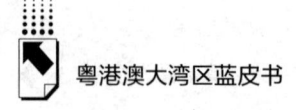

三要适应科技合作日趋密切和常态化、人才流动进入新阶段需要，进一步放宽大湾区内地人才赴港澳科研合作、学术交流，探索清单通关管理，对符合条件的内地人才赋予不限次数往返粤港澳、简化申办手续等便利。

（二）强化协同联动，增强引育合力

大湾区产业水平梯级差异小，对产业人才需求趋同度大，导致大湾区各城市间人才竞争压力持续增大，人才流动主要在大湾区城市间流动特别是深圳、广州互为人才来源地的特征比较突出。需要大湾区各地深刻领会新时代高水平人才高地建设的使命和任务，树立大人才观，聚焦国家所需、发挥自身所能，协同港澳开展"湾区人才"发展重点行动，形成强大的推进人才高地建设合力。

一是联合开展招才引智行动，协同推进战略人才力量建设。利用大湾区业已形成的高端产业优势、高水平重点实验室和科研机构等高端创新资源优势，香港发挥好"超级联系人"作用，澳门建好、用好中国—葡语系国家科技交流合作中心，抓住粤港澳大湾区、深圳先行示范区"双区"和横琴、前海、南沙、河套四大平台建设机遇，加大战略科学家、战略科技人才、一流科技领军人才、青年优秀人才和创新团队引育。

二是联合实施人才培养强基工程，提升人才供给自主可控能力。坚定自主培育自信，利用"一国两制"制度优势、港澳链接全球前沿教育独特优势和大湾区丰富多元的教育资源，将大湾区建成我国人才自主培养主阵地、高端人才自主培养示范区。加强教育合作人才共育，继续鼓励粤港澳高等院校开展办学、人才联合培养、职业教育合作，持续推进三地姊妹学校建设，支持教师协作与培训交流等，合力做大做强基础人才储备，为高水平人才高地建设提供源源不断的人才供给。

三是联合实施青年科技人才托举行动，培养和用好青年科技人才。青年科技人才是人才队伍中最具创新活力的群体，是大湾区战略人才力量的源头活水。加大对青年科技创新人才的支持力度，创新培育青年科技创新人才的体制机制。给予青年科技人才长期稳定的科研支持，赋予更大的科研自主权，加大生活服务保障力度。

四是联合实施制造业人才培育行动，建设结构合理、规模宏大的高素质产

业人才队伍。围绕大湾区制造业高质量发展需要，支持制造企业发挥人才引育用主体作用，依托制造业龙头骨干企业、制造业创新中心、企业技术中心、行业协会等组建重点产业人才联盟，促进产才融合发展。建好用好佛山、东莞两家国家卓越工程师创新研究院，创新协同育人模式，培养先进制造业拔尖创新人才。

（三）深化科创合作，释放人才效能

科研创新活跃度高、创新动力旺盛、创新竞争力强、人才价值实现通道顺畅有效是人才高地的标配。大湾区要抓住国际科技创新中心、综合性国家科学中心、国家技术创新中心建设机遇，服务国家战略，聚焦大湾区高质量发展关键领域，进一步深化粤港澳科创协同，加强科技攻关、成果转化合作。

一是深化跨境科创体制机制改革。借鉴同行评议制、项目负责制、业主制、揭榜挂帅制等全球科研规则，强化粤港澳科创规制对接，形成接轨国际的科技创新管理机制。畅通科技经费、试验样品、仪器设备、数据资源、科研物资等创新要素便捷高效流动和开放共享。建设国际数据专用通道，开展"白名单"制备案管理试点。完善科技信贷、科技保险、投贷联动、知识产权金融服务体系，充分激发大湾区科技创新活力。

二是联合开展科技联合攻关项目。围绕量子科技、脑科学与类脑、人工智能、生物医药、半导体器件和集成电路等战略性新兴产业梳理和布局研发计划，从企业需求、市场需求中凝练技术需求、创新需求，聚焦产业链关卡，设立大湾区基础研究联合基金，联合组织实施一批战略导向的体系化基础研究项目、前沿导向的探索性基础研究项目、市场导向的应用型基础研究项目，[①] 谋划实施一批国际或国家级大科学工程（计划）、重大科技项目，以项目为依托推动大湾区大协同创新攻关，引聚全球高端基础研究人才，提升区域基础研究水平。

三是共建共享高水平科创和成果转化平台。围绕战略性新兴产业、未来产业发展新建一批国家重点实验室、广东省实验室、粤港澳联合实验室、制造业

---

① 《习近平在中共中央政治局第三次集体学习时强调 切实加强基础研究夯实科技自立自强根基》，新华网，2023年2月22日，http://www.xinhuanet.com/2023-02/22/c_1129386597.htm。

创新中心、国家认定企业技术中心等国家级创新平台，加快建设标准验证与检测等国家级公共服务平台体系，高质量谋划、建设一批科创新成果转化基地、国际一流中试转化服务平台、国际协同创新区，协同建设世界级"科创—制造"产业平台。全面提升粤港澳联合实验室创新效能，推动大湾区重大科技基础设施、大型科研仪器设备的开放共享。高水平推进广深港、广珠澳科创走廊建设，高标准建设好河套深港科技创新合作区，推动科创"两廊"与河套深港科技创新合作区开展科创全方位、全链条合作，推动科创"两廊"、河套合作区与南沙、东部枢纽、中新广州知识城、广州科学城、广州人工智能与数字经济试验区、海龙围广佛高质量发展科创区大学城、粤港澳大湾区创新创业集聚区等重大创新平台的链接，营造"科研在港澳、转化在内地"协同科创生态，形成区域特色明显、协同发力的科创生态空间格局。

（四）促进互联互通，打造国际一流湾区

互联互通是建设高水平人才高地的前置条件。《规划纲要》实施四年来，特别是随着"湾区通"工程的持续推进，大湾区基础设施互联互通提速，基本形成了"一小时生活圈"。但对标国际一流湾区建设要求，大湾区互联互通仍存在短板，联通效应尚未充分释放。未来，粤港澳要携手深化实施好"湾区通"工程，全方面提升互联互通水平和质量，为人才发展要素流通提供高效顺畅服务。

一是突出"轨道上的大湾区"建设。弱化行政边界约束，强化顶层设计、统筹谋划，软硬联通并举，进一步加强基础设施规划对接、机制衔接，打通"断头路"，打破"瓶颈路"，强化各类交通有机驳接，提升"硬联通"水平和质量。加快港深西部铁路、香港北环支线等项目的论证规划，推进黄茅海跨海通道、深珠通道建设，提升大湾区珠江东岸、西岸通道能力。加快广中珠澳高铁、广清永高铁、广佛江珠城际、深珠城际等规划建设，增密城际连接线，实现大湾区核心城市交通直连直通，提升大湾区综合交通体系整体效能。

二是突出"数字湾区"高标准建设。利用大湾区信息化产业、数字经济产业优势，强化科技赋能，加快数字"新基建"建设，推进传统交通、城市管理、教育、医疗、社保等公共服务数字化、智慧化，携手建设智慧城市群。

三是突出公共服务高水平融合发展。政府兜底与发挥市场作用相结合，不

断提高基本公共服务供给能力和质量。加强规则衔接，促进公共服务融合发展、共建共享。进一步加强教育资源流通共享，鼓励港澳优质教育机构到内地城市开办分支机构、分校，扩大职称、职业资格、教育学分互认领域，加大推进职业技能"一试三证"互认力度。扩大"港澳药械通"指定医疗机构名单和适用药品医疗器械目录，做好医疗机构"白名单"试点，争取将列入"白名单"的内地医疗机构纳入港澳医疗费用异地结算，开展居民转诊合作，为在大湾区内地创新创业的港澳人才提供类港澳医疗服务。加强突发公共卫生应对合作，共同谋划建设粤港澳大湾区国际医疗中心等一批高端医疗服务机构，加快香港中文大学（深圳）医院建设、香港大学深圳医院二期扩建。探索专业人才跨境执业等标准对接与资格互认，进一步提高港澳居民社保跨境可携性。

四是突出国际（港澳）人才社区高标准建设。以人才需求为中心，谋划新建一批高标准国际人才社区，着力提升现有国际（港澳）人才社区、青年人才社区创新创业服务水平，浓厚包容、开放、多元的国际文化氛围，以优质的生活、工作、文化和社会治理营造"类海外"社区环境，让人才在大湾区安居乐业。

B.13 粤港澳大湾区休闲湾区建设报告

武文霞*

摘 要： 休闲湾区不仅是粤港澳大湾区发展规划的重要内容，也是建设美丽湾区的核心要义。粤港澳大湾区休闲文旅资源丰富，在利好政策的推动下和大众文旅需求的驱动下，休闲湾区建设与发展成效凸显。未来，粤港澳大湾区要进一步优化休闲文旅产品结构，提升休闲文旅配套设施，培养休闲文旅专业人才，推动休闲湾区高质量发展，加快打造世界级旅游目的地。

关键词： 文旅发展 休闲湾区 粤港澳大湾区

建设粤港澳大湾区，是习近平总书记亲自谋划、亲自部署、亲自推动的重大国家战略。《粤港澳大湾区发展规划纲要》明确提出"深化粤港澳大湾区在文化和旅游领域合作，共建人文湾区和休闲湾区"，这为粤港澳大湾区"构筑休闲湾区"明确了方向。粤港澳大湾区山林资源丰富，森林覆盖率达52%，绿地率达到35.48%①，这为构筑休闲湾区提供了良好的生态条件。随着社会生产力的发展和人们闲暇时间的增多，休闲与旅游作为与大众生活密切相关的活动，发展成效显著，产品和业态类型不断丰富，产业规模和产出效益不断提升，从传统的观光旅游产品逐渐向复合型旅游产品转型发展，由注重规模扩张向扩大规模和提升效益并重转变，休闲湾区文旅市场蓬勃发展，宜居宜业宜游的优质生活圈特质逐渐显现。

---

* 武文霞，博士，广东省社会科学院环境与发展研究所副研究员，主要研究方向为环境与发展、文旅经济、人文岭南。

① 《行业观察 | 数据分析粤港澳大湾区康养旅游现状》，知乎，2023年5月6日，https://zhuanlan.zhihu.com/p/627169631?utm_id=0，最后检索日期：2023年9月2日。

一 粤港澳大湾区休闲湾区发展现状

近年来,大湾区文旅经济发展逐渐由观光旅游向休闲度假旅游转变,休闲旅游成为大众旅游时代的重要方式,由于其个性化、放松休闲和愉悦身心等特质,在人民大众的旅游生活中扮演着越来越重要的角色,越来越多的游客逐渐从景点奔波向陶冶性情、休闲度假转变。

(一)大众文旅需求驱动休闲湾区发展

1.休闲旅游特征

休闲旅游是游客依托休闲资源或设施在非惯常环境进行的一种集观光、度假、体验、娱乐、运动于一体的休憩和游玩行为,是以实现放松休闲为目的的综合性文旅活动。休闲关注人们对闲暇时间的支配与利用,而旅游则着眼于人们的空间位移以及由此而来的发现、体验与沟通[①]。休闲旅游有别于传统的观光旅游,不仅体现在消费行为和休闲方式等方面,在旅游目的地和旅游服务质量等方面也有着本质区别,具有明显的休闲特征,并作为一种提升生活质量的方式逐渐被人们所接受。可以说,休闲旅游是文旅产业发展的高级阶段,多样化的休闲方式能够达到愉悦身心的效果,不仅能满足游客的感官需要,而且能满足精神和心理需求,休闲旅游更加注重旅游者的自由性、自我发展、自我完善和自我实现意义。

2.大众旅游时代的文旅发展新需求

随着经济社会的发展和人们生活水平的提升,休闲旅游逐渐成为人们重要的生活方式。一方面,伴随着游客消费升级和健康观念的影响,休闲旅游目的地也呈现多元化特征,不仅仅是自然生态和历史人文景区,而且是对休闲健康生活方式的追求。另一方面,城市化的快速推进和日益快捷的生活节奏,也激发了人们享受自然、回归田园、放松身心、恢复心理和生理平衡的欲望诉求,游客希望远离城市喧嚣,渴望绿色自然,更加看重优良的自然生态环境,回归

---

① 石美玉、刘德谦:《城市休闲和旅游竞争力提升途径探索与实践》,《旅游学刊》2023年第7期,第11~13页。

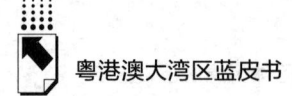

自然、融入自然、陶冶性情、放松与舒适惬意成为很多游客的旅游取向和价值追求。

大湾区市民文化消费需求进一步释放，文旅消费领域持续恢复。以广州市为例，2023年上半年文化娱乐休闲服务中的游乐园、休闲观光活动、其他游览景区管理、名胜风景区管理、电子游艺厅娱乐活动、城市公园管理营业收入同比分别增长3.0倍、1.5倍、88.0%、46.6%、36.7%和35.9%；会展服务、艺术表演场馆、电影和广播电视节目发行、电影放映营业收入同比分别增长1.5倍、86.9%、49.7%和38.6%。① 休闲已经在人们生活中占有很大比重，并成为重要的生活方式，休闲湾区建设也在不断丰富文旅产品供给，开发适应需求的休闲产品，满足人民群众多元化的发展需求。

3. 人们对美好生活的追求推动了休闲湾区发展

经济发展水平的提升和居民收入水平的提高推动了消费观念和消费需求的变化，文旅消费需求呈现休闲化和个性化特征，人们希望在轻松、愉快、舒适的旅游中认识世界，增长见识，享受生活。在人们对休闲文旅产品需求不断增长的情况下，文旅市场供给产品也不断增多。可以说，休闲旅游涵盖了体验、休养、娱乐、健身和购物等类型，高度契合人民对美好生活的追求。

同时，休闲旅游的社会支撑系统和文旅消费市场逐渐成熟，在传统观光旅游不能充分满足人们需求的情况下，大湾区很多文旅企业科学把握文旅发展规律和趋势，推动旅游方式从观光型向休闲型转变，发展多样化的文旅业态，从而不断满足人们日益变化的生活方式和发展需求。

（二）经济发展和利好政策推动大湾区休闲文旅发展

1. 经济发展助推休闲时代到来

21世纪以来，我国综合实力逐渐增强，人民生活水平不断提高。科技的迅猛发展推动了社会生产力实现了跨越，人们逐渐从繁重的体力劳动中解放出来，劳动时间越来越少，闲暇时间越来越多。

---

① 《广州文化产业提速增长 文娱休闲业恢复势头"劲"》，广州市统计局网站，2023年8月5日，http：//tjj.gz.gov.cn/stats_newtjyw/sjfb/content/post_9149529.html，最后检索日期：2023年8月20日。

随着大众旅游时代的到来，人们的需求结构和消费观念也发生了变化，不仅满足于日益增长的物质生活，而且注重精神生活的追求，更加关注消遣度假、身心修养、愉悦审美和娱乐健身。由于市场需求较大，消费不断升级，再加上市场竞争激烈，各类休闲企业不断追求创新，以满足消费者的多样化需求。当下，越来越多的游客更加注重休闲体验，休闲旅游的发展也进一步丰富了人们的生活方式。

2.国家和地方政策推动休闲湾区发展

《粤港澳大湾区文化和旅游发展规划》描绘了粤港澳大湾区文化和旅游发展蓝图，为建设具有国际影响力的休闲湾区提供了行动指南。伴随着消费升级背景下休闲时代的到来，政府层面也日益重视休闲旅游发展，国家、省、市均有涉及休闲文旅的相关政策，明确提出大力发展休闲旅游，加强文旅活动及相关产业的融合发展，并赋予其前所未有的高度。

大湾区很多城市政府多管齐下，采取了发放消费券、举办文娱活动等一系列举措，有效提振了文旅消费，逐步推动文旅消费回暖，丰富了广大人民群众的生活。2023年元旦，广州市文化广电旅游局整合1700多家文旅企业资源，面向全社会陆续发放三轮共计2000万元消费券，面值从30元至1000元不等，共约30万张，较强地激发了广大民众消费的积极性[①]。"五一"期间，广州市文化旅游部门和文旅企业联动，组织策划了600多场文旅活动，促进文化和旅游市场消费，广州3个文化特色街区游客接待量均大幅超过2019年水平，达到378万人次，同比上升158%[②]。文旅市场经济逐渐恢复发展，旅游消费发展趋势也逐渐从原来单纯的观光旅游向休闲度假功能发展转变，休闲旅游逐渐在居民的旅游活动中扮演越来越重要的角色，并成为新时代文旅消费热点。

3.大湾区经济发展水平培育了休闲旅游的消费市场

大湾区是我国开放程度最高、经济活力最强的区域之一。2022年，大湾

---

① 《洞见湾区｜元旦假期文旅市场快速回暖，大湾区消费有望继续反弹》，网易，2023年1月5日，https://www.163.com/dy/article/HQB7C9QB05199NPP.html，最后检索日期：2023年5月20日。

② 《大湾区"五一"旅游答卷亮眼：文旅融合产品受热捧，游客停得更久玩得更有文化》，财经领域，2023年5月7日，http://www.cvcai.com/caijing/63102.html，最后检索日期：2023年5月20日。

区经济实现稳健增长，大湾区内地九市地区生产总值达104681亿元人民币；香港特区政府统计部门公布的数据显示，香港实现地区生产总值28270亿港元，按2022年平均汇率折算，约24280亿元人民币；澳门特区政府公布的数据显示，澳门实现地区生产总值1773亿澳门元，约1470亿元人民币。由此，粤港澳大湾区经济总量超13万亿元人民币[①]。从生产力发展水平看，粤港澳大湾区显然已经具备休闲旅游的市场条件，休闲也成为大湾区旅游发展的重要特征之一。

广东省统计局数据显示，2022年广州市社会消费品零售总额连续第二年突破1万亿元，达1.03万亿元，深圳以9708亿元紧随其后，逼近1万亿元大关；东莞和佛山分别以4254亿元和3593亿元位于第二梯队[②]。巨大的消费体量为大湾区文旅消费市场的拓展提供了广阔空间，粤港澳大湾区居民消费水平不断提升，消费能力也在逐步增强，粤港澳大湾区已经逐步进入休闲湾区时代。

（三）大湾区休闲文旅发展成效显著

随着休闲时代的到来，在国家和地方利好政策的支持下，超大规模的旅游市场和快速升级的市场需求，推动了休闲产品的优化与升级，形成了观光旅游、休闲度假和各种文旅主题等多维业态发展的新局面。

1. 强化文旅合作与沟通，旅游业发展稳步复苏

粤港澳三地不断强化合作机制，逐步提升大湾区文旅协作水平。2020年9月，珠三角九市与港澳特区政府旅游部门成立了粤港澳大湾区"9+2"城市旅游市场联合监管协作体（以下简称"协作体"）；2021年，协作体建立了信息联通机制，线上开设"粤港澳大湾区旅游市场联合监管专栏"，及时发布大

[①]《粤港澳大湾区经济总量突破13万亿元人民币》，新华社百家号，2023年3月22日，https://baijiahao.baidu.com/s?id=1761030157245947471&wfr=spider&for=pc，最后检索日期：2023年4月21日。

[②]《粤港澳大湾区经济总量突破13万亿元人民币》，新华社百家号，2023年3月22日，https://baijiahao.baidu.com/s?id=1761030157245947471&wfr=spider&for=pc，最后检索日期：2023年4月21日。

湾区旅游市场动态、旅游市场违法违规行政处罚等信息[①]，共同推动休闲湾区发展，能够更有效地满足多元化、个性化游客休闲发展需求，不断增强客源市场黏性。

从近年文旅数据来看，无论是旅游业收入与接待过夜游客数，还是住宿业与餐饮业营业额，大湾区内地九市都呈现增长态势（见图1、图2）。2020年，受到新冠疫情影响，文旅行业发展不景气，然后慢慢恢复，直至现在逐渐达到疫情前发展水平。如2023年元旦假期三天，广州市接待市民游客272.17万人次，接待外地游客130.66万人次，文旅行业收入超过20亿元[②]；深圳全市共接待游客123.29万人次，旅游总收入8.22亿元。其中大鹏新区滨海民宿接待游客13.62万人次，全市重点监测景区共接待游客43.19万人次[③]。良好的文旅经济效益，在一定程度上提振了大湾区文旅消费行业的信心。2023年，"五一"假期，珠海市接待游客210.13万人次，较上年同期增长283.2%，比2019年同期增长8.6%。实现旅游收入12.69亿元，较上年同期增长333.1%，比2019年同期增长11.2%[④]；深圳"五一"假期共接待游客518.22万人次，实现旅游收入38.85亿元，同比分别增长107.80%、114.05%。按可比口径，接待游客人次、旅游收入与2019年同期相比分别增长16.36%、10.85%，接待游客人次、旅游收入均创五年新高[⑤]（见表1）。

[①] 陈熠瑶：《粤港澳齐发力 扮靓休闲湾区——推进落实〈粤港澳大湾区文化和旅游发展规划〉系列报道之三》，《中国旅游报》2022年7月7日，第1版。
[②] 《2023年元旦节假期国内旅游出游5271.34万人次，收入265.17亿元》，人民网百家号，2023年1月2日，https://baijiahao.baidu.com/s?id=1753913691738141071&wfr=spider&for=pc 2023年1月3日。
[③] 《市民出游意愿强烈 旅游市场稳步升温》，深圳市文化广电旅游体育局，2023年1月3日，http://wtl.sz.gov.cn/gkmlpt/content/10/10364/post_10364904.html#3468，最后检索日期：2023年11月5日。
[④] 《大湾区"五一"旅游答卷亮眼：文旅融合产品受热捧，游客停得更久玩得更有文化》，财经领域，2023年5月7日，http://www.cvcai.com/caijing/63102.html，最后检索日期：2023年5月20日。
[⑤] 《大湾区"五一"旅游答卷亮眼：文旅融合产品受热捧，游客停得更久玩得更有文化》，财经领域，2023年5月7日，http://www.cvcai.com/caijing/63102.html，最后检索日期：2023年5月20日。

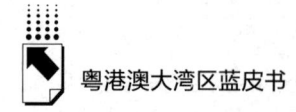

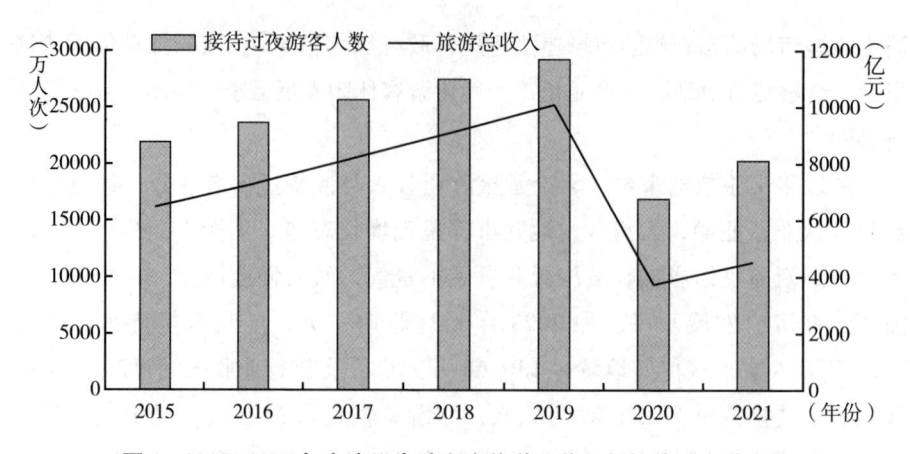

图1　2015~2021年大湾区内地九市旅游业收入与接待过夜游客数

资料来源：历年《广东统计年鉴》。

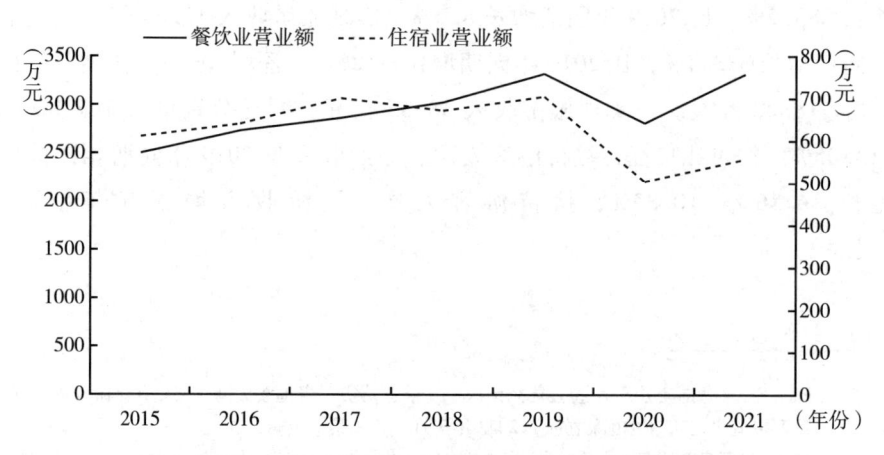

图2　2015~2021年大湾区内地九市住宿业与餐饮业营业额

资料来源：历年《广东统计年鉴》。

表1　2023年"五一"假期粤港澳大湾区各城市旅游数据

城市	广州	深圳	珠海	中山	东莞	江门	惠州	肇庆	佛山
接待游客（万人次）	1058	518.22	210.13	133.49	350.46	202.78	308.21	172	220.76（A级景区）
较上年同期增长(%)	54.00	107.80	283.20	146.90	83.36	158.89	140.8	92.65	182.85（A级景区）

续表

城市	广州	深圳	珠海	中山	东莞	江门	惠州	肇庆	佛山
与2019年同期相比增长(%)	9.00	16.36	8.60	—	—	33.93	6.3	63.39	
旅游收入（亿元）	104	38.85	12.69	7.36	18.59	12.28	13.99	9.58	10738.69万元
较上年同期增长(%)	58.00	114.05	333.10	192.06	87.04	173.84	143.8	100.81	111.42
与2019年同期相比增长(%)	13.00	10.85	11.20	43.61		28.9	5.1	70.31	
重点监测旅游景点累计接待（万人次）	222	190.37	—	75.25		60.2	161.2	—	
人均花费（元）	—	749.74	—	—					

资料来源：根据中国新闻网、《羊城晚报》、《广州日报》等资料整理。

香港和澳门文旅经济恢复也较快，2023年7月初访港旅客量约为360万人次，按月上升31%，日均旅客量约为11.6万人次；7月来自菲律宾及泰国的旅客量已恢复至疫前同期九成以上水平；内地市场，恢复水平约七成，整体来说，约半数为过夜旅客，稍高于疫情前[1]。综合2023年上半年访港游客数据来看，第二季度好于第一季度，发展态势较好（见图3）。

2023年"五一"假期，澳门各口岸出入境超265万人次，旅游商品成交额同比增长超2.1倍，其中澳门酒店的成交额同比增长超1倍，包含了接送机、租车等服务在内的用车业务预订量同比增长超3.1倍，澳门旅游业强势复苏[2]；2023年上半年澳门入境旅客累计录得超过1164.6万人次，日均超过6.4万人次，恢复至2019年全年日均的59.6%；2023年上半年澳门酒店平均入住

---

[1] 《前7个月内地访港旅客约1308万人次》，《广州日报》2023年8月12日，第1版。
[2] 《淡季低价持续至六月初，2小时休闲旅游圈成新一轮出游热点》，网易，2023年5月29日，https://www.163.com/dy/article/I5T0DADT0550AXYG.html，最后检索日期：2023年8月4日。

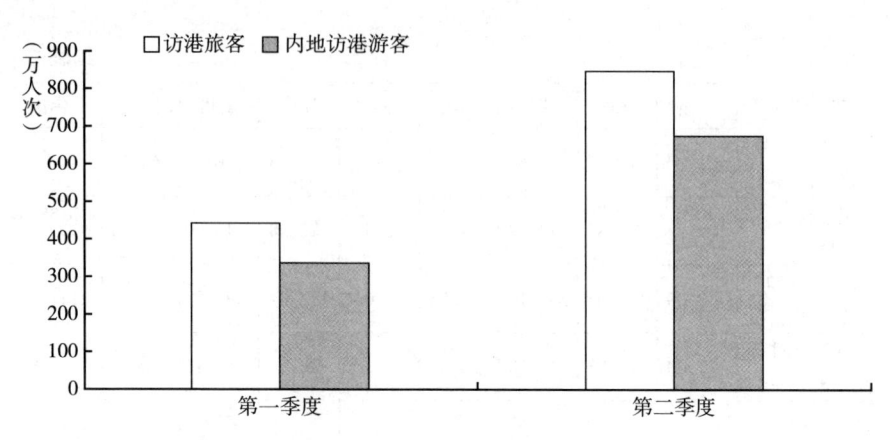

图 3　2023 年上半年访港旅客数

资料来源：香港旅游发展局-新闻数据库-旅游业数据。

率录得 77.9%，较 2019 年的 90.8% 仅差 12.9 个百分点①。可见，无论是旅游消费还是游客数量，第二季度呈现明显增长态势（见图 4）。总之，粤港澳三地文旅业快速恢复发展，很多城市旅游数据都超过疫情前。

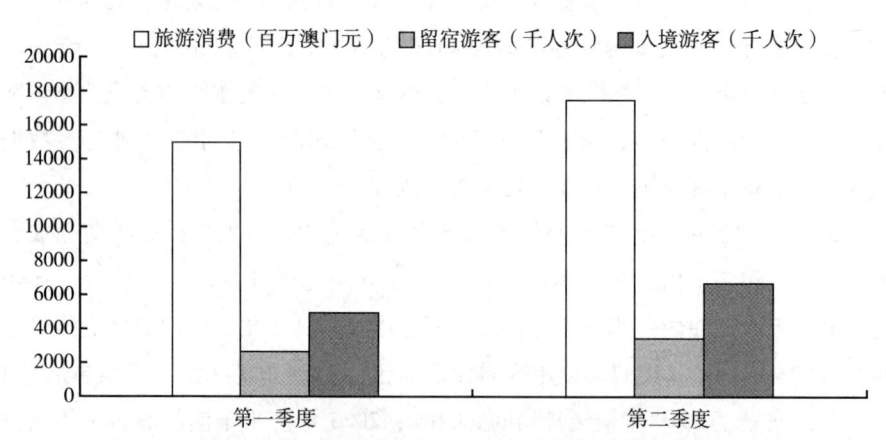

图 4　2023 年上半年澳门旅游消费与接待游客数

资料来源：澳门统计暨普查局。

---

① 文绮华：《澳门旅游业 力争客源有序复苏》，凤凰网，2023 年 9 月 4 日，https：//news.ifeng.com/c/8SnoellBsiD，最后检索日期：2023 年 8 月 27 日。

2. 文旅市场供给更优化，市场规模不断扩大

大湾区自然与人文旅游资源丰富，旅游产品竞争力与美誉度较好。在休闲时代、消费升级和政策红利等推动下，居民消费领域回暖，休闲旅游逐渐进入发展的快车道，发展势头迅猛。随着市场需求的不断变化，越来越多的文旅休闲业态不断涌现，如休闲观光类、科技体验类、都市与乡村文化类、文旅特色小镇等，各种文旅休闲产品层出不穷。

近年来，大湾区内地九市A级景区数量一直呈现增长态势，即使受到新冠疫情影响，大湾区内地城市的A级景区数量也不断增加（见图5）。文旅业态日益丰富，如休闲旅游新业态方面，佛山市顺德区欢乐海岸PLUS项目将主题商业与旅游、休闲娱乐和文化创意融为一体，开业两年吸引游客超过1800万人次；肇庆市有序推进全域旅游，依托中游国际房车露营基地打造市域房车旅游圈[①]。2023年春节广州推出了600多项线上线下文化旅游活动，共接待983万人次，同比增长27.6%，外地来穗游客超过312万人次，同比增长42.5%，实现旅游业总收入68.1亿元，同比增长25.0%；深圳新春七天假期共接待游客469.25万人次，旅游收入31.58亿元，较上年同期分别增长55.14%和56.18%[②]，赢得人气和口碑双丰收。2023年6月举行的第11届澳门国际旅游（产业）博览会，汇聚世界各地业者交流洽商，展商及买家数目创历届之冠，并邀请澳门在内共23个"创意城市美食之都"的代表及厨师来澳交流厨艺，展示澳门国际交流平台的优势。[③] 同时，丰富多彩的文娱活动轮番登台，截至2023年8月，仅广深港澳四城就举办了大型演唱会超300场次，其中香港、澳门、广州、深圳分别举办了150场次、92场次、41场次、20场

[①] 《淡季低价持续至六月初，2小时休闲旅游圈成新一轮出游热点》，网易，2023年5月29日，https：//www.163.com/dy/article/I5T0DADT0550AXYG.html，最后检索日期：2023年8月4日。
[②] 田静：《大湾区兔年春节旅游成绩单：多市实现"开门红"，人次收入双增长》，百家号，2023年1月13日，http：//baijiahao.baidu.com/s?id=1756581837608484435&spider&for=pc，最后检索日期：2023年10月3日。
[③] 文绮华：《澳门旅游业 力争客源有序复苏》，凤凰网，2023年9月4日，https：//news.ifeng.com/c/8SnoeIlBsiD，最后检索日期：2023年8月27日。

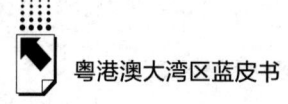

次演唱会①。经济新常态下文旅产业供给侧改革正在大力推进，文旅业态逐渐多元化，具有多业态融合、产业关联度高特征的休闲旅游快速发展，市场空间和市场规模不断扩大，进一步扩大消费，激发了市场活力。

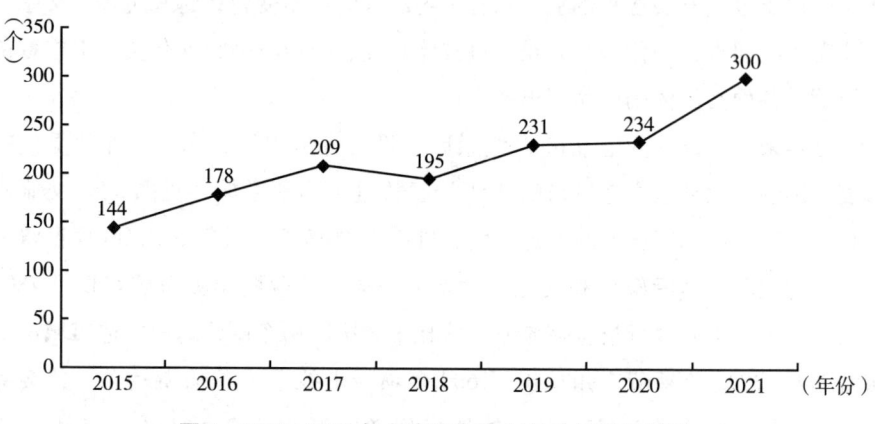

图5　2015~2021年大湾区内地九市A级景区数量

资料来源：《广东省统计年鉴》。

3. 旅游市场推广更统一，不断强化湾区文旅品牌

构建统一的文旅市场及发展环境，是粤港澳大湾区文旅业界的共同愿景，也是构筑休闲湾区的重要条件。近年来，粤港澳三地在开发特色旅游项目、开拓文旅市场、创新休闲旅游业态等层面深化区域合作，加快湾区文化和旅游业深度融合，塑造了优良的市场环境，不断擦亮粤港澳大湾区文旅市场这一品牌。

随着横琴粤澳深度合作区、前海深港现代服务业合作区相继成立，港澳导游在两地执业便利化成为改革的重要内容。2021年11月，珠澳导游职业技能竞赛在横琴粤澳深度合作区举办；同年，横琴新区港澳导游管理系统投入使用，近600名导游通过培训考核认证，实现了对港澳导游报名、培训、认证以

---

① 曾美玲：《广深港澳已举办超三百场次！演唱会为何爱上大湾区？》，南方网百家号：2023年8月21日，https://baijiahao.baidu.com/s?id=1774802898987440425&wfr=spider&for=pc，最后检索日期：2023年8月30日。

及执业等环节的有效监管①,推动构建统一的运营体系。港康乐及文化事务署已经和大湾区主要表演场地建立合作网络,2018年至今,有141场本地制作在澳门和另外7个大湾区内地城市上演②;大湾区邮轮旅游正有序恢复,2022年招商局集团运营的豪华游轮"招商伊敦"号成功首航,香港也容许复办不停靠香港以外港口的邮轮"公海游";"海上看湾区"项目已经开通了深圳湾、港珠澳大桥、前海湾航、环香港大屿山等4条航线,"项目运营以来,赢得了社会的广泛关注和市场的普遍好评,多个主题航次一票难求"③。粤港澳三地充分发挥文旅融合优势,促进休闲文旅消费,加快构建休闲湾区新发展格局。

二 粤港澳大湾区休闲湾区发展存在的问题

粤港澳大湾区休闲旅游资源总体呈现不均衡发展格局,同时存在文旅资源有效供给不足、整合度不高以及文旅消费的季节性等问题。构建休闲湾区必须正视这些问题,分析深层原因,推动实现高质量发展。

(一)休闲文旅产品体系不完善,发展不平衡

由于资源禀赋、发展条件和发展环境等因素,大湾区休闲产业存在发展规模、发展层次和发展质量上的不均衡现象,大湾区休闲旅游产品需要进一步完善。一方面,休闲产品体系不完善,缺乏市场细分,高端优质供给不足。有些休闲旅游产品类型单一、缺少文化内涵,体验性、场景式、数字化和沉浸式产品较少,不能满足不同层次的游客需求。另一方面,休闲旅游产品呈现空间发展不均衡的特点,郊区和乡村景点数量较少,规模也较小,很多文化元素没有得到有效挖掘,缺乏有较强吸引力的休闲项目。

---

① 陈熠瑶:《粤港澳齐发力 扮靓休闲湾区——推进落实〈粤港澳大湾区文化和旅游发展规划〉系列报道之三》,《中国旅游报》2022年7月7日,第1版。
② 《文化体育及旅游局局长访穗,共造大湾区世界级休闲湾区》,香港特区政府粤港澳大湾区速递微信公众号,2023年3月21日,https://mp.weixin.qq.com/s/PMsA9FUPZwgNPLKygZIJSg,最后检索日期:2023年8月25日。
③ 陈熠瑶:《粤港澳齐发力 扮靓休闲湾区——推进落实〈粤港澳大湾区文化和旅游发展规划〉系列报道之三》,《中国旅游报》2022年7月7日,第1版。

（二）休闲文旅专业人才缺乏

目前，专门从事休闲旅游服务的人员数量较少，且从业人员缺乏相应的知识和技能，严重影响了休闲旅游资源的合理开发和高效利用，不利于休闲旅游的持续、健康发展。特别是后疫情时代，文旅市场快速发展，产业规模不断扩大，休闲旅游更需要大量的专业人才队伍来支撑，不仅要求具备多元知识结构，而且理论与实践并重，以充分对接大湾区休闲旅游市场发展需求。

（三）文旅综合服务配套需进一步提升

休闲旅游资源的空间分布与交通基础设施、城市配套服务平台以及产业政策等都具有内在关联，休闲旅游产业的发展离不开一系列配套的基础设施和服务配套保障。首先，交通基础设施方面，大湾区交通发达，但大湾区内地九市旅客周转量发展态势不容乐观，远低于疫情以前水平（见图6）。其次，对标纽约、东京等世界级湾区，粤港澳大湾区文旅综合配套不足，无论是在数量和档次上，还是在内涵发展上，都落后于世界一流湾区，支撑休闲旅游发展的多元化服务平台也较少，各类休闲活动中心不能满足广大人民群众的需求。最后，大湾区城市应该更加强化博物馆、文化馆和科技馆的建设，特别是暑假和黄金周期间，游客休闲度假的文化设施普遍不足。

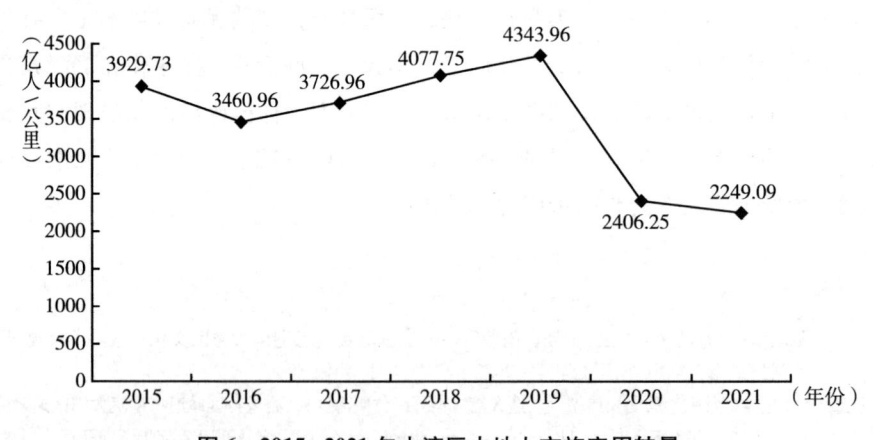

图6 2015~2021年大湾区内地九市旅客周转量

资料来源：历年《广东省统计年鉴》。

三 粤港澳大湾区休闲湾区高质量发展建议

经济发展新常态形势下,粤港澳大湾区政策环境、区位条件和资源禀赋等方面具有相当突出的优势。大湾区文旅发展要进一步引导休闲消费理念,积极推进休闲旅游业供给侧改革,细分休闲旅游市场,不断丰富、优化产品和服务供给,完善基础设施网络建设,提升休闲旅游服务质量,构筑高质量发展的休闲湾区。

(一)多层面优化休闲文旅产品结构

1. 优化休闲文旅产品体系

新发展格局下,粤港澳大湾区应该更新发展理念,优化休闲文旅产品结构,科学评价区域内文旅资源,激活市场活力,拓宽文旅产业广度,调整文旅产业结构,从追求高速度到高质量、高效益,从粗放式到精细化、集约型,由注重经济功能向发挥综合功能转变,丰富休闲文旅产品与服务,以创新驱动激活休闲文旅资源,以融合发展提高产品供给质量,推动休闲产品体系与结构更加优化,加快构建休闲湾区发展新格局。

构建休闲旅游产品体系,优化休闲旅游资源配置和产业布局,增加优质产品供给,推进产品和服务多元化、特色化发展。围绕其特色旅游元素,设计多元化的休闲旅游产品,不仅包括田园风光、民俗风情体验,而且涵盖娱乐消遣、健身运动以及追求文化品位的休闲游等系列,以适合不同层次消费需求的游客,形成具有自身鲜明特色的休闲旅游集聚区,推动休闲旅游相关企业和机构围绕文旅消费体验和差异化服务在特定区域聚集,资源共享互补,既强化业态关联性,又避免同质化竞争,获得集聚效应和规模效益。

2. 推进休闲文旅资源一体化发展

休闲旅游的一体化发展即在共同合作理念的指导下,完善协调发展的体制机制,合理配置社会资源,积极利用"旅游+"和"+旅游"效应,培育壮大文旅市场主体,通过文旅资源共享、优势互补、市场互动,打破旅游的地域、空间障碍,重塑休闲旅游资源,创新休闲产业融合发展模式,实现休闲旅游经济的共同发展。

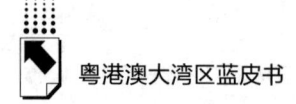

发挥文旅产业的催化能力和集成作用，强化优势资源开发利用，拓展休闲旅游发展的空间和维度，组合滨海、乡村和城镇等休闲资源，整合大湾区的农业、工业、交通、餐饮、住宿、邮电等行业和部门资源，结合体育健身、美食文化、康养医疗和观光度假等方式，通过嘉年华之旅、美食文化之旅、文化遗产之旅和国际赛事之旅等，促进资源要素之间的集聚和重组，推动"休闲+"深层次发展，打造集健康养生、休闲度假、医疗保健、娱乐消遣等功能于一体的休闲体验基地，推动休闲旅游走生态化、高效化、集约化发展之路。

（二）多维度推进休闲旅游均衡发展

粤港澳大湾区休闲旅游资源禀赋突出，依托滨海旅游、美丽乡村、都市旅游、康养旅游休闲度假，设计一程多站式休闲旅游路线，发挥大湾区城市群核心资源的增长极效应，带动城市、乡村和滨海旅游发展，优化休闲文旅产品和服务供给体系，推动大湾区休闲旅游均衡布局。

1. 大力推进滨海休闲游发展

粤港澳大湾区 11 个城市中，滨海城市 9 个，拥有丰富的海洋资源和光热资源，海域面积达 20176 平方公里，大陆海岸线 1479.9 公里，海岛 1121 个[①]。一直以来，滨海休闲旅游存在结构性失衡问题，缺乏统筹规划，文旅产品开发滞后，存在无效供给和低端供给，但缺乏高端供给。在这种情况下，政府要发挥政策引领作用，准确定位，引入社会资本，激活市场活力，增加多元化的休闲旅游产品供给，特别是海上皮划艇、冲浪、帆船、海钓、潜水等高端滨海休闲旅游产品，吸引流入东南亚等地区的游客群体。

2. 加速推进乡村休闲游发展

乡村旅游要主动承接大湾区增长极红利，综合利用自然资源和农业资源，反向支撑粤港澳大湾区休闲湾区建设，促进休闲湾区经济均衡发展。一方面，依托休闲农业资源，培养集田园景观、自然生态、民俗风情和休闲体验于一体的田园综合体，与节庆活动、自然风光、科技研学和体育健身等深度融合，将生产、生活和生态充分结合，推动实现经济效益、社会效益和生态效益的有机

---

① 《行业观察｜数据分析粤港澳大湾区康养旅游现状》，知乎，2023 年 5 月 6 日，https://zhuanlan.zhihu.com/p/627169631?utm_id=0，最后检索日期：2023 年 9 月 2 日。

统一；另一方面，休闲乡村游作为链接城市和乡村的纽带，已成为推进乡村振兴的新兴产业和刺激乡村经济的消费热点，以点带面、纵横贯通，通过"食、住、行、游、购、娱"六要素的合理配置，统筹休闲产业要素有效整合衔接，强化线路联通、产品互补和产业共融。如肇庆市结合乡村旅游体育线路，举办了南粤古驿道定向大赛（肇庆·封开）、2023首届肇庆鼎湖百里徒步，为沿线乡村餐饮、娱乐、交通、住宿、旅游等行业带来了大量的消费需求①，带动农民收入增加，促进农业提质增效，推动城乡一体化发展，构建城乡区域休闲联动发展格局。

3. 不断提升城市休闲游发展品质

新发展格局下，城市建设重心逐渐从增量发展阶段向存量提质阶段过渡，更要注重盘活城市资源，大湾区城市群也更倾向于城市综合实力的提升，逐渐向休闲功能延伸，增加休闲产品供给，兼顾本地居民和外来游客两种需求，统筹资源、设施、服务和环境主客共享，丰富休闲内涵、优化内容结构、升级设施功能，完善文旅配套建设，不断提高城市的休闲生活品质。同时，优化人居环境，增加高品质休闲空间，强化资源整合、创新赋能和技术赋能叠加效应，加大对产品创新、业态创新、模式创新的支持力度，以新科技、新方式提高传统观光旅游品质，加快发展文旅产业新业态，不断满足人民群众日益增长的美好生活需求。

（三）加强休闲文旅专业人才培养发展

文旅深度融合背景下，休闲湾区高质量发展急需专业人才，需要强有力的专业人才队伍支撑，高素质的文旅专业人才在休闲湾区建设中发挥行业引领作用。纽约等世界湾区拥有国际名校，人才实力雄厚，粤港澳大湾区要强化文旅教育培训基地和培训体系建设，培育和引进更多的会展、营销、管理、服务等各方面的优秀人才。强化三地文旅交流合作，优势互补、合作共建，健全人才流动机制，构建多层次、专业化旅游人才培养体系，补强专业人才短板，发展成为国内乃至东南亚具有影响力的休闲文旅专业人才发展高地。

---

① 《肇庆："体育+"创新玩法激发文旅新热点》，读创百家号，2023年8月31日，https://baijiahao.baidu.com/s? id = 17757384 11673229497&wfr = spider&for = pc，最后检索日期：2023年10月26日，2023年8月31日。

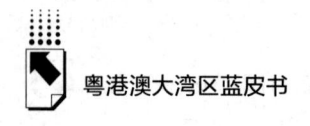

（四）提升休闲文旅综合配套服务水平

良好的交通条件对休闲产业的发展和布局具有重要的促进作用，休闲旅游目的地的可进入性直接影响着游客的出行选择。粤港澳大湾区城市群一体化交通发展迅速，"一小时生活圈""半小时生活圈"逐步形成，提高了湾区内资源互通互享的便捷性。值得注意的是，文旅基础设施仍需要进一步提升。一方面，加强休闲旅游交通引导和停车场建设，逐渐完善公共交通换乘服务，推动大湾区内主要交通枢纽与休闲旅游目的地零距离换乘，配套邮轮港、休闲自驾游带等项目，健全立体化和便捷化的交通网络，满足人们出行的便利性，不断增强人们休闲旅游的舒适度。另一方面，完善休闲旅游相关的软硬件设施，提升文旅公共服务能力，构建运动健身、娱乐消遣、康养保健等系列活动设施，培育新型文化和旅游业态，不断满足人们对休闲旅游的多样化需求，真正打造宜居、宜业、宜游的休闲湾区。

四　未来预测

（一）大湾区休闲游以都市游和近郊乡村游为主

随着生活水平的提高和闲暇时间的增多，人们对休闲旅游的关注和需求也在不断增加。都市休闲、郊区和乡村游仍占主流，良好的生态环境和完善的生活设施是人们休闲和旅游的基础保障。无论是城市还是乡村，都是人类生存和发展的重要空间，也是人类休闲生活的重要区域。城市的绿地公园和休闲历史街区作为特色鲜明的消费场域，不仅休闲功能更加综合，而且要素聚集，文化色彩突出，更能体现城市风貌，能够满足大众的新兴生活方式和悠闲怡情的心理需求。乡村的自然生态、景观资源和新鲜空气也是城市人渴望休闲惬意生活的理想方式。

（二）亲子休闲产品受到市场欢迎

近年来，亲子休闲产业快速发展，也带动了文旅市场规模不断扩大。大湾区亲子休闲文旅市场将迎来较大的消费客群，少年儿童是现代家庭的一个重要成员，家庭化已成为休闲旅游度假的一个重要特征，亲子休闲文旅产品将受到市场欢迎。寒暑期，亲子文旅休闲需求的消费力集中释放，亲子游成为消费的主力，占市场很大比重。亲子家庭倾向于自然生态、主题乐园以及有地域文化特色的体验性项目，追求富有个性化、融知识性与趣味性于一体的休闲文旅产品。

（三）文化遗产相关的博物馆等仍是休闲打卡热点

习近平总书记指出："让收藏在博物馆里的文物、陈列在广阔大地上的遗产、书写在古籍里的文字都活起来。"近年来，博物馆不断探索创新发展之路，对传统的展陈资源有选择地加以改造，并给予补充、拓展、完善，赋予其新的时代内涵和现代表达形式，提升对公众的吸引力，满足不同受众的需求。所以，很多博物馆出现一票难求的现象。未来博物馆将不仅仅局限于一般意义上的收藏、保护和研究，而且要充分利用博物馆的藏品资源和科研成果，在市场需求引导下，通过产业融合、功能叠加等方式实现创新发展，以喜闻乐见的形式呈现，会受到越来越多游客追捧，发展为热门打卡地。

B.14
粤港澳大湾区健康湾区建设报告

肖智星*

摘　要： 健康湾区建设启动以来，粤港澳三方以实施粤港澳大湾区国家战略为契机，以打造粤港澳大湾区健康共同体为长期目标，以密切粤港澳三地医疗卫生合作为近期目标，积极践行以人民健康为中心的发展理念，充分发挥"一国两制"特殊优势，成功抗击新冠疫情，有效推动三地医疗卫生事业深化合作、融合发展。新时期，粤港澳三地要把握新冠疫情后的发展新机遇，坚持目标导向与问题导向，聚焦高质量发展，加快打造粤港澳大湾区健康共同体和医疗高地，为建设国际一流大湾区、实现大湾区长期安全稳定与繁荣发展提供坚实的健康保障。

关键词： 健康湾区　健康共同体　跨境医疗合作　粤港澳大湾区

一　抓机遇迎挑战，健康湾区建设恰逢其时

国家实施粤港澳大湾区建设战略是粤港澳三地推进卫生医疗融合发展的历史机遇，新冠疫情给大湾区的卫生健康工作带来巨大挑战。抓机遇、迎挑战，推动健康湾区建设事业发展。

2017年7月1日，在习近平总书记见证下，《深化粤港澳合作推进大湾区建设框架协议》在香港签署，揭开了国家层面推动大湾区建设的序幕。《框架协议》在"共建宜居宜业宜游的优质生活圈"一节中提出要"共建健康湾区"，这标志着"健康湾区"概念的诞生与健康湾区建设事业的正式启动。同

---

* 肖智星，广东省社会科学院副研究员，主要研究方向为区域经济。

时也表明,健康湾区建设在粤港澳大湾区建设启动之初即被列为重点领域的建设目标和任务之一,具有十分重要的价值与意义。

2019年2月18日,中共中央、国务院公布《粤港澳大湾区发展规划纲要》,步入全面推进粤港澳大湾区建设的新征程。《规划纲要》第八章第五节专节论述"塑造健康湾区,密切医疗卫生合作",明确提出八项工作任务。分别是:①推动优质医疗卫生资源紧密合作,支持港澳医疗卫生服务提供主体在珠三角九市按规定以独资、合资或合作等方式设置医疗机构,发展区域医疗联合体和区域性医疗中心;②支持中山推进生物医疗科技创新;③深化中医药领域合作,支持澳门、香港分别发挥中药质量研究国家重点实验室伙伴实验室和香港特别行政区政府中药检测中心优势,与内地科研机构共同建立国际认可的中医药产品质量标准,推进中医药标准化、国际化;④支持粤澳合作中医药科技产业园开展中医药产品海外注册公共服务平台建设,发展健康产业,提供优质医疗保健服务,推动中医药海外发展;⑤加强医疗卫生人才联合培养和交流,开展传染病联合会诊,鼓励港澳医务人员到珠三角九市开展学术交流和私人执业医务人员短期执业;⑥研究开展非急重病人跨境陆路转运服务,探索在指定公立医院开展跨境转诊合作试点;⑦完善紧急医疗救援联动机制;⑧推进健康城市、健康村镇建设。① 这为健康湾区建设工作指明了方向、瞄定了目标、规划了重点。

2019年12月28日,《广东省人民政府关于实施健康广东行动的意见》公开发布。《意见》在"实施塑造健康湾区行动"一节中提出健康湾区建设的短期目标是"到2022年,粤港澳大湾区医疗卫生合作更加紧密",远期目标是"到2030年,粤港澳大湾区健康共同体基本形成,世界一流健康湾区建设取得重大进展"。② 这进一步明晰了健康湾区的战略部署,确定了其建设工作的时间节点和目标要求。

至此,经过两年半的探索实践,健康湾区建设的规划蓝图初步绘就。然而,新冠疫情于2020年初发生,扰乱了健康湾区建设的既定进程。一方面,

---

① 中共中央、国务院:《粤港澳大湾区发展规划纲要》,新华网,2019年2月18日,http://www.xinhuanet.com/politics/2019-02/18/c_1124131474_3.htm。
② 广东省人民政府:《广东省人民政府关于实施健康广东行动的意见》,广东省人民政府门户网站,2020年1月13日,http://www.gd.gov.cn/zwgk/jhgh/content/post_2863437.html。

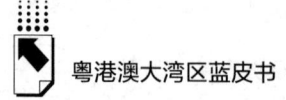

持续流行的疫情导致粤港澳三地联动受阻，原定的粤港澳三地医疗卫生合作工作受到较大影响。另一方面，疫情暴露了大湾区卫生健康事业的短板，进一步凸显共建健康湾区的重要性和紧迫性，并使同心抗疫成为健康湾区建设的优先主题。统筹新冠疫情联防联控与大湾区医疗卫生协同发展，成为疫情期间健康湾区建设的工作主线。这集中反映在2021年11月公布的《广东省卫生健康事业发展"十四五"规划》中。《规划》关于推进健康湾区建设的表述为"持续推进粤港澳大湾区卫生健康协调发展和粤港澳传染病联防联控机制创新，探索打通卫生健康方面的机制性障碍"。重点工作包括：鼓励港澳服务提供主体按规定以独资、合资、合作等方式设置医疗机构，支持粤港澳三地共建区域医疗联合体和区域性医疗中心，探索建立与国际接轨的整合型医疗卫生服务体系，合作布局建设一批重点专科专病群。完善区域内重症传染病人会诊机制和紧急医疗救援联动机制，探索在指定公立医院开展跨境转诊合作试点。建立湾区医学人才协同培养机制、高层次卫生人才库等，鼓励港澳具有合法执业资格的注册医疗专业技术人员来粤短期执业。建立粤港澳大湾区中医医疗联合体和中医医院集群，提供覆盖粤港澳居民全生命周期的中医药服务。稳步推进粤港澳大湾区内地指定医疗机构为湾区居民提供高水平的医疗用药用械条件，加强湾区药品医疗器械监管创新发展工作。①

二 强合作促融合，健康湾区建设取得明显成效

2022年是健康湾区建设实现近期目标的节点年。5年来，从协议规划到蓝图铺展，粤港澳三地齐心协力，积极作为，在成功抗击新冠疫情的基础上，着力推进三地医疗合作与融合发展，加快实现三地卫生健康事业硬联通、软联通、心联通，健康湾区建设迈出坚实步伐，取得阶段性显著成效，成为粤港澳大湾区发展实践的生动范例。

---

① 广东省人民政府办公厅：《广东省人民政府办公厅关于印发广东省卫生健康事业发展"十四五"规划的通知》，广东省人民政府门户网站，2022年1月12日，http://www.gd.gov.cn/gdywdt/zwzt/kjssw/zxgh/content/post_3757902.html。

（一）成功创建两个新的大会合作平台

立足大湾区"一国两制三地"实际，粤港澳三方积极搭建有利于促进三地医疗卫生界开展深度合作的有效平台，探索打造既具本地特色又具示范效应的粤港澳大湾区合作品牌。

粤港澳大湾区卫生与健康合作大会既是粤港澳三方在全国范围内率先贯彻落实粤港澳大湾区建设国家战略的一项重要举措，也是健康湾区建设的一个里程碑。2018年1月，首届粤港澳大湾区卫生与健康合作大会在惠州市召开，会上三地卫生行政部门签署了《粤港澳大湾区卫生与健康合作框架协议》，三方26个合作项目签约落地。2019年2月，粤港澳三方在深圳市共同举办了第二届粤港澳大湾区卫生健康合作大会，会上三地卫生行政部门签订了《粤港澳大湾区卫生与健康合作共识》，三方62个合作项目签约落地。① 从《框架协议》到《合作共识》，再到88个合作项目，卫生与健康合作大会为三地医疗卫生界搭建了优质、广泛、实用的交流合作平台，助力三地医疗资源优势互补，促成三方重大合作政策落地，推动三方重大项目建设，得到了三地业界的高度关注与积极响应，有力地促进了三地卫生健康融合事业的务实发展。

粤港澳大湾区中医药传承创新发展大会是粤港澳三方贯彻落实《粤港澳大湾区发展规划纲要》和《中共中央 国务院关于促进中医药传承创新发展的意见》，携手共建大湾区中医药高地而搭建的高端交流合作平台。第一届、第二届与第三届粤港澳大湾区中医药传承创新发展大会分别于2018年、2019年和2020年在深圳、珠海和惠州市召开。前三届大会上，粤港澳三地签署了《粤港澳大湾区中医药合作备忘录》，达成了中医药传承创新的六大共识，并合计签订了48个合作项目。时隔两年，第四届粤港澳大湾区中医药传承创新发展大会于2022年8月25日在中山市举办。会议围绕打造中医药医疗、创新、人才、产业、国际化"五大高地"和中医药在防治新冠疫情等重大传染病方面的重要作用等主题，探索推进粤港澳三地中医药事业融合发展、优质大湾区中医药产品和服务供给的路径，取得重要成果。会上共有包括"香港中

---

① 《粤港澳签署合作共识 共推大湾区卫生健康高质量发展》，南方网，2019年2月26日，https://economy.southcn.com/node_a894c9e2ed/2e3c22d47d.shtml。

山共建科研创新与转化平台""粤港澳高校中医临床基础联盟"等在内的9个项目现场签约。① 从《备忘录》到六大共识,再到57个合作项目,历届大会促进了三地中医药的深入交流与合作,推动了大湾区中医药的传承创新发展,对于助力健康湾区建设、促进中医药走向世界意义重大,得到了国家中医药管理局的充分肯定。

(二)创新制定并实施"港澳药械通"政策

2020年底,国家市场监管总局、国家药监局等部门联合印发《粤港澳大湾区药品医疗器械监管创新发展工作方案》。《方案》将内地药品监管体系与港澳药品监管体系有效衔接起来,提出了诸多监管创新措施,被称为"港澳药械通"政策。例如,在粤港澳大湾区内地符合条件的医疗机构,可以按规定使用临床急需、已在港澳上市的药品和医疗器械;在粤港澳大湾区进一步深化药品医疗器械审评审批制度改革,建立国家药品医疗器械技术机构分中心,在中药审评审批、药品上市许可人、医疗器械注册人等制度领域实施创新举措,增设药品进口口岸等。②

根据"港澳药械通"国家政策,广东省印发《粤港澳大湾区药品医疗器械监管创新发展工作方案》,出台《广东省粤港澳大湾区内地临床急需进口港澳药品医疗器械管理暂行规定》《粤港澳大湾区内地临床急需进口港澳药品医疗器械使用评审专家库管理办法(试行)》《粤港澳大湾区内地临床急需进口港澳药品使用申报材料评审要点(试行)》《粤港澳大湾区内地临床急需进口港澳医疗器械使用申报材料评审要点(试行)》《第一批粤港澳大湾区内地临床急需港澳药品医疗器械目录》等5项规定办法,以香港大学深圳医院为试点单位,先行先试。2021年8月27日,"港澳药械通"政策试点工作完成,试点取得的经验做法扩展至粤港澳大湾区其他符合要求的地市和指定医疗机构,首批5家内地指定医疗机构可使用港澳进口药械,标志着"港澳药械通"在

---

① 《第四届粤港澳大湾区中医药传承创新发展大会在中山市召开》,广东省中医药局官方网站,2022年8月26日,http://szyyj.gd.gov.cn/zwyw/gzdt/content/post_4001532.html。
② 《大湾区内地九市可有条件使用港澳上市药品及医疗器械》,广东省药品监督管理局官方网站,2020年11月26日,http://mpa.gd.gov.cn/xwdt/xwfbpt/mtzx/content/post_3135251.html。

大湾区正式施行。① 2023年2月，广东卫健委发布《粤港澳大湾区"港澳药械通"第二批指定医疗机构名单的通知》，"港澳药械通"指定医疗机构数量再增14家，累计共19家。②

自"港澳药械通"政策实施以来，截至2023年4月17日，内地指定医疗机构累计获得批准引进急需进口药品23项、医疗器械13项，共惠及2237人次。③ 其中，香港大学深圳医院作为首家"港澳药械通"试点单位，截至2023年5月29日，已获批引进20款药品和11款医疗器械。这些从港澳进口的药械主要用于内地尚无可替代产品的罕见病治疗，如庞贝病、难治性癫痫、严重进行性脊柱畸形等，不仅为港澳居民在内地就医提供了更多便利，也为内地罕见病患者带来更多福音。④

2023年4月6日，在广东省人民政府新闻办公室举行的粤港澳大湾区规则衔接机制对接典型案例（第一批）新闻发布会上，"港澳药械通"被列为助力健康湾区建设的具有先进性、创新性、示范性的典型案例之一。

（三）初步构建与国际接轨的医院质量评审认证标准

医院评审认证是国际通行的促进医疗行业发展和互信的重要手段，对推动医疗服务同质化、提升医疗质量安全水平至关重要，也是国际医疗保险认可支付的重要依据。尽管我国三甲评审制度是一个非常严谨和标准极高的医院评审制度，但由于没有通过国际医疗质量协会（ISQua）的认证，在国际上缺乏足够认同。随着粤港澳大湾区的融合发展，推动港澳和内地跨境医疗规则衔接、要素流动、融合发展是大势所趋。这就需要共同认可的国际评审认证标准，促进大湾区医疗体系的标准化和同质化，共同打造"健康湾区"。

2020年12月，在国家和广东省的大力支持下，深圳市成立非营利性的第

---

① 《"港澳药械通"将在大湾区内地扩展实施》，南方网，2021年8月28日，https://economy.southcn.com/node_b3579f07b0/3a1beeb5f8.shtml。
② 《新增14家！"港澳药械通"第二批指定医疗机构名单发布》，南方网，2023年2月22日，https://xapp.southcn.com/node_27c664f088/f7c180e480.shtml。
③ 《"港澳药械通"目录再"+4"》，南方网，2023年4月25日，https://news.southcn.com/node_54a44f01a2/c65e93b15f.shtml。
④ 《广东持续加强与港澳卫生健康部门交流合作——优势互补，共筑"健康湾区"》，金羊网，2023年6月6日，http://news.ycwb.com/2023-06/06/content_51993158.htm。

三方评审评价研究中心——深圳市卫健医院评审评价研究中心。该中心吸纳国内外资深认证专家，组建评审专家库，对标国际通行规则，融合国内评审实践，编制并发表《医院质量国际认证标准（2021版）》，并于2022年2月以97%的得分率通过了国际医疗质量协会外部评审会（ISQua EEA）的权威认证，跻身全球获得ISQua认证的60家医疗评审机构行列。2022年9月，《医院质量国际认证标准（2021版）》在深圳前海发布，成为全国第一个经认证的国际版医院评审标准。2023年3月30日，国际医院评审认证标准（中国）首批医院评审认证启动会在深圳前海举行，13家涉粤港澳台医院将参加《医院质量国际认证标准（2021版）》评审认证，其中5家来自深圳，4家来自香港，2家来自广州，北京、珠海各有1家。这13家医院将遵循六个步骤，完成整个评审流程。通过评审的医院将获颁有效期为四年的认证证书。同期，深圳市卫健医院评审评价研究中心也宣布落户前海，获国家卫健委授予"国际医院评审认证标准研究试点单位"，致力于推进医疗服务跨境衔接"标准通"工作。①

《医院质量国际认证标准（2021版）》的实施，不仅有助于推进内地和港澳医疗体系的融合发展与医疗规则的有效衔接，实现大湾区医疗质量的同标同质；也有利于内地医院获得国际商业保险机构的认可，便利病患的就医与保险支付；还有利于提高我国医院标准的国际化程度，提升医疗软实力。

（四）全面推进大湾区中医药高地建设

《粤港澳大湾区发展规划纲要》明确要求大湾区"深化中医药领域合作"。《中共中央 国务院关于促进中医药传承创新发展的意见》明确提出"打造粤港澳大湾区中医药高地"，进一步为粤港澳大湾区中医药发展定位。2020年10月，《粤港澳大湾区中医药高地建设方案（2020-2025年）》发布，标志着大湾区中医药高地建设启动。大湾区三地把中医药发展摆在突出位置来抓，坚持"立足禀赋、服务大局，传承精华、守正创新，先行先试、示范引领，共享发展、服务民生"的原则，共同打造大湾区中医药"五大高地"，推动大湾区中

---

① 《13家医院"试水"中国首个国际版医院标准!》，腾讯网，2023年3月31日，https://view.inews.qq.com/qr/20230401A0012700。

医药高地建设取得扎实成效。①

打造医疗高地，中医药服务能力加快提升。一是支持香港建设中医医院，鼓励组建粤港澳大湾区中医医疗联合体和中医医院集群，提供覆盖粤港澳三地和全生命周期的中医药服务。香港首家中医医院已于2022年6月2日正式开工，预计于2025年落成并分阶段投入服务。二是推进中医经典病房建设，提升以中医为主治疗疑难重症和复杂疾病的能力。广东省中医院组建了全国首家"中医经典病房"，是全国首批中医诊疗模式创新试点。三是推进中西医协同攻关，形成并推广中西医协作诊疗方案，更好地发挥中医药在新发突发传染病防治和公共卫生事件应急处置中的作用。2022年3月，内地医疗队进驻香港亚博馆新冠治疗中心援助抗疫，成功推动中西医结合医疗模式首次在香港实践，患者治疗的中医药参与率由原来不足3%跃升至近80%，获得香港特区政府和市民高度认可。四是建设中医药大数据中心和健康云平台，推动线上线下一体化服务和远程医疗服务。目前广东省内三甲中医医院均已建成互联网医院，"智慧中药房"服务覆盖所有三级以上中医医院。五是推动港澳中医师在内地公立医疗机构执业。2021年，大湾区内地公立医疗机构成功试点招聘10名港澳中医师。2022年，《广东省事业单位2022年集中公开招聘高校毕业生公告》明确，符合条件的港澳居民可报考内地公立中医医院岗位。②

打造创新高地，中医药科研创新深入推进。一是建设大湾区中医药创新中心，推动三地中医药机构深化合作，推进中医药科学研究和技术创新。中药质量研究国家重点实验室、中医湿证国家重点实验室先后落户澳门科技大学、广州中医药大学，大湾区成为同时拥有我国首个中医类国家重点实验室和唯一的中药类国家重点实验室的地区。二是支持粤港澳中医药院校和科研机构开展中医药基础理论、中药作用机制研究和方法研究，形成创新成果。近五年，广东省中医药科研成果获得国家科技进步二等奖2项，广东省科技进步奖33项，

---

① 国家中医药管理局、粤港澳大湾区建设领导小组办公室、广东省人民政府：《粤港澳大湾区中医药高地建设方案（2020-2025年）》，国家中医药管理局门户网站，2020年10月23日，http://www.natcm.gov.cn/guohesi/zhengcewenjian/2020-10-22/17666.html。

② 国家中医药管理局、粤港澳大湾区建设领导小组办公室、广东省人民政府：《粤港澳大湾区中医药高地建设方案（2020-2025年）》，国家中医药管理局门户网站，2020年10月23日，http://www.natcm.gov.cn/guohesi/zhengcewenjian/2020-10-22/17666.html。

其中一等奖12项。广东省中医药局牵头实施中医优势病种突破、医院中药制剂、省名优中成药二次开发等科研项目，获得各级科技奖励24项、药物临床研究批件4个，转让中药研究成果2项。三是建立中医药科研成果转化基地，打造中医药关键技术、产品研发、成果转化和应用平台；推动广东省中药全产业链质量标准体系建设，促进医疗机构中药饮片调配的标准化和现代化；支持粤港澳企业与医疗机构合作开展古代经典名方中药复方制剂的研究开发和临床应用。经过4年努力，深圳光明国际中医药港依托光明区中医药传承发展研究院，已建立起中医药的"基础研究+技术攻关+成果产业化+科技金融+人才支撑"全过程创新生态链，同时作为广东省建设国家中医药综合改革示范区的"引擎"，已经取得了先行先试中医药进出口政策、先行先试建立港澳台中医师和其他国家传统医师在深圳执业政策、先行先试中成药及中药材跨境电商服务机制、先行先试中医药跨境流通和认证机制以及突破中医药经典名方及验方的审批、开发、生产及标准化政策的改革成绩。[1][2][3]

打造人才高地，中医药人才培养效果明显。一是建立院士、国医大师、全国名中医、全国名老中医药专家传承工作室、工作站，允许港澳符合资格的中医药人员参与国医大师、全国名中医评选及岐黄学者、青年岐黄学者等人才培养项目，吸引海内外中医药高水平专家，打造大湾区高端中医药人才队伍。过去5年，广东省新培育国医大师1名、全国名中医4名、岐黄工程首席科学家2名、岐黄学者12名、青年岐黄学者11名，遴选培育中医药领军人才10名、杰出青年中医药人才200名。其中，2022年7月，广东省中医院主任医师林毅被授予国医大师称号，成为我国中医乳腺病领域唯一的国医大师。累计建成176个省名中医传承工作室、30个省基层名老中医药专家传承工作室。实施葛洪中医药人才计划、中医师承薪火工程，建设33个中医药人才培养基地、40

---

[1] 国家中医药管理局、粤港澳大湾区建设领导小组办公室、广东省人民政府：《粤港澳大湾区中医药高地建设方案（2020-2025年）》，国家中医药管理局门户网站，2020年10月23日，http://www.natcm.gov.cn/guohesi/zhengcewenjian/2020-10-22/17666.html。

[2] 林清清：《广东省中医药局高起点推动中医药高质量发展》，《羊城晚报》2022年10月13日。

[3] 深圳市卫生健康委员会：《深圳光明：正在建国际"中医药港"》，深圳市卫生健康委员会官方网站，2023年3月27日，http://wjw.sz.gov.cn/gkmlpt/content/10/10504/mpost_10504754.html#2511。

个中医药重点学科，100名中医名医带教培养200名基层中医临床骨干。二是构建中医药人才协同培养机制，为港澳培养一批传承名老中医专家学术思想及临床技术专长、具备在医院环境中进行中医临床诊治能力的骨干人才。2022年11月，广东省中医院与香港医院管理局签署《大湾区中医访问学者计划》合作协议，探索在香港构建中西医协作服务新模式。截至2023年6月底，该计划培训了35位香港中医师成为临床骨干，成功探索了呼吸科新病种的中西医结合治疗，建立了香港首个"师带徒"住院中医培训项目，取得了显著成效，获得香港医管局和社会各界的高度认可。[1][2][3]

打造产业高地，中医药产业提速发展。一是大力推进粤港澳中医药产业合作，加强三地中药标准互认，建设具有岭南特色的中药材种植养殖示范基地，促进中医药人员、产品、标准、资金等全要素在大湾区的流动与联通。成立广东省南药种植标准化技术委员会，大力推进中药材标准化规范化种植，形成新会陈皮、化州橘红等一批支柱产业种植品种。2022年，广东省中药工业实现营业收入636.81亿元，较上年增长12.7%；中药消费市场全国第一，粤产中药配方颗粒市场份额占全国30%以上。二是建好用好粤澳合作中医药科技产业园。粤澳合作中医药科技产业园是粤港澳大湾区中医药产业发展的重要平台。目前园区整体建设已具规模，园区科研总部、孵化器、加速器和大项目片区入驻了多元共存、梯次分明的中医药产学研主体。例如，"粤澳医疗机构中药制剂中心"和"粤港澳中医药政策与技术研究中心"已在园区相继成立；园内GMP中试生产平台，可生产多种剂型的传统中药产品，最大产能可达到片剂每年3.75亿片、胶囊剂每年1.25亿粒、颗粒剂每年1500万袋。截至2022年底，产业园共注册企业233家，已成功推动18个中药产品在海外注册及上市。三是简化港澳已上市的传统外用中成药注册审批流程，支持港澳地区做大做强中药产业。2021年8月，广东省药品监管局发布《关于简化在港澳已上市传统外用中成药注册审

---

[1] 国家中医药管理局、粤港澳大湾区建设领导小组办公室、广东省人民政府：《粤港澳大湾区中医药高地建设方案（2020-2025年）》，国家中医药管理局门户网站，2020年10月23日，http://www.natcm.gov.cn/guohesi/zhengcewenjian/2020-10-22/17666.html。

[2] 广东省卫生健康委员会：《加快推进广东中医药高质量发展！2023年广东要这样干》，搜狐网，2023年3月30日，https://www.sohu.com/a/660766352_121106875。

[3] 林清清、张靓雯：《香港医管局高层访粤 深度交流中西医结合治疗危重症新模式》，《羊城晚报》2023年5月8日。

批的公告》，加快港澳传统外用中成药上市审批进程。截至2023年1月底，已有10种港澳传统外用中成药在内地获批注册上市，超过72万瓶港澳外用中成药进入大湾区内地市场，货值超过3000万元。①②③

打造国际化高地，中医药走向世界迈出新步伐。一是建立健全促进中医服务和中药产品走出去的新机制，以多种形式开展中药产品海外注册，支持高质量岭南中药品牌"走出去"。广东中医药成功亮相中国国际服务贸易会和首届粤港澳大湾区服务贸易大会。举办中德中医药大会、广东拉美中医药高峰论坛，开展"岭南中医药文化欧洲行"活动。深圳市创制的中药饮片、中药材和中药配方颗粒编码标准获得国际认证。推广广东青蒿素抗疟疾药物和方法，为世界清除疟疾提供"中国方案"。二是大力发展粤港澳大湾区中医药健康旅游和健康养老服务，面向国际消费者推出中医药健康旅游路线和健康养老服务产品。截至2020年底，大湾区已建成6个中医药文化国际传播基地、11个国家级中医药文化宣传教育基地、12条中医药旅游线路和40个中医药旅游基地。④⑤

（五）成功联手抗击新冠疫情

粤港澳大湾区建设初始，粤港澳三地即致力于完善粤港澳重大传染病联防联控机制，在公共卫生联防联控等方面开展多项务实合作。包括：依托《粤港澳传染病防治交流合作机制协议》，建立畅顺的粤港澳传染病通报机制，定期交换法定传染病疫情和突发公共卫生事件信息，不定期开展突发急性或新发传染病信息沟通，对密接及相关人员实现早发现、早处置；每年联合举办一次粤港澳防治传染病联席会议，深入交流传染病防治经验；签署《关于突发公共卫生事件应急机制合作协议》，联合开展"旋风行动""神盾行动"等防治

---

① 国家中医药管理局、粤港澳大湾区建设领导小组办公室、广东省人民政府：《粤港澳大湾区中医药高地建设方案（2020-2025年）》，国家中医药管理局门户网站，2020年10月23日，http://www.natcm.gov.cn/guohesi/zhengcewenjian/2020-10-22/17666.html。
② 付丽丽：《粤港澳携手打造大湾区中医药高地》，《科技日报》2019年12月19日。
③ 广东省药监局：《广东省药监局全面促进粤港澳大湾区中药产业高质量发展》，搜狐网，2023年2月1日，https://www.sohu.com/a/636324288_121106875。
④ 国家中医药管理局、粤港澳大湾区建设领导小组办公室、广东省人民政府：《粤港澳大湾区中医药高地建设方案（2020-2025年）》，国家中医药管理局门户网站，2020年10月23日，http://www.natcm.gov.cn/guohesi/zhengcewenjian/2020-10-22/17666.html。
⑤ 黄锦辉、李秀婷、粤杏林：《传承不泥古 创新不离宗》，《南方日报》2023年3月26日。

传染病应急演练，全面检验三地突发公共卫生事件应急合作机制；鼓励推进区域内危重症患者、传染病患者的会诊机制和紧急医疗救援联动机制等。

特别是新冠疫情发生以来，粤港澳三地以人民群众生命和健康为首要目标，齐心协力、共克时艰，坚持疫情信息互通、防控经验互享、救治技术互补，不断完善三地新冠疫情防控联动机制，防控成效有目共睹。三年多来，粤港澳三方统筹疫情防控和卫生健康事业融合发展，最大限度地保护了居民的健康，最大限度地减少了疫情对经济社会发展的影响，经受住了新冠疫情大战大考的实践检验。

一是保持疫情信息互通。利用粤港澳传染病联防联控机制，粤港澳三地卫生部门每天互相通报疫情情况，并就疫情形势与防控措施保持密切沟通。特别是珠澳两地建立了新冠疫情每日、即时、多轮信息通报机制，实时通报涉及双方的新冠确诊病例、疑似病例及密切接触者等疫情信息，为珠澳两地及时掌握新冠病例活动轨迹、有效实施管控措施提供了重要帮助。

二是加强防疫抗疫互助。香港和澳门的防疫抗疫工作，在中央政府的领导和协调下，一直得到内地特别是珠三角地区的大力支持。按照中央部署，广东多次为港澳输送防疫应急物资，多次派出建筑工程队伍、医疗救治团队、核酸检测技术力量支援港澳。例如，2021年8月，澳门启动首次全民核酸检测，珠海即以最快速度组织300名检测员技术团队到澳门协助展开工作，并为澳门提供国药灭活疫苗等防疫物资支持。又例如，2022年，广东"出人出力"，全力支援香港抗击第五波新冠疫情。两个月时间里，广东完成16类医疗物资供港任务，包括快速抗原检测试剂2.6亿人份、KN95口罩2.83亿只、血氧仪160多万个等；出色完成"援港方舱"统筹指挥施工任务，中央援港应急医院项目一期于2022年4月顺利交付；派出391名有丰富抗疫经验的医疗专家奔赴一线与香港同行并肩作战。据统计，三年疫情期间，为支援港澳疫情防控工作，广东先后派出赴港医护人员733名、赴澳医护人员653名。[1][2]

---

[1] 《广东全力援港抗疫两月 风雨中大湾区更显温情》，中国新闻网，2022年4月19日，http://www.chinanews.com.cn/dwq/2022/04-19/9732995.shtml。

[2] 《建立"三个一"机制 实施"四全"计划高质量打造健康中国行动"广东样本"》，广东省卫生健康委员会官方网站，2023年6月19日，https://wsjkw.gd.gov.cn/gkmlpt/content/4/4203/mpost_4203882.html#2569。

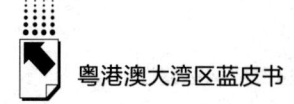

三是加强科研合作。在公共卫生领域,粤港澳三地科研机构和专家团队携手共建多个联合实验室平台,取得多项重大科研成果,为抗击新冠疫情贡献了大湾区力量。粤港澳呼吸系统传染病联合实验室由钟南山院士担任主任,依托广州医科大学附属第一医院、香港科技大学、金域医学、澳门科技大学、香港大学—巴斯德研究中心、中国科学院广州生物医药与健康研究院共同建设,将基础医学与临床实践相结合,将科技成果应用到抗疫一线。粤港新发传染病联合实验室疫情期间协助定点医院开展样本采集及检测,以结果指导当地疫情防控工作。粤港澳中医药与免疫疾病研究联合实验室、粤港澳环境污染过程与控制联合实验室、粤港澳离散制造智能化联合实验室等单位则在医疗大数据分析、医疗垃圾处理、医疗设备研制等方面在抗疫中发挥积极作用。①

(六)不断促进三地医疗人才互访交流

健康湾区建设启动后,人才培养工作即被列入大湾区医疗界议事日程。2018年8月,粤港澳大湾区医疗机构发展暨医疗人才培训研讨会在广州召开,探索建立粤港医疗人员培训长效机制。同时,粤港澳三地卫生医疗界人士交流互访快速升温,各类卫生健康协会、学会、社团的交流合作日益频繁,各类医学联盟蓬勃发展。2018年港澳卫生行政机构、医疗团队等访粤人次比2017年增加了2倍以上。

内地与香港恢复全面通关后不久,2023年3月,香港特区政府医疗卫生代表团访问广东省卫生健康委,旨在推进粤港两地卫生健康领域开放合作,粤港澳大湾区医学人才交流工作由此掀开新篇章。粤港医疗人才交流计划是广东省卫生健康委与香港医管局在《粤港医疗交流合作备忘录》框架下,围绕健康湾区建设,推动粤港医疗人才交流的一项务实举措。该计划涵盖医疗、护理、中医等多个领域,让医生、中医专家、护士等各类医护人员开展深度交流和互相学习,促进香港和广东两地的优秀医护人员相互进入对方的公立医疗体系中工作和学习,具有里程碑意义。2023年4月,粤港医疗人才交流计划在香港正式启动,参与第一期交流计划的广东省医护人员共83人,其中西医专

---

① 《钟南山牵头、粤港澳携手 共建科研新"舞台"》,中央政府驻港联络办官方网站,2021年2月23日,http://www.locpg.gov.cn/jsdt/2021-02/23/c_1211037479.htm。

家10人、中医专家3人、护理骨干70人。70名护理骨干来自大湾区内地9市，经粤港双方共同遴选，并于出发前进行了为期一周的培训，将到香港7个联网内不同医院进行为期10.5个月的交流。10名西医专家由广东省人民医院、中山大学附属第一医院、中山大学附属孙逸仙纪念医院、中山大学附属第三医院和南方医科大学南方医院等高水平医院推荐，并顺利通过香港医务委员会有限度注册，将在香港停留一年，在九龙中、九龙西及新界西医院联网的医院参与临床工作。[1]

2023年4月，香港粤港澳大湾区医疗考察团到访广州、深圳等地考察交流，并与广东祈福医院签订战略框架合作协议，推动医疗联动和合作落地，助力大湾区医疗健康一体化；与粤港澳专业人士（深圳）交流服务中心签订共同促进粤港澳大湾区大健康合作框架协议，促进港澳医疗机构、专业人士与深圳市的交流、发展和提升。香港粤港澳大湾区医疗专业考察团成立于2021年，主要由经验丰富的业界精英、学者、行政管理者、病人组织代表组成，旨在支持香港医疗界积极广泛参与大湾区建设，为建设健康湾区提速。考察团此次访问签约活动，标志着粤港医疗交流合作迈上新台阶。

在医学人才联合培养方面，粤港澳大湾区也探索出一条新路。2023年5月，香港中文大学（深圳）医学院项目奠基，未来将有序建设生物医学学院、药学院、公共卫生学院、护理学院、中华医药学院等学院，逐步形成强大健康学科群阵列。

（七）有效提升大湾区区域医疗服务能力

根据《粤港澳大湾区发展规划纲要》要求，广东积极推进医疗联合体建设，支持港澳医疗卫生服务提供主体在珠三角九市按规定设立医疗机构，便利港澳医师短期执业，鼓励公立医院与社会力量合作，促进大湾区内优质医疗资源科学配置和合理流动，带动提升区域医疗服务能力。截至2022年底，港澳

---

[1]《粤港医疗人才交流计划顺利启动 广东首批医护人员赴港深受欢迎》，广东省卫生健康委员会官方网站，2023年4月21日，http://wsjkw.gd.gov.cn/zwyw_gzdt/content/post_4167733.html。

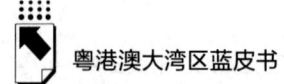

人士在广东开办了37家医疗机构,共有241名港澳医师在粤短期行医。① 截至2023年4月,广东省已建成120多家港式家庭医生工作室、3家港澳居民健康服务中心与港式金牌全科门诊部,为粤港澳居民、海外人士提供优质港式医疗服务。

健康湾区建设要求内地与港澳加快跨境医疗规则衔接,实现大湾区医疗服务融合发展。在这方面,深圳已先行一步。深圳以国家综合改革试点为牵引,不断深化深港医疗服务融合发展,打造跨境医疗服务创新发展新高地,为塑造健康湾区树立实践标杆。在公立医院改革方面,香港大学深圳医院在建立现代医院管理制度和深化深港医疗卫生合作等方面开展了大量的有益探索,成为国内公立医院的改革范本。在鼓励港澳办医行医方面,深圳持续优化港澳医疗机构审批流程,简化港澳医师资格认定、短期行医许可程序,大幅压缩机构设置与执业登记审批、港澳医疗专业技术人员执业办理的时限。特别是试行开展境外医疗专业技术人员职称认定,打破了深港两地医师执业资格认定壁垒,使得港籍医生可以参评内地职称,享受与内地医师同等的政策待遇。截至2023年5月,全市已开设12家港资独资合资医疗机构;已有348名涉外医师获内地医师执业资格,1098人次以短期行医方式在深圳执业;已有泰康前海国际医院、新风和睦家医院、禾正医院等一批高端社会办医疗机构在深圳发展。在跨境转诊合作方面,截至2023年5月,深圳选定7家公立医院、香港选定2家医院,联合开展深港两地病人的转诊试点工作。②

2023年4月12日,深圳市宝安区卫生健康局与香港大湾区医疗集团在宝安区政府签署合作协议,宣布共建深港协作医疗联合体。依托该集团丰富的香港医疗资源及经验,宝安区将对基层医护人员开展GOLD金牌培训,在社康机构共建国际化诊室,在区属医院建设港澳居民健康服务中心,并在此基础上,进一步整合社康机构、区属医院、香港全科诊所和专科医院,共同打造一个完整闭环的跨境双向转诊医疗服务体系。在宝安工作和生活的居民,将享有与香

---

① 《建立"三个一"机制 实施"四全"计划高质量打造健康中国行动"广东样本"》,广东省卫生健康委员会官方网站,http://wsjkw.gd.gov.cn/xsdzgtsshzy/gzlgjz/content/post_4203882.html,2023年6月19日。

② 《深圳打造跨境医疗服务创新发展高地》,深圳特区报官方网站,2023年5月12日,http://sztqb.sznews.com/MB/content/202305/12/content_3064087.html。

港同等品质的全科医疗服务。港式医疗服务和管理模式落地宝安,标志着深港医疗服务一体化加速推进。①

三 新时期新作为,健康湾区建设迈向高质量发展新征程

健康湾区建设尽管取得了显著成效,但对标"密切合作"的要求,还存在较大的差距,在实现健康共同体方面更是具有较提升空间。新冠疫情暴露了粤港澳大湾区卫生健康领域存在的风险和短板,反映了粤港澳大湾区医疗卫生一体化发展遇到的困难和障碍,凸显了构建"大湾区卫生健康共同体"的必要性与迫切性。新时期,粤港澳三地要把握疫情防控平稳转段后的发展新机遇,按照国家关于打造粤港澳大湾区健康共同体的战略部署,以人民健康为中心,聚焦高质量发展,加速推动大湾区医疗卫生事业融合发展,早日建成健康湾区,为粤港澳大湾区实现长久的安全稳定与繁荣发展打好健康基础。

根据《中共广东省委 广东省人民政府关于推进卫生健康高质量发展的意见》,未来几年,健康湾区建设将重点推进如下工作。一是促进生物医药领域协同创新发展。具体措施包括:支持省内医院与港澳医疗卫生服务主体加强合作,鼓励发展高端健康管理机构和医疗旅游保健机构;拓展实施"港澳药械通"政策,支持简化在港澳已上市传统外用中成药注册审批;培育粤港澳大湾区干细胞产业集群;扶持横琴粤澳合作中医药科技产业园发展,推动岭南中医药走向共建"一带一路"国家和地区。二是推动优质医疗资源共建共享。具体措施包括:加强粤港澳大湾区医疗机构执业规则和工作机制对接;支持横琴、前海、南沙建设国际医疗合作中心;在大湾区内地城市合作布局建设一批重点专科,推进与港澳共建区域医疗联合体和区域性医疗中心,鼓励大湾区内的医院共同组建各类专科联盟;建设远程医疗协作网;推动医院质量国际认证衔接贯通;推广香港大学深圳医院"绿色医疗"模式。三是加强重大传染病联防联控。具体措施包括:完善粤港澳防治传染病联席会议制度,健全传染病

---

① 《深圳宝安携手大湾区医疗集团共建深港协作医疗联合体》,南方网,2023年4月13日,https://static.nfapp.southcn.com/content/202304/13/c7563832.html。

交流合作和通报机制；完善实施区域内重症传染病人会诊机制、紧急医疗救援联动机制，探索在指定公立医院开展传染病救治病例跨境转诊合作试点；创新粤港澳疾病预防与控制联动机制，推动深港、珠澳等区域建立传染病一体化防控体系。①

总结五年来"健康湾区"建设的实践经验，借鉴国内外其他区域打造健康共同体的先进经验，对高质量推进健康湾区发展提出以下五点建议。

一是更加注重优势互补。在卫生健康领域，粤港澳三地各具优势。根据世界卫生组织的评估报告，香港医疗体系排名全球第四，同时香港也是亚洲地区医疗行业创新与投资的中心。澳门社区基础医疗和公共卫生体系十分健全，世界卫生组织评定其初级卫生保健体系为"太平洋地区典范"。广东是内地医疗改革开放的排头兵，已构建起优质高效的整合型医疗服务体系，同时拥有较完整的生物医药产业链，是国内创新药产业发展高地。健康湾区建设，要充分立足各方优势与实际需求，充分激发各自动力与活力，更好实现资源共享和优势互补，整体提升大湾区综合医疗水平，最终实现高质量水平上的医疗融合发展，使打造卫生健康共同体成为粤港澳大湾区建设中的特色亮点与鲜活实践。

二是更加注重研发创新。应充分发挥高水平医院建设"登峰计划"作用，加快国家重点实验室、临床医学研究中心建设，推动粤港澳大湾区联合实验室建设，加大与港澳高水平医院在医学技术和医院管理等方面的交流合作，抢占国内外专病领域研究制高点，打造健康湾区智力高地。要强化粤港澳三方在中医药领域的研发协作，开展联合科研攻关，加快科技成果转化，充分发挥中医药在治未病、重大疾病治疗、疾病康复等方面的重要作用。要合力推进中医药研发创新的标准化、国际化，助力中医药服务从大湾区走向全世界。

三是更加注重政策保障。粤港澳大湾区涉及不同法律法规体系，仅靠市场手段，无法解决跨区、跨境带来的体制机制问题。粤港澳三地政府部门要积极研判形势与需求，加快促进三地规则与机制衔接，促进卫生健康领域人员、产品、标准、资金等要素在大湾区内的流动与联通。

四是更加注重平台建设。以平台建设为引领和抓手，有利于加快推进健康

---

① 中共广东省委 广东省人民政府：《中共广东省委 广东省人民政府关于推进卫生健康高质量发展的意见》，广东省人民政府门户网站，2023年4月20日，http://www.gd.gov.cn/gdywdt/gdyw/content/post_4157696.html? eqid=8a60254a000190110000000464900549。

湾区建设。携手推进湾区内中医药国家重点实验室和粤澳合作中医药科技产业园、粤港澳大湾区中医药创新中心等平台建设，推动中医药产业化、现代化。

五是更加注重合作交流与人才共育。以传染病联防联控为例，继续定期举行粤港澳防治传染病联席会议，积极推进粤港澳传染病防控信息和经验交流，提高三地传染病防控水平和卫生应急处置能力。进一步加强各个传染病领域的交流合作，包括抗微生物药物耐药、免疫接种、病毒性肝炎、重点细菌性疾病以及新发传染病防控等。继续推进传染病专业人员交流和培训合作，培训范围包括疾病监测、疫情暴发调查、现场流行病学、应急管理、实验室检验、临床诊治、感染控制、风险沟通和健康教育等。[①]

[①]《第二十次粤港澳防治传染病联席会议顺利召开》，广东省卫生健康委官方网站，2023年4月24日，http：//wsjkw.gd.gov.cn/gkmlpt/content/4/4169/post_4169916.html#2569。

B.15
粤港澳大湾区智库合作报告

赵恒煜*

摘　要： 智库合作是《粤港澳大湾区发展规划纲要》的重要内容。粤港澳大湾区的高质量发展和高水平建设离不开智库的群策群力。强化湾区特色新型智库合作，既是加强中国特色新型智库建设的应有之义，也是繁荣和发展中国特色哲学社会科学的重要举措，对推进湾区治理体系和治理能力现代化、增强湾区软实力具有重要意义。报告结合粤港澳大湾区智库的发展现状、合作态势与显著成效，分析了粤港澳大湾区智库深度合作面临的挑战，从智库共同体的理念出发，在战略愿景、研究协作、科研人才、信息情报、对外传播等方面提出若干展望和建议。

关键词： 智库合作　智库共同体　高质量发展　粤港澳大湾区

一　智库合作是湾区建设的重要内容

"支持内地与港澳智库加强合作，为大湾区发展提供智力支持；建立行政咨询体系，邀请粤港澳专业人士为大湾区发展提供意见建议"是《粤港澳大湾区发展规划纲要》"扩大社会参与"建设湾区的重要内容。在世界百年未有之大变局下抓住重要战略机遇期，谋划推进新阶段的粤港澳大湾区高质量发展，需要粤港澳三地智库在秉持共商、共建、共享理念的基础上汇集众智、凝聚众力，深入研究湾区经济社会发展实际，为国家献策、为企业建言、为人民

---

* 赵恒煜，博士，广东省社会科学院国际问题研究所助理研究员，主要研究方向为国际智库与社会科学文献情报分析、新媒体技术、文化融合。

发声，在全面深化改革、打造高水平对外开放门户枢纽，提升科技自立自强能力、打造全球科技和产业创新高地，建设现代化产业体系、促进城乡区域协调发展，推动香港和澳门进一步融入国家发展大局、建设国际一流湾区和世界级城市群等关键领域上"破题开路"，最终使粤港澳大湾区成为新发展格局的战略支点、高质量发展的示范地、中国式现代化的引领地。

经过四年多的努力，粤港澳大湾区智库逐步从独立建设走向区域协同，形成了涵盖党政智库、高校智库、媒体智库、社会智库等类型在内的发展新格局①。广东智库立足改革开放前沿，建设起步早、发展速度快，政策参与度不断增强，协同作战能力正在形成②，呈现出体制内智库与体制外智库互相补充、共同发展的态势，是地方治理体系的重要组成部分③。众多智库致力于围绕政治、经济、社会、文化、生态等各领域所面临的新挑战以及扩大对外开放进程中的诸多新问题展开前瞻性、战略性、综合性和基础性研究，着力推动广东深化与香港、澳门的合作水平，用创新理论与实践解答时代之问，为政府决策和经济社会发展贡献力量。香港是亚太地区重要的资讯、咨询中心，担当着国家与全球接轨的主要桥梁。香港智库围绕"一带一路"倡议和粤港澳大湾区建设，初步形成了"百家齐放、百家争鸣、多姿多彩"的局面，截至2022年上半年的不完全统计，香港智库总数有40多家，研究领域涵盖政治、经济、民生、国际等议题，多数智库因势而变，加大了对社会重点问题的研究，并利用自身优势与国外机构开展合作，增强国际影响力④。澳门智库自澳门回归祖国以来不断广泛团结社会各界有识之士，坚定维护宪法和基本法，与澳门特区政府形成了良好的互动关系，帮助特区政府繁荣经济、稳定人心、改善民生、扩大交流、增进合作，政策研究部门与高校或民间研究机构进行了常规性的沟通和交流，从中广泛地吸收各方面的意见和建议，助力澳门成为"一国两制"成功实践的典范。2019年以来，澳门智库围绕"一中心、一平台、一基地"的目标

---

① 赵恒煜：《智库赋能粤港澳大湾区高质量发展》，《中国社会科学报》2023年4月20日。
② 杨海深：《湾区特色新型智库的发展态势和内在要求》，《亚太经济时报》2018年5月10日。
③ 袁俊：《粤港澳大湾区智库发展优势与合作原则》，《亚太经济时报》2018年5月10日。
④ 《明汇智库发表最新年报 呼吁特区政府支持智库发展》，明汇智库，2022年7月19日，https：//www.mhtt.com.hk/a/127606-cht。

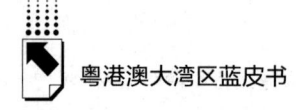

定位，积极谋划澳门适度多元发展的策略和参与粤港澳大湾区建设的举措，在以葡语国家为对象的"一带一路"区域国别研究和以澳门本土为对象的澳门学研究领域取得重大进展，凸显了澳门智库的特色优势。

粤港澳大湾区智库联盟建立后，各个研究机构在深化合作过程中谋求新发展。科研协作方面，一些智库签订了战略合作协议，共享科研与教学资源，组建跨机构的课题组或调研组开展湾区发展与治理研究，联合发布研究报告、评价指数等创新成果；人才培养方面，一些教学和科研单位尝试建立学生、教师或科研人员的交换机制，共同设立博士后工作站，共同培养硕士、博士人才，为湾区输送复合型、高素质的科研生力军；思想交流方面，在众多智库机构的不懈努力下，粤港澳大湾区（广东）文史论坛、南方智库论坛、粤港澳大湾区智库论坛等品牌学术活动的影响力逐步扩大，为学者们开展深度研讨、碰撞思想火花搭建了平台；对外传播方面，湾区主流媒体主动转型、通力合作，发挥新闻资讯采编、整合、分析、解读优势，创办媒体智库，提升数据洞察、舆情分析、方案供给能力，将战略研究和舆论传播密切结合，成为智库思想解读者、传播者和创造者。目前，粤港澳大湾区已有一些代表性智库跻身全球或全国优秀智库行列。在浙江大学2022年编制发布的《全球智库影响力评价报告》中，广东国际战略研究院、综合开发研究院、中山大学粤港澳发展研究院、粤港澳大湾区研究院、团结香港基金、思汇政策研究所、腾讯研究院、香港大学秀圃老年研究中心入选"中国智库榜单Top100"。宾夕法尼亚大学智库研究项目历年发布的《全球智库报告》，先后将团结香港基金会、思汇政策研究所、香港政策研究所、香港经济研究中心、香港大学秀圃老年研究中心、澳门国际研究所、中山大学南海战略研究院、广东外语外贸大学广东国际战略研究院、华南理工大学粤港澳大湾区发展广州智库、深圳湖石可持续发展研究院纳入其评价榜单。在南京大学与《光明日报》合作开发的"中国智库索引中，收录了包括中山大学粤港澳发展研究院、综合开发研究院（中国·深圳）、中共广东省委党校（广东行政学院）、广东省社会科学院、广州市社会科学院、深圳创新发展研究院、南方舆情数据研究院等在内的53家湾区智库。在这些智库的引领下，粤港澳三地智库人员往来、交流研讨、课题合作趋于频繁，不断探索各种合作机制，进一步推动智库交流合作达到新水平，协同创新效益趋于显著。

二　重点领域的湾区智库合作进展突出

得益于广东、香港和澳门智库的协力推进，粤港澳大湾区内地城市试点实施往来港澳人才签注政策后，粤港澳三地智库合作渐入佳境，在研究成果、合作平台、体制机制、对外交流、思想传播等重点领域取得了较为突出的进展。

（一）产出了一批代表性研究成果

粤港澳三地智库共同研创，产出了一系列研究报告成果。广东省社会科学院、社会科学文献出版社联合发布《粤港澳大湾区建设报告（2022）》，梳理粤港澳大湾区建设举措、成效，解读研判政策、形势、热点问题，分析建设存在的不足与挑战，提出前瞻性、针对性建议。澳门科技大学社会和文化研究所、广东人民出版社发布《粤港澳大湾区发展报告（2021-2022）》，重点关注横琴粤澳深度合作区建设、大湾区文旅开发、大湾区城市公共卫生建设、高等教育发展等议题，为澳门参与大湾区建设提出近50条政策建议。中山大学、香港理工大学、澳门旅游学院发起的粤港澳大湾区旅游研究联盟与社会科学文献出版社共同发布《粤港澳大湾区旅游业发展报告（2022）》，追踪研究粤港澳大湾区旅游业发展中的旅游市场、旅游产品、区域旅游发展等问题，并对未来粤港澳大湾区打造世界级旅游目的地提出相关建议。广州日报数据和数字化研究院（GDI）发布《粤港澳大湾区协同创新发展报告（2022）》，聚焦发明专利、PCT专利、同族专利、专利被引频次四大专利指标维度，对标纽约湾区、旧金山湾区和东京湾区，分析粤港澳大湾区的科技创新情况、战略性新兴产业创新提升成效、创新机构和行业优势布局、大湾区协同发展程度。广州市粤港澳大湾区（南沙）改革创新研究院会同广东省区域发展蓝皮书研究会、广州大学广州发展研究院等共同主持研创《中国粤港澳大湾区改革创新报告（2022）》，聚焦粤港澳大湾区改革创新总体情况、体制融合、联动发展、产业协同、数字湾区、科技创新和金融等方面，深入研究改革创新的战略优势与基础条件并厘定了战略定位与发展目标，提出了大湾区参与国际竞争中的优势培育策略。

与此同时，国家高端智库试点单位和香港、澳门的众多智库形成了一系列

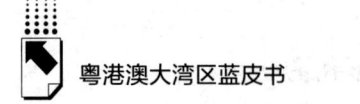

立足前沿、紧贴形势、服务港澳、面向全球的研究成果。

中国（深圳）综合开发研究院围绕粤港澳大湾区协同发展，先后完成《粤港澳大湾区内地一体化协同发展重大问题研究》《关于对接香港北部都会区发展策略》《支持香港加快融入粤港澳大湾区建设》《关于粤港澳大湾区专业人士发展》等课题，出版了《大湾区建设与深港合作四十年》《双循环新发展格局下的中国开发区制度创新模式——新制度经济学的视角》《乡村振兴实施路径与实践》《海洋经济高质量发展理论与实践》《改革开放再出发 智库发展新作用》等专著，与英国智库 Z/Yen 集团联合发布了第 31 期、第 32 期全球金融中心指数（GFCI），独立发布第 14 期中国金融中心指数、中国双创金融发展指数，研究发布《深圳上市公司发展报告（2022）》《数"链"大湾区——区块链助力粤港澳大湾区一体化发展报告（2022）》等报告，编制发布了 12 期《中国经济月报》。

中山大学粤港澳发展研究院围绕港澳发展动态、港澳治理以及粤港澳合作发展等重大问题，先后出版《粤港澳大湾区海洋经济发展制度创新研究》《中国国家高新区创新发展能力研究报告（2021）》《跨学科视角下的语言与身份认同——兼谈香港问题》《通向现代选举之路》等学术专著，成功申报"新选举制度下的香港选举研究"等 3 项 2022 年国家社会科学基金年度项目和青年项目。研究院还依托《粤港澳研究专报》《港澳社情舆情动态》《粤港澳研究观点摘报》《全球湾区动态》《当代港澳研究》等决策报告载体，向粤港澳大湾区建设主管部门与决策部门建言献策。

团结香港基金开启了香港有史以来最大型、最全面的地方志翻译工程，出版《香港志》首册英文版《总述 大事记》，记录了香港 7000 年来共 6500 多条大事，面向 30 多个国家和地区发行。同时，基金会立足香港发展所需，发布了《释放港青科创潜力 共建国家双创引擎》《促进湾区人才流通 拓展港人发展机遇》《数字时代的文创产业发展》等政策研究及倡议系列成果，出版了《寻路香港——以民为本的政策研究》等著作，2022 年共发表 265 份政策研究、论文及文章。香港政策研究所在香港十八区开展街头抽样调查，研究发布了《疫后市民对经济、民生及政治的意见调查》。明汇智库专注香港社会经济、民生、青年发展等领域的重点问题，先后发布《"完善地区治理"民调研究报告》《香港青年大湾区发展指数（2021-2022）·就业篇》等研究报告，出版《香港优质民主发展之路》等学术专著，获得了特区政府以及有关方面的重视。

澳门大学澳门研究中心开展"粤港澳大湾区研究澳门居民参与状况研究""2022年澳门宏观经济预测""口述历史：澳门特别行政区之历史"等研究项目，编辑出版《当代亚洲》《国情导报》《文化杂志》《澳门研究》等学术刊物，发布论著《中国、几内亚比绍、莫桑比克、圣多美和普林西比：从零星的双边交流到全面的多边平台》。创立35周年以来，澳门研究中心举办了逾200场次研讨会、座谈会、研究发布会，出版著作逾60种，完成近100个不同主题的研究报告。澳门科技大学社会和文化研究所结合澳门经济适度多元发展和"一国两制"实践的新要求、新趋势、新特点，持续推进粤港澳大湾区建设相关研究与智库建设，连续举办"粤港澳大湾区发展论坛"，持续开展"澳门融入国家发展策略与路径"课题研究，完成编制"横琴自贸试验片区休闲旅游发展指数指标体系""横琴新区及一体化区域休闲旅游发展指数指标体系"等课题。澳门发展策略研究中心聚焦澳门社会发展变化及市民关心的重大社会问题，开展了多项课题研究，先后发布《"一带一路"建设中澳门的角色定位与发展》《澳琴合作新篇章》《"先破后立"澳门公共行政改革研究》等成果，为澳门发展建言献策。

（二）新型智库扎根三大合作平台

高端智库集聚区是深圳前海推进深港合作的重大平台之一。2021年9月，中共中央、国务院发布《全面深化前海深港现代服务业合作区改革开放方案》，明确要求"发展中国特色新型智库、建设粤港澳研究基地"。为贯彻落实中央文件精神和省、市工作部署，前海管理局制定了《深圳市前海深港现代服务业合作区关于支持中国特色新型智库发展的暂行办法》，内容涵盖对象要求、落户与发展扶持、申报审核、监管等具体方面。目前，前海智库集聚区建设已初具雏形，中国社会科学院全面依法治国智库前海研究基地、中山大学粤港澳发展研究院（深圳）、中国（深圳）综合开发研究院前海分院、中信改革发展研究基金会前海综合研究专委会、深圳国际海事可持续发展中心、香港中文大学（深圳）前海国际事务研究院、深圳数据经济研究院等新型智库相继落户，深圳市建设中国特色社会主义先行示范区研究中心、前海创新研究院等研究机构落地运营，国际知名咨询机构如波士顿咨询、德勤事务所、安永事务所、普华永道商务咨询服务有限公司、毕马威咨询服务公司等布局前海。这些机构已成为前海打造粤港澳大湾区全面深化改革创新试验平台，建设高水平对外开放门户枢纽，更好发挥辐射带动作用，服务"双区"制度创新、产业创新、科技创新的重要智力支撑。

珠海横琴根据国家战略定位及特点优势，坚持"以谋促动"，较早规划布局"以广东自贸试验区横琴片区为主体，以若干个专业研究机构为支撑"的"1+x智库群"的发展体系①，积极促成内地与港澳智库合作，支持智库为广东自贸试验区和横琴发展提供智力支持。2013年，横琴成立了由全国政协副主席何厚铧担任主任的横琴发展咨询委员会；2015年，设立中国（广东）自由贸易试验区珠海横琴新区片区创新研究院；2020年，举办了首届中国自贸试验区智库论坛，成立了中国自贸区信息港智库联盟，并发布《中国（广东）自由贸易试验区横琴新区片区开放指数报告》和《横琴自贸试验区发展机遇暨琴澳融合发展报告》。目前，横琴已组建或吸引了横琴粤澳深度合作区创新发展研究院、珠海经济特区法治协同创新中心、中国社会科学院全面依法治国智库横琴基地、中国社会科学院大学法学院涉外法治调研基地、南方财经大湾区数据中心横琴研究院等新型智库和调查研究机构落户。这些机构针对自贸试验区制度与政策创新、战略咨询和定制化服务、产业培育和招商引资、合作区一体化发展、法律规则衔接、人才培养、社会宣传等重大实践命题开展了许多具有开创性、前瞻性、针对性和实操性的研究。与此同时，横琴还研创出版了国内第一本全面反映横琴合作区建设发展面貌的《横琴粤澳深度合作区发展报告（2022）》，举办了"横琴世界湾区论坛"。

南沙作为国家级新区、自由贸易试验区、粤港澳全面合作示范区等国家战略的集中承载地区，肩负着深化面向世界的粤港澳全面合作重要使命。目前，南沙聚集了广州市南沙区综合改革与发展研究中心、华南理工大学公共政策研究院、粤港澳大湾区改革创新研究院、广州南沙粤港合作咨询委员会、粤港澳大湾区供应链研究院、广东海丝研究院、南都高质量发展研究院（南沙）、普

---

① 魏蒙：《珠海横琴成立有澳门大学参与的创新研究院》，国务院新闻办公室网站，2015年4月10日，http://www.scio.gov.cn/37236/37256/Document/1587506/1587506.htm。

华永道广东咨询总部等一批研究机构。其中，广州南沙粤港合作咨询委员会以咨委会的模式聘任香港和内地政商学界代表出任委员，推动了香港科技大学（广州）校区建成、民心港人子弟学校、港式国际化社区等两地合作项目的落地，探索了"香港+广东条件=国家优势"、内地政府与香港民间社会"G to B"合作的模式；华南理工大学公共政策研究院（IPP）落户南沙，发布了"南沙推进中国式现代化路径策略"课题研究成果，着力推动南沙更高水平开发开放；粤港澳大湾区改革创新研究院是广州大学与南沙区政府共建的省级智库基地，探索出国内智库在地化服务地方的新模式；广东海丝研究院采取"政府+智库+媒体"的模式，聚焦"一带一路"倡议、粤港澳大湾区国家战略和国家自贸区的相关政策、产业研究，建设国内一流的专业研究产品、高端论坛体系、权威资讯平台，先后出版了《自贸区的南沙实践——媒体智库视角》《湾区之心崛起录》等研究成果；南都高质量发展研究院（南沙）以南沙作为治理观察窗口、样本调研重点，聚焦南沙经济社会发展的各个方面，展开包括社会治理、区域治理和行业治理在内的系列课题研究，总结"南沙经验"创新举措的同时发现问题，并探寻治理之策。

（三）探索建立多元合作体制机制

在深化学术研讨交流方面，一批品牌会议论坛影响力得到彰显。广东省社会科学界联合会、广东省社会科学院联合主办"第十一届南方智库论坛"，与会嘉宾聚焦"中国式现代化与广东探索实践"这一主题展开研讨，论坛共收到论文近200篇，评审优秀论文50篇。中国（深圳）综合开发研究院主办"中国智库论坛暨综研院年会"，来自智库、研究机构、企业、媒体近200名代表围绕"新时代下的高水平开放与高质量发展"的主题，深入讨论对外开放新格局下中国经济高质量发展的重要意义、重点任务和实现路径。中山大学自贸区综合研究院、中山大学粤港澳发展研究院等单位举办第九届中山大学自贸区高端论坛，国内超50多个自贸试验区管委会代表逾200人参会探讨自贸试验区的提升战略。澳门科技大学、中山大学、南方海洋实验室联合主办"粤澳联手打造对接葡语国家海洋合作高地"学术研讨会，200多名涉海高校和科研单位的专家、师生参与会议。中山大学粤港澳发展研究院主办第一届"粤港澳区域合作与发展"论坛，旨在拓展和推动粤港澳大湾区与国内、国际其他区域合作的研究与学术交流,打造系列性、品牌性的研讨会,来自国内高校与实务部门的十多位专家学者围绕"中国与东盟经贸关系与合作新机遇"的主题展开研讨。粤港澳大湾区智库联盟举办"粤港澳智库人士学习贯彻习近平主席'七一'重要讲话精神"座谈会,三地近30家智库组织的专家学者齐聚一堂,从提升特区治理水平、增强发展动能和分配社会利益、促进青年发展等方面,为香港实现良政善治新气象建言献策[1]。

在决策服务方面,内地专家逐渐参与香港政府的决策咨询工作。2022年12月28日,香港特区政府宣布成立由56名成员组成的特首政策组专家组[2],以提升特区政府在实现八大定位、推动北部都会区发展等新形势下,对长远和策略性议题的研究及倡议能力。专家组共分为经济发展、社会发展及研究策略3个小组,其中经济发展组有15人、社会发展组有18人、研究策略专家组有23人,除了香港本地专家外,也有国家开发银行香港分行行长李曦光、腾讯高级副总裁汤道生、中国社会科学院台港澳研究中心主任黄平、全国港澳研究会顾问刘兆佳、中国(深圳)综合开发研究院常务副院长郭万达等内地专业人士和高层次学者[3]。此前,香港中央政策组已委托内地智库就一些项目开展研究。

在智库协作方面,广东省粤港澳大湾区智库联合会与香港特别行政区粤港澳大湾区智库联盟作为分别在广东、香港注册成立的智库联合机构,签署协议加强战略合作,旨在建立完善合作机制,发挥各自优势,团结人才队伍,汇聚研究力量,为粤港澳三地智库及专家学者加强交流合作、聚力深化大湾区建设研究提供平台[4]。战略合作协议签署后,香港中联办携20余家香港智库考察团到广州、深圳参观交流,考察粤港澳教育合作和青年创业合作最新成果,深入了解相关单位的创新技术、发展理念和政策举措,希望能给香港带来更多的资源合作,增强香港的创新意愿,持续推动香港政策,帮助香港元素更好更快地融入粤港澳大湾区。深圳市决策咨询委员会、深圳智库联盟会同香港智库组

---

[1] 吴俊宏:《"四点希望"为政策研究创更大空间》,《大公报》2022年7月16日。
[2] 龚学鸣:《特首政策组专家组成立委任56人》,《大公报》2023年5月31日。
[3] 文根茂:《特首政策组专家组成立56人获委任》,《文汇报》2023年5月31日。
[4] 徐雯雯:《粤港澳三地智库加强交流合作为大湾区建设建言献策》,《广州日报》2023年6月2日。

建港深智库联盟,围绕共建国际创科中心、建设河套深港科技市场一体化示范区、共建香港北部都会区、推动深港协同发展等主题进行了深入研讨,两地专家学者共同为推进香港高质量发展、促进香港更好融入国家发展大局建言献策。

在智库跨域联动方面,中山大学粤港澳发展研究院与中国(福建)自由贸易试验区厦门片区管理委员会签署了战略合作备忘录,根据备忘录,双方将在政策咨询、专题研究、人才培训等方面开展更深、更广的合作①,探索国家高端智库与自贸片区协同联动的模式路径,构筑改革创新合力,开启建设开放型区域协同创新体的新征程。

(四)开拓智库对外交流的新局面

面对世界局势的动荡与不确定,一批湾区国际化智库积极搭建全球合作网络,结合政府间会议、友城合作、民间外交等载体,为形成中国特色、湾区特色的智库外交新局面贡献智慧力量。

综合开发研究院密切关注国家重大外事活动及主场外交活动,先后举办了金砖国家智库论坛、世界华人数字经济峰会、中国—新西兰"绿色未来与可持续发展"论坛、2022中国—东盟智库峰会、G20国际发展论坛、2022全球金融中心国际会议、APEC国际发展论坛等学术交流会议,推动多边合作、应对全球挑战。中山大学"一带一路"研究院主办"第三届中东安全与发展珠海论坛——中阿贫困治理与可持续发展"国际研讨会,这是中国学界首次向阿拉伯世界集中讲述中国扶贫故事、进行贫困治理领域的治国理政经验分享,同时,研究院还举办了《大洋洲发展报告(2021~2022)》发布会,连续9年发布国内大洋洲研究领域的标志性出版物"大洋洲蓝皮书"。中山大学粤港澳发展研究院主办第二届"全球湾区发展国际学术会议:区域合作与制度创新",来自国内外的专家学者就全球湾区发展的问题展开交流,并探讨了粤港澳大湾区的经济合作与产业发展、制度建设与区域治理、国际传播与文化融合等方面的议题。华南师范大学东南亚研究中心主办"东南亚论坛"2022国际会议暨粤港澳产教融合协同创新论坛,来自国内和东南亚11国的政界、学界、

---

① 吴晓菁,易婧,周莹等:《构建开放型区域协同创新体》,《厦门日报》2022年9月21日。

商界专家代表就如何深化粤港澳大湾区与东南亚国家的协同创新发展，优化多边主义格局推动中国—东盟构建更紧密的命运共同体进行学术讨论与交流。广东外语外贸大学广东国际战略研究院举办"全球经济治理学术论坛"，来自国内外的200多名专家学者围绕全球贸易治理、制度话语权、全球化与逆全球化等重大问题展开了深入研讨和交流，研究院此前还连续举办了多届21世纪海上丝绸之路国际智库论坛和中韩智库论坛。

港澳智库方面，香港政策研究所举办庆祝中华人民共和国成立73周年暨香港回归祖国25周年——"香港新篇章"法律高峰论坛，共有近500名代表参会，就中美关系下香港的法治化营商环境、《区域全面经济伙伴关系协定》（RCEP）及香港《联合国国际货物销售合同公约》进行深入研讨。团结香港基金举办"联通世界的香港——新机遇 新未来"国际论坛，邀请18位资深国际外交官、香港政要人士、商企翘楚和文化体育领袖共同探讨香港作为国际金融及文化荟萃的超级联系人，如何在新冠疫情后建构崭新的国际金融中心及中西文化舞台。澳门大学澳门研究中心参与协办了"亚太传播论坛2022"，近200位来自海内外的传播学领域专家学者及高校在读硕士、博士研究生围绕"传播与和平"的主题，就如何讲好亚太传播故事，弥合因政治文化、经济水平、制度政策、地缘冲突、疫情危机等造成的区域间传播隔阂等问题阐述观点，相互交流。澳门城市大学葡语国家研究院、安哥拉共和国驻澳门总领事馆、澳门"一带一路"研究中心、"一带一路"葡语国家信息与国情研究中心合办"2022年中国与非洲葡语国家研究国际学术研讨会暨新书发布会"，安哥拉、莫桑比克、葡萄牙、巴西、意大利等国家的政府官员和学者围绕中安葡双边、三边及多边合作、葡语国家卫生技术创新、南南合作、中国与葡语国家关系等议题开展研讨交流。

（五）媒体智库协力献策湾区发展

以智库形式推动新闻传媒行业的变革发展，既是《关于加快新闻出版行业智库建设的指导意见》的题中应有之义，也是全面贯彻党的二十大关于加强全媒体传播体系建设精神的重要实践。据不完全统计，2022年全国各类媒体智库超过50家，其中，粤港澳大湾区传媒业发展起步早、转型速度快，在

2008年就由羊城晚报报业集团发起成立了财富沙龙专家委员会和企业家委员会。① 近年来，广州、香港和深圳的各大传媒组织率先发力，带动湾区各地创设媒体智库。广州是湾区媒体智库发展高地，主要有南方报业传媒集团旗下的南方经济智库、南方党建智库、南方数字政府研究院、广东乡村振兴服务中心、南都大数据研究院、南方舆情数据研究院、南方法治智库、南方产业智库等12家机构，南方财经全媒体集团旗下的21世纪经济研究院、21世纪资产管理研究院、粤港澳大湾区研究院、广东海丝研究院等6家机构，广州日报报业集团旗下的数据和数字化研究院（GDI智库）、南风窗传媒智库等4家机构，羊城晚报报业集团旗下的智慧信息研究中心、国际消费中心行业智库、新技术应用与政府治理研究院等5家机构。香港的媒体智库主要有中评智库、凤凰全媒体研究院以及每经智库香港中心。深圳的媒体智库主要有深圳市媒体研究会（"深媒+"）和深圳报业集团深新传播智库。珠海的媒体智库主要有南方财经全媒体集团旗下的南方财经大湾区数据中心横琴研究院、跨境数据合规研究院以及高品质消费数据研究院。此外，湾区其他城市的媒体智库还有东莞报业舆情与智库研究院、佛山传媒智库、惠州报业传媒集团东江智库矩阵等。②

这些媒体智库立足湾区，从全球视野出发，通过媒体主导、多方参与、政府联合的形式整合大数据资源，应用深度数据挖掘、数据分析、人工智能等技术构建开放、创新的媒体智库运行机制，与国内外权威学术研究机构对接生产标准化、专业化的智库产品，不断致力于提供舆情分析、政府管理、公共服务、社会引导、城市传播、科普教育等创意智库产品，通过"内容智库化、传播智能化"增强湾区治理水平和治理能力。

三 湾区智库深度合作存在的主要挑战

尽管粤港澳三地智库在夯实合作基础、探索合作机制、拓展合作领域方面

---

① 蔡雯、蔡秋芃：《媒体办智库：转型期的实践探索和理论发展——对2008-2018年媒体智库及相关研究的分析》，《国际新闻界》2019年第11期。
② 汪金刚、彭婉珍：《粤港澳大湾区媒体智库发展现状与优化路径研究》，《智库理论与实践》2023年第2期。

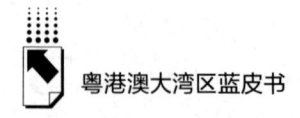

成效显著，合力推动了粤港澳大湾区的发展建设。然而，面对新形势下的新挑战，当前还存在一些问题。

（一）智库群发展缺乏统筹规划

囿于体制机制、运作模式、发展环境、服务对象等方面的差异，三地智库还未能架设出服务湾区高质量发展的协作体系。虽然国家层面先后制定出台了《关于加强中国特色新型智库建设的意见》《关于深入推进国家高端智库建设试点工作的意见》《国家"十四五"时期哲学社会科学发展规划》，但具体到粤港澳大湾区，还缺乏关于智库建设的顶层设计和宏观规划，尚未在愿景、目标、定位、职能、分工等方面予以明确，湾区内各城市的智库优势、特征、布局还有待梳理统筹，除广州、深圳、珠海、香港、澳门外，湾区其他城市的智库数量少、实力弱，服务政府决策的能力还有待进一步提升。总体上，三地智库的合作广度、深度还比较有限，集群优势未能有效激活，发展不均衡的情况比较突出，存在资源重复投入、思想成果产出质量参差不齐的问题。持续三年的新冠疫情，给广东与港澳跨境往来带来严重影响，智库间的人员往来受限，阻滞了湾区智库群形成发展合力。

（二）国际影响力和话语权不足

尽管粤港澳大湾区的一些智库已达到全球或全国优秀智库水平，但是，和纽约湾区、旧金山湾区、东京湾区等世界一流湾区的智库群相比，粤港澳智库在整体实力上差距明显。从影响范围上看，粤港澳智库的研究视野主要集中在粤港澳大湾区、相邻省份，以及共建"一带一路"的若干重点国家和地区，服务对象集中在广东、香港、澳门的政府、企业和社会组织，尚未具备为国际提供决策咨询服务的能力；从话语权上看，粤港澳智库在创新重大理论范式、引领国际思潮、设置国际战略议程、制定国家标准、影响国际行为体和国际公众思想方面的能力还有所欠缺；从国际交往来看，粤港澳智库普遍缺乏海外传播阵地，与国际知名媒体合作不多，赴海外开展学术交流、人员互访、国际调研的数量较少，"智库外交"的"缓冲带"或"试探气球"作用[1]尚不显著。

---

[1] 吕正韬、赵书文：《提升中国智库的国际影响力和话语权》，《对外传播》2014年第5期。

（三）重点合作领域存在若干障碍

在合作体制机制方面，湾区智库人才自由流动、智力共享的制度体系与交流机制还在探索之中，团队合作的集团攻关优势有待进一步发挥。在项目计划申报方面，湾区内地九市、香港、澳门的研究项目或人才计划尚未充分向非本地智库开放，党政部门与智库的跨地域、常规性沟通交流较少，决策研究的评估和监测体系尚未建立。在科研资金管理方面，内地与港澳的研究经费跨境拨付、监管、使用还存在一定限制。在智库人才建设方面，三地智库人才在跨境引进、资格认定、职称评定、资助奖励等方面还有待衔接，智库人才跨境访学和工作的便利性不足；基于大数据的湾区智库专家库、人才库、成果库尚未建立，智库信息情报共享缺乏平台载体，人才资源与决策需求之间缺乏有效对接，粤港澳智库人才"旋转门"机制还有待探索。

（四）湾区高质量发展提出新要求

在向第二个百年奋斗目标进军的新征程中，粤港澳大湾区建设的新机遇和新挑战并存。如何加快建设国际一流湾区和世界级城市群，在高质量发展中实现引领示范；如何打造高水平对外开放门户枢纽，为全国构建高水平开放型经济新体制探索路径、积累经验；如何在"一国两制"框架下保持香港、澳门长期繁荣稳定，提升香港"八大中心"竞争力，促进澳门产业适度多元发展，支持香港、澳门更好融入国家发展大局；如何依托南沙、横琴、前海等合作发展平台充分发挥粤港澳三地开放优势实现优势叠加效应，在深度融合上迈出新的步伐；如何构建现代化产业体系，把粤港澳大湾区建设成为国际科技创新中心；如何推动城乡区域协调发展，优化资源要素配置，将短板转化为"潜力板"；如何发展具有湾区特色、湾区风格、湾区气派的哲学社会科学事业，这些都是新形势给湾区智库界提出的"时代之问"，亟待久久为功，携手交出新的答卷。

四 对策建议

站在新的历史起点上，粤港澳三地智库应聚焦时代之问，紧密对接国家战略部署，积极落实《粤港澳大湾区发展规划纲要》，依托粤港澳大湾区智库联盟凝聚合作共识，坚持湾区意识与国际思维相结合、整体推进与重点突破相结合、应用决策导向与基础理论导向相结合、研究属性和行动属性相结合的原则，探索更为有效的合作路径，以集群化、协同化为方向，强化价值认同，创新模式，整合资源，明确定位，多领域多举措推动开放共享、互联互通，加快形成粤港澳智库共同体，为增强湾区的治理能力和治理水平提供智力支持和优质服务。

（一）确立共同的战略愿景

智库共同体是以新型智库为支撑和引领，智、政、产、学、研、媒有机联合，各方共同参与合作，共同服务政府、服务社会、服务企业，共同配置社会资源，并付诸实际行动的智库组织形式。构建粤港澳智库共同体，首先需要明确共同的战略愿景，即在丰富发展"一国两制"理论与实践下，以服务粤港澳大湾区高质量发展为宗旨，以打造具有国际竞争优势的湾区智库集群为共同目标，重点聚焦建设更具国际竞争力的现代化产业体系，建设国际科技创新中心和综合性国家科学中心，建设南沙、横琴和前海重大合作平台，建设宜居、宜业、宜游的优质生活圈，把握"一带一路"倡议与《区域全面经济伙伴关系协定》（RCEP）机遇扩大制度型开放，推进基础设施"硬联通"、规则机制"软联通"和湾区人民"心联通"，支持香港、澳门更好融入国家发展大局，积极探索实现共同富裕的有效路径和模式、提高平衡性和协调性，深化对外人文交往、拓宽外部合作，持续开展多层次、多领域的深入研究。其次，各个智库应发挥地缘优势、学术传统和人才所长，打造富有湾区气派的话语体系、学术体系和学科体系，实施专业化、特色化、科学化、平台化、市场化、品牌化、国际化发展战略，为深化粤港澳合作、引领湾区经济发展提供强大的智力支撑。

（二）建立研究协作共同体

三地应以智库联盟为牵引，扩大智库协作网络，积极吸纳更多智库联盟成员，深化智库联盟制度建设，共商智库联盟创新运作模式，优化智库联盟管理水平，将其打造成粤港澳大湾区高端学术交流、政策宣介、协同研究、咨政建言、聚拢人脉、引导舆论的核心平台。首先，应加强顶层设计，突出机构特色，实现优势互补和错位发展，增强智库区域布局发展的均衡性，可通过组建智库专业委员会、专家委员会，举办粤港澳大湾区智库联席会议、智库发展论坛、专业智库协作会等方式，建立常态化的对接对话机制，就深化粤港澳合作、携手推进粤港澳大湾区建设展开深入调研和充分讨论，形成具备可操作性的合作议题、合作清单。其次，应充分发挥粤港澳地缘共生优势，用好重大合作平台，创立具有湾区特色的新型智库，在横琴、前海、南沙等地区创立或落地更多粤港澳智库合作机构、国家高端智库分支机构或海外与内地合办的智库机构，聚焦制度型开放，深耕粤港、粤澳和面向世界的粤港澳全面合作，推动构建开放、多元的湾区智库发展体系。最后，以政府资助、企业捐赠、项目委托、智库出资等方式建立粤港澳大湾区智库发展基金，根据湾区所需设置招标项目和选题目录，发挥市场在思想资源配置中的决定性作用，逐步形成具有湾区特色的政府购买决策咨询服务制度，持续探索科研经费跨境拨付机制，促成智库产出更多的高水平成果，为形成粤港澳大湾区高质量发展的咨询架构奠定智力和组织基础。

（三）构建科研人才共同体

人才是智库生存发展的关键支撑，应以新冠疫情后粤港澳大湾区内地城市试点实施往来港澳人才签注政策、便利粤港澳大湾区人才从事科研学术交流活动为契机，加快推进粤港澳智库人才共同体建设。首先，积极利用并推动人才出入境的制度创新，畅顺机构间的人才交换渠道，促进思想者与行动者之间的有序流动，为学者、公职人员和业界人士提供访问、访学、挂职、互聘机会，加快形成粤港澳智库"旋转门"，营造良好的人才成长土壤和发展氛围。其次，提升智库人才的内部管理水平，依托科研信息大数据技术，建设以精准匹配粤港澳大湾区决策需求为导向的专家库、人才库，增强智力资源配置的有效性、合理性，打造"柔性"智库团队。加大高质量智库成果在人才评定、职称评审、成果激励中的权重和分量，激活智库人员咨政服务的主动性和积极性[1]。再次，建立海外专家动态跟踪体系，积极从海外引才引智，增进与世界

---

[1] 文斌：《推动地方高校智库赋能区域决策》，《中国社会科学报》2023年1月5日。

级湾区智库界的联谊和交流，为服务粤港澳大湾区发展提供更加充沛的思想动能。最后，在产教融合的新形势下，应准确把握好咨政研究与人才培养的内在关联，推动二者从协调发展到融合发展的转型升级，加快推进湾区内高校或科研院所的教育资源整合，通过联合办学、交叉任职、研修培训、学分与课程互认等方式，建立多层次、开放式、高质量的人才培养环境。

（四）打造信息情报共同体

智能化、数字化、信息化时代为人类带来诸多领域的革新与变化，利用数字与信息技术编织信息情报网络、赋能智库发展已是大势所趋。首先，粤港澳三地应加大数字化、信息化投入，推进数字智库建设，积极应用科研协同平台、文献资料库、特色专题库、统计信息库、成果案例库、语料库等可优化科研流程的创新载体，提升获取研究资源的数量与质量，提高系统性数据分析开展决策咨询的实践功能。其次，各智库应主动利用机器学习、知识管理、自然语言处理、仿真建模、智能采集、数据挖掘、统计可视化等工具优化哲学社会科学研究，围绕方法论创新前沿定期交流经验，延展理论和决策研究的可及性，增强自身在建言、预测、引导、跟踪、评价等方面的服务效能。最后，以订立合作框架协议等手段促成智库联盟成员之间的数据互换、内部共享、有偿交易、知识定制，增强智库联盟成员间文献情报资料的开放共享水平，通过网络空间增强智库间的协作效率，激发新的观点和思路，探索缩短数据流通和决策等待时间的合作路径，同时，探索智库与行业、政府部门信息资源、平台的互联互通机制，更精准地掌握和了解湾区重大发展战略、政策举措、实施进度等信息。

（五）形成对外传播共同体

作为非国家行为体，智库通过政策解读、供给公共思想成果等形式，为多元主体共解全球问题提供了理论路径[①]，是国际传播的重要环节和国家软实力的重要构成部分。因此，粤港澳三地智库应当协力增强国际传播能力。首先，

---

① 申静、于梦月：《提升我国党政智库知识服务能力》，《中国社会科学报》2021年3月11日。

可探索在海外建立分支机构或与国际知名智库合办机构，搭建思想传播阵地，同时，密切与各国智库特别是世界级湾区智库的联系，寻求共同开展调查、研究、会议论坛等活动的可能路径，参与国际咨询市场，以此增进战略互信，促进粤港澳大湾区与国际社会的双向了解。其次，香港、澳门智库可充分发挥两地作为"超级联系人"的优势，构筑中外思想荟萃高地，利用中西文化融合的传播势能和话语转换能力向海外民众传递湾区智库思想；各个智库应积极开设海外社交媒体账号，联合建立多语种的湾区智库国际传播平台，营造湾区智库声浪，打造湾区智库的国际传播品牌。最后，湾区智库应立足改革开放前沿，加大在学术话语体系、对外传播能力以及传播生态建设方面的研究投入，把握好智媒时代的智库国际传播规律；媒体智库应主动谋划建立国际传播效果的调查机制和评价体系，拓展全球传播网络，使湾区智库思想以"同频共振"的方式"走出去"，形成国际传播合力。

案例篇
Case Study

B.16
澳门"1+4"经济适度多元发展报告

邓卓辉 梁嘉豪 曾玛莉*

摘　要： 推动经济适度多元发展是破解澳门经济社会发展问题的"必答题"，对粤港澳大湾区建设亦具重要意义。2022年澳门特区政府首次提出"1+4"经济适度多元发展策略，在提质发展综合旅游休闲业的同时，持续推动中医药大健康、现代金融、高新技术、会展商贸和文化体育等四大重点产业板块发展，逐步提升四大产业在经济中所占的比重。本文在分析近期澳门"1+4"产业的市场状况、发展思路及政策创新等的基础上，展望澳门经济适度多元的发展趋势。澳门将乘旅游经济加快复苏的势头，围绕"一中心、一平台、一基地"发展定位，透过参与横琴粤澳深度合作区和粤港澳大湾区的建设，突破自身产业结构单一和市场规模细小的制约，着力优化产业结构。

---

* 邓卓辉，澳门创新发展研究会青年委员会主任，主要研究方向为宏观经济、澳门产业适度多元及区域经济合作；梁嘉豪，澳门经济学会理事及青年委员会副主任，主要研究方向为澳门多元经济、社区旅游；曾玛莉，澳门创新发展研究会副理事长，主要研究方向为澳门可持续发展、人才政策。

关键词： 澳门 经济适度多元 旅游业 粤港澳大湾区

一 引言

党的二十大报告明确支持香港、澳门发展经济、改善民生、破解经济社会发展中的深层次矛盾和问题，推进粤港澳大湾区建设，支持香港、澳门更好融入国家发展大局。新冠疫情给以旅游业为支柱的澳门经济带来重大冲击，2022年澳门本地生产总值收缩至2019年时的39.8%。推动经济适度多元发展已成为澳门社会的共识。踏入2023年，访澳旅客的增加带动澳门经济加快复苏，为澳门推动经济适度多元发展创造了更好的客观条件。澳门特区政府在《2023年财政年度施政报告》中首次提出"1+4"经济适度多元发展策略。"1"就是按照建设世界旅游休闲中心的目标要求，促进旅游休闲多元发展，做优、做精、做强综合旅游休闲业；"4"就是持续推动中医药大健康、现代金融、高新技术、会展商贸和文化体育等四大重点产业板块发展。随着粤港澳大湾区及横琴粤澳深度合作区建设的纵深推进，以及中央支持澳门加快融入国家发展大局的政策措施不断落地实施，澳门将有望突破自身产业结构单一和市场规模细小的制约，围绕"一中心、一平台、一基地"发展定位，着力优化产业结构，逐步提升四大产业板块的比重，目标是争取未来非博彩业占本地生产总值约60%的比重（见表1）。①

表 1 2014年、2019年和2021年澳门特区产业结构变化

单位：%

行业分类	2014年	2019年	2021年
博彩及博彩中介业	58.3	50.9	25.8
金融业	4.6	6.8	15.4
不动产业务	8.7	9.1	13.1
批发及零售业	5.2	5.6	8.8
酒店业	3.5	4.6	2.9
租赁及工商服务业	3.7	4.3	4.6

① 2021年澳门GDP受新冠疫情影响，产业比重数据不能做参考。

续表

行业分类	2014年	2019年	2021年
建筑业	4.1	3.1	5.8
运输、仓储及通信业	2.0	2.7	2.7
饮食业	1.6	1.6	1.6
工业	0.9	1.2	1.9
公共行政、教育、医疗及其他服务业	7.4	10.1	17.4
合计	100.0	100.0	100.0

资料来源：作者自行整理，基础资料来自澳门统计暨普查局《澳门产业结构》（2014年、2019年及2021年年刊）。

二 澳门综合旅游业发展

（一）市场状况

1. 访澳旅客

澳门统计暨普查局数据显示，2019年访澳旅客共3940.6万人次。受新冠疫情影响，2020~2022年每年平均旅客仅643.4万人次。2023年第一季度，旅客恢复至494.8万人次，较2022年同期增长163.6%，为2019年同期的47.8%（见图1）。旅客结构方面，大中华地区（中国内地、中国香港及台湾地区）为2019年主要旅客来源地，共3634.1万人次，占整体旅客的92.2%，而2023年上半年大中华地区仍为主要客源地，旅客达1117.1万人次，占比达95.9%。

2. 旅客消费

2023年第一季度旅客总消费（不包括博彩）按年增加1.3倍至149.8亿元（澳门元，下同），人均消费3027元，较2019年同期上升85.3%。旅客消费类别方面，2023年第一季度旅客的消费主要用于购物（占57.6%），其次为住宿（20.1%）及餐饮（17.4%）。人均购物消费1744元，较2019年同期增加120.8%。旅客购物增加拉动澳门零售业加快复苏，2023年第一季度零售业销售总额240.0亿元，同比上升29.3%，较2019年同期上升17.8%（见图2）。

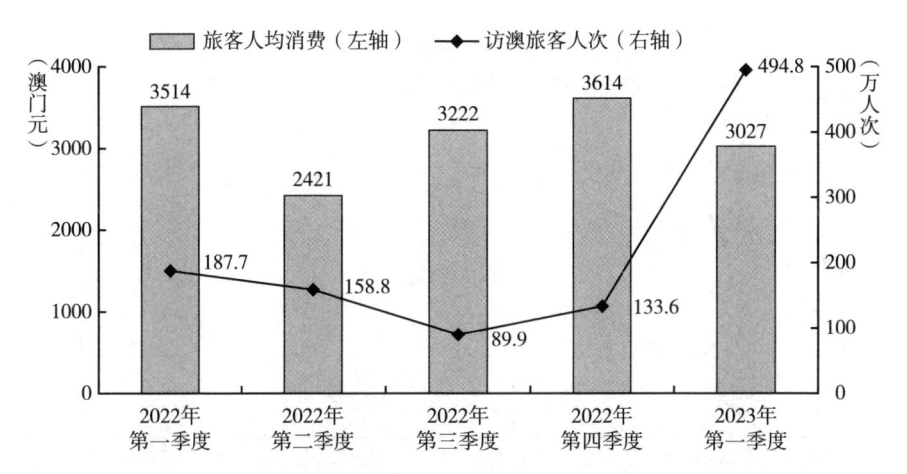

图1 2022年及2023年第一季度访澳旅客人次及旅客人均消费

资料来源：《旅游统计》，澳门统计暨普查局。

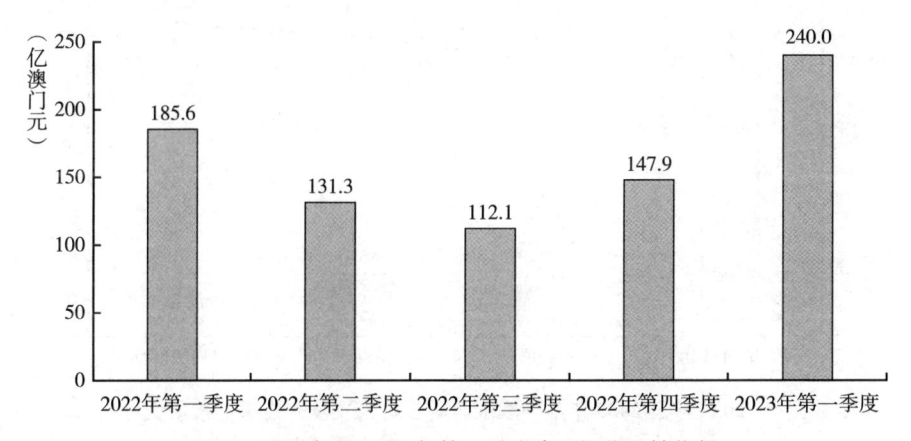

图2 2022年及2023年第一季度澳门零售业销售额

资料来源：《零售业销售额调查》，澳门统计暨普查局。

3. 酒店业

2023年6月底，澳门客房数目共有4.2万间，较2019年底增加723间。2023年第一季度，酒店场所住客人次为270.5万人次，已恢复至2019年同期的77.6%；平均入住率已回升至74.9%，较2022年同期增加34.1个百分点，但较2019年同期仍下跌17.0个百分点。酒店业的复苏主要由四至五星级酒店带动（见图3）。

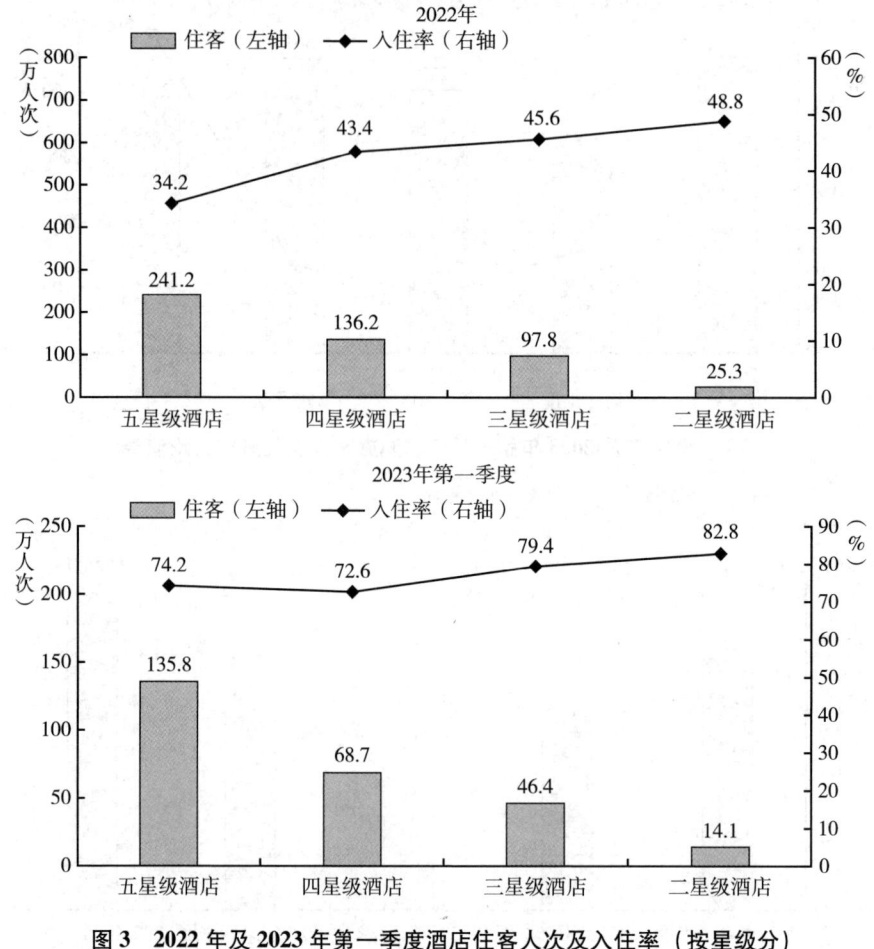

图 3 2022 年及 2023 年第一季度酒店住客人次及入住率（按星级分）

资料来源：《旅行团及酒店入住率》，澳门统计暨普查局。

（二）发展思路

进一步丰富世界旅游休闲中心的内涵，深化发展集合娱乐购物、会议展览、创意美食、节庆盛事、文体赛事、文化遗产、健康养生等丰富元素的综合旅游产业。推动旅游产业链延伸发展，加大"旅游+"跨界融合；扩大世界遗产名录"澳门历史城区"和创意城市网络"美食之都"的旅游资源优势，强化跨部门协作及整合推广资源，与业界携手推动"旅游+"衍生产品，持续创新旅游产品及服务，优化旅客体验，加快促进旅游业复苏。与大湾区其他城市合作开发跨境旅游休闲项目，加强旅游休闲产业提质发展。

（三）政策创新

1. 促进综合旅游业多元发展

澳门特区于2022年12月16日和六间获判给的公司代表签署了《澳门特别行政区娱乐场幸运博彩经营批给合同》，批给期限均为十年，合同自2023年1月1日起生效。获最终判给的六间公司承诺计划投资总额1188亿澳门元，当中开拓外国客源市场及发展非博彩项目的投资总额1087亿澳门元，超过总投资额九成，重点围绕会议展览、娱乐表演、体育盛事、文化艺术、健康养生、主题游乐等，通过举办高水平活动及打造标志性项目，提升澳门的国际形象和对旅客的吸引力。在开拓外国客源市场方面，将加强海外的市场营销，加强抵澳的交通配套服务，助力宣传推广澳门旅游休闲。

2. 全方位开拓各地客源

在疫情下，澳门旅游局仍积极宣传澳门、开拓客源。2022年，成功在重庆市、成都市、杭州市、上海市及南京市举办"感受澳门 乐无限"路展活动，五站活动吸引超过36000人次参与，在线宣传推广总曝光量达1亿次，机票总销量逾12000人次[①]。2023年，再开展"感受澳门 乐无限"大湾区巡回路展，赴海外客源地宣传，同步组织不同客源市场的旅游业界、网红及媒体考察团来澳，并积极筹划"澳门周"及国际市场线下推广活动等。此外，通过社交媒体向不同客源市场推广澳门最新旅游信息及盛事活动等，持续通过"感受澳门·想你享福利"与航空公司、电商平台及在线旅行社合作，向内地及海外旅客发放机票及酒店住宿等优惠。

3. "美食+旅游+会展"引客入社区

特区政府通过"美食+旅游+会展"等元素将旅客引至各社区，带动社区经济发展。旅游局推出"社区旅游经济拓展"、"美食文化推广"和"滨海旅游"专项资助计划，借着支持多元化的社区旅游活动和项目，引导旅客入社

[①] 《"感受澳门 乐无限"路展北京举行》，澳门特别行政区政府新闻局网站，2023年3月23日，https://www.gcs.gov.mo/detail/zh-hans/N23CWeq999。

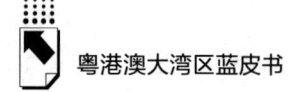

区游玩及消费，主要资助内容包括："旅游+"活动、驻点介绍、滨海游历体验、美酒美食文化活动、品牌旅游盛事延伸活动等；通过澳门贸促局的"会展竞投及支持一站式服务"，2023年1~4月累计带动会展客商逾15000人次深入澳门多个社区游览消费，为参展参会客商制订特色路线，发挥"乘数效应"，拉动餐饮、运输、搭建、广告、酒店等行业发展①。

（四）创新性项目

1. "赏你游澳门"优惠活动

澳门旅游局2023年第一季度向香港居民推出名为"赏你游澳门"的港澳穿梭巴士车票及船票"买去程送回程"优惠，效果理想；旅游局其后将受惠对象由香港居民扩大至访港的台湾地区及国际旅客。旅游局2023年继续与航空公司、电商平台及线上旅行社合作，向内地及国际旅客发放"买一送一"机票及酒店住宿等优惠。

2. "新马路任我行"步行区试行计划

2023年新春期间，澳门著名地标新马路首次设置步行区。步行区放置多只巨型福兔、艺术装置、动物造型装置等，并安排多项特色街头表演、多个精选文创商品和餐饮摊位，为旅客带来全新的旅游步行体验。

3. 特色店计划

澳门经济及科技发展局自2020年起推出"特色店计划"，现时特色店商户以餐饮及零售中小企业为主，遍布澳门多区。计划协助商户进驻内地知名生活消费平台，利用网络新媒体进行营销。2023年第一季度特色店的曝光量同比增长46%，门店分享量亦上升37%，反映全面通关后旅客对特色店的兴趣明显上升②。

4. "旅游+科技"项目

特区政府自2021年起推出了"关前荟""悠路环""悠凼仔""时空穿梭·游历三巴"等一系列具有科技元素的创新旅游体验活动，透过虚拟与现

---

① 《经科局、旅游局、贸促局多措施全力推动社区经济》，澳门特别行政区政府入口网站，2023年5月17日，https://www.gov.mo/zh-hant/news/987394/。

② 《经科局、旅游局、贸促局多措施全力推动社区经济》，澳门特别行政区政府入口网站，2023年5月17日，https://www.gov.mo/zh-hant/news/987394/。

实世界的互动，将澳门传统景点打造成新型旅游消费场景，释放澳门文创 IP 价值，提升旅客体验。

5. 澳门至珠海海岛航线开通

澳门氹仔往返珠海桂山岛海上客运航线于 2023 年 7 月开航，是澳门第一条直航珠海海岛航线，有利于珠澳旅游业联动发展，进一步推动大湾区"一程多站"旅游，共同吸引国际客源。

三 澳门中医药大健康产业发展

（一）市场状况

依托澳门大学及澳门科技大学建设的中药质量研究国家重点实验室，是首个中医药领域的国家重点实验室，经过多年努力已取得系列研究成果，为澳门中医药大健康产业发展提供了研究、开发、生产、质检等技术支持。此外，在横琴的粤澳合作中医药科技产业园是澳门中医药大健康产业发展的重要载体，产业园借助粤港澳大湾区和横琴粤澳深度合作区的区位及政策优势，依托"粤港澳中医药政策与技术研究中心"及"粤澳医疗机构中药制剂中心"等平台的功能，着重在中药产品研发、中试、生产、注册申报等方面提供产业发展所需的技术及咨询服务。

根据澳门经济及科技发展局资料，截至 2022 年 11 月，已向 3 家西药厂、9 家中药厂，以及 7 家大健康产品制造厂发出工业准照；其中，2 家西药厂及 1 家中药厂已取得《药物生产质量管理规范（GMP）》认证。截至 2022 年 10 月，粤澳合作中医药科技产业园注册企业共 230 家，覆盖中医药、保健食品、医疗器械等范畴，逐步形成了一定规模的产业聚集。2022 年，澳门中医药注册制度正式生效，在澳注册的中医药产品可享便利政策进入广东上市，此项制度吸引了多家内地中医药大健康企业落户澳门设厂。截至 2023 年 8 月底，澳门中药制药厂及大健康食品制造厂共有 16 家。

特区政府持续支持更多中医药产品在澳门上市，并协助澳门企业的传统外用中成药等产品逐步进入内地市场。自内地简化港澳已上市传统外用中成药注册审批以来，已有澳门传统外用中成药在内地获批注册上市。此外，通过发挥

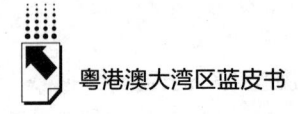

澳门中葡平台的优势作用，利用"以医带药"模式，开展以葡语国家为切入点的中医药产品国际注册和贸易，借此推动中医药国际化，已有多家企业分别在莫桑比克、巴西等地取得10多款中成药产品注册批文①。

（二）发展思路

完善法律制度和政策，健全中医药审批体系，建立全面及规范化的中药药事活动管理及中成药注册制度。加强中医药产业的招商引资，吸引大型药企落户澳门，逐步形成以中医药为主导的创新研发、技术成果交易、产品商贸合作的国际化中心。推动在澳门上市的中药产品便利进入内地，拓展葡语国家、非洲、欧洲、东南亚等市场。研究促进生物医药及中医药等在生产链条相关环节与横琴的协同分工。鼓励澳门医疗机构与外地医疗机构合作，引入优质人才，发展医疗旅游产业。

（三）政策创新

1. 成立药物监督管理局

澳门特区政府增设药物监督管理局。澳门药监局自2022年1月正式成立以来，主要负责研究、统筹、协调及落实药物监管工作，尤其包括中药药事活动、药物注册管理及药剂专业活动的政策，并推动制定和完善小型医疗器械的注册管理制度及依法对其进行审批。

2. 建立中成药审批制度

单独的药品审批制度是澳门发展大健康产业的优势之一。《中药药事活动及中成药注册法》及《中药药事活动及中成药注册法施行细则》于2022年1月生效，标志着澳门正式建立了中成药审批制度，为中医药大健康产业的规范发展提供保障。建立中成药注册制度将能有效支持中医药产业发展，使澳门注册流通的中成药于质量、安全及效用上都得到有效验证，同时有利于粤港澳大湾区的制度衔接，助力澳门中成药开拓市场。

3. 研究小型器械等制度

药监局正计划推出新的小型医疗器械监管制度，期望能促进更多效能和质

---

① 《粤澳合作助力中医药扎根"一带一路"国家》，南方网，2022年9月4日，https://news.southcn.com/node_54a44f01a2/0402d939c4.shtml。

量获保证的创新医疗器械在澳门落地使用，相关的创新药物和医疗器械将配合、支持及丰富大健康产业中不同项目的发展。此外，特区政府提出在加快配套基础设施建设的同时，持续完善行业监管标准及相关法律法规，建立医疗器械、化妆品、医药产品监管等相关制度。

（四）创新性项目

1. 与北京协和医院合作营运澳门离岛医院

特区政府与北京协和医院签署合作协议，协议内容包括在医疗卫生服务、医学教育、科学研究与成果转化、国际交流、大健康产业等方面开展长期合作，并于澳门离岛医疗综合体的相关工程完成后，交由北京协和医院负责相关运营工作。离岛医疗综合体以建设国家区域医疗中心为目标，致力发展面向大湾区及邻近地区的区域性肿瘤治疗、医学美容及其他专科治疗服务，同时为澳门发展医疗旅游及康养旅游带来机遇。

2. 横琴制定"澳门监造""澳门监制""澳门设计"的申请流程和管理制度

《横琴粤澳深度合作区发展促进条例》正式公布实施，《条例》明确支持在深合区生产经澳门审批和注册的中医药产品、食品及保健食品，可以使用"澳门监造"、"澳门监制"和"澳门设计"标志。这些措施有望为相关产品在零售、应用、推广等环节上建立澳门品牌优势。

3. "以医带药"促进中医药国际化

利用"以医带药"模式促进中医药国际化。以"国际青年中医生交流基地"加强国际中医人才培养工作，依托粤澳合作中医药科技产业园国家中医药服务出口基地，持续拓展中药产品及保健品的国际市场。扩大在莫桑比克、巴西等地中医药产品的销售，继续拓展其他国际市场。

四 澳门现代金融产业发展

（一）市场状况

澳门金融业以传统金融业务为主。近年来，银行及保险业的资产和业务规模持续扩大，国际化程度亦有所提高，新型业务有所增加，产品服务逐渐多

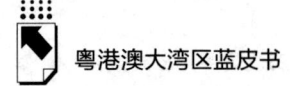

元。澳门金融管理局数据显示，截至 2023 年 6 月底，银行业的资产总值为 25097.7 亿元，资本充足率为 15.7%，不良贷款率为 2.1%；2022 年银行业营运利润 126.4 亿元。保险业方面，截至 2023 年 6 月底，资产总值为 2607.0 亿元；2022 年保费毛额 382.2 亿元。2019 年金融业占澳门经济的比重约为 6.8%，2021 年由于支柱产业的收缩，金融业跃升为澳门第二大产业，占澳门经济的比重达到 15.4%。上述数据显示澳门金融业资产素质较为稳定，具有良好的盈利能力，以及表现出较强韧性，可望成为推动经济多元发展的有力抓手之一。

（二）发展思路

加快发展债券市场，争取内地政府及企业来澳发债，推动优质发行主体、国际投资者及债券市场服务机构参与澳门债券市场，构建能与内地及国际债券市场对接且受国际广泛认可的"中央证券托管系统"。发展财富管理及融资租赁业务，吸引具有资质的财富管理及融资租赁公司落户澳门。完善监管指引和制定业务规范，推进《信托法》《证券法》等修订及立法工作，谋求市场发展与风险防范的平衡协调。探索建立以人民币计价的证券市场。

（三）政策创新

1.《信托法》完成立法

澳门《信托法》已于 2022 年完成立法，相关法律允许金融机构通过信托形式设立投资基金及理财产品，有利于为创投基金创造更良好的营商环境，并能调动金融机构的积极性，吸引私募、信托公司在澳门落户，带动资金和人才流入澳门。投资者可通过金融机构以信托形式管理财产，在相关法律保障下，可实现财产保值、增值、传承等业务。

2. 重新订定《金融体系法律制度》

重新订定的《金融体系法律制度》已于 2023 年获澳门立法会通过，订定的主要内容有：一是配合金融业发展的制度优化，增加"其他金融机构"的牌照种类，为未来可能落户的新类型金融机构制造条件；二是完善监管要求，加强接轨国际监管标准、完善和简化行政程序、对非法金融活动加强处罚；三是增设监管沙盒的规范，助力传统金融业转型，为澳门金融业的创新多元发展提供更好条件。

3.《私募投资基金的管理及运作指引》发布

《指引》于2022年1月发布，相关指引规范了澳门私募基金的管理实体、受寄人及销售机构的管理及运作，为引进各类私募基金落户发展奠定基础。目前横琴私募基金业务发展已有一定的规模，特区政府正建立便利横琴优质私募基金管理人参与澳门私募基金市场的相关办法及措施。未来将通过完善《指引》，明确受内地和香港特定监察实体登记和监察的私募基金管理人，可出任澳门本地私募基金的全权管理人。

4. 草拟《证券法》

澳门金管局进行《证券法》法律草拟的相关工作。《证券法》将规范包括债权证券在内的证券市场规则，以保障投资者权益，《证券法》将为澳门债券市场及澳门金融业整体的可持续发展提供制度保障。

（四）创新性项目

1. 澳门中央证券托管系统（CSD）

近年来在特区政府持续推动下，澳门金融软硬基建得到了良好的发展。中央证券托管系统已正式启动，提供澳门本地发行债券集中登记、托管、清算、结算等系列服务，扩展二级及境外市场的发展，持续扩大国际投资者规模。中央证券托管系统由澳门中央证券托管结算一人有限公司管理营运，为持续推动澳门债券市场发展，公司正向海外优质发行人落户参与澳门市场作相关宣传及引导工作，并为在澳门发行的债券编配及维护国际证券识别码，客户数量稳步上升。

2. 构建快速支付系统（FPS）

快速支付系统的建立，为普通个人和企业本地小额资金提供便利、快速、全天候、免手续费的"过数易"跨行转账服务，用户只需通过银行App便可使用"过数易"。未来快速支付系统将拓展服务范围至澳门本地的港元小额跨行转账及非银行支付机构。

3. 滴灌通澳门金融资产交易所

根据《金融体系法律制度》及第47/2022号行政命令，滴灌通澳门金融资产交易所在澳门的设立和运作已正式落地实施。滴灌通透过金融科技连接小

微企业和全球资本,通过首创的全新资产类别——每日收入分成合同,让小微企更便利获得融资,形成全新的投融资模式。每日收入分成合同设有自动回款机制,每天向已投资的小微企收取营业回报,再分派给投资者。滴灌通已经跟200多个连锁品牌合作,完成了在全国逾2800家门店的投资,覆盖零售、餐饮、服务、文体等行业①。

五 澳门高新技术产业发展

(一)市场状况

澳门以高等院校作为城市的创新主体,有珠江西岸领先的学术科研基础,当中包括10所高等院校以及4所国家重点实验室,在集成电路及中医药领域的科研成果突出。例如,在有芯片设计领域"奥林匹克大会"之称的"国际固态电路研讨会(ISSCC)"2023年会议中,澳门大学仿真与混合信号超大规模集成电路国家重点实验室有15篇论文入选了会议,成为入选论文最多的机构②。在科创孵化方面,有"澳门青年创业孵化中心"及"澳门大学创新创业中心"两个国家级众创空间。澳门科技产业市场规模较小,但拥有一批在外地积累多年经验、具有较强科研能力和基础的科创企业家,横琴深合区的开发将为其提供发展机遇。澳琴互补优势吸引了华为、商汤、阿里云等知名科技企业来澳琴发展。

(二)发展思路

完善创新科技体系,优化创新发展环境。充分发挥澳门4所国家重点实验室的科技引领作用,持续加强基础研究,促进高校、科研机构和企业互补合作,推进产学研融合发展。参与粤港澳大湾区科技创新合作,融入国家科技发

---

① 《滴灌通澳门金融资产交易所启动试营运》,人民网,2023年3月26日,http://hm.people.com.cn/n1/2023/0326/c42272-32651346.html。
② 《澳大研究在ISSCC 70年集成电路创新上闪耀光芒》,澳门大学微电子研究院网站,2023年3月9日,https://ime.um.edu.mo/zh-hant/news_events-zh-hant/um-research-shines-on-the-70-years-of-ic-innovation-at-isscc/。

展战略。积极对接《粤港澳大湾区发展规划纲要》、国家和广东省"十四五"规划，参与科技创新走廊建设。发挥好澳门"双循环"交汇点的功能作用，促进中葡及国际科技创新合作。

（三）政策创新

1. 促进科技产业创新发展

2021年2月，原澳门经济局增加了推动科技产业发展的职能，改组成澳门经济及科技发展局，负责研究、协调及落实执行特区的科技发展政策。澳门特区通过跨部门及与横琴的协作，着力推动科研成果转化，同时为澳门和内地的高校和企业建立交流平台，鼓励高等院校与企业开展产学研合作。

2. 数字科技赋能实体经济

2021年起先后推出"关前荟"、"悠路环"及"悠凼仔"活动，通过在社区引入AR、裸眼3D等技术，吸引市民与旅客进入街区探索、游览及消费。2023年5月推出"中小企业后台数字化支援服务"，向具备资格的中小企业提供培训课程及企业诊断服务，并应中小企业实际需求及诊断结果，提供适合的数字化解决方案。

3. 加强中葡科技交流合作

特区政府在2021年及2022年举办了"巴葡科技企业（澳门）创新创业大赛"，并举办了"巴葡科技企业路演"等多场活动，协助葡语国家科企对接创投资金、政府部门、高校及投资者，为葡语国家科企落户澳琴及大湾区创设机遇。

（四）创新性项目

1. "澳门科学一号"卫星成功发射

2023年5月，酒泉卫星发射中心成功发射首颗内地与澳门合作研制的空间科学卫星"澳门科学一号"，该卫星是国际首颗低纬度地磁场与空间环境的科学探测卫星。该项目由国家航天局与澳门特区政府联合开展，探测数据由双方共享，拓展了以内地为基础、澳门为窗口开展空间科学、空间技术、空间应用广泛合作交流的新空间。

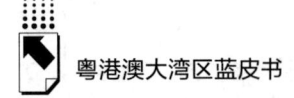

2. 科技企业认证计划

澳门经济及科技发展局推出了科技企业认证计划，通过评鉴制度识别出具资质的科技企业，为科企提供不同级别的官方认证，增加市场对澳门科企的信心，为其构筑成长阶梯，助其提速发展。

3. 建设"中葡科技中心"

在国家科技部大力支持下，澳门、横琴深合区及珠海市积极筹备建设"中国—葡语系国家科技交流合作中心"（以下简称中葡科技中心）。"中葡科技中心"将以"双中心"模式运作，分别设立澳门中心和珠海—横琴中心，目标是建立澳琴科创系列品牌活动，如举办创新创业大赛及后续的路演等，吸引葡语国家成熟的科创项目落户澳琴及大湾区。

六 澳门会展商贸和文化体育产业发展

（一）市场状况

会展商贸方面，经过多年发展，2019年澳门跻身全球国际会议城市50强，在亚太区排名12位[①]；澳门拥有超过24万平方米国际性会议展览场地，举行大型高级别会议具有优势；澳门会展业对商贸、酒店、餐饮等行业发展具有明显的拉动作用。2022年澳门举办会展活动共460项，其中会议活动有385项（占83.7%）、展览活动有64项（占13.9%）、奖励活动有11项（占2.4%）（见图4）。2023年第一季度，会展业呈较强复苏态势，会展项目按年增加1.1倍至208项，参与活动人次按年同比增长20.5%至19.9万。2023年，亚洲知名会展杂志 *M&C Asia* 评选澳门为"M&C Asia Stella Awards—最佳亚洲会议城市［Best Convention City（Asia）］"[②]，印证澳门会展业发展得到国际高度认可，具有较强竞争力。

文化产业方面，统计暨普查局《文化产业统计》结果显示，2019年有营

---

① "ICCA Statistics Report Country & City Rankings 2019", International Congress and Convention Association.
② 《澳门获选"最佳亚洲会议城市"》，香港文汇网，2023年8月17日，https://www.wenweipo.com/a/202308/17/AP64ddc598e4b0fb87b542b1ac.html。

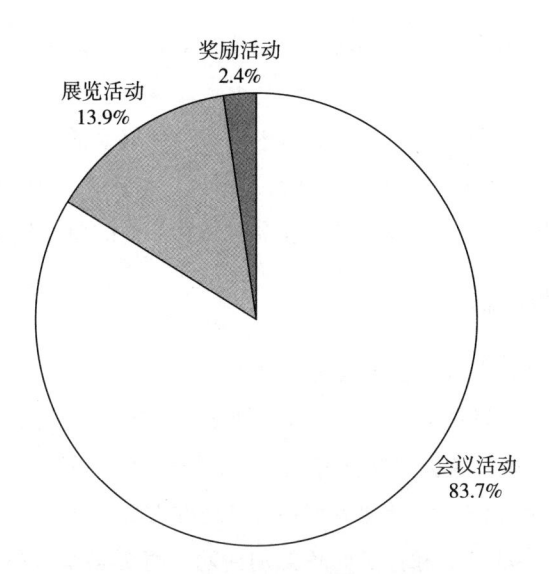

```
           奖励活动
            2.4%
    展览活动
     13.9%




                        会议
                        活动
                        83.7%
```

图 4　2022 年澳门举办会展活动类型

资料来源：《会议及展览统计》，澳门统计暨普查局。

运机构共 2454 间，在职员工人数 13659 名，服务收益 78.5 亿元。文化产业规模在疫情前整体上呈现稳步发展趋势。但受新冠疫情影响，澳门文化产业产值下降约三成。统计暨普查局《澳门经济适度多元发展统计指标体系 2021》结果显示，2020 年和 2021 年澳门文化产业增加值总额均约为 21.5 亿元，相当于疫情前 2019 年的 72%。

体育产业方面，近年通过政府与企业合作，举办澳门格兰披治大赛车、澳门国际马拉松、WTT 澳门冠军赛等特色体育旅游盛事，以体育作为平台，促进体育与文化、旅游、会展商贸等产业的融合。

（二）发展思路

培育一批具有国际影响力的会展品牌，提升会展商贸服务专业水平，推进澳门会展商贸朝向市场化、专业化、数字化、国际化发展。通过会展活动搭建跨界合作平台，引进更多以产业为主题的会展项目。

推动文化产业发展。配合"以中华文化为主流、多元文化共存的交流合作基地"建设，落实《文化产业发展政策框架（2020-2024）》，提升文创产

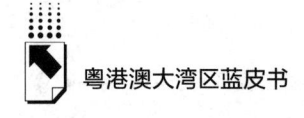

业的市场化、产业化程度。善用澳门历史建筑空间，引入体现本地特色的品牌演出项目。

促进体育产业发展。推出更多高水平体育品牌盛事活动，鼓励企业加大参与及支持的力度，为体育活动投放更大的资源。与广东、香港共同举办2025年第十五届全国运动会，发挥全国运动会对体育产业的拉动作用。

（三）政策创新

1. 打造"大会展"综合盛事活动目的地

扩大"会展+"发展，打造集会议、展览、节庆、演艺及赛事等于一体的"大会展"概念。澳门贸促局联同五个行业商协会及六间综合度假休闲企业成立会展竞投及支持小组，结合业界和会展场地的力量，共同招揽更多以澳门为目的地的特色盛事活动。除传统商贸类别活动，将更多举行科技、人工智能、大健康等主题会议展览，以及千人以上规模的企业会议，不断丰富会展主题。此外，会展活动将配合"旅游+"，着重会议以外的商务休闲活动，例如观看高水平文娱表演及体育赛事；多方宣传澳门优势和魅力，配合新发展业态。

2. 建立文化及体育类项目计划转介机制

为积极推动综合度假休闲企业支持澳门文化和体育事业的发展，特区政府建立了文化及体育类项目计划转介机制。澳门文化和体育团体、企业或个人可通过提交项目计划，由文化局、体育局协助收集及转介至综合度假休闲企业，充分发挥市场力量，让业界有更多机会接触不同社会资源。

（四）创新性项目

1. 一会展两地

首届中国（澳门）国际高质量消费博览会暨横琴世界湾区论坛、BEYOND国际科技创新博览会等"一会展两地"活动成功举办，促进澳琴两地会展优势融合；"2022粤港澳大湾区服务贸易大会"主会场设在珠海，会展议题分论坛——"粤港澳大湾区会展高质量发展论坛"在澳门举行。

2. 演唱会经济

在大型综合度假休闲企业推动下，众多国内外知名演出者及组合团体在澳举行演唱会，"演唱会经济"拉动航空、酒店、餐饮、零售等消费。例如，

"2023 TMEA 腾讯音乐娱乐盛典"从下午起至晚上举行澳门最大型的户外音乐节，打造高质量舞台演出，为澳门带来更多元化、国际化娱乐表演盛事。

3. 活化工业遗址

荔枝碗船厂片区作为造船工艺的载体，是澳门仅存的且保存较为完整的造船工业遗址，船厂片区首阶段已活化开放，设有展览、市集、表演空间及工作坊等；益隆炮竹厂旧址是澳门仅存的且保存较为完整的爆竹工业遗址，反映了澳门20世纪传统爆竹业的繁荣景象，活化后设有"益隆炮竹厂旧址游径"、展览馆及文创礼物店。

4. 大湾区3×3篮球巡回赛

"大湾区3×3篮球巡回赛"2022年10月一连七天分别在妈阁庙前地、大三巴牌坊、塔石广场等澳门著名景点举行。赛事于2022年6月起走进大湾区各个城市进行分站赛，在澳门进行总决赛。赛事推动及促进各城市间之体育交流，丰富澳门体育旅游元素。

5. 第70届澳门格兰披治大赛车

第70届澳门格兰披治大赛车将横跨2023年11月两个周末举行。大赛车获得知名品牌及企业的支持，推出联乘合作项目，通过平台共同推动体育与文创产业融合发展，并于澳门热门旅游景点展出相关大型艺术品。

七 澳门经济适度多元发展展望

（一）综合旅游业迎来十年新投资发展期

特区政府与六间综合度假村公司签署新一份10年期的批给合同，计划投资多个创新性项目，包括打造文化艺术商业孵化基地、原创中外演艺娱乐区、高端特色会展区；建立城市养生康健旅游地标、高端康养医疗中心，提供一站式保健服务；打造占地6.1万平方米的高科技主题乐园、5万平方米的国际级主题"热带花园"；提出"澳门历史城区活化方案"，活化澳门老城区成为全新文化地标；邀请国际级足球队来澳门比赛；等等①。对开拓高端

---

① 澳门特别行政区政府旅游局：《业界各方携手发力非博彩项目 共拓国际客源》，《澳门旅游》2023年1月。

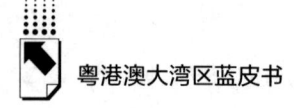

外国客源市场、丰富澳门世界旅游休闲中心内涵、发展大湾区"一程多站"旅游都具有重大意义。

此外，特区政府全力推进"旅游+"融合发展，提出包括"旅游+体育""旅游+会展""旅游+教育""旅游+大健康""旅游+科技"等，将为澳门的综合旅游业及相关产业带来更多的发展机遇，以澳门的优势产业带动新兴产业发展。

（二）澳琴产业联动逐步增强

发展横琴粤澳深度合作区的初心就是为澳门产业多元发展创造条件。横琴产业发展与澳门的产业发展紧密相关，两地产业联动将有助于澳门实现经济适度多元发展。在粤澳共商共建共管共享的新体制下，合作区正加快完善制度衔接、产业发展、民生融合等工作。展望2023年，是合作区深化建设、实现《横琴粤澳深度合作区建设总体方案》第一阶段目标的关键之年。目前，合作区的澳门居民、澳资企业数量持续增长，服务澳门特征更加明显，一批重点产业纷纷落户横琴，科技研发和高端制造、中医药等澳门品牌工业、文旅会展商贸、现代金融等产业发展初见成效。

《总体方案》发布以来，合作区发展促进条例、"双15%"税收优惠、"海关20条"、"金融30条"、鼓励类产业目录等一系列政策措施有序落地实施，为合作区的加快建设以及促进澳门产业多元发展提供了明确路径和政策保障，并且切实地降低了企业的运营成本，增强澳人澳企到合作区发展的信心。澳门将与广东省在改革创新、产业发展、基础设施互联互通等方面加强协同联动，持续提升澳琴一体化发展水平。

（三）人才瓶颈有望突破

人才是经济和产业发展的必要条件。近年来，澳门的邻近地区相继推出不同的人才引进计划。澳门亦加强人才培养和引进的政策力度，以提高澳门吸引人才的竞争力。《人才引进法律制度》及相关行政法规于2023年7月起生效，希望通过引进产业发展所需的领军人物和高级专业人才，借助其技术、经验及市场网络，配合澳门"1+4"经济适度多元发展策略，带动和支持产业发展，提高澳门经济综合竞争力。澳门正有序开展三类人才引进计划，包括高端人才计划、优秀人才计划及高级专业人才计划，以补足澳门在重点产业发展所需的人力，搭建产业、技术及经验的人才储备。

（四）城市基建日趋完善

配合经济适度多元发展，澳门全力完善城市规划。《澳门特别行政区城市总体规划（2020-2040）》对不同产业的用地需求作出规划，例如工业用地规划于青洲跨境工业区、北安工业区、路环联生工业区和九澳工业区，有利于相关产业的可持续发展。

充实市内交通基建，推进澳氹第四条跨海大桥和轻轨建设。澳氹第四条跨海大桥落成后，将便利旅客经港珠澳大桥口岸来往路氹城的主要度假村，减轻澳门市区交通压力。特区政府正推进大桥及周边路网的工程，预计整体工程于2024年竣工。轻轨建设方面，澳门轻轨氹仔线已于2019年通车，2023年位于澳门半岛南端的轻轨妈阁站工程完工，并将与氹仔线连接，特区政府将继续推进轻轨石排湾线、横琴线以及东线建设，澳门轻轨网络初步完成后，将联通主要出入境口岸，更有效发挥集体交通运输优势，加强澳门的旅客承载能力。

为进一步吸引国际客源，澳门国际机场将扩容发展。澳门国际机场扩建前期工作已启动，特区政府正加快落实机场扩建填海工程，分阶段扩建澳门国际机场。配合氹仔客运码头中转功能，预期机场年客运量可上升至每年1500万人次。通过提升机场的客运与货运吞吐量，助力吸引更多来自不同地区的旅客访澳，并有利于澳门货物进出口贸易，支持澳门经济适度多元发展，助力粤港澳大湾区建设世界级城市群。

（五）澳门经济适度多元发展规划有序实施

为了全面对接国家"十四五"规划，深入实施《粤港澳大湾区发展规划纲要》，以及为澳门产业发展提供清晰的发展方向，第五届澳门特区政府启动编制《澳门特别行政区经济适度多元发展规划（2024-2028年）》。这项规划是澳门回归以来首次制订的，以"二五"规划和"1+4"经济适度多元发展策略为依据，立足各个产业当前的发展状况，对综合旅游休闲业、中医药大健康产业、现代金融产业、高新技术产业及传统产业转型升级、会展商贸及文化体育产业作出精准、前瞻和务实的规划部署。

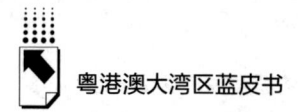

《澳门特别行政区经济适度多元发展规划（2024-2028年）》将于2024年实施，制定了2024~2028年经济适度多元发展的具体发展目标、主要任务和重点项目，从政策、人力、财力等方面多管齐下，聚力攻坚，引导社会投资方向，培育新的经济增长点，进一步增强产业之间的协同发展效应，团结澳门社会各界共同开拓新兴产业市场空间，为青年人积极创造多元就业机会，未来五年澳门经济适度多元将迎来新的发展局面。

B.17
广州、深圳、珠海服务港澳青年政策的创新实践

李宏 石梅[*]

摘 要: 广州、深圳、珠海三地服务港澳青年的政策,既有共性,也各具特色。三地的政策共性反映了当前粤港澳大湾区服务港澳青年政策所具有的特点:大力度增加对港澳青年人才的吸引力,构筑多元技能培训体系,出台具有可操作性的精细化政策增强港澳青年的获得感,建设富有辨识度和综合性的创新创业平台。三地的服务政策存在差异,三地的就业奖励(补贴)的侧重点和涵盖范围上都存在差异,三地支持港澳青年就业创业政策中的保障性措施也有所不同。

关键词: 港澳青年 服务政策 粤港澳大湾区

为促进港澳青年融入国家发展大局,大湾区内各地市先后制定支持港澳青年创业的系列政策,广州、深圳、珠海的政策具有代表性。对三地特别是横琴、前海、南沙的服务政策作综合梳理、比较,总结其中的共性与特色,有利于推进粤港澳大湾区创新完善服务港澳青年的政策措施。

一 广州服务港澳青年的主要政策措施

(一)居住生活政策

2021年1月,广州市人民政府印发的《广州市全面深化服务贸易创新

---

[*] 李宏,博士,东莞理工学院讲师,主要研究方向为公共政策、粤港澳大湾区建设;石梅,广东省社会科学院图书馆馆员,主要研究方向为社科情报、港澳信息。

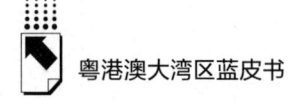

发展试点实施方案》中明确，开展与港澳专业服务资质互认试点；探索内地与港澳"一展两地"或"一展多地"会展模式；推动建立穗港澳文化交流合作常态化机制等。广州南沙多措并举打造服务港澳青年发展的"南沙品牌"，相继出台实施支持港澳青年创新创业实施办法，落户广东省粤港澳青少年交流促进会，成立广州市南沙区港澳青年五乐服务中心。2022年7月，南沙印发了《广州南沙新区（自贸片区）支持港澳青年创业就业"新十条"措施》。在"新十条"措施中明确，对符合条件的港澳青年提供港澳青年公寓或给予每人每年最高2万元住宿补贴。支持符合条件的港澳青年购买共有产权房，为港澳青年发放"港澳青年人才卡"，在南沙可享受居留、住房、子女入学、就医、工商、税务等全方位绿色通道服务，实现"一卡走南沙"。给予在南沙创业就业的港澳青年每人每年最高2万元生活补贴和每人每年最高5000元医疗保险补贴。依托区内港澳青创基地，打造港澳青年服务驿站；建立首席服务官制度，为来南沙游学、实习、就业的港澳青年提供全流程一对一定向管家式服务，及时为港澳青年提供适应性辅助。

（二）创业就业政策

在青年交流与开放合作方面，《广州市中长期青年发展规划（2019—2025年）》提出，开展"羊城邀约"港澳青年就业招聘计划，每年筛选不少于3000个工作岗位。大力实施粤港澳大湾区青年交流"1234N"计划、"菁英计划"留学项目，设立港澳青年创业基金，对港澳青年创业项目提供与户籍人口同等的创业担保贷款及贴息支持，推荐青年优秀人才到国际组织任职等，支持广州青年与国际接轨。根据广州市科技局公布的《2021年港澳青年来穗创新创业补助申报指南》，港澳青年来穗创新创业补助包括港澳初创企业补助、港澳成长企业补助、穗港合作研发项目补助。

2022年7月，广州南沙发布的《广州南沙新区（自贸片区）支持港澳青年创业就业"新十条"措施》明确，给予到南沙就业执业的港澳青年一次性最高12万元就业奖励，并增设每月最高5000元薪金补贴；给予聘用港澳青年的用人单位最高20万元招聘录用奖励，并对促成港澳青年南沙就业的人力资源服务业企业、组织、机构给予最高10万元促进就业奖励。每年提供不少于1000个区内实习岗位，设立不少于200万元专项实习补贴，鼓励在南沙的港澳青年参与各类职业技能培训，给予获取职业资格、技术职称和执业资格证书的港澳青年最高8万元补贴。支持港澳青年创办企业。开辟港澳青创企业落户绿色通道，提供登记注册、场地租赁、人才招聘、法律援助等全方位支持和最高370万元创新创业奖补资金。

2022年8月，黄埔区、广州开发区发布《广州市黄埔区、广州开发区进一步支持港澳青年创新创业实施办法》（简称"港澳青创10条"2.0版）。在黄埔就业、符合条件的专本硕博港澳毕业生，可分别获得2万元、4万元、6万元、10万元的一次性资助。引进港澳青年创办企业，每新入驻1家港澳青年创办企业且首次完成科技型中小企业入库的，企业和载体运营单位分别可获得1万元扶持，单个载体每年最高扶持50万元。租金"两免一减半"。加大对港澳青年的实习就业资助和生活补贴力度，对在本区创新创业及就业的港澳青年，每月给予1500元生活补贴，补贴期限3年。每年安排最高100万元打造"青春黄埔行"研学交流特色项目，包括粤港澳青年人才交流会、青年创新创业分享会、青年职业训练营等。

二 深圳服务港澳青年的主要政策措施

（一）居住生活政策

2021年3月，中共深圳市委办公厅、深圳市人民政府办公厅印发的《关于进一步便利港澳居民在深发展的若干措施》，立足"中央要求""港澳所需""湾区所向""深圳所能"，率先落实便利港澳居民政策措施、推进在深圳工作和生活的港澳居民民生方面享有"市民待遇"。例如，明确港澳青少年来深交流、义务教育、高校奖助学金、深港澳职业教育合作、深港澳教育交流与合作、港澳机构来深办学等学习方面的内容；增加港澳居民办理居住证网点，简化办理手续，利用"互联网+政务服务"模式，推进政府电子管理系统互联互通，逐项落实港澳居民居住证制度所赋予的基本权利、公共服务和相关便利；统筹安排一定的人才住房房源，定向配租给经有关部门认可

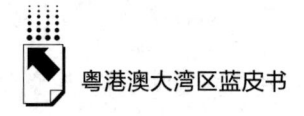

的港澳青年创新创业基地运营机构，解决符合条件的港澳青年创新创业人才住房困难问题。

2022年7月，深圳推出服务香港青年十大措施，主要涉及居住证政策、人才住房保障政策、交通优惠、深港澳社会保障合作、打造综合服务平台等。例如，推进建设"港澳青年驿站"，试点"7+7+7"市场化免费住房服务工程，聚合青年驿站、企业酒店和公益性短租公寓等空置房屋资源，为香港毕业生来深发展提供公益性、过渡性住宿服务。在香港青年较为集中的区域，重点建设"青年之家"平台，打通为港澳青年服务的"最后一公里"；建设港澳青年创业就业指导中心，对港澳青年实施实习、就业、创业全流程扶持。

（二）创业就业政策

2021年9月，中共中央、国务院印发的《全面深化前海深港现代服务业合作区改革开放方案》中，针对港澳青年学习、就业、生活作出更多新探索，发放港澳青年专项扶持资金、拓展港澳青年创新创业空间。2022年4月，深圳前海管理局发布的《深圳前海深港现代服务业合作区支持港澳青年在前海创新创业就业的若干措施》公开征求意见。一是支持港澳青年创新创业载体。对港澳青年创业载体运营费用、引入港澳青年、促成企业获得融资等给予专项补贴。二是支持港澳青年创新创业。为港澳青年创办企业提供创业初期的租金补贴、创业奖励、参展补贴、国高奖励等各类基础性资助。三是为港澳青年来前海实习就业提供各类资助。例如，鼓励港澳青年来前海实习，给予每人每月3000元实习补贴。对来前海工作的港澳青年，给予每人每月5000~10000元的生活补贴。按用人机构聘用的港澳青年工资薪金所得10%，每人每年最高3万元，给予用人机构用人奖励。对在前海执业并取得港澳或内地执业资格的港澳专业人士，一次性奖励3万元（见表1）。四是举办创新创业大赛。对于承办前海粤港澳台青年创新创业赛事香港、澳门、台湾赛区的机构，按活动实际发生费用的50%给予资助。

表1 前海支持港澳青年创新创业就业的重要措施

奖励政策		发展政策	保障政策
就业方面	创业方面		
(1)按照每人每月3000元给予实习补贴,补贴期限不超过6个月。(2)对在前海全职工作,提供金融、会计、税务、法律、航运、建筑工程、教育医疗等专业服务,取得相关港澳或内地执业资格的港澳专业人士,一次性奖励3万元。对取得多个执业资格的,最高奖励5万元。(3)在前海合作区设立博士后科研流动站、科研工作(分)站或创新实践基地,与香港高校联合培养博士后的,对香港高校选派的博士后合作导师给予每年8万元补贴,每名博士后只能申报1名合作导师。经备案,由香港高校招收并派驻到前海合作区开展研究的全职在站博士后,按每人每月15000元给予科研补贴,补贴期限不超过6个月。享受补贴的博士后合作导师和在站博士后需为港澳居民	(1)每年对其实际产生的租金给予扶持,最高不超过60元/米²·月。每家企业享受扶持不超过3年,每年不超过150万元。(2)港澳青年持有成立一年以上、营业收入超过500万元的前海机构股份达到25%以上的,按照每人每年3万元给予创业奖励,奖励期限不超过3年。(3)鼓励港澳青年创办企业积极参加境内知名行业展会,对参加国家、广东省、深圳市及各区政府,以及香港贸易发展局主办展会的港澳青年创办企业,按实际场租费、展品运输费、展位搭建费的20%的比例给予参展补贴。每家企业单个展会给予最高不超过10万元的补贴,每家企业每年获得参展补贴总额不超过50万元。(4)对获得国家高新技术企业认定的港澳青年创办企业,给予12万元奖励;对通过国家高新技术企业重新认定的港澳青年创办企业,一次性给予6万元资助	(1)支持港澳青年创新创业载体。具备一定物理空间、配套设施、管理机构及服务能力的,可申请为前海港澳青年创新创业园区。(2)对促成港澳青年创办企业成功获得社会融资的,给予创业载体运营企业融资额3%的融资奖励,单次融资奖励不超过10万元,全年累计奖励不超过30万元。(3)支持创新创业大赛:对前海管理局组织的粤港澳台青年创新创业大赛中获奖的创业项目给予资助。大赛设立分赛区奖和总决赛奖,分赛区获奖项目,每个项目给予不超过20万元的奖励。总决赛获奖项目在前海注册并实际经营的,每个项目给予不超过50万元的奖励	(1)对在前海合作区全职工作的港澳青年,自2021年1月1日起按照其每月工资薪金所得的30%给予生活补贴,博士不超过10000元/月、硕士不超过7000元/月、学士不超过5000元/月,补贴期限不超过3年。(2)对聘用港澳青年的机构,按上一年度用人机构聘用的港澳青年工资薪金所得10%,人每年最高3万元,给予用人机构聘人奖励,每聘用一名港澳青年给予机构的奖励期限不超过3年。(3)聘用港澳青年达到100人以上的用人机构,一次性叠加奖励20万元

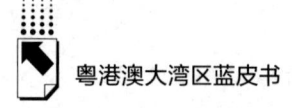

2022年7月,深圳推出服务港青"十大措施"。包括建设港澳青年创业就业指导中心,对港澳青年实施实习、就业、创业全流程扶持。一是在推动实习上,开展"港澳台大学生暑期实习计划"、"展翅计划"港澳台大学生实习专项行动等实践活动,常态化提供实习岗位,为来深实习的港澳青年申请专项补助。二是在拓宽就业上,高标准建设港澳青年创业就业指导中心,推动实现创业带动就业,鼓励带动一批创业创新公司反哺就业,多渠道为毕业生提供就业机会。积极策划香港应届毕业生专场招聘会,推动校企合作,探索高校为企业定向培养人才机制,实现产业和就业深度融合。允许首次在深就业并符合条件的港澳居民,按照有关人才政策,享受相应待遇等。三是在创业帮扶上,统筹创业创新阵地资源,以前海深港青年创业创新示范基地为核心,培育一批具有较强凝聚力的深港青年创业创新基地,借力香港各类创业创新大赛,打造全国有影响力的活动;开展"青心青力助青企"行动,加强政企银三方合作,服务深港青年和创业企业,并推动深港青年企业家交流合作,鼓励更多香港青年企业家来深发展。

三 珠海服务港澳青年的主要政策措施

(一)居住生活政策

2021年9月,中共中央、国务院印发的《横琴粤澳深度合作区建设总体方案》明确要加快推进"澳门新街坊"建设,对接澳门教育、医疗、社会服务等民生公共服务和社会保障体系,有效拓展澳门居民优质生活空间。推动全面放开澳门机动车便利入出合作区。支持澳门医疗卫生服务提供主体以独资、合资或者合作方式设置医疗机构,聚集国际化、专业化医疗服务资源。允许指定医疗机构使用临床急需、已在澳门注册的药品和特殊医学用途配方食品,以及使用临床急需、澳门公立医院已采购使用、具有临床应用先进性(大型医用设备除外)的医疗器械。建立合作区与澳门社会服务合作机制,促进两地社区治理和服务融合发展。大幅降低并逐步取消合作区与澳门间的手机长途和跨境漫游费。支持澳门轻轨延伸至合作区与珠海城市轨道线网联通,融入内地轨道交通网。

2021年11月，珠海发布《便利港澳居民在珠海发展60项措施》，旨在便利港澳居民在珠海居住生活。例如，便利在珠海工作生活的港澳居民参保，便利符合条件的港澳居民入户珠海市，便利港澳居民办理暂住登记，便利港澳居民申领居住证，便利港澳居民在珠海购买自住商品房，便利在珠海就业、创业的港澳居民申请公积金贷款，便利港澳青年申请公共租赁住房，支持港澳人才住房（租房和生活）补贴申报，支持港澳居民在珠海市购车上牌，便利港澳居民申请粤港粤澳两地车牌，便利港澳居民申领内地驾驶证，鼓励港澳居民、社团参与基层、社区、志愿服务，支持港澳居民在珠海评奖评优，鼓励爱国爱澳的澳门非政府组织在珠海设立代表机构，等等。

2023年2月8日，广东省第十三届人大常委会第四十八次会议审议通过的《横琴粤澳深度合作区发展促进条例》明确为澳门居民生活就业提供便利。聚焦澳门居民关心关切的教育、居住、医疗、养老等民生热点问题，推动合作区深度对接澳门民生公共服务和社会保障体系。具体包括：建立衔接澳门的教育服务机制，推动与澳门学校的交流与合作，鼓励在合作区内开办澳门子弟学校、子弟班；在合作区就业、居住的澳门居民子女入学、入园，与横琴户籍生享有同等权利；支持在合作区探索提供澳门模式的医疗、教育、广播电视、电影及社区服务；在合作区建设"澳门新街坊"等民生项目，为澳门居民提供约4000套住房，拓展澳门居民优质生活空间；支持合作区衔接澳门养老服务标准及规范，提供多元化的长者照顾服务，建设医养结合的养老服务设施；支持合作区与澳门建立社会服务合作机制，促进两地社区治理和服务融合发展。

（二）创业就业政策

2021年8月，珠海市出台《珠海市进一步稳定和扩大就业若干政策措施》，在促进港澳青年来珠就业创业方面，珠海强化了政策的协同性和集成性，来珠就业创业的港澳青年群体同等享受珠海市就业创业和人才住房补贴优惠政策。具体包括：支持港澳青年参加实习见习，对参加"大湾区青年就业计划"人员按不超过每人每月1000元标准给予生活补助；港澳创业项目优先入驻广东珠海公共创业孵化（实训）基地，享受最长三年"零"租金、"零"物业管理费优惠政策；对社会机构承办珠港澳创业大赛、技能竞赛、港澳青年就业技能实践等就业创业活动的，按照"一事一议"原则给予最高10万元补助。

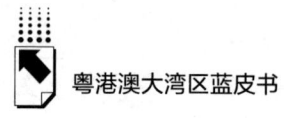

2021年9月，国家印发《横琴方案》，明确吸引澳门居民就业创业。《横琴方案》要求，高水平打造横琴澳门青年创业谷、中葡青年创新创业基地等一批创客空间、孵化器和科研创新载体，构建全链条服务生态。推动在合作区创新创业就业的澳门青年同步享受粤澳两地的扶持政策。采取多种措施鼓励合作区企业吸纳澳门青年就业。2021年11月，珠海发布了《便利港澳居民在珠海发展60项措施》，明确要便利港澳居民在珠海就学就业创业。鼓励港澳青年提升职业技能，鼓励港澳青年来珠海就业创业，鼓励港澳科技人才来珠海就业创业，便利港澳居民报名参加职业资格考试，便利符合条件的港澳居民参加内地医师资格考试、医师执业注册和短期行医，支持港澳专业社会工作从业人员在珠海执业，支持爱国爱港爱澳的港澳专家、学者、教师来珠海的高校、职业院校从事专业学科教学工作，便利港澳居民按规定申请高层次人才认定（见表2）。

表2　横琴支持澳门青年创新创业暂行办法的若干举措

激励政策		发展政策	保障政策
就业方面	创业方面		
(1)港澳青年到中小微企业就业，并履行劳动合同和缴纳社会保险费满6个月的，一次性给予3000元就业补贴。 (2)港澳青年到本市企业参加见习的，与企业签订见习协议，且企业为见习人员购买人身意外商业保险，按不低于珠海市最低工资标准给予见习人员见习补贴。 (3)提供个税差额补贴	(1)租金补贴：入驻创业基地，可享受租金和物业管理费补贴。 (2)融资成本补贴：创业者可享受最高30万元的贴息；符合条件的企业，贴息的贷款额度最高可达300万元，一次性担保费补贴每笔最高可达5万元。 (3)获得澳门资助的企业或团队，可按企业实际获得资助金额1∶1给予配套资助。 (4)上市奖励。 (5)优秀项目补贴。 (6)创投支持。 (7)提供社保补贴：青创企业按规定缴纳社会保险的，可享补贴	(1)每年免费举办一期澳门初创企业创始人素质能力提升培训班。 (2)澳门居民到本市参加技能培训的，可获得技能培训补贴。 (3)港澳在珠企业纳入珠海市职业技能精准培训政策范围。 (4)支持港澳从业人员、青年、大学生来珠参加职业训练。 (5)孵化运营奖励。 (6)支持开展技能竞赛和创业大赛。 (7)创业基地补贴	(1)澳门青年在珠就业符合人才认定标准的，可申请租住横琴人才公寓，并按照相关的人才引进政策给予租房和生活补贴。 (2)澳门青年在横琴办理申请人才公寓、购房、子女义务教育、就医、缴纳提取公积金等民生业务，可按相关规定享受珠海市民待遇。 (3)开通横琴澳门跨境通勤专线。 (4)由政府部门和相关专业机构提供专业咨询

为建立放权赋能长效机制，最大限度赋予合作区改革发展自主权。于2023年3月1日起施行的《横琴粤澳深度合作区发展促进条例》，为澳门青年在合作区创新创业提供政策扶持，推动同步享受两地扶持政策，支持合作区为澳门青年提供更多的创新创业空间。广东省人民政府及其有关部门为澳门青年在合作区创新创业就业提供政策扶持，推动在合作区创新创业就业的澳门青年同步享受粤澳两地的扶持政策。

四 政策差异与特色

（一）就业支持

港澳青年就业支持的主要目的是降低港澳青年在内地的就业成本以及内地企业录用港澳青年的成本。主要通过资金补贴、税收减免、企业支持等一系列政策，在个人收入和企业开支两大领域降低港澳人才前往内地就业的经济成本。梳理政策发现，广州、深圳、珠海三地的就业奖励（补贴）标准存在明显的差异。例如，在奖励（补贴）额度方面，深圳的奖励额度为5万元，高于广州和珠海；在奖励（补贴）的适用范围方面，珠海的港澳青年只有在中小微企业就业并缴纳社会保险才能获得补贴，补贴范围小于广州和深圳。

深圳前海具有明显的先发优势。早在2019年，前海出台了《关于支持港澳青年在前海发展的若干措施》，为港澳青年发展搭建舞台、创造良好条件，率先建设粤港澳青年创新创业基地，推动港澳青年在前海聚集发展。前海新举措在最大限度突显"深港合作"功能与特色的同时，着力做好与南山、宝安两行政区协同互补、优势叠加。广州南沙为港澳青年提供一定额度的一次性就业奖励和占工资薪金20%的薪金补贴（每月补贴金额最高不超过5000元），并对录用港澳青年的用人单位给予最高可达20万元的奖励。

（二）创业支持

经济成本是港澳青年跨境创业最直接的考量因素。因此，大湾区各内地城市在政策设计中都重点针对港澳青年的创业活动进行资金支持，各项补贴、资助、奖励构成了创业政策的主体。对广州、深圳、珠海支持港澳青年创业政

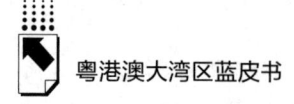

进行对比后发现，三地在资金补贴的侧重点和涵盖范围上存在差异。深圳基于经济体量上的优势地位，在地方政府财政的支持下，政策补贴的金额远高于其他城市，如按规定享受税收优惠、创业担保贷款及贴息、场地支持等扶持政策力度更大；珠海扬长避短，通过园区物业租金减免和金融机构贷款，更多地以降低运营成本、融资成本而不是以直接的资金资助手段支持港澳青创企业；广州则是在资金补助的基础上，将引荐人和引荐机构纳入政策考量范围，更全面地覆盖了港澳青年创业活动的各个参与主体，对大湾区内其他城市的政策制定提供重要的借鉴意义。

广州南沙、深圳前海、珠海横琴三地发展政策主要通过建立和完善港澳青年发展平台、组织港澳青年创新创业大赛、开展港澳青年职业素质培训等，对其就业创业活动产生正向激励。广州和深圳更为强调资金补助，设立资金补贴目标却没有明确为港澳青年提供自我增值的路径。珠海出台《珠海市支持港澳青年来珠就业（创业）和技能培训（训练）若干政策措施》，从技能培训（训练）的角度进行细致规定。例如，每年免费举办一期澳门初创企业创始人素质能力提升培训班；通过费用减免等手段，鼓励不论是否在珠就业创业的澳门居民都能来珠海参加职业资格和专项职业能力培训，提升职业素质；将港澳在珠企业纳入珠海市职业技能精准培训政策范围，提升港澳企业在岗职工的职业技能水平；依托各类社会主体和教育机构，共建港澳职业训练专区，为港澳从业青年和大学生提供免费职业训练服务。

（三）生活保障

广州、深圳、珠海三地支持港澳青年就业创业政策中的保障性措施在详尽程度、涉及范围等多个方面呈现出了一定的差异。广州的保障性措施较为完备，通过出台港澳青年购房、子女入学、医疗等其他领域的政策文本进行了整体性政策搭配，建构了系统化的港澳青年就业创业保障体系，但政策的细化、操作层面与预期尚有差距。

与广州相比，深圳、珠海的港澳青年生活服务政策各具特色。深圳利用自身地缘优势、经济优势，出台的政策更为精准细化、衔接性好、获得感强。例如，深圳在港澳青年社会保障服务领域，推行"e站通""打包办""跨境办"，完善配套服务保障，完善面向港澳居民的"市民化待遇"，基本实现对在深圳"就业""居住""就读"的港澳居民社保政策全覆盖。珠海提供了多方位的保障措施，但在具体条款上表述较为模糊，与人才引进和保障的相关政策之间存在一定的混淆，但珠海具有地缘优势，对港澳青年具有更大吸引力。与此同时，为建立放权赋能长效机制，最大限度赋予合作区改革发展自主权，便利澳门居民生活就业，《横琴粤澳深度合作区建设总体方案》中明确民生相关政策。例如，"澳门新街坊"是为澳门居民在横琴建设的综合民生项目，是集居住、教育、医疗、社会服务于一体的综合型社区，旨在营造趋同澳门的生活环境，为澳门居民在深合区发展提供更便利的条件。

五 主要经验

（一）以大力度的奖补增加对港澳青年人才的吸引力

各地均结合实际，加大对港澳青年人才的奖补力度。广州设立总规模10亿元覆盖创业各阶段的港澳台青年创业基金，重点投资各类优质港澳青年创业项目。深圳前海通过精细化的政策，面向实习、就业、创业等不同类型的港澳青年，提供不同的奖补。珠海注重依托产业园区，挖掘发挥园区对港澳青年就业创业的"降本增效"功能。珠海规定享受示范区税收优惠政策的实质性运营条件，可以概括为企业经营的"四个在"，即生产经营在合作区、人员在合作区、账务在合作区、财产在合作区，让企业享受税收优惠政策有明确标准和稳定预期。

（二）构筑多元技能培训提高港澳青年的执业能力

三地面向港澳青年就业创业技能提升，开设了一系列赛事和培训项目。广州举办的"青创杯""赢在广州"等赛事，设置的"百企千人""优职英才""羊城邀约"等实习就业计划受到港澳青年欢迎。深圳举办的"深港澳青年创业特训营"、"港澳青年职业能力提升训练营"广受好评。珠海出台专门的《支持港澳青年来珠就业（创业）和技能培训（训练）若干政策措施》，对港澳青年技能培训工作作了较为全面的规定。

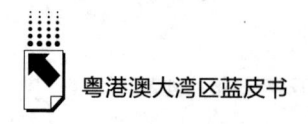

（三）注重发挥社会力量作用，构建全方位服务体系

三地围绕促进港澳青年生活便利、事业发展、情感认同，出台具有系统性和操作性的政策举措。广州围绕"乐游、乐学、乐业、乐创、乐居"构建起覆盖港澳青年来穗发展"五乐"计划。全方位服务体系离不开社会参与，各地注重发挥社会力量的作用，成立港澳青年创新创业基地联盟、粤港澳大湾区青年志愿服务社会组织、港澳青年志愿服务基地，设立港澳青年发展公益基金，建立起服务港澳青年的社会化工作格局和体系。

（四）建设富有辨识度和综合性的创新创业平台

前海梦工场和横琴创业谷在港澳青年中知名度很高。其发展经验可总结为两点："三板斧"+"三利器"。"三板斧"是指传统的配套服务，包括专项补贴、税收减免、场地免租，为青年创业提供全方位的硬环境支持；"三利器"是指新型的制度、营商环境、金融支撑，为青年创新提供多元化的软环境氛围。通过两者相互作用，着力打造"互助+共享+社群"孵化模式，形成了创新要素聚合裂变、交互发展的良好生态。

B.18 粤港澳大湾区文化产品的高质量供给

——基于新闻出版行业的实证分析

严若谷*

摘　要： "加强高品质文化供给"是广东省文化强省工作六大工程之一，更是人文湾区建设的重要工作内容。新闻出版业是加工、制造、销售、传播文化产品的行业，也是一个文化产业属性很强的知识生产行业。本报告聚焦2020~2022年新冠疫情期间大湾区新闻出版领域图书、报纸、期刊、音像、电子出版物、版权交易、发行、复制、印刷九大细分行业，分析粤港澳大湾区新闻出版领域文化产品供给侧基础现状、特征问题，并提出新闻出版行业扩大高品质文化供给、助推人文湾区建设和大湾区文化产品供给高质量发展的建议。

关键词： 文化产品　新闻出版　粤港澳大湾区

一　粤港澳大湾区新闻出版领域文化供给基础与现状

（一）整体经济规模评价

粤港澳大湾区新闻出版业整体产业韧性与发展潜力巨大，行业总体发展水平比肩世界三大一流湾区。新冠疫情对新闻出版行业整体影响较小，疫情防控平稳转段后营业收入、资产总额等多项总量指标逆势回升。

---

* 严若谷，博士，广东省社会科学院文化产业所研究员，主要研究方向为文化产业与文化地理。

1. 文化事业和文化产业繁荣发展的主力军

新闻出版是粤港澳大湾区文化经济领域的重要部门，其门类横跨文化产业的核心层、外围层和相关层，也是大湾区公共文化服务供给的重要组成，对人文湾区建设意义重大。从外围数据看，2021年新闻信息服务领域增加值为1153.6亿元[①]，占广东文化及相关产业总增加值的16.7%。香港出版界别的增加值为133亿港币[②]，占香港文化及创意产业增加值的10.7%。在从业人员数量方面，2021年广东新闻出版从业人员达383846人，占广东文化产业相关从业人员总数的（3365901人）11%。2021年香港出版界别的就业人数为31870人，占香港文化及创意产业总就业人数的14.1%。

2. 具备世界级湾区新闻传媒产业集聚特质

新闻出版、文化传媒业高度集中集聚是世界级一流湾区文化产业繁荣发展的一大典型特征。标准普尔全球上市公司数据库数据显示，纽约湾区、旧金山湾区、东京湾区基于其区域文化交流中心地优势已成为提供服务所在国高水平文化供给和参与全球文化产业国际分工的核心区域。其中，纽约湾区以报业、广播电视新闻出版产业集群为特点，拥有包括《华尔街日报》《纽约时报》等传统媒体以及时代华纳、维亚康姆、哥伦比亚广播公司等媒体集团为代表的各类上市公司54家；旧金山湾区以全球领先的科技媒体集群为特征，以脸书、奈飞为首的数字媒体发展迅猛，共计有上市公司79家；东京湾区以动漫游戏产业和出版印刷为主导，集聚了包括朝日新闻集团、读卖新闻集团等知名报刊企业在内的上市公司123家（见表1）。粤港澳大湾区整体数量略逊于旧金山湾区和东京湾区，但新闻出版业集聚态势已显现，特别是新闻出版在文化产业整体营收中具有优势占比。截至2022年，其中共有12家出版传媒公司在香港挂牌上市。从市值上来看，这12家合计市值近百亿港币，达93.024亿港币，占香港上市公司总市值308272亿港币（截至2022年9月底）的0.03%[③]。

[①] 广东省统计局：《2021年广东文化及相关产业运行简况》，http://stats.gd.gov.cn/tjkx185/content/post_4092865.html。

[②] 香港政府统计处：《香港的文化及创意产业》，《香港统计月刊》2023年6月。

[③] 《在港上市的12家「出版传媒」公司今年表现（截止11月04日）》，http://news.sohu.com/a/602600438_120376913。

表1 世界级湾区新闻出版上市企业对比①

湾区	重点行业	上市公司(家)
纽约湾区	互联网	30
	广播电视	8
	有线与付费电视	8
	广告	8
旧金山湾区	互联网	75
	书籍印刷	2
	视频录像带租赁	2
东京湾区	互联网	93
	广告	12
	软件设计	9
	广播电视	9
粤港澳大湾区	互联网	28
	软件设计	16
	广告	8
	新闻出版	15

3. 新冠疫情影响下湾区新闻出版业整体逆势上扬

在近三年新冠疫情冲击下,粤港澳大湾区新闻出版业仍整体保持稳定,2021年出现逆势回升。从外围数据看,2021年珠三角9市新闻出版业实现总营收超2000亿元,基本保持了2019~2021年三年疫情期间的正增长②。2021年香港出版业增加值133.47亿港币,超过疫情前水平(2017年131.16亿港币)。

(二)细分领域经营效益与文化产品供给水平分析

从细分领域行业发展效益看,粤港澳大湾区新闻出版行业间经营性指标差异加大。传统出版转型加剧,图书与发行在疫情期间保持较高位营收增长,数字化出版与在线零售成为新闻出版行业新的增长点。

---

① 纽约湾区、旧金山湾区、东京湾区数据为2017年数据,资料来源:臧志彭《世界一流湾区传媒产业发展经验及对粤港澳大湾区的战略启示》,《中国出版》2019年第17期,第30~33页。

② 根据2021年广东省新闻出版业总营收2855.4亿元估算。

1. 产业结构不平衡依然突出，新冠疫情对细分领域的影响有差异

新冠疫情对粤港澳大湾区（珠三角9市）新闻出版细分产业带来差异化影响。从分产业2018~2021年总营业收入变化情况看，图书与发行营收年均增长率达两位数，报纸、电子出版物营业收入呈现稳定增长，期刊发展规模相对稳定，音像、复制、印刷出现一定程度负增长（见图1）。

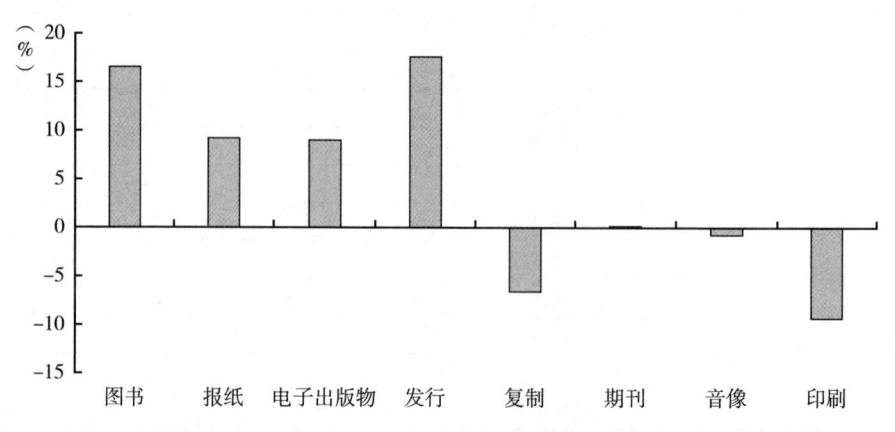

图1　2018~2021年大湾区（珠三角9市）分产业营业收入年均增长率

注：版权交易因统计口径不统一，无法纳入统计柱状图。

2. 发行行业出现积极变化，新华书店系统外批发快速增长

受新冠疫情影响，实体书店零售加速下滑，直播售书等线上销售新渠道推动新华书店系统外发行高位增长。从外围数据看，2021年广东发行零售合计实现码洋54亿元，其中网络零售4.16亿元，与2020年相比增长5.04%。营业总额和利润额的高位增长，带来了从业人员规模的高速增长。相关从业人员从2018年的6482人增加到2021年的44095人，年均增速89.48%。

3. 印刷业逐年增长态势趋缓，细分行业营业收入分化加剧

从营业收入看，出版物印刷和专项排版、制版、装订两个细分行业跨越疫情低谷实现正向增长，经营规模较疫情前持续扩大。但受实体经济下滑影响，包装装潢印刷、其他印刷品印刷整体下降，经营规模尚未恢复疫情前水平。从印刷企业集聚分布情况看，深圳、东莞、佛山、广州依然是大湾区印刷业主要集聚区（见表2）。

表2　2022年大湾区（珠三角9市）存续印刷企业分布①

序号	所属城市	存续数量（家）
1	深圳市	4643
2	东莞市	3376
3	佛山市	2500
4	广州市	2015
5	中山市	1697
6	江门市	1004
7	惠州市	979
8	珠海市	419
9	肇庆市	325

4. 图书出版整体趋于稳定，主题图书创作与出版相对乏力

整体来看，大湾区（珠三角9市）教育类图书为刚性需求，图书出版种数、总印数保持稳定。大众出版图书受益于主题出版和短视频等新兴渠道红利的推动，整体实现稳增长。但新图书出版种数规模与大湾区经济体量不匹配。外围数据显示，2020年广东图书出版种数占全国4.13%，低于上海的10.56%、江苏的10.16%、浙江的5.45%等省区市。出版种数、总印张、定价总金额处于全国中游。

5. 报纸新媒体在社交平台影响持续提升，关注量优势明显

从社交媒体关注和分享数量统计看，《羊城晚报》《南方周末》《南方日报》《广州日报》等报纸新媒体在全国居于领先地位，关注和分享量远远高于其他省份地方报纸。《羊城晚报》《南方周末》《南方日报》《广州日报》四家报纸2022年7月的关注和分享数量均超过1万（见图2）。

6. 版权输出引进体现湾区开放优势，优质版权价值持续放大

出版物对外版权贸易高速增长，版权贸易的总体引进输出比大幅缩小。从外围数据看，2021年广东版权贸易总体引进输出比为1∶2.04。香港出版货品（书籍及报刊）引进输出比为1∶1.25。香港整体文化及创意货品出口（包括

---

① 资料来源：国家企业信用信息公示系统。

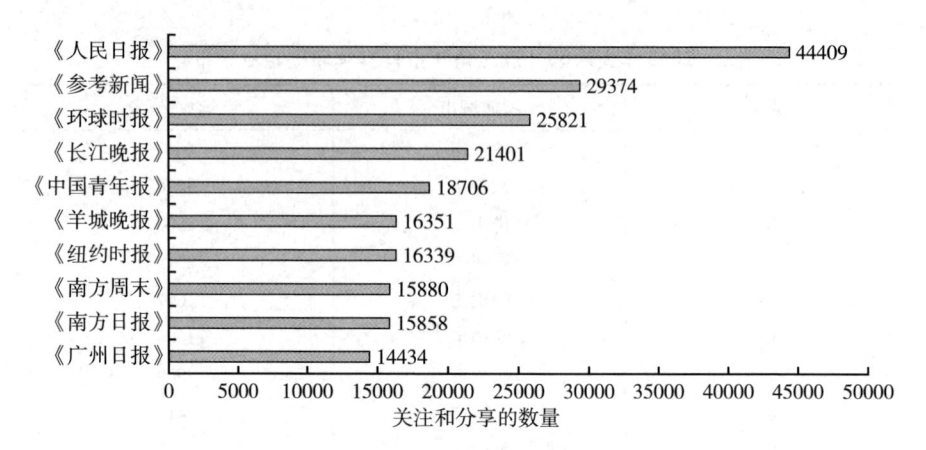

```
《人民日报》      44409
《参考消息》      29374
《环球时报》      25821
《长江晚报》      21401
《中国青年报》    18706
《羊城晚报》      16351
《纽约时报》      16339
《南方周末》      15880
《南方日报》      15858
《广州日报》      14434
```

图 2　2022 年 7 月中国社交媒体上的领先报纸品牌①

港产品出口和转口）共计 7478 亿港币，较 2020 年增加 30.3%。其中，视听及互动媒体货品为最大份额，占总额的 73.3%，传统书籍报刊则占 1.2%。香港整体文化及创意货品进口共计 7251 亿港币，较 2020 年增加 32.1%。其中，视听及互动媒体货品为最大份额，占总额的 62.2%，传统书籍报刊则占 1.0%。

（三）行业主体竞争活力分析

1. 头部企业集聚态势明显

大湾区（珠三角 9 市）期刊、图书、报纸市场生产主体具有较高的集中度，头部企业占据较大市场份额。2021 年上表期刊企业中，营业收入超过 1000 万元的有 17 家。2021 年上表报纸企业中，营业收入超过 1000 万元的有 8 家。2021 年上表图书企业 18 家，营业收入超过 10 亿元的有 1 家，突破 1 亿元的有 5 家。

2. 出版行业集团化成效卓著

大湾区（珠三角 9 市）现有三家出版行业上市公司，分别是教育出版领域的广东广弘控股股份有限公司、南方出版传媒股份有限公司以及大众出版领域的粤传媒（广东广州日报传媒股份有限公司）。2021 年三家上市公司集团化运作取得成效。

---

① 资料来源：远瞩咨询《2022 年中国文化传媒行业分析》。

南方出版传媒股份有限公司主营业务为图书、报刊、电子音像出版物的出版和发行，以及印刷物资供应和印刷业务，其中图书出版物主要为中小学教材、教辅、一般图书。公司聚合了图书、期刊、报纸、电子音像、新媒体等多种介质，形成了集传统出版发行业务与数字出版、移动媒体等新媒体业务于一体的综合性传媒业务架构，拥有出版、印刷、发行、零售、印刷物资销售、跨媒体经营等出版传媒行业一体化完整产业链。2021 年实现营业收入 7.598 亿元，与 2020 年相比增长 10.17%，疫情期间保持稳速增长态势。[1] 公司教育出版集约化经营成效明显。已实现各出版社粤版教材教辅资源整合统一，同质化竞争和资源内耗问题得到有力解决。广东教育出版社总体规模进入全国地方教育出版社前五。大众出版坚持向专业化、特色化、品牌化改革，2021 年全年出版图书 8133 种，其中大众图书 3988 种、音像制品 187 种、电子出版物 328 种。

粤传媒（广东广州日报传媒股份有限公司）是首家获得中宣部和国家新闻出版总署批准并在深圳证券交易所上市的报业传媒公司，同时是广东省唯一报业传媒集团整体上市公司。公司主要业务包括广告营销、报纸印刷和系列媒体经营，包括《足球》《篮球先锋报》《广州文摘报》《老人报》《新现代画报》《读好书》《美食导报》《舞台与银幕》等一系列资讯、娱乐、文化、生活类报刊的经营业务，以及大洋网等新媒体经营业务。2020 年以来，该公司步入传媒经营和文化投资产业整体转型关键期。受国内宏观经济增速放缓和新兴媒体发展的影响，公司平面媒体广告经营、报刊发行、报纸印刷等传统业务呈下滑态势。为了集中清理长期经营发展过程中留存的低效、无效资产，粤传媒对系列媒体进行整合，形成四大板块，分别是主打老年健康少儿教育产业（大洋传媒）、新媒体产业（大洋网）、体育科技服务产业（先锋报业）、生活与时尚娱乐产业（广粤文化）四个发展方向。2021 年粤传媒实现营业收入 5.45 亿元，较 2020 年增长 7.72%，但尚未恢复至疫情前 2019 年 6.79 亿元水平。[2]

---

[1] 《南方传媒：南方出版传媒股份有限公司 2021 年上市公司年度报告》，https://vip.stock.finance.sina.com.cn/corp/view/vCB_AllBulletinDetail.php?stockid=601900&id=8112224。

[2] 《粤传媒：2021 年上市公司年度报告》，http://stock.10jqka.com.cn/20220428/c35865935.shtml。

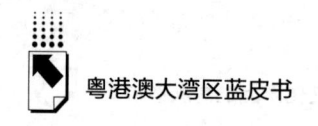

二 粤港澳大湾区新闻出版领域文化供给高质量发展的问题

(一) 讲好湾区故事的精品内容影响力传播力亟待提升

主题图书传播力影响力亟待提升。大湾区图书出版结构以大众文化类图书为主,主题图书出版传播影响力较全国其他省份不具备优势。反映新时代发展成就、粤港澳大湾区国家战略建设情况等方面的图书规模偏小、影响力不足。参与国家重点出版工程的项目不多,如中国经典民间故事动漫创作出版工程四批35家,无一家珠三角9市出版单位(见表3)。

表3 2022年大湾区城市入选国家出版工程项目一览

出版工程	项目	单位
中华民族音乐传承出版工程精品出版项目(2022年度)入选名单(全国共计61项)	潮汕戏剧大观	广州暨南大学出版社有限责任公司
	粤剧表演艺术大全	广州出版社有限公司
2022年全国有声读物精品出版工程入选项目名单(全国共计41项)	也许今生不再相见	广州出版社有限公司
	神奇博士时空穿梭之探访科学家	广东大音音像出版社
2022年度国家出版基金拟资助项目名单(全国共计498项)	马克思哲学与当代中国	广东高等教育出版社有限公司
	新中国社会生活史	广东人民出版社有限公司
	政治修辞学	广州暨南大学出版社有限责任公司
	全球客家通史	广东人民出版社有限公司
	中小学核心价值观教育的国际比较研究	广东教育出版社有限公司
	新中国儿童事业发展与研究	广东新世纪出版社有限公司
	瞿昙寺壁画——汉藏艺术融合样本研究	广东经济出版社有限公司
	中国南药图志(上、中、下卷)	广东科技出版社有限公司

来源:根据公开信息综合整理。

(二) 报刊业融媒体转型两极分化加剧

大湾区报刊企业经营状况发展不平衡现象突出。2021年报纸企业平均收入超9000万元，但高于平均收入的报纸企业仅有13家。新媒体等多元化经营能力不足，仅有9家报纸企业其他经营收入达到10%以上，仅《南方都市报》《广州日报》两家企业的非营业收入超过1亿元。

（三）出版传媒集团创新发展能力不足

2022年，大湾区3家出版行业上市企业市值排名未跻身2022年中国出版行业上市企业市值排名前10，南方传媒（排名11）、粤传媒（排名13）、广弘控股（排名15）。截至2022年12月30日，3家出版行业上市企业总市值分别为74.45亿元、63.39亿元和51.20亿元，3家市值的总和仍比排名第一的凤凰传媒（201.56亿元）少6.2%。根据企业年报披露情况看，三家出版行业上市企业在出版主业、线上线下连锁发行、出版数字化改革、印刷业务转型升级、公共文化服务供给、文化新兴领域投资运营等方面与前位出版集团存在转型差距（见表4）。

表4　2021年南方传媒与浙版传媒主要经营指标

项目	浙版传媒	南方传媒	差异数值
出版图书（种）	12027	8133	-3894
出版营业收入（亿元）	27	30	+3
发行营业收入（亿元）	92.5	50	-42.5
印刷（亿元）	3.35	5.48	+2.13

（四）印刷传统产业增长拉动优势不在

近年印刷业增速放缓，使大湾区新闻出版产业的既有发展模式难以保障产业的快速发展。传统印刷业主要是依靠廉价的生产要素驱动的，这种发展方式已经不具有可持续性。特别是疫情防控平稳转段后，印刷业"四高、四低"的双重打击更趋严峻，即原材料价格高、人工成本高、人民币汇率高、贷款利率高，出口退税低、加工工价低、投资热情低、订单活源低，结构不合理和布局不合理的矛盾日益突出；由于利润空间小，行业间不规范竞争很激烈；由于自主创新能力不够，产业核心竞争力欠缺，高端技术设备受制于国外；由于成

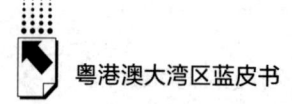

本增加和产业转移的压力,部分印刷企业产生将部分生产线外迁的念头,国际书刊印刷市场已经有一部分订单流往东南亚地区;由于外向度高,贸易壁垒的困扰越来越大。

(五)版权高水平对外开放存在政策壁垒

海外图书引进版权登记存在制度障碍。根据现行制度规定,在引进海外图书版权时,必须提供由著作者本人签署的授权出版文件。然而在实际沟通过程中,一些出版商只能拿到著作者提供给海外出版社的出版授权书,很难联系到著作者本人,无法完全按照现行标准提供材料,这给引进海外优质图书带来了阻力。

三 大湾区新闻出版领域发展趋势研判

(一)铸就文化新辉煌对新闻出版行业文化产品生产提出新要求

党的二十大提出"推进文化自信自强,铸就社会主义文化新辉煌"的文化建设全国动员令,在社会主义意识形态、践行社会主义核心价值观、提高社会文明程度、繁荣发展文化事业和文化产业、增强中华文明传播力影响力等方面对文化强国建设提出更高要求。在新闻出版行业领域,一是坚持正确出版导向,主题出版的工作将持续放大。即在第二个百年征程的开局之年,围绕党的建设、高质量发展、中国式现代化等以社会主义核心价值观为引领,发展社会主义先进文化、弘扬革命文化、传承中华优秀传统文化的各类主题出版将进一步扩大。二是人民日益增长的文化需求对出版内容生产质效提出新要求。物质文明和精神文明相协调是中国式现代化的逻辑基础、发展愿景与实践要求。这对新闻出版内容生产的质效提升提出更高要求,文学、学术、科普、教育等原创版块的内容生产必须紧密结合弘扬中华优秀传统文化、促进社会主义"人的全面发展",围绕提升人的科学文化素质、丰富人的精神世界、培养人的高尚道德情操等方面进行高质量策划与文化产品创作。三是在文化强国、出版强国的目标导向下,以重大出版工程、文化工程为抓手的国家宏观政策调控将进一步加大比重。在创新实施文化惠民工程、实施重大文化产业项目等宏观调控领域,中宣部、国家新闻出版总署在重大出版、主题出版系列工程领域的扶持力度将持续加大,并进一步完善对数字阅读、网络文学、有声读物、知识服务等细分领域的专项出版资助与扶持。

(二)传统新闻出版向数字出版转型,进入多业态深度共融新阶段

传统新闻出版向数字化、智能与互动化深度融合发展,既是数字革命推动下的产业转型升级的必然变革,更是新闻出版落实国家文化数字化战略的必然要求。一是人工智能给出版内容的生产范式带来巨大革新。以 ChatGPT 为代表的 AIGC(人工智能生成内容)可基于注意力机制的深度学习模型,利用网络获取的文本数据进行自我训练,并形成超强的学习能力、响应速度和拟人反馈。这对出版业创新平台内容搜索、内容宣发、内容创作等环节提出了新命题,借助于人工智能对内容体系、内容策划、内容制作、优化用户体验等方面的深度赋能,新闻出版内容生产范式和商业模式将面临颠覆性再造。二是新闻出版数字资源将加速向数据文化资产演变。随着我国数据要素市场发展潜力的进一步放大激活,数据对于新闻出版的数字赋能作用将不断增强。新闻出版领域的数据资源积累,行业相关文化线上孪生数据、内容数据、文化消费数据的搜集整合、管理及运用将成为新闻出版业文化产品、服务生产的创新引擎。相关文化数据的管理、使用、交易将深刻影响新闻出版业市场组织模型与政府监管方式。三是数字版权运营成为新潜力空间。随着数字文化新业态、新领域不断涌现,数字版权价值日益凸显,已成为数字文化产业的核心资产。数字版权运营相关的版权管理、保护、运用将成为释放数字版权价值、带动行业产业链附加值跃迁的重要方向。相关网络文学、网络游戏、网络动漫、数字音乐、摄影图片、短视频、沉浸式剧本等新生数字内容领域的版权确权、鉴权、估值、转化、交易活动将逐步成为更成熟的版权运营产业。

(三)新闻出版在公共文化服务体系中面临更大挑战与新发展空间

一方面,新闻出版特别是数字出版等新型出版在公共文化服务建设、满足人民日益增长的精神文化需求中的地位和作用日益凸显。随着 5G、大数据、云计算、物联网、区块链等技术的快速发展与深度应用,文化数据的开放共享化、出版技术的平台化、出版技术的社交化、出版技术的虚拟化,将有力推动

新闻出版领域优质出版产品向公共服务产品的转变。云阅读、云试听、云娱乐等模式的发展，将推动新闻出版文化产品输出的场景体验、呈现方式、传播渠道的不断丰富与拓展，以促进出版单位、数字平台企业、公共文化服务机构在对接中不断创新产业发展空间。另一方面，媒体融合浪潮下新闻出版特有的区域与行业边界日益消融，传统出版行业准入壁垒不断被打破。从事公共文化内容生产的参与主体已不限于传统新闻出版单位，更多的互联网平台和企业通过App、小程序等开始运用文字、视频、音频和流媒体等进行准公共文化产品的生产和发布。传统新闻媒体在公共文化服务体系领域面临新的挑战。

（四）传媒出版"走出去"将在更广领域更高层次实现更大突破

党的二十大报告以"增强中华文明传播力影响力"为题，为出版"走出去"提供了指南，提出了"要坚守中华文化立场"的价值指南，"要提炼展示中华文明的精神标识和文化精髓"的内容要求，以及"加快构建中国话语和中国叙事体系"的形式要求等一系列"走出去"的思想体系。在新闻出版领域，一是契合重大主题、历史节点的标志性文化成果"走出去"形成新的力量。如开启奋进新征程、新冠疫情防控等我国新时代十年取得的历史性成就和发生的历史性变革成为出版"走出去"的重要题材。二是"规划推动+项目带动"的出版"走出去"运行体制日益完善。如中央办公厅、国务院办公厅印发的《关于推进新时代古籍工作的意见》，明确要加强古籍工作对外交流合作，推动古籍读物"走出去"。中宣部、教育部联合印发的《面向2035高校哲学社会科学高质量发展行动计划》，要求强化中国话语的国际传播，构建融通中外、开放自信的话语体系等出版"走出去"相关行动规划相继出台。"经典中国国际出版工程"和"丝路书香工程"以及中宣部"走出去"主题出版重点选题等项目在展示中国智慧和中国方案的出版物等方面予以更多项目确立、评选的激励与引导。三是"走出去"的出版主体更加专业化。如2019年，习近平总书记在致中国外文局成立70周年的贺信中提出要"建设世界一流、具有强大综合实力的国际传播机构"。我国出版企业主持和参与的国际性出版合作交流活动日益增多，专业化水平提高，在出版国际话语权的地位日益增强。

（五）粤港澳世界级大湾区对新闻出版持续提供内容生产动力源

《中共广东省委 广东省人民政府关于新时代广东高质量发展的若干意见》指出纵深推进粤港澳大湾区建设，是广东高质量发展的动力源。在新闻出版领域，一是讲好大湾区故事是大湾区新闻出版内容生产最有特色的版块。粤港澳三地是以岭南文化为纽带的世界级湾区，粤港澳大湾区是习近平总书记亲自谋划、亲自部署的重大国家战略。打好湾区牌，在人文湾区建设、岭南文化"双创"工程领域开展主题出版文化产品的内容生产与出版是塑造和丰富湾区人文精神、打造共建共享"粤港澳大湾区文化圈"的重要内容。二是广东高质量发展提出"再造一个新广东"的新目标，宣传广东制造业当家、高水平科技自立自强、深入推进改革开放、城乡区域协调发展、绿美广东生态建设等热点话题，将成为大湾区新闻出版文化产品的重要内容。

四　发展建议

（一）强化湾区文化交流，打造文化精品

围绕岭南文化、当代湾区故事开展联合文化产品的内容创作工作，让新闻出版行业成为大湾区三地开展文化交流的重点领域。一方面，鼓励珠三角9市与港澳地区共同组织策划实施一批反映湾区建设的主题新闻报道、报告文学作品，并通过融媒体矩阵的多维度宣传报道，展示湾区文化新形象；另一方面，可由三地联合立项反映岭南文化、当代湾区故事的文学文艺重大工程项目。以文艺精品讴歌湾区形象，反映大湾区开放、包容、创新的精神品格。

（二）扩大优质内容供给，推动品牌建设

鼓励南方传媒等官方报刊媒体在内容生产工作中自觉承担起"举旗帜、聚民心、育新人、兴文化、展形象"的使命任务，稳妥把握新媒体传播规律，发挥自身优势特色，坚决筑牢宣传舆论阵地。积极引导大湾区内专业媒体推出贴合主题教育、制造业当家等大型主题的策划，认真做好党的二十大

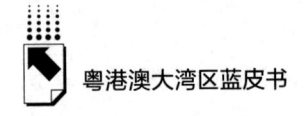

精神宣传工作，努力讲好中国故事、湾区故事，充分彰显主流媒体的舆论引导作用。

（三）实施移动优先战略，加快媒体融合

鼓励各类新闻媒体机构、市场主体自主开发 App 等平台式终端，不断加强界面优化、内容拓展和用户运营。以一体化内容生产和新媒体产品开发为抓手，聚焦全媒体流程优化与业态布局、全媒体平台再造两个重点，推动报刊媒体深度融合发展。加快创新优化生产机制和推出适应数字媒体发展潮流趋势的修订内容改革方案，形成"一次采集、多种生成、多元传播"的融媒体全流程。

（四）做强版权输出，放大版权大省优势

在巩固现有图书版权输出体量基础上，积极拓展多语种版权输出海外市场空间。借力"主题出版"积极扩大海外推广传播影响力。积极推动以中国共产党、中国特色社会主义、中国梦为题材的图书多语种转化，确保"中国红"成功输出到多个国家。加快文学作品进军海外市场。鼓励花城出版社等文学作品集中的出版社向海外输出多个语种的大湾区文学作品。结合国家版权战略，加强海外版权战略布局。支持大湾区内出版机构在海外设立国际编辑部，让海外编辑部成为世界观察中国、观察湾区的一扇窗口。

附　录　2022年至2023年6月粤港澳大湾区大事记

陈梦桑　石　梅*

2022年

2022年1月4日　上海、广东、海南、浙江4省（市）4个区域开展跨境贸易投资高水平开放试点。广东自由贸易试验区南沙新区片区入选。

2022年1月4日　深圳市人民政府市长覃伟中宣布前海国际人才港、深港国际法务区启用，前海人才、法治建设再上新台阶。

2022年1月6日　中航云电信股份有限公司与广州市南沙区签署协议，计划投资318亿元建设国内首个跨境数据试验性项目——"广州南沙国际数据自贸港"。

2022年1月10日　《财政部、税务总局关于横琴粤澳深度合作区个人所得税优惠政策的通知》出台，规定对在横琴粤澳深度合作区工作的境内外高端人才和紧缺人才，其个人所得税负超过15%的部分予以免征；对在横琴粤澳深度合作区工作的澳门居民，其个人所得税负超过澳门税负的部分予以免征。

2022年1月12日　香港交易所与深圳证券交易所签订战略合作补充协议，建立更紧密的全方位合作关系，进一步推动香港和中国内地资本市场的协同发展。

2022年1月17日　最高人民法院印发《关于支持和保障横琴粤澳深度合作区建设的意见》《关于支持和保障全面深化前海深港现代服务业合作区改革

---

* 陈梦桑，博士，广东省社会科学院助理研究员，主要研究方向为区域经济、战略人力资源管理；石梅，广东省社会科学院图书馆馆员，主要研究方向为社科情报、港澳信息。

开放的意见》，前者从推动规则衔接和机制对接、强化横琴法院职能作用、深化粤港澳司法协作交流三个方面共8条，后者从提高法律事务对外开放水平、推动规则衔接和机制对接、促进粤港澳司法交流与协助、全面深化改革创新四个方面共13条，为两个合作区的建设营造良好法治环境。

2022年1月18日 广东省人民代表大会常务委员会通过《广东省外商投资权益保护条例》，提出建立跨区域、跨部门知识产权快速协同保护机制、快速维权，在大湾区的高端人才可享受出入境优惠措施等。

2022年1月24日 国家外汇管理局广东省分局发布《中国（广东）自由贸易试验区广州南沙新区片区开展跨境贸易投资高水平开放外汇管理改革试点实施细则》。

2022年1月29日 广东省人民政府印发《广东省推动服务贸易高质量发展行动计划（2021—2025年）》，依托粤港澳平台促进和粤港澳大湾区建设的牵引作用，贯穿行动计划的加快发展新兴服务贸易、促进传统服务贸易转型升级、强化服务贸易主体培育及平台建设、完善服务贸易促进体系等四个方面。

2022年2月7日 国家发展改革委、中央网信办、工业和信息化部、国家能源局联合复函，同意在粤港澳大湾区启动建设全国一体化算力网络国家枢纽节点。

2022年2月8日 广东省委书记李希、省长王伟中到横琴粤澳深度合作区调研，要求以新气象新担当新作为扎扎实实把合作区的事办好。王伟中主持召开推进横琴粤澳深度合作区建设工作协调对接会。

2022年2月10日 广东省推进粤港澳大湾区建设领导小组第七次全体会议在广州召开，听取推进粤港澳大湾区建设工作情况汇报，研究部署2022年重点工作。

2022年2月15日 广东省商务厅、发展改革委等七部门联合印发《广东省进一步深化跨境贸易便利化改革优化口岸营商环境的若干措施》，拓展"湾区一港通""湾区组合港"项目覆盖范围，优化口岸营商环境"软实力"。

2022年2月24日 "粤商·省长面对面"协商座谈会在广州召开，会议主题是"进一步优化我省营商环境，促进横琴粤澳深度合作区和前海深港现代服务业合作区建设"。

2022年2月25日 广东省大湾区办工作会议在广州召开，总结广东省大湾区工作系统推进粤港澳大湾区建设工作进展情况,研究推进2022年重点工作。

2022年3月2日 横琴粤澳深度合作区执行委员会印发《降低横琴粤澳深度合作区企业综合成本的十条措施》,是合作区成立以来首份以执委会名义发布的综合性政策文件。

2022年3月31日 广东省人民政府召开新闻发布会,正式发布《广东省知识产权保护和运用"十四五"规划》,与"十三五"相比,《规划》更加突出广东知识产权全链条保护,更加突出质量和价值导向,更加突出融入产业创新发展,更加突出湾区特色和开放合作。

2022年4月16日 广东省人力资源和社会保障厅、广东省财政厅等四部门联合印发《支持港澳青年在粤港澳大湾区就业创业的实施细则》,对支持港澳青年在大湾区就业创业相关政策进行明确和细化。

2022年5月22~25日 中国共产党广东省第十三次代表大会在广州召开。大会强调过去五年广东胸怀"国之大者",举全省之力推进粤港澳大湾区建设。明确未来要抓住建设粤港澳大湾区、支持深圳建设中国特色社会主义先行示范区、建设横琴和前海两个合作区、深圳综合改革试点、建设粤港澳大湾区高水平人才高地等重大历史机遇,深化实施"1+1+9"工作部署,奋力在全面建设社会主义现代化国家新征程中走在全国前列、创造新的辉煌。

2022年5月23日 深圳市前海深港现代服务业合作区管理局印发《关于支持前海深港国际法务区高端法律服务业集聚的实施办法(试行)》。

2022年6月1日 广东省财政厅、国家税务总局广东省税务局转发《财政部 税务总局关于横琴粤澳深度合作区企业所得税优惠政策的通知》。

2022年6月5日 广州南沙开发区管委会办公室、广州市南沙区人民政府办公室印发《关于印发广州南沙关于推动创新链产业链资金链人才链深度融合的若干措施的通知》,提升南沙产业政策体系的稳定性、精准度、灵活度和可获得度。

2022年6月6日 国务院印发《广州南沙深化面向世界的粤港澳全面合作总体方案》,赋予广州市南沙区作为立足湾区、协同港澳、面向世界的重大战略性平台的新定位,为南沙高质量发展注入强劲动力。这是继上年出台横琴、前海两个合作区方案以后,中央从全局和战略高度,对大湾区建设作出的

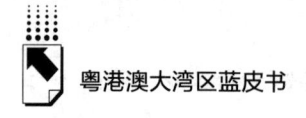

又一重大决策部署。

2022年6月10日 广东与澳门在广州举行合作交流座谈会，会后，时任广东省委书记李希，省委副书记、省长王伟中会见澳门特别行政区行政长官贺一诚。

2022年6月14日 广东省人民政府办公厅印发《广东省建设国家中医药综合改革示范区实施方案》，提出全力建设中医药医疗、创新、人才、产业、国际化"五大高地"，引领粤港澳大湾区乃至全国中医药高质量发展。

2022年6月23日 广东省委常委会召开会议研究部署国务院《广州南沙深化面向世界的粤港澳全面合作总体方案》的落实工作，强调加快广州南沙粤港澳重大合作平台建设，是贯彻落实《粤港澳大湾区发展规划纲要》的战略部署，是建设高水平对外开放门户、推动创新发展、打造优质生活圈的重要举措。

2022年6月23日 国家药监局综合司发布《支持港澳药品上市许可持有人在大湾区内地9市生产药品实施方案》和《支持港澳医疗器械注册人在大湾区内地9市生产医疗器械实施方案》。

2022年6月24日 广东省人民政府办公厅印发《广东省发展绿色金融支持碳达峰行动实施方案》，强化粤港澳大湾区绿色金融领域合作，推进粤港澳大湾区绿色技术转化平台建设。

2022年7月6日 广东省司法厅为四名港澳籍律师颁发律师执业证，他们是全国首批获准在粤港澳大湾区内地九市执业的港澳律师。

2022年7月20日 横琴粤澳深度合作区执行委员会印发《横琴粤澳深度合作区贯彻落实国务院〈扎实稳住经济的一揽子政策措施〉实施方案》，涵盖加大金融服务实体经济发展力度、谋划推动一批重点项目建设、精准施策积极培育发展新产业、优化审批程序提升服务效能、加大纾困力度降低市场主体经营成本等五方面。

2022年7月25日 横琴粤澳深度合作区执行委员会印发《横琴粤澳深度合作区促进集成电路产业发展若干措施》，加快构建特色芯片设计、测试和检测的微电子产业链，为促进澳门经济适度多元发展提供"芯"动力。

2022年7月28日 粤港澳大湾区首个全新建造的自动化码头——广州港南沙港区四期自动化码头正式投入运行。

附录 2022年至2023年6月粤港澳大湾区大事记

2022年8月3日 2022年《财富》世界企业500强榜单公布，粤港澳大湾区共有24家企业进入榜单。

2022年8月11日 由粤港澳大湾区院士联盟主办的首届"大湾区国际科创峰会"在香港举行。

2022年8月12日 广东省省长王伟中到横琴粤澳深度合作区调研，要求深入学习贯彻习近平总书记对广东、对横琴重要指示精神，认真落实省委有关工作要求，扎实推进横琴粤澳深度合作区建设。

2022年8月16日 文化和旅游部公布第二批国家级夜间文化和旅游消费集聚区名单，粤港澳大湾区6个项目入选。

2022年8月18日 广东政协港澳青年人文交流基地揭牌仪式在广州南沙举行，基地将创新开展粤港澳青年人文交流活动，促进粤港澳青年广泛交往、全面交流、深度融合。

2022年8月30日 "粤澳合作技能人才评价工作站"在珠海正式挂牌，标志着粤澳职业技能"一试多证"专项合作正式落地。

2022年8月31日 由香港特别行政区政府、香港贸易发展局共同主办的第七届"一带一路"高峰论坛在香港举行。中共中央政治局常委、国务院副总理韩正以视频方式出席论坛并致辞。

2022年8月31日 由广东省人民政府、文化和旅游部、香港特别行政区政府、澳门特别行政区政府共同主办的"放歌大湾区·建功新时代——第二届粤港澳大湾区文化艺术节"开幕式在广州星海音乐厅举行。

2022年9月1日 深化粤港合作视频会议召开，两地以视频连线的方式共商深化粤港合作事宜，共同谋划推进粤港澳大湾区建设。

2022年9月2日 深港首次以联合公告形式发布《关于支持前海深港风投创投联动发展的十八条措施》，提出打造前海深港国际风投创投集聚区、便利深港跨境投资双向合作、支持做大规模集聚发展和打造深港联动发展良好生态环境等，助力粤港澳大湾区国际科技创新中心建设。

2022年9月7日 海关总署印发《海关总署支持前海深港现代服务业合作区全面深化改革开放若干措施》，支持前海合作区打造粤港澳大湾区全面深化改革创新试验平台、建设高水平对外开放门户枢纽。

2022年9月7日 横琴粤澳深度合作区执行委员会印发《横琴粤澳深度

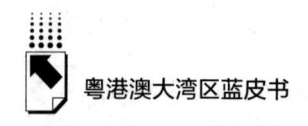

合作区市场主体住所登记管理办法》，鼓励澳门投资者在合作区创新创业。

2022年9月12日 位于港珠澳大桥珠海延长线末端的粤港澳物流园正式动工，将成为深化珠澳港合作、拓展合作新空间的重要阵地。

2022年9月15日 2022年粤澳合作联席会议在珠海横琴召开。会议主题是"高水平推进横琴粤澳深度合作区建设，促进粤澳合作高质量发展"。

2022年9月15日 横琴粤澳深度合作区金融发展局印发《横琴粤澳深度合作区企业上市挂牌专项扶持办法》和《横琴粤澳深度合作区促进中小微企业融资发展扶持办法》。

2022年9月15日 横琴粤澳深度合作区管理委员会第四次会议在横琴举行，总结一年来合作区建设成就，共同谋划推动合作区建设取得更大成效。

2022年9月19日 广东全省推进实施《广州南沙深化面向世界的粤港澳全面合作总体方案》现场会在广州南沙召开。

2022年9月20日 中共中央宣传部举行"中国这十年"系列主题新闻发布会，聚焦新时代"一国两制"在港澳的成功实践。

2022年9月20日 海关总署综合业务司印发《海关总署支持广州南沙深化面向世界的粤港澳全面合作若干措施》。

2022年9月23日 广东省发展和改革委员会与香港特区政府财经事务及库务局联合举办"拓展离岸人民币债券市场 活用债券融资助力大湾区发展"座谈会。

2022年9月25日 财政部、税务总局印发《关于广州南沙企业所得税优惠政策的通知》。对高新技术重点行业、信息技术等八大鼓励类产业企业减按15%税率征收企业所得税。

2022年9月27日 广东省深入推进《全面深化前海深港现代服务业合作区改革开放方案》现场会在深圳召开。

2022年9月29日 世界知识产权组织（WIPO）发布2022年全球创新指数（GII），"深圳—香港—广州"科技集群连续三年位列全球百大科技集群第二名。

2022年10月6日 "2022大湾区论坛暨中国日报香港版创刊25周年庆祝仪式"在香港举行。此次论坛主题是"粤港澳大湾区：融通共享谱新篇"。

2022年10月25日 横琴粤澳深度合作区金融发展局印发《横琴粤澳深

度合作区促进金融产业发展扶持办法》，鼓励优质金融类企业在合作区集聚创新发展，深化琴澳金融合作。

2022年10月25日 全国政协港澳台侨委员会召开粤港澳大湾区现代产业体系建设对口协商座谈会，围绕"粤港澳大湾区发展规划纲要落实情况——构建具有国际竞争力的现代产业体系"议政建言。

2022年10月25日 国家体育总局、国家发展改革委等八部门印发《户外运动产业发展规划（2022—2025年）》，支持粤港澳大湾区发展帆船、冲浪、海钓、潜水等项目，辐射带动华南地区，打造华南户外运动休闲区。

2022年10月27日 横琴粤澳深度合作区执行委员会印发《横琴粤澳深度合作区支持生物医药大健康产业高质量发展的若干措施》。大力支持发展中医药澳门品牌工业，加快发展以中医药研发制造为切入点的大健康产业。

2022年11月2日 广东省政府常务会议研究推进粤港澳大湾区珠江口一体化高质量发展有关工作，强调要把珠江口东西两岸融合发展作为突破口，着力打造珠江口"黄金内湾"，引领带动粤港澳大湾区加快建设成为国际一流湾区和世界级城市群。

2022年11月3日 广东深圳前海蛇口自贸片区和广东广州黄埔区入选国家进口贸易促进创新示范区。

2022年11月4日 广州市财政局、国家税务总局广州市税务局印发《广州南沙个人所得税优惠政策实施办法》。

2022年11月30日 工业和信息化部公布国家先进制造业集群的名单，大湾区7个集群入选。

2022年11月30日~12月4日 首届中国（澳门）国际高品质消费博览会暨横琴世界湾区论坛，在横琴粤澳深度合作区和澳门以"一会展两地"方式举办。

2022年12月5日 澳门特区政府经济及科技发展局、珠海市科技创新局以及横琴粤澳深度合作区经济发展局三方共同签署《共建中国—葡语系国家科技交流合作中心战略合作协议》，中国—葡语系国家技术交流合作中心落户横琴。

2022年12月8日 广东省第十三届委员会第二次全体会议在广州召开。会议强调要突出深化粤港澳合作，高水平谋划推进新阶段粤港澳大湾区建设，携手港澳加快建设国际一流湾区和世界级城市群。

2022年12月16日 广东省人民政府办公厅印发《广东省"十四五"旅游业发展规划实施方案》，提出提升粤港澳台旅游合作水平，共同推进粤港澳大湾区世界级旅游目的地建设。

2022年12月21日 2022粤港澳大湾区全球招商大会在广州举行，大会由粤港澳三地政府联合举办，主题是"投资大湾区，共创美好未来"。

2022年12月22~24日 2022粤港澳大湾区服务贸易大会在珠海国际会展中心举办，大会主题是"服务数字化策源地 贸易数字化领航区"。

2022年12月29日 商务部公布首批全国示范智慧商圈、全国示范智慧商店名单，大湾区共有2个商圈、3个商店入选。

2023年

2023年1月9日 广东省第十三届人民代表大会常务委员会第四十八次会议通过《横琴粤澳深度合作区发展促进条例》，条例自3月1日起实施。

2023年1月12日 广东省第十四届人民代表大会第一次会议上，广东省省长王伟中作工作报告，明确今后五年工作总体要求，强调要以粤港澳大湾区建设为牵引，扎实推进深圳先行示范区和横琴、前海、南沙三大平台等重大战略。

2023年2月13日 广东省司法厅印发《关于在前海深港现代服务业合作区开展中外律师事务所联营试点实施办法》，自2023年3月14日起施行。

2023年2月17日 中国人民银行、银保监会等联合印发《关于金融支持前海深港现代服务业合作区全面深化改革开放的意见》和《关于金融支持横琴粤澳深度合作区建设的意见》。

2023年2月23日 深圳市前海深港现代服务业合作区管理局、香港特别行政区政府商务及经济发展局联合发布《协同打造前海深港知识产权创新高地"十六条"措施》。

2023年2月28日 广东省人民政府办公厅印发《2023年广东金融支持经济高质量发展行动方案》，提出以横琴、前海、南沙三大平台金融开放创新为重点，共建粤港澳大湾区国际金融枢纽。

2023年2月28日 《横琴粤澳深度合作区关于支持澳资企业发展的扶持办法》经横琴粤澳深度合作区执委会会议审议通过。

2023年3月3日 《横琴粤澳深度合作区享受个人所得税优惠政策高端和紧缺人才清单管理暂行办法》经粤港澳大湾区建设领导小组同意予以印发。

2023年3月11日 广东省人民政府印发《关于将部分省级自然资源行政职权事项调整由广州市南沙区实施的决定》。

2023年3月23日 国家发展改革委印发《横琴粤澳深度合作区鼓励类产业目录》，要求广东省及国务院有关部门结合职能，在项目布局、资金安排、要素保障等方面对鼓励类产业予以积极支持。

2023年3月23日 横琴粤澳深度合作区管理委员会第五次会议在澳门举行。会议听取了横琴合作区执行委员会2023年工作报告，审议了横琴合作区管委会议事规则、执委会预算报告以及投资项目计划。

2023年4月10日 深圳市前海深港现代服务业合作区管理局印发《深圳前海深港现代服务业合作区支持金融业高质量发展专项资金管理办法》。

2023年4月19~20日 由中国国家创新与发展战略研究会、中国人民外交学会、广东省人民政府和法国展望与创新基金会联合主办"读懂中国·湾区对话"专题论坛在广州举行。会议主题是"中国式现代化与世界新机遇"，通过17场会议，来自全球的政治家、战略家、学者、企业家代表从不同视角观察中国式现代化带给世界的新机遇，帮助国际社会更好地读懂中国。

2023年4月21日 交通运输部印发《关于创新海事服务支持全面深化前海深港现代服务业合作区改革开放的意见》，提出要不断创新海事服务，支持前海合作区打造粤港澳大湾区全面深化改革创新试验平台。

2023年4月21~24日 香港特区行政长官李家超率领香港特区政府及立法会大湾区访问团，依次访问深圳、东莞、佛山和广州4个大湾区内地城市。

2023年4月25日 深圳市人力资源和社会保障局、深圳市财政局、国家税务总局深圳市税务局、深圳市人民政府港澳事务办公室联合印发《深圳市进一步支持港澳青年就业创业实施细则》。

2023年4月26日 由商务部、中央广播电视总台、广东省人民政府、香港特别行政区政府、澳门特别行政区政府共同举办的"粤港澳大湾区消费季暨第三届直播电商节"在广州市正式开启。

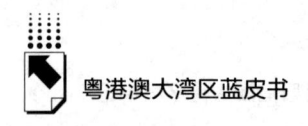

2023年4月26日 中央广播电视总台广东总站暨粤港澳大湾区总部运行揭牌仪式举行。

2023年4月27日 广东省人民政府办公厅印发《广东省关于香港机动车经港珠澳大桥珠海公路口岸入出内地管理办法》，自6月1日起实施。

2023年5月4日 琶洲港澳客运码头首航仪式在广州举行，标志着广州中心城区唯一的水上跨境口岸正式投入运营。

2023年5月8日 广东省推进粤港澳大湾区建设领导小组第九次全体会议在广州召开，会议通报近年来广东省推进粤港澳大湾区建设有关进展情况，审议《广东省推进粤港澳大湾区建设2023年工作要点》，听取横琴、前海、南沙三大合作平台建设进展情况及下一步工作汇报。会议强调要坚持把规划抓在手上、把项目落在地上、把未来融在路上、把百姓记在心上，携手港澳加大力度向前推进。

2023年5月10~12日 第三届BEYOND国际科技创新博览会在澳门和横琴粤澳深度合作区以"一会展两地"的方式举办，主题是"重义科技 Technology Redefined"。

2023年5月17日 由国务院侨办和广东省人民政府主办的2023华侨华人粤港澳大湾区大会在江门召开，大会主题是"汇聚侨力量，圆梦大湾区"。

2023年5月18日 "'天下为公'·中华情"——2023粤港澳台青年企业家交流会在广州开幕，交流会主题是"汇聚湾区 共创未来"。

2023年5月21日 2023年大湾区科学论坛在广州开幕。本届论坛主题是"智汇湾区，湾和世界"，吸引了来自全球各地近百位院士及各领域专家齐聚线上线下，共同探讨科学前沿热点，促进全球科技创新交流互鉴、合作共赢，助推粤港澳大湾区建设。广东省委书记黄坤明、全国政协副主席梁振英、中国科学技术协会主席万钢出席开幕式。香港特别行政区行政长官李家超、澳门特别行政区行政长官贺一诚发表视频致辞。

2023年5月24日 SmartHK 2023推动高质量发展香港论坛在广州举行。论坛主题是"粤港联动 推动高质量发展"。香港特别行政区行政长官李家超、广东省省长王伟中出席开幕式并致辞。论坛是"粤港合作周"（5月24日~6月7日）的重点活动之一。

2023年5月26日 《澳门特别行政区医疗人员在横琴粤澳深度合作区执

业管理规定》经珠海市第十届人民代表大会常务委员会第十四次会议通过。

2023年5月29日 中共广东省委、广东省人民政府发布《关于新时代广东高质量发展的若干意见》，提出要加快建设粤港澳大湾区国际科技创新中心，深化实施"湾区通"工程，推进横琴、前海、南沙三大平台建设，增强广州、深圳核心引擎功能，纵深推进粤港澳大湾区建设，打造高质量发展的重要动力源。

2023年6月1日 广东省委、广东省人民政府发布《关于高质量建设制造强省的意见》，提出着力实施大产业、大平台、大项目、大企业、大环境"五大提升行动"，优化完善纵深协同的产业发展布局，全面加强粤港澳产业链供应链协同合作。

2023年6月7日 广东省财政厅、广东省科学技术厅等四部门联合印发《关于进一步贯彻落实粤港澳大湾区个人所得税优惠政策的通知》。

2023年6月7日 广州市人民政府印发《广州南沙科学城总体发展规划（2022—2035年）》，提出加快推动广州南沙科学城建成大湾区综合性国家科学中心主要承载区，打造一流科学城。

2023年6月8日 横琴粤澳深度合作区金融发展局印发《横琴粤澳深度合作区企业赴澳门发行债券专项扶持办法》，以积极发挥横琴粤澳深度合作区作为促进澳门特别行政区经济适度多元发展新平台的作用，支持澳门特区债券市场发展。

2023年6月9日 横琴粤澳深度合作法律事务局印发《横琴粤澳深度合作区法律服务业扶持办法》，以促进横琴粤澳深度合作区法律服务业集聚发展。

2023年6月19日 第十五届全国运动会和全国第十二届残疾人运动会暨第九届特殊奥林匹克运动会广东赛区筹备委员会成立大会暨第一次工作会议在广州举行。第十五届全运会和第十二届残特奥会是首次由粤港澳三地联合承办的运动会。

2023年6月20日 广东省第十三届委员会第三次全体会议在广州召开，会议明确"锚定一个目标，激活三大动力，奋力实现十大新突破"的"1310"具体部署。其中，"十大新突破"中的第一个为"要纵深推进新阶段粤港澳大湾区建设，在牵引全面深化改革开放上取得新突破"。

2023年6月23日 拱北海关发布《拱北海关关于香港、澳门机动车入出内地监管办法（试行）》。

Abstract

Against the backdrop of the completion of the phased target tasks for the construction of the Guangdong-Hong-Kong Macao Greater Bay Area in 2022 and the entry into a new stage of construction and development with a new positioning of "One Fulcrum, Two Places", the Guangdong Academy of Social Sciences has organized the preparation of the "Guangdong-Hong Kong-Macao Greater Bay Area Construction Report (2023)". This book comprehensively presents the construction measures and achievements in the main construction areas of the Guangdong-Hong Kong-Macao Greater Bay Area from 2022 to the first half of 2023, analyzes the existing shortcomings and development trends, and proposes countermeasures and suggestions. The book includes a total of 18 research reports, including a general report, economic and trade, environment and facilities, cooperation platforms, special topics, and case studies, and is accompanied by important events in the construction of the Guangdong-Hong Kong-Macao Greater Bay Area. The overall report revolves around the theme of "promoting high-quality collaborative development in the Guangdong-Hong Kong-Macao Greater Bay Area", comprehensively discussing the further improvement of the innovation environment and level, more interconnected infrastructure, deepening construction of modern industrial systems, comprehensive construction of high-quality living circles, deeper collaborative opening, and the effectiveness of cooperation platforms in the Guangdong-Hong Kong-Macao Greater Bay Area from 2022 to 2023. It also looks forward to the future and proposes countermeasures. The economic and trade section studied the manufacturing industry, foreign trade, and technological innovation in the Guangdong-Hong Kong-Macao Greater Bay Area; the focus of the environment and facilities section is to analyze the comprehensive construction of the rules, business environment, comprehensive transportation system, and ecological environment in the Guangdong-Hong Kong-Macao Greater Bay Area; the cooperation platform section

Abstract

comprehensively summarizes the construction of major cooperation platforms and characteristic cooperation platforms in Guangdong, Hong Kong, and Macao, such as Hengqin, Qianhai, and Nansha; The special topic explores the talent highland, leisure bay, health bay, and think tank cooperation in the Guangdong-Hong Kong-Macao Greater Bay Area; the case study selects Macau's "1+4" moderately diversified economic strategy, the policies of Pearl River Delta cities serving Hong Kong and Macau youth, and the high-quality supply of cultural products in the Greater Bay Area for analysis and research. Since 2022, the Guangdong-Hong Kong-Macao Greater Bay Area has been focusing on promoting "hard connectivity" in infrastructure and "soft connectivity" in regulatory mechanisms. The modern industrial system has become more internationally competitive, and the regional endogenous development momentum has remained strong. A high-quality living circle has been comprehensively constructed, and the comprehensive strength of world-class bay areas and city clusters has significantly increased. Looking ahead to the future and entering a new stage of deepening construction, the Guangdong-Hong Kong-Macao Greater Bay Area will deepen the formation of a networked spatial pattern driven by poles and supported by axes. The flow of factors will accelerate the shaping of new forms of development, the competitiveness of urban agglomerations and the influence of world-class city clusters will be further enhanced. The construction of major cooperation platforms will shape new growth poles, and the pattern of diversified and coordinated industrial development will be further formed. To continuously increase the depth of the economy and deepen bilateral opening up both domestically and internationally; focusing on innovation momentum, vigorously building an international science and technology innovation center, and accelerating the formation of new quality productivity; Accelerate the promotion of new industrialization, promote the high-end, intelligent, and green manufacturing industry; highlighting the cultivation and aggregation of young talents, vigorously promoting the integrated development of talents in Guangdong, Hong Kong, and Macao, and building a world important talent center; accelerate the efficient and smooth flow of factors, and promote comprehensive connectivity between Guangdong, Hong Kong, and Macao; build a livable, business friendly, and tourist friendly environment, and create a world-class high-quality living circle.

Keywords: "One Fulcrum, Two Places"; High-quality Construction; Guangdong-Hong Kong-Macao Greater Bay Area

Contents

I General Report

B.1 Promoting High-quality Collaborative Development in the Guangdong-Hong Kong-Macao Greater Bay Area

    Programme group of Guangdong Academy of Social Sciences / 001
  1. Further improvement of regional innovation environment and level / 004
  2. More interconnected infrastructure / 011
  3. Deepening the construction of modern industrial system / 017
  4. Comprehensive construction of high-quality living circle / 022
  5. Deeper collaboration and openness / 028
  6. The effectiveness of cooperation platforms is evident / 034
  7. Outlook and suggestions / 038

  Abstract: Since 2022, the construction of the Guangdong-Hong Kong-Macao Greater Bay Area has been driven by a high-level talent highland, focusing on promoting "hard connectivity" of infrastructure and "soft connectivity" of rules and mechanisms, comprehensively deepening social exchanges and people's livelihood integration between Guangdong, Hong Kong and Macao, significantly enhancing the comprehensive strength of world-class bay areas and urban agglomerations, enhancing the international competitiveness of modern industrial systems, deepening and expanding cooperation between Guangdong, Hong Kong and Macao, and further enhancing the driving force of regional endogenous development, More interconnected infrastructure, comprehensive construction of high-quality living circles, innovative exploration of green and low-carbon development models, and new progress and achievements in the construction of the Greater Bay Area. Looking ahead to the future, the Guangdong-Hong Kong-Macao Greater Bay Area will deepen the formation of a networked spatial pattern driven by poles and supported by axes. The flow of factors will continue to accelerate and shape new forms of development in the Greater Bay Area. The competitiveness and influence of urban agglomerations will continue to increase. The construction of strategic platforms will shape new spatial growth poles, and the diversified and coordinated development pattern of industries will deepen, supporting the construction of an international first-class bay area and world-class urban agglomeration. Next, to promote high-quality coordinated development in the Guangdong-Hong Kong-Macao Greater Bay Area, we should continue to deepen bilateral opening up both domestically and internationally, increase economic depth, expand market breadth and depth; leading industrial development with technological innovation, continuously building a full process innovation chain, and accelerating the formation of new quality productivity; accelerate the promotion of new industrialization and collaborate to promote industrial transformation and upgrading; highlighting the support and cultivation of young talents, attracting and gathering high-end talents, and collaborating to promote the construction of a talent highland in the Guangdong-Hong Kong-Macao Greater Bay Area; aiming at all-round interconnectivity, further improving the connectivity between software and hardware, and accelerating the efficient and smooth integration of elements; efforts will be made to optimize the livable living environment and promote green transformation, jointly drawing a humanistic bay area and creating a world-class high-quality living circle.

Keywords: High Quality Construction; Coordinated Development; "One Fulcrum, Two Places"; Guangdong-Hong Kong-Macao Greater Bay Area

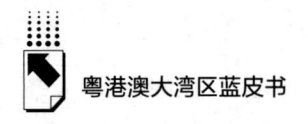

II Economy and Trade

B.2 A Manufacturing Industry Development Report for Guangdong-Hong Kong-Macao Greater Bay Area

Long Jianhui / 048

Abstract: The manufacturing industry in the Guangdong-Hong Kong-Macao Greater Bay Area has achieved significant development in terms of industrial scale, industrial layout, international influence, and ecological systems. The scale effect of the manufacturing industry continues to be evident, the structure further optimizes, and international market influence strengthens, forming a relatively complete ecosystem. At the same time, there are still challenges such as a shortage of high-quality talents, an unreasonable industrial structure, and insufficient cross-regional cooperation. In response to these issues, it is urgent for the Greater Bay Area to enhance the attractiveness of high-quality talents, improve independent innovation capabilities, promote the high-end upgrading of industrial structure, break through the bottleneck of independent innovation through institutional innovation, and take multiple measures to promote the high-quality development of the manufacturing industry.

Keywords: Manufacturing Industry; High-Quality Development; Guangdong-Hong Kong-Macao Greater Bay Area

B.3 Report on Foreign Trade Development in Guangdong-Hong Kong-Macao Greater Bay Area

Guo Chu, Li Yongming / 063

Abstract: In 2022, in the face of global economic weakness and complex and ever-changing international situations, the Guangdong-Hong Kong-Macao Greater Bay Area maintains strong resilience and competitiveness in foreign trade development. The import and export scale of foreign trade in the nine cities of

Guangdong accounts for more than 95% of Guangdong's total import and export volume; the number of large foreign investment projects attracting foreign investment and the actual amount of foreign investment utilized rank among the top in the country, and foreign investment continues to be the vanguard and pioneer of outbound investment. The high-quality development of foreign trade and economic cooperation in the Greater Bay Area has laid a solid foundation for building a new dual-cycle development pattern. The Guangdong-Hong Kong-Macao Greater Bay Area strives to play the role of Guangdong's foreign trade as the "pillar" and "ballast" in the overall situation of stabilizing foreign trade in the country, actively seize the implementation opportunities of the Regional Comprehensive Economic Partnership Agreement, accelerate the construction of a digital navigation zone for global trade in the Greater Bay Area, strive to create a group of foreign trade enterprise clusters with global competitiveness, strengthen the supply chain and industrial chain, enhance global resource allocation capabilities, and strive to create a new era of economic development in the Guangdong-Hong Kong-Macao Greater Bay Area.

Keywords: Foreign Trade and Economic Cooperation; High-quality Development; Resource Optimization and Allocation; Guangdong-Hong Kong-Macao Greater Bay Area

B.4 Report on the development of scientific and technological innovation in the Guangdong-Hong Kong-Macao Greater Bay Area　　　　　　　　　*Chen Shidong, Li Zhaoyi, Yao Yixi* / 084

Abstract: Since April 2023, the Guangdong-Hong Kong-Macao Greater Bay Area has been given a new positioning of "The Strategic fulcrum of new development pattern, The demonstration site of high-quality development, The leading place of Chinese path to modernization", pointing out the direction and consolidating momentum for promoting the construction of the "Science and Technology Bay Area". In 2022, the overall R&D expenditure of the Guangdong-Hong Kong-Macao Greater Bay Area exceeded 426.986 billion yuan, accounting for 13.61% of China's total R&D investment (3087 billion yuan) and over 3.27% of the Greater

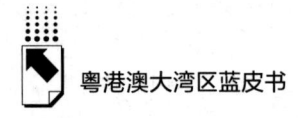

Bay Area's GDP, far higher than the national level of 2.55%. The Guangdong-Hong Kong-Macao Greater Bay Area has entered the top 10 global technological innovation clusters, with the "Shenzhen Hong Kong Guangzhou" technological innovation cluster ranking second globally for four consecutive years. However, it still faces problems such as weak basic research level, lacking of innovative industrial clusters with global competitiveness, and inadequate comprehensive ecological convenience. To build a world-class technological innovation bay, we should accelerate the construction of innovation clusters, breakthroughs in key technologies, strengthen the role of enterprises, cultivate emerging industries, and optimize the innovation ecosystem.

Keywords: Guangdong-Hong Kong-Macao Greater Bay Area; Scientific and Technological Innovation Capability; Innovation Cluster; Collaborative Innovation

Ⅲ Environment and Infrastructure

B.5 Report on Regulatory Alignment and Business Environment Development in the Guangdong-Hong Kong-Macao Greater Bay Area
Li Juan / 105

Abstract: Regulatory alignment serves as a pivotal and crucial element in the legal transformation of the business environment in the Guangdong-Hong Kong-Macao Greater Bay Area. The year 2022 marks the third year of the implementation of the Outline Development Plan for the Guangdong-Hong Kong-Macao Greater Bay Area, also signaling the timeline for achieving the first-phase objectives outlined in the plan. This report extensively explores reform pilots conducted in areas such as the market environment, factor environment, government affairs, and legal environment. It scrutinizes the practices and achievements in business environment development and regulatory alignment in the Guangdong-Hong Kong-Macao Greater Bay Area, the Shenzhen Pilot Demonstration Zone, and Hengqin, Qianhai, Nansha three major platforms. We explore the practice of "soft connectivity" in regulatory alignment, guided by central directives and implemented by local authorities. Furthermore, put forward recommendations for further optimizing the business environment in the Greater Bay Area of Guangdong, Hong Kong, and Macao.

Keywords: Guangdong-Hong Kong-Macao Greater Bay Area; Business Environment; Regulatory Alignment; Institutional Innovation

B.6 Report on the Construction of Modern Comprehensive Transportation System in the Guangdong-Hong Kong-Macao Greater Bay Area *Yang Haishen, Luo Huiling* / 127

Abstract: Since 2022, Guangdong has been deeply implementing the "Greater Bay Area Connection" project, deepening the construction of the "one-hour transportation circle" in the Greater Bay Area, and working together with Hong Kong and Macao to promote the continuous improvement of the comprehensive three-dimensional transportation network. The construction of the "Rail Transit Greater Bay Area" continues to accelerate, and the level of comprehensive transportation services and governance continues to improve. Looking ahead to the future, as Guangdong enters a new stage of building China's strength in transportation, it should further enhance the integrated and collaborative capabilities of its modern comprehensive transportation system, promote the efficient transformation of passenger and freight transportation services in the Greater Bay Area, deepen reforms in key areas of transportation, and continuously promote the realization of high-level connectivity in the Greater Bay Area.

Keywords: Comprehensive Transportation System; China's Strength in Transportation; Comprehensive Governance of Transportation

B.7 Report on the construction of green, eco-friendly and beautiful Guangdong-Hong Kong-Macao Greater Bay Area
 Wu Dalei, Wang Lijuan / 142

Abstract: Building a world-class green, eco-friendly and beautiful urban area is

365

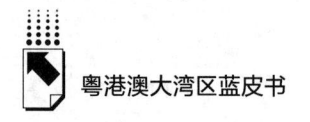

an important goal of Guangdong-Hong Kong-Macao Greater Bay Area. In the first year of the ecological policy of lumei Guangdong, the GBA regards the construction of green, eco-friendly and beautiful urban area as an important traction to make a big push to enhance ecological conservation, highlights spatial planning and build a new pattern of ecological construction in the green, eco-friendly and beautiful urban area. Anchor the six major actions to comprehensively accelerate the pace of construction of the GBA; open up the transformation path and release the comprehensive benefits of the ecological construction of the GBA; online and offline linkage has set off a new upsurge of national planting and green protection. To build a world-class beautiful bay area, it is still necessary to continue to improve the top-level design of the ecological construction of the GBA, establish a pattern of ecological construction of the GBA that matches the level of urban development, further smooth the effective transformation channels of ecological products in ecological construction of the GBA, and stimulate the vitality of the whole people to participate in the ecological construction of the GBA.

Keywords: Lumei Bay Area; Lumei Guangdong; Ecological Construction; Collaborative Governance; Guangdong-Hong Kong-Macao Greater Bay Area

Ⅳ Cooperation Platform

B.8 Report on the Construction of Guangdong-Macao In-Depth Cooperation Zone in Hengqin

Fu Yongshou, Chen Mengsang / 160

Abstract: Since 2022, the construction of the Guangdong-Macao In-Depth Cooperation Zone in Hengqin has been solidly established, with comprehensive progress in several aspects of work. The development of new industries that promote the appropriate diversified development of Macao's economy, such as technology research and development, high-end manufacturing, traditional Chinese medicine, the culture, tourism, convention and exhibition industry, and modern financial sectors, has shown a promising growth momentum. The regional GDP has reached 46.179 billion yuan, with an industrial growth rate of 18.8%. The construction of a new space for facilitating Macanese's lives and works has been continuously improved, with social welfare in the cooperation zone making constant progress. The public service systems, such as education, medical and social services, social security, culture, and sports have been continuously upgraded, further enhancing the attractiveness and convenience of the new community for Macao residents. The construction of a new high-level open system integrated with Macao is fully advancing, with efficient and convenient entry and exit measures for goods and personnel being implemented, continuous innovation in cross-border financial management, and the gradual establishment of a highly convenient market access and internationalized business environment. Looking towards the first phase target for 2024 and the second phase target for 2029, the development of the real economy in the cooperation zone will be boosted enormously, the superior characteristics of the cooperation zone in supporting will be fully manifested, the development system of Hengqin-Macao Integration will be improved, the effectiveness of supporting the appropriate diversified development of Macao's economy will be more prominent. In the next step, the Cooperation Zone strives to develop new industries that promote the appropriate diversification of Macao's economy, accelerate the construction of "Macao New Neighborhood" and build a new height of high-level open system.

Keywords: Hengqin-Macao Integration; Moderately Diversified Economy; Guangdong-Macao In-Depth Cooperation Zone in Hengqin

B.9 Report on The Development of Shenzhen-Hong Kong Modern Service Industry Cooperation Zone in Qianhai

Zhu Dijian, Han Ying, Guo Zhenglin and Liu Yuelei / 173

Abstract: Focusing on the topic of "Construction of the Qianhai Shenzhen-Hong Kong Modern Service Industry Cooperation Zone", this report has conducted detailed research and analysis on the achievements of Qianhai's economic development, Shenzhen-Hong Kong cooperation, and comprehensive deepening of reforms. It delves into the current major opportunities and challenges faced by the Qianhai Shenzhen-Hong Kong Modern Service Industrial Cooperation Zone, such as "policy overlay of five districts" and "construction of the northern metropolitan area of Hong Kong", as well as existing issues in the connection of institutional mechanisms and the alignment with international rules. It also proposes the development strategies and suggestions for modern service industry, Shenzhen-Hong Kong cooperation, comprehensive deepening of reform and innovation, the creation a high-level gateway hub for opening up to the outside world, and the establishment of a new international city center.

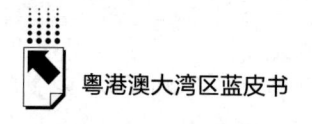

Keywords: Shenzhen-Hong Kong Cooperation; Shenzhen-Hong Kong Modern Service Industry Cooperation Zone; The Qianhai Shenzhen

B.10 Report on the Construction of the Guangdong-Hong Kong-Macao Cooperation Platform of Nansha

Programme group of Hong Kong, Macao and Taiwan Research Center (GDASS) / 186

Abstract: In June 2022, the State Council of the PRC issued the "Nansha Plan," providing a crucial historical opportunity for the development of Nansha, Guangzhou. To accelerate the construction of the cooperation platform in line with the tasks outlined in the "Nansha Plan," Nansha has made great efforts. It aims to establish a science and technology innovation base by strengthening technological innovation cooperation among Guangdong, Hong Kong, and Macau. It also tries to create a new home for young people from Hong Kong and Macau, and promote their integration into the national development framework. Additionally, efforts are underway to build a highly open gateway in Nansha, collaborating with Hong Kong and Macao to deepen international and domestic economic and trade cooperation, and connect both international and domestic markets. The focus is on establishing mechanisms for rule alignment to facilitate efficient and convenient factor flows, setting benchmarks for high-quality urban development, and advancing the modernization of urban governance systems and capabilities. Simultaneously, Nansha's development faces challenges, including weak foundations in science and technology innovation, insufficient industrial support, slow global trade recovery putting pressure on the construction of Nansha as an international shipping and logistics hub, the weak connectivity with financial markets in Hong Kong and Macao, and the relatively small population in Nansha, and etc. Looking ahead, Nansha shall enhance its dual-source capabilities in the science and technology industry, build itself into an innovative industrial highland in the Greater Bay Area, steadily promote institutional opening-up, create a high-level gateway for external opening-up, strengthen collaborative linkages among Guangdong, Hong Kong, and Macao, establish mechanisms for rule alignment, and elevate urban planning and construction governance to build a high-quality modern city.

Keywords: Comprehensive Cooperation between Guangdong, Hong Kong, and Macao; Technological Innovation; Youth Entrepreneurship and Employment; Rule Connection

B.11 Report on the Construction of a Special Cooperation and Development Platform for the Guangdong-Hong Kong-Macao Greater Bay Area

Zuo Xiao'an, Shan Yanyu / 209

Abstract: The characteristic cooperation platform of the Guangdong-Hong Kong-Macao Greater Bay Area is an important lever for deep cooperation among the three regions. The construction progress and achievements of Dongguan Binhai Bay New Area, Dongguan Songshan Lake High tech Zone, Zhongshan Cuiheng New Area, Jiangmen Greater Guanghai Bay Development Zone (including Guanghai Bay Development Zone and Yinhu Bay Binhai New Area), Foshan Sanlongwan High end Innovation Agglomeration Zone, Zhaoqing New Area, Huizhou Zhongkai High tech Zone, and Hetao Shenzhen Hong Kong Science and Technology Innovation Cooperation Zone are significant, but there are still some problems and obstacles. The next step is to vigorously strengthen coordination and cooperation among platforms, consolidate the foundation and improve the sustainability of economic development, build characteristic development platforms into the main carriers of advanced manufacturing and production-oriented service industries in the Greater Bay

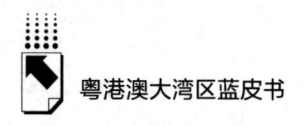

Area, continuously gather high-end innovative talents, lead the creation of environmentally friendly green circular economy development platforms, and promote the interconnection of transportation facilities.

Keywords: Guangdong-Hong Kong-Macao Cooperation; Featured Cooperation Platform; High Quality Development

V Monographic Study

B.12 Report on the construction of high-level talent highlands in the Guangdong-Hong Kong-Macao Greater Bay Area

You Aiqiong / 227

Abstract: Building a high-level talent highland in the Guangdong-Hong Kong-Macao Greater Bay Area is an important strategic layout made by General Secretary Xi Jinping for accelerating the construction of the world's important talent center and innovation highland. Over the past four years since the implementation of the Outline Development Plan for the Guangdong-Hong Kong-Macao Greater Bay Area, The three parties of Guangdong, Hong Kong, and Macao are continuously deepening cooperation and docking in the field of talent work, collaborating to innovate the combination policy of "attracting, nurturing, utilizing, and retaining" talents, breaking down various obstacles to talent flow through "soft connectivity", and creating a comprehensive environment for talent development with international competitiveness through reform and innovation. The attractiveness and competitiveness of talents are constantly improving, and the talent team is significantly growing, the talent highland effect is becoming increasingly prominent. In the future, the Greater Bay Area will comprehensively accelerate the construction of a high-level talent highland, create a strategic pivot for China to accelerate the construction of a world important talent center and an innovation highland, and provide talent support for the "One Fulcrum, Two Places" construction of the Greater Bay Area.

Keywords: High Level Talents; Highland Construction; The Guangdong-Hong Kong-Macao Greater Bay Area

B.13 Report on the Construction of Leisure Bay Area in the Guangdong-Hong Kong-Macao Greater Bay Area

Wu Wenxia / 246

Abstract: The Leisure Bay Area is not only an important part of the development plan of the Guangdong-Hong Kong-Macao Greater Bay Area, but also the core essence of building a beautiful bay area. The Greater Bay Area has abundant leisure and cultural tourism resources. Driven by favorable policies and the demand of mass tourism, the construction and development of the leisure bay area have shown remarkable achievement. In the future, the Guangdong-Hong Kong-Macao Greater Bay Area will further optimize the structure of leisure and cultural tourism products, enhance the supporting facilities of leisure and cultural tourism, cultivate professional talents in the field of leisure and cultural tourism, promote high-quality development of the leisure bay area, and accelerate the construction of world-class tourism destinations.

Keywords: Development of Cultural and Tourism; Leisure Bay Area; The Greater Bay Area

B.14 Report on the Construction of a Healthy Bay Area in the Guangdong-Hong Kong-Macao Greater Bay Area

Xiao Zhixing / 264

Abstract: Since the launch of the construction of the Healthy Bay Area, Guangdong, Hong Kong and Macao have taken the implementation of the national strategy of the Guangdong-Hong Kong-Macao Greater Bay Area as an opportunity, with the long-term goal of building a Guangdong-Hong Kong-Macao Greater Bay Area health community and the short-term goal of closer medical and health cooperation among the three places. They actively practice the development concept of people's health as the center, give full play to the special advantages of "One

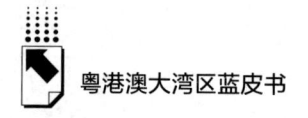

Country, Two Systems", successfully fight against the COVID-19 epidemic, and effectively promote the deepening cooperation and integrated development of medical and health undertakings in the three places. In the new era, Guangdong, Hong Kong and Macao should grasp the new development opportunities after the COVID-19 epidemic, adhere to the goal-oriented and problem-oriented, focus on high-quality development, accelerate the building of a Guangdong-Hong Kong-Macao Greater Bay Area health community and medical highland, and provide a solid health guarantee for the construction of a world-class Greater Bay Area and the realization of long-term security, stability, prosperity and development of the Greater Bay Area.

Keywords: Healthy Bay Area; Healthy Community; Cross-border Medical Cooperation; Guangdong-Hong Kong-Macao Greater Bay Area

B.15 Report on Cooperation of Think Tanks in Guangdong-Hong Kong-Macao Greater Bay Area   *Zhao Hengyu* / 282

Abstract: Think tank cooperation is an important part of the Outline Development Plan for the Guangdong-Hong Kong-Macao Greater Bay Area. The high-quality development of the Guangdong-Hong Kong-Macao Greater Bay Area requires the collective efforts of various think tanks. Strengthening cooperation among think tanks in the Bay Area is not only a component of building new type of Chinese think tanks, but also an important measure to promote the prosperity of philosophy and social sciences with Chinese features. It helps to enhance the soft power of the Bay Area. This report summarizes the current development status, cooperation trends, and significant achievements of think tanks in the Guangdong-Hong Kong-Macao Greater Bay Area, and analyzes the challenges of deep collaboration among think tanks. At the end of the report, decision-making suggestions are proposed based on the concept of think tank community, including strategic vision, research collaboration, research talents, information intelligence, and external communication.

Keywords: Cooperation of Think Tanks; Think Tank Community; High Quality Development; Guangdong-Hong Kong-Macao Greater Bay Area

Contents

VI Case Study

B.16 Report on the Moderate "1+4" Industries Diversified Development of Macao

Deng Zhuohui, Liang Jiahao and Zeng Mali / 300

Abstract: Promoting the moderately diversified economy is a "must-do" task for Macao to solve its problems of economic and social development, and it is also of great significance to the construction of the Guangdong-Hong Kong-Macao Greater Bay Area. In 2022, the Government of Macao Special Administrative Region proposed the moderate "1+4" industries diversified development strategy, which stressed on the development of four major industries (Respectively, big health, modern financial services, high-tech, MICE and commercial and trade industries, culture and sports) while enhancing the development of integrated tourism and leisure industry. With the gradually increased proportion of the four major industries, Macao's industrial structure will be eventually optimized. Based on the analysis of the recent market situation, development plans and policy innovations of Macao's "1+4" industries, this paper attempts to explore the underlying trend of the development of the moderately diversified economy of Macao. Macao will take advantage of the momentum of the tourism economy's accelerated recovery, focus on its position of "One Center, One Platform and One Base", and break through its own constraints of a single industrial structure and small market scale through participation in the construction of the Guangdong-Macao Intensive Cooperation Zone in Hengqin and the Guangdong-Hong Kong-Macao Greater Bay Area.

Keywords: Macao; Moderately Diversified Economy; Tourism Industry; Guangdong-Hong Kong-Macao Greater Bay Area

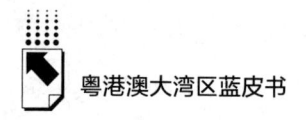

B.17 Innovative Practice of Guangzhou, Shenzhen, and Zhuhai's Policies to Serve Hong Kong and Macao Youth

Li Hong, Shi Mei / 321

Abstract: The policies of Guangzhou, Shenzhen, and Zhuhai serving Hong Kong and Macao youth have both commonalities and unique characteristics. The commonalities mainly include: vigorously increasing the attractiveness to young talents from Hong Kong and Macao; building a diversified skills training system; introduce actionable and refined policies; build a comprehensive innovation and entrepreneurship platform with high recognition. The main differences are: there are differences in the focus of employment rewards and subsidies; the policy measures for supporting employment and entrepreneurship vary.

Keywords: Hong Kong and Macao Youth; Service Policy; Guangdong-Hong Kong-Macao Greater Bay Area

B.18 High Quality Supply of Cultural Products in the Guangdong-Hong Kong-Macao Greater Bay Area
—*Empirical Analysis Based on the News and Publishing Industry*

Yan Ruogu / 333

Abstract: "Strengthening the supply of high-quality culture" is one of the six major projects of Guangdong Province's cultural strength work, and it is also an important part of the construction of the Cultural Bay Area. The news and publishing industry is an industry that processes, manufactures, sells, and disseminates cultural products, and is also a knowledge production industry with strong cultural industry attributes. This report focuses on the nine sub industries of books, newspapers, periodicals, audio recording, video recording, electronic publications, copyright trading, reproduction and printing in the press and publishing field of the Greater Bay Area since the outbreak of the COVID-19 in 2019 to 2022, analyzes the basic status quo and characteristics of cultural products supply in the press and publishing field of the Guangdong-Hong Kong-Macao Greater Bay Area, and proposes that the press and publishing industry expand the supply of high-quality culture Opinions and suggestions on promoting the construction of the Cultural Bay Area and the high-quality development of cultural product supply in the Greater Bay Area.

Keywords: Cultural Products; News and Publishing Industry; Guangdong-Hong Kong-Macao Greater Bay Area

社会科学文献出版社

皮 书
智库成果出版与传播平台

❖ 皮书定义 ❖

皮书是对中国与世界发展状况和热点问题进行年度监测，以专业的角度、专家的视野和实证研究方法，针对某一领域或区域现状与发展态势展开分析和预测，具备前沿性、原创性、实证性、连续性、时效性等特点的公开出版物，由一系列权威研究报告组成。

❖ 皮书作者 ❖

皮书系列报告作者以国内外一流研究机构、知名高校等重点智库的研究人员为主，多为相关领域一流专家学者，他们的观点代表了当下学界对中国与世界的现实和未来最高水平的解读与分析。

❖ 皮书荣誉 ❖

皮书作为中国社会科学院基础理论研究与应用对策研究融合发展的代表性成果，不仅是哲学社会科学工作者服务中国特色社会主义现代化建设的重要成果，更是助力中国特色新型智库建设、构建中国特色哲学社会科学"三大体系"的重要平台。皮书系列先后被列入"十二五""十三五""十四五"时期国家重点出版物出版专项规划项目；自2013年起，重点皮书被列入中国社会科学院国家哲学社会科学创新工程项目。

皮书网

（网址：www.pishu.cn）

发布皮书研创资讯，传播皮书精彩内容
引领皮书出版潮流，打造皮书服务平台

栏目设置

◆ **关于皮书**
何谓皮书、皮书分类、皮书大事记、
皮书荣誉、皮书出版第一人、皮书编辑部

◆ **最新资讯**
通知公告、新闻动态、媒体聚焦、
网站专题、视频直播、下载专区

◆ **皮书研创**
皮书规范、皮书出版、
皮书研究、研创团队

◆ **皮书评奖评价**
指标体系、皮书评价、皮书评奖

所获荣誉

◆ 2008年、2011年、2014年，皮书网均在全国新闻出版业网站荣誉评选中获得"最具商业价值网站"称号；

◆ 2012年，获得"出版业网站百强"称号。

网库合一

2014年，皮书网与皮书数据库端口合一，实现资源共享，搭建智库成果融合创新平台。

皮书网

"皮书说"
微信公众号

权威报告·连续出版·独家资源

皮书数据库
ANNUAL REPORT(YEARBOOK) DATABASE

分析解读当下中国发展变迁的高端智库平台

所获荣誉

- 2022年，入选技术赋能"新闻+"推荐案例
- 2020年，入选全国新闻出版深度融合发展创新案例
- 2019年，入选国家新闻出版署数字出版精品遴选推荐计划
- 2016年，入选"十三五"国家重点电子出版物出版规划骨干工程
- 2013年，荣获"中国出版政府奖·网络出版物奖"提名奖

皮书数据库　　"社科数托邦"微信公众号

成为用户

登录网址www.pishu.com.cn访问皮书数据库网站或下载皮书数据库APP，通过手机号码验证或邮箱验证即可成为皮书数据库用户。

用户福利

- 已注册用户购书后可免费获赠100元皮书数据库充值卡。刮开充值卡涂层获取充值密码，登录并进入"会员中心"—"在线充值"—"充值卡充值"，充值成功即可购买和查看数据库内容。
- 用户福利最终解释权归社会科学文献出版社所有。

社会科学文献出版社　皮书系列
卡号：519472474625
密码：

数据库服务热线：010-59367265
数据库服务QQ：2475522410
数据库服务邮箱：database@ssap.cn
图书销售热线：010-59367070/7028
图书服务QQ：1265056568
图书服务邮箱：duzhe@ssap.cn

法律声明

"皮书系列"（含蓝皮书、绿皮书、黄皮书）之品牌由社会科学文献出版社最早使用并持续至今，现已被中国图书行业所熟知。"皮书系列"的相关商标已在国家商标管理部门商标局注册，包括但不限于LOGO（ ）、皮书、Pishu、经济蓝皮书、社会蓝皮书等。"皮书系列"图书的注册商标专用权及封面设计、版式设计的著作权均为社会科学文献出版社所有。未经社会科学文献出版社书面授权许可，任何使用与"皮书系列"图书注册商标、封面设计、版式设计相同或者近似的文字、图形或其组合的行为均系侵权行为。

经作者授权，本书的专有出版权及信息网络传播权等为社会科学文献出版社享有。未经社会科学文献出版社书面授权许可，任何就本书内容的复制、发行或以数字形式进行网络传播的行为均系侵权行为。

社会科学文献出版社将通过法律途径追究上述侵权行为的法律责任，维护自身合法权益。

欢迎社会各界人士对侵犯社会科学文献出版社上述权利的侵权行为进行举报。电话：010-59367121，电子邮箱：fawubu@ssap.cn。

社会科学文献出版社